民国范钱币学

钱币学 戴建兵 丛书主编

戴建兵 编

MINGUO FAN QIANBIXUE

河北出版传媒集团
河北人民出版社
石家庄

图书在版编目（CIP）数据

民国范钱币学 / 戴建兵编. -- 石家庄：河北人民出版社，2021.4
（钱币学 / 戴建兵主编）
ISBN 978-7-202-14481-7

Ⅰ. ①民… Ⅱ. ①戴… Ⅲ. ①货币史－研究－中国－民国 Ⅳ. ①F822.9

中国版本图书馆CIP数据核字(2021)第080905号

丛 书 名	钱币学
书　　名	**民国范钱币学**
	MINGUO FAN QIANBI XUE
丛书主编	戴建兵
本书编者	戴建兵
责任编辑	段　鲲
美术编辑	秦春霞
封面设计	王　超
责任校对	余尚敏
出版发行	河北出版传媒集团　河北人民出版社
	（石家庄市友谊北大街330号）
印　　刷	河北新华第二印刷有限责任公司
开　　本	787毫米×1092毫米　1/16
印　　张	25.5
字　　数	396 000
版　　次	2021年4月第1版　2021年4月第1次印刷
书　　号	ISBN 978-7-202-14481-7
定　　价	95.00元

版权所有　翻印必究

序

谈谈民国时期的钱币学研究

戴建兵

由于几十年来一直进行钱币学的研究,因而对于民国时期的钱币学研究进行过认真的总结和思考。因而,可以从以小见大、管窥豹斑这个角度对民国的钱币学学术谈点看法。

20世纪80年代,刚刚改革开放后不久,中国钱币学研究开始复苏,由于"文化大革命"以来的学术动荡,当时钱币学被人们称为"绝学",也就是即将灭绝的学问,因而,民国时期的著作成为钱币学研究的圭臬。

而民国时期的钱币学也特别符合前一阵人们所谓的对民国范学术研究的推崇。极有故事:名中医、佛学家丁福保的《古钱大辞典》,袁世凯家次子、名士袁克文的钱币收藏,沪上戴葆庭等人在上海组织的泉社及相应的钱币学研究,等等。

中国钱币学从宋代发端,到清代乾嘉学派因小学的发扬,到民国年间确实有了较大的发展。然而,自20世纪80年代至今不到40年的时间里,民国的钱币学研究相对于今天而言,已是明日黄花,问题重重。

第一,视野狭窄。民国年间的钱币学,基本继承了中国传统金石学对钱币研究的路径,一是注重于钱币文字研究,再就是钱币图谱的拓制。唯一具有时代特色的是出了一本《蒙古西域诸国钱谱》以及一些外国人对中国当时机制币的收藏和研究。相对于今天的钱币学，国人已将视野扩展至古代的希腊、罗马、阿拉伯以及世界各国的古代、近代及当今流通币种，学术著作汗牛充栋，远非民国可比。

第二，科学性弱。钱币学研究具有多学科性，金属、印刷、经济、历史、考古等缺一不可。在钱币的金属分析上，民国时虽然有几篇翻译外国学者对中国钱币进行金属分析的文章，但数量少，精度差，不具备科学研究序列。而且民国时期的钱币学研究基本上没有科学的考古发掘依据，多为对传世品的探求。因而一些钱币学大师均犯有极多的依传说等确定的错误或硬伤，而在对战国前钱币古金文的辨识上，也多臆测，给后人留下了极大的提升空间。

第三，并没有建立中国式的钱币学体系。一个学科的建立必有其学科的基本范畴和学科体系，而民国时期的钱币学却在这方面没有多少进步。表现在学术上，全国一二家没有办几期的专业杂志，十几种钱谱，甚至对近邻日本对中国古代钱币版别分析研究也没有进行深入系统的批判性讨论，有"中国钱币学研究在日本"之嫌，特别是对于在西方有着极高地位的"钱币学（numismatic）"，从理论到研究方法、体系，甚至都没有介绍性的文章，何谈其认识。

第四，据不完全统计，目前国内的钱币爱好者不下4000万人，多有民国时期和上海一样的爱好群体，有自己的组织，出版相关的文献。而在各个省市的银行系统内，也均有钱币学会组织，有以《中国钱币》为龙头的专业学术杂志。一些大学有相应的钱币学课程，更有钱币学博士点的建设，这是民国时期的钱币学研究所无法比拟的。

从中国的钱币学研究的发展史来看，20世纪80年代是一个拐点，此后的学术研究所呈现出来的勃兴局面，以及近十余年来的学术深入研究和国际间交流，且表现为钱币学研究因收藏而引发的社会化，是民国钱币学万难企及的。从图谱论，中国人民银行组织编写的《中国钱币大辞典》和上海钱币学会组织编写《中国历代货币大系》，均是对民国年间钱币学研究数量及质量的总体综合超越。而汗牛充栋的钱币学著作，使中国钱币学的研究已具对总体钱币的历史考量，而每省皆有的官办、民办钱币刊物，更是快速传递着学术发展信息。科学的钱币学研究，使人们对钱币金属、纸币印刷、考古与钱币和民国时代的学者有着本质性代际的差异。

总之，我们不否认民国钱币学研究的成绩，更不否认学术研究的继承性以及前人的贡献，但如果民国的钱币学研究是在乾嘉学派基础上的一小步，那当今的钱币学研究早已是处在日日奔跑的状态了。

在文稿的校对过程中得到了河北师范大学历史文化学院朱安祥老师和同学们的热心帮助，他们是2019级古代史研究生柴帅兴、王高飞、伊占发，2016级考古学本科生段宇、周艺欣、冯姣姣、郑晓晴、伍舒悦、陈星君、乔小桐、赵云啸、商文倩、刘汝静，在此致以诚挚的谢意。

MULU 目录

古泉学纲要　丁福保 ……………………………………………… 1

中国历代货币沿革史　李蔚之 …………………………………… 24

中国历代货币之沿革　侯厚培 …………………………………… 41

我国货币制度沿革考　方达观 …………………………………… 54

中国古代货币考　连　元 ………………………………………… 82

历代古钱记略　丁福保 …………………………………………… 90

货币名称辨 ………………………………………………………… 99

古泉杂考　陈　直 ………………………………………………… 101

中国货币史上之大钱——通货膨胀之另一方式　朱　契 ……… 106

中国上古货币论史　夏复初 ……………………………………… 110

先秦货币制度演进考　李剑农 …………………………………… 116

先秦货币考　吉田虎雄著　陈观译 ……………………………… 132

先秦货币考略　叶受祺 …………………………………………… 144

春秋时代与货币经济　小岛祐马著　汪馥泉译 ………………… 155

金文中所窥见的西周货币制度　非　斯 ………………………… 166

熊岳出土古泉考释　金毓黻 ……………………………………… 180

两汉货币制度的研究　郭　垣 …………………………………… 185

前汉货币问题之研究　王肇鼎 …………………………………… 193

秦汉以后中国金银货币之沿革　叶受祺 ………………………… 203

唐代的货币　黄君默 ……………………………………………… 212

唐代中叶以后的货币问题　傅安华 ··· 233
五代货币制度　戴振辉 ··· 244
北宋时代铜铁钱的铸造额　日野开三郎著　高叔康译 ··············· 252
宋代官办后的益州交子制度　加藤繁著　傅安华译 ················· 282
辽代货币新考　秦佩珩 ··· 290
再谈官票宝钞　郭沫若 ··· 295
咸丰朝的货币　汤象龙 ··· 299
康藏货币流通史　冯明心 ··· 317
论古泉家不识权度之缺点　丁福保 ······································ 326
钱铺名称之来源 ··· 331
中国古钱分析结果　吴承洛 ··· 333
古今货币展览　卫聚贤 ··· 335
谈货币书法　堪隐 ·· 338
"古泉扇面"的创制　火雪明 ·· 340
为上海市博物馆接收晴韵馆收藏古钱小记　郑师许 ················· 342
津海关查获古钱之办理 ·· 350
上古希腊之货币概况　赖国高译 ··· 352
朝鲜货币之沿革 ··· 359
曼谷皇朝货币考（续）　陈毓泰编译 ····································· 372
中国古钱与埃及蜣螂符　卜德生著　李毓麟节译 ····················· 380
南印度发现中国古钱的事情——新南海寄归内法传之二　吴晓铃 ······ 383
日本富山县发现中国古钱 ··· 389
欧洲的香烟货币 ··· 390
破天荒之赤俄货币　郝兆先 ··· 392
货币展览　张砚庵藏　何鸣岐摄 ··· 395

古泉学纲要

丁福保

一　总论

荒古之时，市无刀布，各以其所有之物，易其所无而已。降及后世，贸易益繁，以物换物，不便颇多。布帛不可以尺寸为交易，菽粟不可以秒勺贸有无，于是龟贝金钱刀布之币兴焉。

胡渭曰，虞夏之世，珠玉为器饰宝藏，而不为货，货币也贡龟则尊之曰纳锡，其不为货可知，贝亦未开为货，为货自夏始。《盐铁论》曰，币与世易，夏后氏以玄贝，书盘庚，具有贝玉。正义云，贝者水虫，古人取其甲以为货，如今之用钱然。诗锡我百朋，笺云，古者货贝，即以贝为货币也，五贝为朋，礼器，诸侯以龟为宝。注云，古者货贝宝龟，易或益之十朋之龟，崔憬注云，元龟直二十六贝，据胡渭之说，知以贝为货币，宝始于夏，是时亦无泉币之可言也。故《汉书·食货志》曰，凡货，金钱布泉之用，夏殷以前，其详靡纪云。考后汉许叔重《说文解字》贝字注曰，古者货贝而宝龟，周而有泉，至秦废贝行钱。据许氏说，则知泉始于周。周景王时有大小二品，见于国语，是时泉贝尚并行，至秦始废贝而专行泉矣。故《汉书·食货志》曰，太公为周立九府圜法，又曰，秦兼天下，铜钱质如周钱，文曰半两，重如其文，而珠玉龟贝银锡之属，为器饰宝藏不为币，班许二氏之说，可谓若合符节，信而有徵矣。

二、周与列国

周景王时，患钱轻，将更铸大钱，单穆公争之不得，卒铸之。惟景王钱毁灭已久，非但今人不得一见，即汉人亦未当见也。近百年来，各钱谱每以益货、益四货、益六货，误为宝货。此乃齐钱，方孔兼有肉好郭者，其制作已与三铢相类，决非景王时之所铸也，周钱仅有东周空首布及东周、西周两圜钱而已。

《战国策·吴师道补正》曰，平王东迁之后，所谓西周者丰镐也，东周者东都也。威烈王以后，所谓西周者河南也，东周者洛阳也。何以称河南为西周，自洛阳下都视王城，则在西也。何以称洛阳为东周，自河南王城视下都则在东也。案东周空首布及东周、西周泉，皆为威烈王以后所铸也。

列国钱制不一，有空首布、方足布、尖足布、圆足布及齐刀、召刀、列国刀等数百种。

空首布有作 ⺀ 者，当释作益，旧释作宝省，非也。

考说文嗌之文籀秝玉篇作秝，云籀文本亦作秝，又说文以秝为籀文嗌字。案《汉书·百官公卿表》，秝作朕虞。应劭曰，秝，伯益也。颜师古曰，秝古益字也。段玉裁《说文注》云，此段借籀文嗌为益。赵朱宋时《古文尚书》，益作秝，此本诸汉表耳，益为汉武帝元朔二年所封，旧川懿王子刘胡之侯国，故属北海郡，故城在今山东寿光县西，益都在寿光北十五里，盖今之益都，在汉为益国也，（即益县），见《汉书·地理志》，北海郡益注，《后汉书·郡国志》，平原郡益注，郦道元《水经注》及《汉书·王子侯表》。

方足布有作 ⺀ 者，古泉汇释为贝丘。近人又释为文贝，皆非也，仚为齐三字刀、四字刀仚字之省，试以古鈢印中之齐字证之，如 ■ 见日人太田孝太郎庵藏印，■ 见周季木周氏古鈢印景（以上仚未省）；■ 见佚姓氏率意齐秦汉印谱（此省去二仚尚存一连画）；■ 见高薇坦印邮，■ 见刘仲山拮华齐印谱，■ 见周铣诒共墨齐藏古鈢印（以上仚省作仚）。以上八文，皆载于近人罗福颐氏《古玺文字征》，均释为鄩字，据此则知齐之古文仚，可省作仚，信而有征矣，又知鄩为齐邑，观前印文有齐邑臣，齐邑长皆指一邑言，非指一国而言也，因此知齐之三字刀、四字刀，皆非齐之国币，当与节墨刀、安阳刀同为一邑之币也。又《古泉汇》有方足布释为阳丘，释为汝阳，皆误也，当释为齐阳，因释齐贝而连类及之，古以贝为货币，齐贝者，即齐异之货币也。

尖足布有作☒后☒者，《古泉汇》释作万石，非是，☒为禹之古文，☒象兽之两角，小篆省作☒，隶书变为離，离離为古今字。欧阳书今文，如豻如离，《史记·周本纪》，作如豻如離，又易離卦本作离，自后儒以离卦之离为離，而古文亡矣。今见此布尚作☒，此右文之仅存者，甚可宝贵，考離石在山西汾阳县西北百七十里，战国赵邑。《战国策》曰，秦攻赵離石，拔之，北有離石水，故名，今仍名離石县，属山西省政府。

圆足布有閦及☒者，《古泉汇》释作"关"；《吉金所见录》释作"黄"，或释作"鲁"，又作"鱼"，又作"郑"，均非是。说文云，閦从门省声，读若縢，徐音良刃切。又曰，闦从门省声，徐亦音良刃切。考《集韵》，閦或不省作☒，音吝，是閦之与闦及藺，皆同音，可通借，考藺在战国，属赵邑《史记·赵世家》，武灵王十三年，秦拔我藺。又《战国策》，苏厉谓周章曰，攻赵取藺离石祁者皆白起。藺任今山西离石县西，此布又有方足与尖足布者。刘青园曰，此种与长子等布，同出山右，且其夥，当是晋币云云。今据此布之文字制作，与离石布完全相同，又《战国策》有"取藺離石"之文，又考《今之地理》，藺在山西离石县西，又此布之出土，皆在山右，刘青园定为晋币，凡此皆可为閦藺同音通借之旁证。

三字刀、四字刀之☒，古文齐字，☒，园之省文，化货之省文，即化字，☒，即之字。《淮南子》曰，齐桓公将欲征伐，甲兵不足，乃令轻罪者赎以金刀，百姓乐从，据此为齐有刀之确证。《汉书·食货志》曰，太公为周立九府园法，退而行之于齐。颜注，园均而通之也，此为园转如环流通不息之义，非园钱之说也。园之小篆本作园，刀文省作☒，齐三字、四字刀，皆为齐城之货币。齐城即临淄，一名营丘。考《汉书·地理志》齐郡临淄，师尚父所封，莽曰齐陵，注，臣瓒曰，临淄即营丘也，太公居之。又曰，先君太公筑营之丘，今齐之城中有丘，即营丘也。师古曰，瓒说是也，筑营之丘言于营丘地筑城邑。王先谦补注，城对天齐渊，故城有齐城之称。《一统志》，故城今临淄县北巴里古城店，亦曰齐城。齐城流通之三字刀、四字刀，其资格与即墨刀、安易刀并驾齐驱，皆为一城一邑之货币，非代表一国之货币也。

即墨，春秋夷国地，战国属齐，威王时有即墨大夫，《元和郡县志》，城临墨水，故曰即墨，燕乐毅下齐七十余城，惟莒即墨不下。清属山东莱州府，民国三年六月，刘属山东胶东道。国民政府成立，废道，直属山东省政府。据刀文即墨当做节墨，今作即墨，省文耳。有大小二种，小者面文无之字，背文则有开封、安邦、大行、吞甘、化、上、吉、日、工、中等，今举一以概其余。

齐刀中之安阳刀，《吉金所见录》以安为宻之省文。又以为齐之都邑中，实无安阳之名，《古泉汇》亦转载其说。《货布文字考》，以安阳为匽阳，俱非是。而《钱略癖谈遗箧录》等，皆未能确指安阳所在地，以余考之，安阳刀铸造之地，即《史记·项羽本纪》："楚怀王令宋义救赵，行至安阳，留四十六日不进者是也。"安阳城在山东曹州府曹县东，见《一统志》，据此可以订各泉谱之讹，而补其阙略者矣。

召刀，洪文安云，春秋之世，下迨战国，以铸钱立币，各擅其利，惟齐刀见诸《管子》，故暴白于后世，诸刀无所稽考，遂致湮没不传云云。案此刀即湮没不传，无所稽考之一种耳。故或以为莒刀，或以明刀，皆非也。莒刀之说，因通考有齐莒谓刀之语，故以大者属诸齐，小者属之莒，然此刀多出于燕市，无一出于山东之莒县者，故莒刀之说，久已不成立。惟近人以刀面之刀或⟨⟩，读作明字，此乃大谬不然，因⟨⟩非月字，乃刀字，

O非日字，乃口字也。刀口二字，合之则为召，余见此种刀不下二千余种，从无一柄作⊙者，考召字乃国名，《诗序》。甘棠，美召伯也，笺，召伯姬姓，名奭，食邑于召，案，召采邑，初任今陕西凤翔县东南，后徙山西垣曲县东，此即召刀之所产地也。又有圆钱如⟨⟩或一⟨⟩者，乃以磬折形之刀，不便携带，故改为圆钱，仍以召刀名之耳，若一刀者，又徙召刀圆钱，迁变而小也，其有作⟨⟩者，乃后人将旧钱改刻为明月钱，故于口字内谬加一点耳，因论召刀而牵连及之。

列国钱又有垣，长垣一金化，济阴，共，共屯赤金，半睘等，皆圆孔也。

三、秦

秦兼天下，以中国之币为二等，黄金以镒名，为上币，铜钱质如周钱，文曰半两，重如其文，为下币。

案古以十黍为絫，十絫为铢，二十四铢为两，古之一两，即库平秤四钱四分一厘六毫，秦半两泉重十二铢，即库平秤二钱二分零八毫。

《洪氏泉志》，顾烜曰，秦始皇铸，重十二铢。敦素曰，当得此泉，径寸三分，重八铢。

案秦钱法亦屡变，或各随其时而轻重无常，或秦汉时铜价极贵。奸民将秦钱之重者，磨之使薄而盗取其铅，亦有重八铢者。

《史记·萧相国世家》曰：高祖为布衣时，何数以吏事护高祖。高祖为亭长，常左右之。高祖以吏繇咸阳，吏皆送奉钱三，何独以五，及封酂侯，乃益封二千户，以独赢奉钱二也。案此时所通行之钱，即秦半两也，三即秦半两三枚，五即五枚，而注《史记》者，不知当时钱价之贵，皆误以为三百、五百。

又《史记·苏秦列传》：初苏秦之燕，贷人百钱为资，及得富贵，以百金偿之。又考《汉书·食货志》上：余有四十五石，石三十，为钱千三百五十。据此则知米每石仅值三十文，则钱价之贵可知，所以货百钱，即可为赴燕之川资，多送二文，能使高祖感激不忘，而多封萧何二千户也。

《泉志》引《楚汉春秋》曰，项梁阴养死士九十人，参木者所欲计谋也。木佯疾，于室中铸大钱也，案此时之大钱，指秦半两而言，至今已二千一百余年，秦铸与项铸已不能分别。

四、汉

汉代钱制，凡十变，计品有九，而吴邓钱不兴焉。一曰荚钱，高祖铸。《平准书》，汉兴，为秦钱重难用，更令民铸钱是也。（《食货志》作铸荚钱，如淳曰：如榆荚也）一曰八铢，高后纪，二年，行八铢钱是也；六年行五分钱，此即荚钱。《平准书》，其文为半两是也。一曰三铢，《武帝纪》，建元元年春二月，行三铢钱。《平准书》，令县官销半两钱，更铸三铢钱是也。五年春，罢三铢钱，行半两钱，此与孝文四铢同，亦名三分钱，一曰白金三品。元狩四年，收银锡，造白金是也。（皮币非金货，故不列《平准书》《食货志》皆叙皮币白金于铸三铢之前纪独不合）一曰五铢，五年：罢半两钱，行五铢钱，《平准书》，请诸郡国铸五铢钱，周郭其下，令不可磨取铅焉是也。一曰赤侧，《平准书》，京师铸钟官赤侧，（志作仄）一当五，赋官用，非赤侧不得行是也。事在元鼎二年，（据是岁汤死而民不思知之）其后二岁，赤侧钱废，禁郡国毋得铸钱，专令上林三官铸，盖仍同初铸之五铢，自是至平

帝元始中，成钱二百八十亿万余，而王莽变法矣。(《癖谈》)

王莽钱制，凡二十有一种，而龟贝不兴焉。一曰大钱，以周钱有子母相权，于是更造大钱，所谓径寸二分，重十二铢，文曰大钱五十是也。一曰契刀，所谓其环如大钱，身形如刀，长二寸，文曰契刀五百是也。一曰错刀，以黄金错其文，曰一刀，直五千是也。此莽居摄时铸，及莽即真，以为书刘字，有金刀，乃罢错刀、契刀及五铢钱，而更作金银、龟贝、钱布之品，名曰宝货。一曰小泉直一，径六分，重一铢是也。一曰幺泉一十，径七分，重三铢是也。一曰幼泉二十，径八分，重五铢是也。一曰中泉三十，径九分，重七铢是也。一曰壮泉四十，径一寸，重九铢是也。与大泉五十，是为泉货六品，直各如其文。一曰小布一百，长寸五分，重十五铢。一曰幺布二百，长寸六分，重十六铢。一曰幼布三百，长寸七分，重十七铢。一曰序布四百，长寸八分，重十八铢。一曰差布五百，长寸九分，重十九铢。一曰中布六百，长二寸，重二十铢。一曰壮布七百，长二寸一分，重二十一铢。一曰弟布八百，长二寸二分，重二十二铢。一曰次布九百，长二寸三分，重二十三铢。一曰大布黄千，长二寸四分，重一两。是为布货十品。是时泉货不行，民仍用五铢钱。莽患之，投诸四裔以御魑魅。于是农商失业，食货俱废，民涕泣于市道。莽知民愁，乃但行小钱直一与大钱五十二品，所以至今大小二钱最多，而幺泉至壮泉四品，皆稀如星凤也。一曰布泉，莽愤货布不行，乃特铸此泉，作为吏民出入之通行证，不持此泉者属传勿舍，关津苛留。公卿皆持此泉以入宫殿门，欲使官民重视此泉而推行之。见《汉书·王莽传》卷中。一曰货币，长二寸二分，广一寸，首长八分有奇，广八分。其圆好径二分半，足枝长八分，间广二分，重二十五铢，直货泉二十五。一曰货泉，径一寸，重五铢，枚直一，与货币二品并行。货布重于大布黄千，而仅直二十五文。货泉与幼泉，二十等重，而仅值一文。此二品所以行用最广，存于今者亦最多也。

后汉钱制凡三变：一曰货泉，光武酷信谶纬，新莽货泉，为白水真人之兆，故不惟不除货泉，且新铸之而广布于天下也（金石契有货泉范一，背款云，建武二年二月造）。一曰五铢，《后汉书·光武纪》，建武十六年，始行五铢钱，曰始行，则前此未行也。一曰四出文钱，《灵帝纪》，中平三年，铸四出文钱。《宦者传》，四出文钱，钱皆四道，谕者窃言侈已甚，形象兆见，此钱成，必四道而去云云。

僭窃之铸钱者三种：一曰公孙述铁五铢，《后汉书·公孙述传》曰，述废铜钱，置铁官以铸钱是也。一曰董卓小钱，《魏志》曰，董卓悉椎破铜人钟簴及坏五铢钱，更铸为小钱，大五分，无文章肉好，无输郭，不磨鑢，于是货轻物贵，谷一斛至数十万，自是后，钱货不行是也。一曰董卓小五铢，袁宏《后汉纪》曰，初平元年六月，董卓坏洛阳城中钟簴铸以为钱，钱不成文。更铸五铢钱，文章轮郭。不可把持，于是货轻物贵，谷一斛至数百万是也。

钱法莫良于五铢，故行之久而无弊。自元狩四年至居摄初，历年百二十有五，一变于莽，一坏于卓，可喟也。（《癖谈》）

五、三国

蜀钱有三种，一曰直百钱，《蜀志·刘巴传》注引《零陵先贤传》曰，刘备初攻刘璋，与士兵约，若事定，府库百物，孤无预焉。及拔成都，士兵皆舍干戈，赴诸藏竞宝物，军用不足，备甚忧之。刘巴曰，易耳，但当铸直百钱，平诸物价，今吏为官布。备从之，数月之间，府库充实。《泉志》曰，崔祖思云，刘备取帐钩铜铸钱，以充国用。旧谱云，径七分，重四铢。一曰直百五铢钱，此钱又分四类。《泉志》曰，有径九分，重五铢者，字文明坦，肉好，背面皆有周郭，世都有之。有径七分、重三铢八余者，形制窳薄。有一种面文相类，背肉粗恶，穿左有一为字。又有铁钱，重五铢四絫者，轮郭重厚，字文湮晦。一曰传形五铢钱，《泉志》引顾烜曰，刘备铸直百钱传形五铢，今所谓蜀钱，即传形五铢也。

《魏志·文帝纪》，黄初二年春三月，初复五铢钱。冬十月，以谷贵，罢五铢钱《明帝纪》，太和元年夏四月乙亥，行五铢钱。《三国志·吴书·吴主传》，嘉禾五年春，铸大钱，一当五百。赤乌元年春，铸当千大钱。九年裴松之补《江表传》，是岁权诏曰，谢宏往日陈铸大钱，云以广货，故听之。今闻民意不以为便，其省息之。此曹氏系钱制之见于史者。（《癖谈》）

戴葆庭曰：程云岑先生所藏大泉五千一品，二十余年前，在旧绍属余姚出土，当时为武林金石家邹适庐所得。邹君淡视古泉，重视其他金石，故转为程君易得，因自号吴泉，额其室曰大泉五千之室。迄时歌咏酬唱、韵事流传泉林者，已连二十余载。予何幸，近竟获得一品，透体铁色，新出沙土，似较精于程君一品（程君一品，满被绿锈，泉字白头较圆折，背好孔较狭，大小差同）。由寄寓杭城之绍兴下方桥镇杨家衙人孙阿齐君得诸头蓬镇。考头蓬镇，为外沙新兴不久之镇，处钱塘江下游约四十里。三十年前，由江中游沙涨积，近有人挖掘汉渠，于污泥中发现是泉，与程君一品，相距出土地点约百余里。该泉出见者，仅此而两品，先后发现于绍兴，而大泉二千则较多。早年岭南曾出土数枚，绍兴于十年前，曾在卧龙山畔，掘获一品。又去年秋，予在郑间，某晨帝处，亦读的新出土生坑一品，推想大泉五千，当铸在大泉当千、大泉五百之后，与小样大泉当千（小如五铢者），及大泉二千为一系，盖与蜀汉之直百五铢大小平百钱等，渐铸渐小，正复相同（大平百钱，定平一百，蜀中多兴直百。小形直百五铢，同时同地出土，钱制完全相同，予臆断为蜀汉后期所铸，定平、大平统言之即大泉平定直若干，意义互通。有甚清楚者，安字古写不知亦有一点否？大平百钱之大字，则大太古字本同用）。邓秋枚君有大泉当千大形，为初铸品，小之大泉当千，则改为大泉二千，与小形大泉当千（小如五铢者）同期行使。此种情形，可以推想而知。惟比五铢更小之大泉五百，则尚未之见，谅彼时已经废铸，亦未可知。

六、晋

两晋未尝铸钱，《晋书·食货志》，魏明帝更立五铢钱，至晋用之，不闻有所改创。元帝过江，用孙氏旧钱，轻重难行，大者谓之比轮，中者谓之四文，是皆资前代钱为用耳。若张轨之五铢，沈充之小钱，式非类自上，名转属于下，岂复成一朝制度哉？故曰未尝铸钱也。或言太元货泉，非孝武帝铸乎？余曰，太元二字楷书，南北朝钱文所未有。（《癖谈》）

晋不铸钱，而十六国转有铸钱者，如石勒铸货钱，见《晋书》记载。《泉志》引旧谱曰，径寸，重四铢，文曰丰货，世人谓之富钱。言收此钱，令人丰富。又如李寿改国号曰汉，改元汉兴，因铸汉兴钱。

《古泉汇考》引洪洞刘青圆师陆曰："乙丑六月，在凉州得凉造新泉三枚，钱体小而字画多，且就磨灭，有真切者，始知为凉造新泉。《晋书·张轨传》云云，然不定果铸五铢否？载记中若吕光李暠秃发沮渠，都无铸钱之文。而钱文曰凉制，又甚古，又三钱皆于河西得之，疑即轨所铸。"培按，此钱篆书作，"凉造新泉"凉字水旁不连，作⺡，泉字略如货泉，余三字则紧密齐整。面亦有郭，郭颇小，其轮郭俱如货泉，今释钱文曰造曰新，则张轨于铸五铢之后，又造此一种钱欤？抑辅言复五铢，而轨乃改造此新钱欤？皆未可定，然其为前凉所铸无疑也。

郑家相曰，大夏真兴钱，大穿重好，类莽遗制，《泉汇》无考。品中所列，原为李氏物，后罗雪翁得李氏藏泉，此泉遂归罗氏，罗氏断为夏赫连勃勃之真兴年间所铸，因自号其居曰赫连泉舍。盖大夏乃国号，真兴乃年号也。当时纪铢两之泉渐衰，纪宝字之钱未兴，而泉文之纪年号者，则已渐肇其端矣。然国号、年号，同著为泉文者，惟见此。按罗氏此钱，现归劬圆，齐斋亦藏一枚，为周仲芬氏旧物，所见仅此二品而已。

七、南朝

东晋之后据有南方之地者为宋、齐、梁、陈四朝皆汉族也，是为南朝。

南朝惟齐不铸钱，余皆见于史。刘宋钱制，凡五种：一曰四铢，《宋书·文帝纪》曰，元嘉七年冬十月戊午，立钱署，铸四铢钱。一曰当两大钱，《泉志》引《宋书》曰，元嘉二十四年六月，以货贵，制大钱，一当两。裴子野《宋略》曰，文帝元嘉二十四年六月，初行大钱，一当细钱两。既而钱形不一，民弗之便，明年五月己卯，罢当两大钱。旧谱曰，重八铢，文曰五铢。一曰孝建四铢，《宋书·颜竣传》曰，世祖即位，铸孝建四铢，旧谱曰，其后稍去四铢，专为孝建，渐至薄小，文字夷漫，至明帝泰始三年罢焉。一曰永光，《宋书·前废帝纪》曰，永光元年春二月庚寅，铸二铢钱。案谓此泉文曰永光，重二铢也。一曰景和，《泉志》引顾烜曰，宋中废帝景和元年铸，重二铢。文曰景和，其年还用古泉，此刘氏钱五种也。萧梁钱制，凡五种，而大吉、大通、大富、不预焉。一曰有好郭五铢，《隋志》曰，梁武帝铸钱，肉好周郭，文曰五铢，张台曰，五铢皆无好郭，唯此一种有之。一曰女钱，《隋志》曰，梁武帝又别铸五铢，除其肉郭，谓之女钱。一曰铁钱，《梁书·武帝纪》，普通四年冬十二月戊午，始铸铁钱。《隋志》曰，梁普通中，乃议尽罢铜钱，更铸铁钱，人以铁钱易得，并皆私铸，乃大同以后，所在铁钱，遂如丘山，物值胜贵，交易者以车载钱，不复计数，唯论贯耳。一曰四柱钱，《梁敬帝纪》，太平二年夏四月己卯，铸四柱钱，一准二十，壬辰改一准十。一曰两柱钱，《隋志》曰，梁末又有两柱钱者是也。《北史》谓梁元帝铸钱，一当十，两柱钱成承圣中铸，故隋志云梁末欤？此萧氏钱五种也。陈钱凡二种，《陈书·文帝纪》，天嘉三年春二月甲子，改铸五铢钱。《宣帝纪》，大建十一年秋七月辛卯，初用太货六铢钱，制作极精，即以当五铢之十可也。六字叉腰，讹言适应，不足为是钱累，《隋志》谓当一而人犹不便，过矣，此陈氏钱二种也。

八、北朝

东晋后，据有北方者为后魏，后分东西二魏，东魏为北齐所篡，西魏为北周所篡，北周又灭北齐。后魏北周皆鲜卑族，北齐本为汉族，而同化于鲜卑，是为北朝。隋文帝代周，灭陈，天下一统。

《后魏·食货志》，魏初至于太和，钱货无所用也。高祖（孝文帝）始诏天下用钱，十九年，工铸粗备，文曰太和五铢，诏京师诸镇通行之。世宗（宣武帝）永平三年冬，又铸五铢钱，肃宗（孝明帝）初，京师及诸州镇，或铸或否，孝庄（敬宗）永安二年秋，诏改铸，文曰永安五铢，此魏钱三种也。西魏别铸五铢。《北史》，文帝大统六年二月，铸五铢钱。十二年三月，铸五铢钱。东魏承用永安五铢。《后魏志》，武定（孝静帝）初改铸，其文乃万，此两魏钱也。

魏钱惟宣武之五铢无识别，其太和钱，质粗文晦，诚如洪氏，令民自铸、其制不精之说。然任城王澄上言，有大魏之通货、不朽之常模云云，则当时官铸，必如永安钱之精好，特罕见于今耳。永安钱铸于孝庄，而东魏孝静时仍其制，固是一家货也。其幕文有土字者，亦无从辨其为孝庄为孝静也。西魏五铢，旧谱曰以赤铜铸，今五铢中有铜色纯赤者，即是品矣。计魏钱五种，宝四种，曰太和，曰五铢，曰永安，曰五铢。而土字钱为别种。

孝静永安钱，《魏志》以为文襄王铸，《隋志》以为神武帝铸。案迁邺之后，欢澄并搅朝纲，故一事而传闻异词，总之修孝庄故事已耳。董逌谓之北齐永安五铢，固非，洪氏必别图一品系之东魏，亦赘。

《泉志》之有神品最陋，而令公百铲兴焉。邱悦三国典略云，西魏大统七年正月，东魏（兴和三年）有雀衔冰安钱置渤海王高欢钱，欢世子澄，乃令百铲别铸，汉中号令公百铲钱。夫雀以魏货示贺六浑，非献瑞也，何神之有？若百铲所铸，其为常品显然。此钱未可公之元氏，亦不得私之高氏，宜别附魏齐之间，其式则封谱曰背文四出，李谱曰，铜色深赤，肉郭向外渐薄，如碾轮状，余所藏有四角不满成斜方形者。

《北齐书·文宣帝纪》，天保四年春正月己丑。改铸新钱，文曰当平五铢，此齐钱也。

高齐钱，制作精妙，略同元魏，惟永安篆体方、常平篆体圆为异。篆文逼近穿三面，若有郭者，惟五字一边虚耳，此谱家所未详。

汉耿寿昌名仓曰常平，而北齐因以名其钱，正取流通不匮之义，不纪元号，而立新名，泉文于是一变，而后代之用通字、宝权兴于此。

《周书·武帝纪》，保定元年秋七月，更铸钱，文曰布泉，以一当五，与五铢并行。建德三年夏六月壬子，更铸五行大布钱，以一当十，与布泉并行。《宣帝纪》，大象元年（即宣帝大成元年二月禅位静帝改元大象）冬十一月丁巳，初铸永通万国钱，以一当千，与五行大布并行，此周钱三种也。

周钱三种，制造皆精，布泉钱，其文玉筋篆。并行之五铢，即西魏赤铜五铢，五行大布钱，大小不一，篆文大字，或读为泉，然史固作大也。永通万国钱，铜色青白，篆法绝工。两面同文者，铜色黄，质薄输浅，未为佳品，与孝美所适相反云。

盖五行言其用之切，大布言其用之广，万国亦言其用之广，而永通又言其用之久也。嗟乎，主仅七龄，国亡无日，而泉又犹夸大其词，果谁为之邪？乃其制造之精，竟如此抑又何邪？

九、隋

隋钱有二种：一曰五铢，《隋书·高祖纪》，开皇元年九月，行五铢钱。《食货志》，高祖受周禅，以天下钱货轻重不等，乃更铸新钱，背面肉好，皆有周郭，文曰五铢，而重如其文是也。一曰白钱，《唐书·食货志》，隋末行五铢白钱，天下盗起，私铸钱行，千钱初重二斤，其后愈轻，不及一斤是也。《隋志》，亦有大业以后，遂多私铸，钱转薄恶云云，独无行白钱之文耳。至旧谱所云，径一寸，重一铢六黍（当作絫），肉郭平阔，五字左边旁好有一画，余三面无郭，用蜡和铸，故钱色白者，似专言白钱。然一铢六絫之重，正合开皇五铢一千重大两四斤二两之数，是二钱轻重固同也。且其形制亦无不同，惟铜色篆文为异。余所藏肉输平阔好，有右郭之五铢，铜色或混浊，或纯白，篆文五字中二书或直或曲，此即开皇大业之别矣。洪氏但载白钱，失之漏略。而又图作款文，如厌胜品之长年太宝。嘻，白其质也，而乃白其文乎？

五铢之制，自汉及南北朝，轻重略同，未有如隋钱之失实者。高道、穆言、永安私铸，徒有五铢之名，而无二铢之实，隋钱正如其说。维时以古种三斤为一斤，故得冒五铢之数，钱既太轻，盗铸蜂起，千文重二斤，或不及一斤，而钱乃仅以垒计，致汉家良法，自此永废，甚可惜也。而论者谓南北纷更，至隋钱币始一，何其谬哉！（以上《癖谈》）

十、唐

唐高祖武德四年七月，铸开元通宝钱，径八分，重一钱，得轻重大小之中，其字含八分及篆隶三体，元字有左挑右挑及双挑之别。背有月痕多种，凡古泉大抵有之，不足为异，乃世人以为文德皇后之甲迹，何其谬也。又背有足点者，又有无星月者，唐二百八十九年，常铸此泉，故最多。亦可读作开通元宝，钱之有通宝、元宝，自此始。

唐高宗乾封元年，封岳之后，乃造新钱，文曰"乾封泉宝"，以一当旧钱之十。周年之后，旧钱并废其后商贾不行，复下诏令所司贮纳，仍令置炉之处，重铸开元钱。

《新唐书·食货志》，肃宗乾元元年经费不给，铸钱使第五琦，铸乾元重宝钱，径一寸，每缗重十斤与开元通宝参用，以一当十，亦号乾元十当钱。《泉志》引李孝美曰，此钱今世最多，而大小不同，自寸二分至七分。相较义考曰，钱文称重宝，自唐肃宗始。

《泉志》金光袭曰，乾元二年，新铸小钱，一当一。余案此钱，径与开元钱同。

《新唐书·食货志》曰，第五琦为相复命绛州诸铲，铸重轮乾元钱，径一寸二分，其文亦曰乾元重宝。背之外郭为重轮，每缗重十二斤，与开元通宝钱并行，以一当五十。肃宗以新钱不便，命百官集议，不能改。上元元年，减重轮钱，以一当三十，开元旧钱，与乾元十当钱，皆以一当十。代宗即位，乾元重宝钱，以一当二，重轮钱，以一当三，凡三日而大小钱皆以一当一。自第五琦更铸，犯法者数百，州县不能禁止，至是人甚便之。案据肃宗宝录，此钱铸于乾元二年九月。《泉志》李孝美曰，此钱有两品，小者至薄，而文字昏暗，径寸，重五铢。大者极厚，而制作精好，径寸五分，重十四铢，与唐志旧谱所载不同。

代宗实录曰，大历四年正月丁酉，关内道铸钱等使第五琦上言，请于绛周汾阳铜源两监增置五铲铸钱。许之。案此即铸大历通宝之确证。

建中通宝钱，《泉志》引张台曰，案此钱未施用，今民间往往有之，轻小于开元钱，文曰建中通宝，文字漫暗，铜色纯赤，肉好薄小。

开元大钱，《唐书·食货志》曰，制度支赵赞，采连州白铜，铸大钱，一当十，《泉志》曰，此钱铜质浑厚，字文明坦。

会昌开元钱，《泉志》引旧谱曰，武宗会昌年铸。时初废天下佛寺，宰相李德裕，奏请以废寺铜钟、佛像、僧尼瓶碗等，所在本道铸钱。扬州节度使李绅，乃于新钱背加昌字，以表年号而进之，有效，遂劝铸钱之所，各以本州郡名为背文。于是京兆府以京字，在穿上。西川以益字，在穿上。蓝田县以蓝字，在穿右。襄州以襄字，在穿上。江陵府以荆字，在穿右。越州以越字，在穿下。宣州以宣字，在穿左。江西以洪字，在穿上。湖南以潭字，在穿左。兖州以兖字，在穿上。浙西以润字，在穿上。鄂州以鄂字，在穿上。平州以平字，在穿上。兴元府以兴字，在穿上。梁州以梁字，在穿右。广州以广字，在穿右。东州以梓字，在穿上。福州以福字，在穿上。丹州以丹字，在穿上，桂阳监以桂字，在穿右。李孝美曰，此钱背文复有襄字或在穿右，梁字或在穿上者，但扬字钱终莫之见，疑当时已行昌字，而未当改耳。

得一元宝钱。《唐书·食货志》曰，史思明据东都，铸得一元宝钱，径寸四分，以一当开元通宝之百。

顺天元宝钱，《唐书·食货志》曰，史思明恶得一非当作之兆，改其文曰顺天元宝。《泉志》引张台曰，得一顺天钱，思明并销洛阳铜佛所铸，贼平之后，无所用焉。刀兵之家，还将铸佛，今所余伊洛间甚多。李孝美曰，二钱大小如一，但顺天重而得一轻耳。

十一、五代

宋以后称后梁、后唐、后晋、后汉、后周为五代。

张絅伯曰，梁代铸钱，史无明文，今见开平元宝大如当十，又通宝大如当五，年号相合，形制亦符，书体尤是当时风格。留世极少，殆所铸无多，其行用若何，当开元钱若干，史载阙如，无从稽考。郑家相曰，后梁太祖之开平钱，旧谱未见，惟张氏《钱志新编》，载开平通宝平钱一枚，制作类开元钱，伪物也。昔年客居津门，得见劬园所藏，开平元宝大钱，文字具有五代钱风味，当为后梁开平年间所铸。或有疑之者，未免过矣。其制作文字，神韵古朴如此，岂后世所能伪哉？继得见于泽山氏所藏之开平通宝钱，虽较小于元宝钱，而文字制作，实相类似，且满绿斑锈，更为开门见山，以通宝而证元宝，尚何疑哉。后于氏此钱，亦蹄劬园。

永安钱真书，应属何代，前辈各主其说。谓北凉沮渠蒙逊者，初氏《吉金所见录》也，李氏《古泉汇》从之。谓江南李氏者，戴文节《古泉丛话》也。谓西夏者，倪氏《古今钱略》也。向固心焉疑之，深然鲍子年所论钱之时代，宜以文字制作定，不宜以年号定也。《续夷坚志》，载海陵王天德初，卜定都于燕。营造时，得古钱地中，文曰永安一千，乃取长安例，地名永安，先夫此有无发现，无往籍可稽。后夫此辗转得来，悉京畿以内，壬戌之岁，持以求售，且不一而足，一百一千外，更有一十者，为从未道及。五百者，则自昔传疑。今铁铸、铜铸，千真万真，除一十右读示别，余悉左读，永安钱备矣，所出之为燕地明矣。惜乎不能详举确指，每询钱贩，非曰京西，便曰相传在大王山下。予于是力排众说，断谓此钱也，殆五季燕刘守光之物，审文字制作，已足证其十之八九焉。其时人不信予说，犹向日予不信人说也。甚或未见宝物，辄加批评。但予于铜一十、铜五百，得时论价，十倍黄金，与之等换。此声所播，同好稍稍索观，始无复有异议，然而时代之谓何如乎？客既以贩是类钱获厚利，将从事京西一带地搜索，时癸亥三月也。遂乃结伴裹粮，越大和岭深入。地名军饷，距斋堂十五里。得土人相告，由此迤南三十里，有大安村，不时出古钱，多铁铸，村人掘得积聚，冶为农器。闻言央其导引，经大安岭，上下二十余里，皆仄径崎岖，行殊艰辛。下坡五里，大安山麓在在焉。再进六里许，望见山巅成村落，是即大安村。入村复得土人相告，地为刘盆自称天子之所，承安诸钱出其地，言良信。蹄京途改由红煤厂黑龙关陀里良乡县等处而抵京。客述如此。按《五代史·刘守光传》，幽州西有名山，曰大安山，仁恭乃于其上盛饰馆宇，僭拟宫掖。《辽史·地理志》，玉河县本泉山地，刘仁恭于大安山创建宫观，师炼丹羽化之衍于方士王若讷。《大清一统志》，大安馆在房山县西北大安山，刘仁恭师事王若讷于此，仁恭所筑巨础重堵，独存遗迹。然后知所谓刘盆即守光，所谓大王山即大房山，亦作大防山，在房山西。《水经注》，防水出大防山南，此作大安山。《方舆纪要》，大安山在房山县北八十里，可以互相为证。所谓永安钱，即刘光守称帝后铸，尚何疑？……泥作钱令部内行使，尽敛钱于大安山巅，凿穴以藏之，藏毕，即杀匠以灭其口。是藏钱为一事，铸钱又为一事，史只知刘仁恭之藏旧钱，而不知其子守光之铸新钱也。同地所出之钱，且杂见三种。一铁顺天元宝，小者背上月下百，大者背上月下千，小者即又即取史思明顺天钱作范，大者已创同隶书。一铁货布背三百，取莽范，一铁五铢，取隋范。就中五铢实布略多，是同属燕刘物耳。铸似较先于永安，并可推知永安无小平，五铢即当时小平也。货布特殊，作三百者，必因地制宜也。继袭用顺天，以史思明国号大燕，范阳为燕京，故凡燕称燕制，靡不宗之。昔传刘守光铸应天元宝背万，又可推知应天之为顺天，背万乃百字中画不明所误认，予见如是，予说姑自持焉。(《言钱别录》)

张絅伯曰，近在旧燕地出土永安铜钱诸钱甚多，又有仿莽货币，背加三百，史思明顺天元宝大小两种，背加百加千，隋五铢平钱皆为铁钱，错杂紊乱，莫此为甚。《册府元龟钱币三》："长兴元年正月，鸿胪少卿郭在徽，奏请铸造新钱。或一当十，或一当五十，兼进钱谱。"一卷，仍于表内征引故幽州节度使刘仁恭为铁钱、泥钱事一。明文班班，谓仁恭泥铁并铸，上述诸种铁钱，出土地点，既相符合，考其形制，亦非仁恭莫属。泥钱世无遗留，苦难稽考，兹列目如下。

  永安一十（永安二字自左及右读之）

  永安一百（以下三种永安二字均右及左读之）

  永安五百

  永安一千（以上四种铜钱俱备铜少铁多）

铁币布背三百

　　铁顺天元宝（大者背千小者背百）

　　铁五铢平钱

史载仁恭尽敛钱于大安山巅，凿穴以藏之，是所欲者，皆历代通用好钱，而以泥钱劣币，置之市上，强民行之，贪暴无厌，利令智昏，不亡何待！

其子守光，虽未踵铸铸泥铁，然一钱竟至当万，莽后仅见。洪遵《泉志》曰："董逌曰，幽州刘守光钱，面文曰应天元宝，背文曰万。"守光于梁乾化二年，妄自称尊，僭号应天，实物相应。又有应圣元宝背拾，乾元重宝背百，制作文字，与应天若合符契。应尚有当千者，不知面文为何。其制为十、百、千、万，盖可推想而知。乾元仿唐肃宗钱，如其父之仿新莽、隋、史思明诸钱。应圣不知何解，总之乱世多至，漫无规章，不足为训，刘氏父子，贪利小人无所不作。五代钱制纷汇，彼父子实启其端，祸害蔓延，遍于全国，始作俑者，其无后乎？

　　应圣元宝背拾

　　乾元重宝背百

　　〇〇〇〇背千

　　应天元宝背万

宋白《续通典》曰，唐天成元年十二月，敕中外所使铜钱内铁鑞钱，即宜毁弄，不得行使。二年八月，禁销铜钱，四年，禁铁鑞钱。

《泉志》曰，余按此钱，文曰天成元宝，计当时所铸，而五代史后唐纪不载。

《旧五代史》，晋天福三年十一月，许天下私铸钱，以天福元宝为文。十二月诏天下无问公私，应有铜欲铸钱者，一任取便，酌量轻重铸造。天福四年，诏先令公私铸钱，近多铅锡相兼，缺薄小弱。有远条制，今后私铸钱，禁依旧制。洪遵《泉志》曰，余按此钱，铜质薄小，字文昏昧，盖以私铸不精也。

《续通典》曰，汉乾祐元年四月，膳部郎中罗周裔上言，请在京置钱监，俾铜尽为钱，以济军用。苏耆《开谭录》曰，"汉乾祐中，以晋世鼓铸钱币，伪滥非一，乃禁铜货，悉归公帑。"洪遵《泉志》曰，文曰汉元通宝，文字明坦，制作颇精，盖惩天福之弊。按此泉亦可读作汉通元宝，背有月痕多种，盖仿唐开元制也。

《新五代史·周本纪》云，世宗即位之明年，废天下佛寺三千三百六十。是时国中乏钱，乃诏毁天下铜像以铸钱。当曰，吾闻佛说以身世为妄，而以利人为急，使其真身尚在，苟利于世，犹欲割截，况此铜像，岂有所惜哉？由是群臣皆不敢言。《开谭录》，世宗朝铸周元通宝钱，于后殿设巨炉数十，亲观鼓铸，按此钱亦可读作周通元宝，背有星月多种，亦仿开元制也。《古泉汇考》引因树屋书影曰，夏振叔言，（培按《筠廊偶笔》孝感夏孝廉振叔炜著有借山随笔）其乡数年前，疟大作，或教于古钱中检取周元通宝一文，持之即愈。初不知此说倡自何人，一时宣传，宝为符箓，一文须时钱一缗。按此钱乃周世宗毁天下铜佛所铸，其却疟者，或亦仰借瞿昙之灵欤？又引黄俞邰云（培按，黄俞邰，名虞稷，金陵人，阮吾山晋江。黄俞邰之先人海鹤先生出官南京，居江宁千顷楼中），金陵人传此钱，难产者持之即下，亦不知何故。

十二、十国

五代割据之国，闽王审知据福州，吴杨行密据扬州，南唐李昪据江宁，吴越钱镠据杭州，楚马殷据长沙，南平高季兴据荆州，前蜀王建、后蜀孟知祥，皆据成都，南汉刘䶮据广州，北汉刘崇据太原，是为十国。十国中除吴、吴越、南平、北汉四国未开铸钱外，其余六国靡不鼓铸。

《五代史·前蜀世家》曰，王建武成三年十二月，大赦，改明年为永平元年。《十国春秋》，蜀高祖永平元年十二月，铸永平元宝钱，钱文自上至右顺行，后通正等钱皆同。《古泉汇考》曰，培按《十国春秋》亦无所据，其某年铸某钱某钱，亦止因《泉志》而附会之。《泉志》之未明言铸于某年者，大抵皆系于元年下，未可信也。

《五代史·前蜀世家》曰，王建永平五年，改元通正。《十国春秋》，通正元年三月，铸通正元宝钱。

《五代史·前蜀世家》曰，王建通正元年十月，大赦，改明年元曰天汉，国号汉。《十国春秋》，天汉元年春正月，铸天汉元宝钱。

五代史，王建天汉元年十二月，大赦，改明年元曰光天，复国号蜀。

《十国春秋》，光天元年春正月，铸光天元宝钱。《四川通志》，唐末王建在蜀，铸铜钱，字文、轻重皆如开元通宝之制。

《五代史》，王建卒，子衍立，明年改元乾德。《永乐大典》《考古质疑》，或谓艺祖以建隆改乾德，今有乾德钱，安知其为蜀钱乎？盖我朝铸宋通钱，体制厚广，轮郭分明，自后如太平淳化至道景德以至咸平（培按应云咸平以至景德）祥符天禧等钱，莫不皆然。彼乾德形式细薄，乃与天汉光天咸康广政等尔，以此知其为蜀钱也，更俟识者审盯之。《退庵钱谱》，按宋太祖建隆四年，改元乾德，自谓自古未有，后于宫中见镜，有隆德四年字。以问宝仪，仪奏曰，蜀少主之号。验之果镜自蜀中来。乃叹曰，宰相须用读书人。考隋唐闲辅公祐据丹阳，称宋帝，亦有乾德之号，匪独蜀后主也。

《五代史》，王衍乾德七年，改元曰咸康。十国春秋，咸康健元年春正月，铸咸康元宝钱。《古钱汇引》李孝美曰，王氏父子钱形制粗恶，今所见者，字不工精，背或平，……非异制也，盖制不精也。

案，前蜀诸品，元字次画左挑，俱仿开元制。

《退庵钱谱》，按后蜀高祖孟知祥于唐高长与五月闰正月已巳，即皇帝位于成都，国号蜀，遣使持书至洛，称大蜀皇帝。此钱体兼隶楷，制作甚精，背色青绿黝然，断非近时所铸，且钱文大蜀，当是知祥铸也。虽知祥曾于是年四月改元明德，然不数月而殂，故诸家无明德铸钱之说。后主昶于广政元年铸广政通宝，十八年又铸铁钱，似不应复铸大蜀钱也。又考前蜀高祖王建，并后主衍所铸永平通正天汉光天乾德咸康诸品，皆著于史册，则此铸亦非前蜀铸明矣，然则舍知祥其谁属耶？

《五代史·后蜀世家》曰，孟昶明德五年，改元曰广政。《十国纪年·后蜀史》曰，蜀主昶明德三年十二月丁亥，申张钱禁，明年改元广政。《十国春秋》，后蜀后主广政元年，是岁铸广政通宝钱。《十国纪年》，广政二十五年，以屯戍既广，调度不足，始铸铁钱。《十国春秋》，广政十八年十月，募兵既多，用度不足，始铸铁钱。二十五年，是岁行用铁钱，初铁钱多于外郡边界参用，每钱千，凡四百为铜，六百为铁（原注《四川通志》云孟氏每银一两直铜钱千七百文），至是流入成都，率铜钱十分，杂铁钱一分，大盈库钱，往往有铁钱相混，盖铸之精工，与铜钱相类也。（原注按《十国纪年·后蜀史》广政二十五年始铸铁钱，据此知铁钱是岁始铸矣，今不从）

《五代史·南汉世家》，梁贞明三年，刘龚即位，国号大赵，改元曰乾亨。又曰，龚初名岩，九年白龙见，又改名龑以应龙见之祥，有胡僧言识铁书，灭刘氏者龑也，龑乃采周易飞龙在天之文为龑字，音俨以名焉。《十国春秋》，南汉高祖乾亨重宝钱，二年，又铸铅钱，十当铜钱一。

《十国纪年·汉史》，刘龑以国用不足，铸铅钱，十当铜钱一。乾和后多聚铜钱，城内用铅，城外用铜，禁其出入，犯者抵死，俸禄非特恩不给铜钱。《言钱别录》曰，乾亨铅钱，背穿上件有作邕字，世误认为，邕，按邕州，今广西南宁府宣化县治。此类不问背平背字，形制甚杂，文字亦别，有似直书者，《泉志丛话》，各欲凭分度概举得乎？按今所见乾亨钱，铜品有通宝、重宝二种，铅品曰重宝，形制不一，有重宝二字传形者。

《十国春秋》卷三，天祚元年冬十月，加中书令徐知诰尚父太师大丞相，天下兵马大元帅，进封齐王，备殊礼，以昇、润、宣、池、歙、常、江、饶、信、海十州为齐国。《言钱别录》曰，大齐通宝，戴文节谓黄巢钱。夫大齐范出大唐，其时安得有大唐可摹，有以知其非也。陆果泉谓烈祖未复姓时，国号大齐，或其时铸，却胜戴说。吾若谓大齐何以仿大唐，人将谓大唐独不仿大齐欤？但李昇方诩德昌官布，固未当铸钱，意铸大唐时，因国先号齐，姑易一字，补铸称先，不必定出官家，不必强断大唐之前，曾铸大齐也。列其目于大唐钱后焉。戴保庭曰，大齐通宝，为戴文节《古泉丛话》之台柱（丛话除大齐外，少特稀品），宝上缺一角，曰破大齐，名振泉林，藏泉家虽爱之綦切，惜莫能得，有谓大齐不足为宝者，勿足与言赏鉴也。昔时有定是泉为黄巢铸，亦有定为徐知诰铸者，而以后说为可靠。考黄巢虽称齐帝，且拥有河南江西诸地，但泉制似十国时物，当时国号铸钱，前有大蜀，后有大唐等品，故近人张君罗君辈，均断为徐知诰在金陵称大齐时所铸后改大唐，即南唐，复姓李。文节公后裔，破大齐不知仍否保存，却不得而知。予于民国十四年春二月，与朱克壮君去鄱阳收买古泉。于四月二日下午，某杂货商人，有古泉约三百余，其他皆普通品，独杂此奇宝，遂选得之。朱君与予，欣喜欲狂。闻某商之子，于不久前，曾收此泉，钻以小眼四个，贯以鸡毛，作毽子踢玩，幸玩后去毛，仍将是泉归诸原串中，得不散失，是泉之得以大显于世，岂非有数存焉，若朱君与予，回鄱时休息半天，不再挂图搜杂，或作毽子后不再归串，是泉不将湮没而无闻乎？返申后，即以此归诸张君叔驯。张君藏泉冠绝世界，自得此泉，因号齐斋，迄今又十年余矣。是泉更无复发见者，能勿视为瓌宝乎？

《五代史·南唐世家》，李璟困于用兵，钟谟请铸大钱，以一当十，文曰永通泉货，谟得罪而大钱废。马令《南唐书》，钟谟改铸大钱，以一当十，文曰永通泉货。径寸七分，重十八铢，字八分书，背面肉好，皆有周郭。陆游《南唐书》，显德六年初七月，铸大钱，文曰永通泉货，一当十，与旧钱并行。

王圻《稗史汇编》，保大元宝，南唐元宗铸。《永乐大典·事林广记》，保大元宝，江南王李璟铸。郑家相曰，保大元宝钱，继泉汇及张氏钱志新编，各载平钱光幕一品，皆伪物也。然此钱在董元《钱谱》、张端《木钱录》已有记载，决非无据。十余年前，张叔驯氏得保大元宝大钱背天字一品，形制较天策府宝钱略小，与天德重宝背殷字钱相同，天字秀劲，制作浑重，决非伪作，背天字，独存楚马殷钱旧制，其为南唐李璟保大年间所铸无疑。

《十国纪年·唐史》曰，元宗以周师南伐，及割地，岁贡方物，府藏空竭，钱货益少，遂铸唐国通宝钱，二当开元钱一。马令《南唐书》曰，烈祖且殂，谓元宗曰，德昌官布亿万缗，以给军用，吾死善修邻好，北方有事，不可失也。及元宗即位，兵屡起，德昌泉布既竭，遂铸唐国钱，其文曰唐国通宝。陆游《南唐书》，显德六年，又铸唐国通宝钱，乾德二年三月，行铁钱，每十钱，以铁钱六权铜钱四而行。其后铜钱遂废，民间止用铁钱，末年，铜钱一值铁钱十。按唐国通宝，隶书，有篆书，有真书，隶书有极小一种。又有小铁铸，案书有大如当五者，传世绝少。

马令《南唐书》曰，元宗铸大唐通宝钱，与唐国钱通用，数年渐弊，百姓盗铸，极为轻小。《十国春秋》，元宗又铸大唐通宝，与唐国钱通用。《古欢斋泉说》曰，汇考论南唐铸大唐钱，必在铸唐国钱钱之先，谓其居然兴朝之制。余谓不然，必铸在唐国之后。正所以见其衰象，人必哀有不足。而后自满，恐人之小视，而后自大，此古今中外之恒情，不以南唐为然。考历代钱文，或纪铢两，或纪国号，无抑扬高下于其间也。当唐之初，不过曰通宝、元宝而已。至肃宗时，国势渐衰，恐民间因此轻视，则自尊之曰重宝。宋之初亦不过暂名之曰宋元，逮仁宗朝不及国初之盛矣，则改称曰皇宋，后世更改称曰圣宋。迨南渡后，朝廷小矣，转自尊之曰大宋。当元在沙漠时，自尊曰大朝，曰大元，及灭宋后，则无此称矣。明鲁王，藩封余烬耳，乃称曰大明。至越南伪号，则多曰圣宝，殆恐人以夷视之，故极自尊之，此皆陈迹可数，往事足征，其自满自大之故辙，不惜南唐不能超越，人情大抵然矣。

《五代史·南唐世家》曰，韩熙载又铁铸钱，以一当二。煜嗣立，乾德二年始用铁钱，民间所藏匿旧钱。旧钱益少，商贾多以十铁钱易一铜钱出境，官不可禁，煜因下令，以一当十。《泉志》钱若水曰，李氏据有江东之地，国用窘乏。建隆四年，其大臣韩熙载请铸钱，每十钱，即以铁钱六权铜钱四而行。至乾德开宝中，遂不用铜钱，民间但以铁钱贸易。至末年，铜钱一，直铁钱十。及李煜归朝，铁钱益无用。《言钱别录》曰，南唐开元，文字必小，轮郭特阔，有篆书、有隶书，成对品，隶书元字只左挑，故予谓对品钱盛于北宋，而宝始于南唐也。唐国通宝亦作篆隶，或篆直对。陶岳《货泉录》，元宗时，韩熙载上疏，请以铁为钱，大小一如开元通宝，文亦如之，徐铉篆其文，比于旧钱稍大，轮郭深阔，既而是钱大行，公私以为便。今所见只铜，旧谱且只录篆体，于阔郭隶体，不为辨出，盖据徐铉篆文一语，遂误认有篆无隶，更何论隶体者尚有背内郭平阔，有背穿上或穿下月，穿上星，星较巨，月或细或粗，并背月面加星点于元宝二字间，种类且繁。予得外郭阔至三分，则不能列入普通品。至旧谱所列铁开元，范取初唐钱，闻时与背作闽字大钱开元同出土，何如同归诸闽。若南唐铁铸，予有之，字小与铜铸类似，郭非平阔耳，铁篆未见。

《五代史·楚世家》曰，马殷请依唐太宗故事，开天策府，梁太祖拜殷天策上将军。《十国春秋》，楚武穆王乾化元年，铸天策钱，文曰天策府宝。张志引强台曰，马氏钱也。董遹曰，马殷据湖南八州地，建天策府，因铸天策府宝。余按此钱文曰天策府宝，铜质浑厚，文字明坦。史氏失其传，张董之说，当有所凭也。按天策府宝钱传世绝少，有铜钱二种，铁者较小，制亦较逊，又有背四出文及楚字殷字者，则不论铜铁，皆伪也。

《五代史·楚世家》曰，高郁讽马殷铸铅铁钱，以十当铜钱一。《十国纪年·楚史》，马殷始铸铅钱，行于城中。城外即用铜钱。贾人多销铅钱，持过江北，高郁请铸铁钱，圆六寸，文曰乾封泉宝，以一当十，钱既厚重，市肆以契券指垛交易。《湖南故事》，马殷置铁冶，铸大钱，可六寸圆，重非铢两，用九文为贯，文曰乾封泉宝，其文上乾，其数上九，遂通用焉。

洪遵《泉志》曰，余按此钱，文曰乾封泉宝，以铜为之，而楚史《湖南故事》，以为铁钱，岂当时铸铜铁二种耶？郑家相曰，乾封泉宝大钱，楚马殷铸，其面文袭唐高宗钱文，翁宜泉曰，殆取乾字为用九之义耶？有铜铁二种，铁铸流传尚多，铜铸绝少，铁铸背文有穿上天穿上策，及穿上下天府，以天府为少，又分阔缘狭缘，以阔缘为少，铜铸质亦厚重，色浑清白，制作极精，够圆藏背穿上天，齐应藏穿上下天府，惟背穿上策未见。按楚马殷据湖南八州地，建天策府，铸天策府宝钱，复袭唐钱文，铸乾封泉宝铜铁大钱，背著"天策""天府"等字，所以别之也。

《言钱别录》曰，乾元重宝，（大似当十）异唐制，仍隶书顺读，（元字右挑）质浑重，字雄伟，具见十国大钱风气。背郭尤似天策府宝，同是袭用旧文，于此顺读，无庸质疑。同是乾取用九之义，可乾封，何不可乾元？惟样较大，而外郭较细，是其不符处。即非当时所行，要为同是所作，审刻范之深，镕铜之精，竟可目为样钱，遂附马楚，以舍楚莫属，此鲍子年说钱之时代，宜以文字制作定也。郑家相曰，够圆藏铜铸乾元重宝大钱一品，形制较天策府宝钱尤大，质厚重，作金黄色，文字肥厚，元字右挑，予有铁铸大钱一品，钱形较铜铸略小，与铁乾封泉宝钱等大，文亦隶分，元字左挑，二钱皆具十国钱风味，当为马氏铸，既非乾封钱文，安知其不是乾元钱文耶？乾封乾元，同取乾字用九之义，或曰，马氏乾封钱，有背文以别之，此钱背无文，安知其非唐钱乎？曰，肃宗铸乾元重宝钱，不重轮者，为元年二年铸，大当十，小当一。重轮者为晚铸，大当五十，小乃盗铸。当时所铸皆铜，未闻有铁铸者。近见有乾元重宝小铁铸，当亦十国铸。且肃宗重轮大钱，其径仅寸，其值不过五十，而此钱既不重轮，厚大倍之，计其值，实类十国当百钱。唐固无此制作，其为马氏之物，有何疑焉？

陶岳《货泉录》曰，王审知铸大铁钱，阔寸余，甚粗重，亦以开元通宝为文，仍以五百文为贯，俗谓之，（力贺反）与铜铁并行。《十国春秋》，龙德二年，铸大铁钱，以开元通宝为文。按闽开元今流传绝少，有铜已二种，背各有穿上一巨星，及穿上闽字穿下仰月之分。《五代史·闽世家》曰，王延义立，改元永隆，铸大铁钱，以一当十。《十国纪年·闽史》曰，王延义永隆四年八月，铸永隆通宝大铁钱，一当铅钱百，《泉志》曰，余按此钱文曰永隆通宝，字文夷漫，制作不精，以铜为之，五代史不载钱文，十国史又还铜品，此钱计当时所铸。《言钱别录》曰，按永隆大钱，书体与背制，大别有二：一书率者，铜或铁，背闽……必小于钱铸，一书整者，铁背星，铜背平。《古泉汇》列真书犹小样一品伪。

《十国纪年·闽史》曰，王延政天德二年，铸天德通宝大铢钱一当百。《泉志》引董逌曰，建州王氏钱面文天德重宝，背文穿上有殷字。余按王延政以建州建国，称殷，故幕文为殷字，通宝重宝之异，亦当时铸此二品耳。

《说文月刊》，1940年第2卷第1期

中国历代货币沿革史

李蔚之

一、绪言

夫货币制度之发展与否,其影响国民经济亦大,而与国家之财政上、政治上之关系,亦颇为密切。是故一国货币制度完善,则国兴,反是则未有不败者,考之往古,征诸今世,历历不爽。此晚近以来,货币一科,虽为经济学中之一种专门学科,良有以也。盖货币制度之成立,不特为经济制度进化之借镜,亦为财政政治现象变迁之表征,苟吾人欲研究历来财政之状况,则对于货币制度方面,不能不加以重视。余忝为研究经济学者之一人,惟自愧学识简陋,安敢从事研究此难题,一得之愚,故不妨就正诸君子之前,倘蒙辱教,则获益多多!

昔管子有言曰,三币握之,非有补于暖也,食之非有补于饱也。先王以守财物以御人事,而平天下也,是命曰之衡。衡者,使勿一高一下不得有调也。吾人复考基尔得教授(Prof.Gide)曰货币之所以为货币者,饥不能以之食,寒不能以之衣,而有无上之权能者,以其欲衣则借之以得衣,欲食则借之以得食。是知货币者,乃交易之媒介(Medium of exchange),且为物价之标准也(Standard of Value)。细味其言,而与管子之言,适相符合。由此观之,吾人可知货币之为物,可为有价值之尺度之使命,证之古今而皆同,征诸东西无而以异也。

原夫货币之起源,虽不可得而知,惟必始于物物交换之时代,则无庸讳,读迈尔通史(Modern History)所载苏格兰(Scotland)以铁钉为交换,纽西兰(New Zealand)以干鱼,印度(India)以象贝,而我国则以鹿皮布为贸易之媒介。当是时也，人人均感不便使用。嗣是以后，群用贝壳之属以相易，以其便于使用，因之贝遂成为普通交易上之媒介物矣。《史记》云，龟贝金钱刀布之币，所从未久远，自高辛氏之前，其详靡得而记，又曰农工商交易之路通，而龟贝金钱之币兴焉。《汉书》则云金钱布帛之用夏殷以前其详靡记。《通典·食货志》则云，自神农列邻于国，以聚货帛，日中为市，以通有无，及禹以历山之金铸币，汤以庄山之金铸币，而货币制度已递演渐进矣，由是观之，货币之起源，自太昊时已肇其端，不益彰明较著乎！

二、汉以前之货币

炎帝神农氏，起于烈山，艺五谷，立市廛，日中为市，致天下之民，集天下之货，使为交易，其时固无所谓货币也，交易均以物物相易。至黄帝兴，始范金为货，制钱名金刀。以金、刀、泉、布、帛立为五币，以制国用，创中国货币起源之历史。自是时以迄商朝之末（纪元前一一二二年）除用贝壳为主要交易媒介物外，金银珠玉，一并通行。币分三等，珠玉为上，黄金次之，刀布为下，古之三币，即是此也。周兴太公作九府圜法，钱质为铜，外圆而孔方，轻重为铢，定黄金单位为斤，大可一立方寸。此外常用之钱，尚有多种，而流通最广者有三，像形立名，形如铲者曰泉，如钟者曰布，如刀者曰刀，金珠亦间有用之者。太公以后，百余年至周景王时，以钱轻，将铸大钱，单穆公极谏，勿听，卒铸大钱，文曰宝货肉钱（形也）好（孔也）皆有周郭（钱之边也）。秦始皇灭六国统一天下，更推广圜法，禁用贝壳珠玉银锡之属，分币为二等，一曰黄金，为上币，定重量之单位，名镒，重二十两；又名斤，重十六两。二曰铜钱，文曰半两，重如其文，此为采用纯金属货币之始。汉兴高祖以半两钱过重，不便于民，更铸荚钱，形如榆荚，重一铢，半径五分，禁止私铸，于是物价腾踊，米石万钱。文帝即位，复造四铢钱，文为半两，实重四铢，除盗铸之令，以致私铸迭起，如吴王濞、蜀邓通等均各拥铜山，铸钱千万，富埒王侯。货币过多，购买力下落，物价腾贵，此货币数量说（Quanlitytheory of Money）实现之一例也。高祖减轻货币重量，已误之于前。文帝解除私铸之禁，复误之于后，宜其币益紊乱，物价昂贵也。景帝时钱益多而轻，民间几以铸钱为业，其时钱形，一面有文，一面幕幕为质。奸民乃盗摩漫面，而取其铅屑，以更铸钱，其法狡谲，无从禁止也。武帝即位，造皮币，以方尺之白鹿皮，缘以藻缋为之。又造银锡，为白金三品，大者形圆而文龙，值三千；次者形方而文马，值五百；下者形椭而文龟，值三百。又令销半两钱，铸三铢钱，重如其文。重申盗铸之令。未几，有司言三铢钱轻，易作奸诈，流行不便，乃令郡国铸五铢，周郭其质，使奸民无摩取其鋊，后数十年，五铢铸出甚多价轻乃更铸赤仄钱，以一当五，凡赋官用，非此不得行。赤仄者所谓子绀钱是也，钱形如五铢，较大以赤铜为郭。宣帝时以赤仄钱贱废之。专令三官铸钱，民间非三官钱，均不许用，凡郡国铸钱者，悉禁之，以圆钱货之统一。王莽秉政，造大钱，重二分之一两，值五十；造契刀，值五百；又造蹻刀，值五千。三者与五铢并行后均罢之，改铸小钱，径六分，重一铢。篡位后，复大改钱法，作金银龟贝钱布之品，名曰宝货。凡五物，六名，二十八品。五物者，金、银、铜、龟、贝也；六名者，钱货、金货、银货、龟货、贝货、布货也；二十八品者，钱六品、金一品、银两品、龟四品、贝五品、布十品之谓也。复行值一之小钱，禁五铢，有挟之者，加以重罪。于是金融纷乱，农商失业，食货俱废，民不聊生矣，是为泉币极紊乱之时代。光武诛王莽之后，虽复行五铢，民赖其便，然新莽之货币，流毒民间者，殆六百年而未已也。

三、魏晋六朝之货币

两汉以来，货币极为发达，而尤有秩序者，则莫东汉若。魏文帝黄初二年，罢五铢钱，使民以谷帛为市，明帝因之。时民间巧伪者渐滋，竟有湿谷为图利者。又作薄绢以为布，虽处以严刑，而莫之能禁。乃因司马芝等议以为用钱，非特足以丰国用，且可以省刑罚。卒更立五铢钱，徒以三国分立，钱币行用不广，于是蜀铸值百钱，平诸物价，文曰值百。亦有勒为五铢者并径七分，重四铢。吴嘉平五年，铸当五百钱赤焉，元年又铸当千，民间不以为便。晋元帝渡江后，参用魏五铢钱，及孙氏赤乌旧钱，轻重杂行，大者谓之比轮，中者谓之四文。吴兴沈充又铸小钱，谓之沈郎钱。安帝元兴中桓元辅政，沿袭明帝之法，有司谏不可，乃止。宋文帝元嘉元年，立钱置法，铸四铢钱，文曰四铢，重如其文，轮郭形制，与五铢同。文帝以降，民间颇多盗铸，且剪凿古钱以取铜。孝武帝建初铸四铢，文曰孝建，一边为四铢，其后稍去四铢专为孝建。废帝时，铸二铢钱，文曰景和，形式转细，民间通用无轮郭，又磨鑢，如今之剪凿，谓之来子，尤轻薄者谓之荇叶，亦通用之。承光初沈庆之启通私铸，由是贱货之值，低落不堪。一千钱长不盈三寸，谓之鹅眼钱。比鹅眼钱劣者，谓之延环钱，入水不沉，随手破坏。数十万钱，不盈一掬，斗米一万，币制紊乱，不可究诘。明帝大始初唯禁鹅眼钱、延环，余皆通用，寻又仅用古钱也。梁初惟京都及三吴荆郢江襄益用钱，其余州郡，则杂以谷帛而为交易，较广之区，则全以金银为货。武帝时整饬钱法，初铸五铢二品，继铸铁钱，人以铁钱易得，并皆私铸。而其铸钱，内好用郭，文曰五铢，重四铢，三参三黍，其百文则重一斤二两。又别铸，除其肉郭，谓之公式女钱，径一寸，文曰五铢，重如新铸，五铢二品并行。民或以古钱交易者，其五铢径一寸一分，重八铢，文曰五铢。女钱径一寸，重五铢，无轮郭，郡县通用之。太平百钱二种，并径一寸，重四铢。后私铸盛行，所存铁钱如丘山，交易者以车载，车不复计钱。而物价因之腾贵，小民苦之，自陂领以东，八十为陌，名曰东钱。江郢以北，七十为陌，名曰两钱。京师以九十为陌，名曰长钱。大同元年诏通用足陌，令下而民不从，后遂以三十五为陌，而币制更不堪问矣。陈初承梁丧民之后，铁钱不行。先是，梁末有两桂钱及鹅眼钱，于时人杂用，其价则同，而冀州以北交易者，皆以绢布。河西诸郡杂用西城金银之钱，文帝元嘉五年，改铸五铢，初铸一当鹅眼十。宣帝大建十一年，又铸大货六铢，以一当五铢，三十与五铢并行还又当一，民皆以为不便，及帝崩，遂废六铢而行五铢矣。孝文帝铸太和五铢。宣武永平三年冬，又铸五铢，京师及诸州郡，钱或用或不用。逮于孝武，乃造五铢，随时改易，故钱有大小之品，后与五铢并行。永安二年，更铸，文曰永安五铢，听民自由铸造矣。北齐神武之初犹用五铢，厥后人民私铸体渐别，以州为名，有雍州、青州、梁州生厚古钱、河阳生涩天柱之称，惟以交易者，俱绢布，故帝乃依旧又更铸，流之四境，后同初尚用魏钱。及武帝保定五年，乃更铸布泉之钱，以一当五，与五铢并行。建德三年更铸五行大布钱，以一当一大收商贾之利，与布泉钱并行；四年又以边境之钱，民间盗铸，乃禁五行大布，不得出入；五年以布泉钱贱，而人不用，遂废之。至宣帝天成元年，又铸永通钱，以一当千，与五行大布五铢及三品并行矣。魏晋六朝时代，钱法之坏，可谓极矣，而其租税，亦曾以实物完纳者，盖亦奇观也。

四、唐代之货币

隋末，天下纷乱，群雄割据，钱币紊乱，亦达极点。民间私毁盗铸者甚多，钱薄如叶，每千几不及一斤之重，甚至铁片、皮纸，亦均以为钱。唐高祖定天下，乃废隋之五铢，铸开元通宝，径八分，重二铢四垒（十黍为垒，十垒为铢），每钱一千，重六斤四两，轻重大小，最为折中，是为通宝钱之始。开元通宝初行时，民称其便。以盗铸甚多，乃下令，好钱一文，买恶钱二文，以便收集，弊仍不息。高宗即位，乃改造新钱铸乾封泉宝，径一寸，重二铢六分，以一当旧钱之十。既而以谷帛踊贵，商贾不行，罢之。又下令，及非铁锡铜荡穿穴者，并许通行，于是钱币益紊乱矣。明皇平韦氏之乱，进用贤臣，铸开元通宝，重申恶钱之禁，凡钱重二铢四分以上者，乃得行，敛民间恶钱，尽镕而更铸之。然利之所生，害必随之。江淮间贵戚大商，以上有收恶钱之令，往往以良钱一易恶钱五载入长安，市井仍不胜其苦，加以玄宗末年溺于声色，百政废弛，以致天下盗铸迭起。铸有官炉偏炉之称，公铸者号官炉钱，一以当偏炉钱七八。江淮之间，偏炉钱有数十种，杂以铁锡，轻漫无复钱形，两京尤杂，有间眼、古文、线环之别，每贯重不过三四斤，至剪铁穿之，即谓钱一缗。唐代货币之乱，以是时为最甚。肃宗时铸大钱，文曰乾元重宝，径一寸，每缗重一斤，以一当十。又铸重轮大钱，一当五十，每贯重二十斤，与乾元重宝、开元重宝三品并行。既而以私铸过多，改乾元钱，一以当二，重轮大钱，一当三，寻又改为凡大小钱，均一当十。唐代之钱，以开元通宝为最得中，流行数百年，民鲜私毁之者。

通宝钱之外，尚有所谓飞钱者。飞钱始于宪宗，其时诸商贾至京师，委钱诸路进奏院，及诸军诸使富家，以轻装趋四方，乃取方，号曰飞钱，惟不盛行耳。

唐亡，天下大乱，枭雄四起，各据一方，货币种类，亦各有不同。楚王殷以湖南地方多铅铁，铸铅钱，唯流行仅能及于境内，商旅出境，无所用之，皆易他货以去。石晋时，听公私铸钱，质铜，不得杂以铅铁，每十钱重一两，文曰天福元宝。周郭威受汉禅，以民间销钱为器皿者过多，敕县长官铸钱。其时，南唐铸铁钱，有当十、当二两种，文曰唐国通宝。蜀以用度不足亦铸铁钱，是时，盖铁为最盛之时。自唐开元以至五季之末，民间所流行者，均为通宝，故可统称此时期为通宝钱时代。

五、宋代之货币

宋代币制，已由货币时代，递进于信用（Credit）时代，可谓我国币制史上一大进步也。太祖建隆三年，铸造宋通元宝，欲广为流通，故采用四法：其一为限一月内输送轻量恶钱于官，禁其流通于民间，以防物价之高涨，倘有逾期而不输送者，则处罚之。其二为凡私铸伪币者悉数没收。其三为铜钱不准输出于江南塞外及南番诸郡，违者，二贯以上徒刑一年；三贯以上，则处以死刑。太宗时铜钱之流通益广，太宗亲书淳化元宝作真、行、草三体。厥后，每改元必更铸以年号元宝为文，至于铜钱渡江及入川之禁，悉令撤废，遂生铜货缺乏、不易获得之弊，且四川之铁钱价值暴落，而使物价上腾之结果矣。太宗复于铁江、昇州、江西饶州、苏州、平江、安徽池州等处，各置钱监，其铸造额约三十以至八十万贯。其币名曰太平通宝（太平兴国元年）、淳化元宝（淳化元年）、至道元宝三种。惟原料供给缺乏，故于饶州、信州铜产地，使人民开采铜矿，又使饶州之水，平钱监销铜归钱，令京师居民，凡有铜器者，归诸官，复于广西平乐之贺州，购买锡块以为补救之策。迨真宗之世，所设钱监，比前代稍有增减，置饶州（永平）、池州（永丰）、江州（广宁）、建州之四监，每贯用三斤十两，铅一斤八两，锡八两，重五斤。至道中岁铸八十万贯。斯时原料告匮，凡人民有铸造五斤以上之铜器者处死刑。乃以犯法者众，以故令不能使行，遂改五十斤以上始处死刑，后以铸造额渐次增加，卒致铜价因之而下落矣。景德二年所铸之大铁钱，每贯二十五两，品位甚佳，价值因之而上腾。而大中祥符二年，益州钱监首先减轻铁钱之品值量目，以防镕销，并使便于人民之携带，乃当时铜价反行下落，而昔日铜钱一文值铁钱十文者，今则仅值四文至八文之多而已，宁非怪事耶。仁宗时，令于产铜地置钱监，故于部州天兴置永通监，兴元府西县置济远监，江州置广监，虢州置未阳监，商州洛南县江崖置阜民监，仪州置博济监等。而于皇祐年中，每年皆有铸造。景祐元年令铸新币，惟以成绩不良，寻即停止。盖因当时财库窘极，滥造薄恶钱币，又因县官对于大小钱之交换，从中谋利，而私铸之风，亦因之而盛行矣。英、神二宗时亦置铜监于各州，如衡州则有熙宁监，衢州置黎阳监，鄂州置宝泉监，惠州置阜监，惠州置安五监，江州置庆宁监，池州置永监，饶州置永平监，而兴国军则置富民监，其币额曰四，四六〇，〇〇〇贯。惟时各监散居诸地，制度有异耳（见《宋史》），神宗乃规定铜钱之品位量目，又设专官巡视各监，以谋钱币之统一。熙宁以后，私铸者又渐加多，以故货量增加，而物价遂为之最贵。七年改正法令，解除铜钱流出及销镕之禁，而货量增加之弊，得以无形消灭矣。降至高宗时，造建炎通宝，小平钱，当二钱，当三钱，及绍兴元宝小平钱，折二钱，折三钱之数种。绍兴十三年，铜器供给缺乏，于是令销镕旧钱，发掘冢墓，坏庐舍，又令民间铜器入官，因之铜器得以渐次加多焉。孝宗时，有淳熙元宝、乾道元宝、兴隆元宝之三种，设铜监十处，铸造额，年约二十万缗。大江之西、湖广等处，流通一种混沙泥之薄恶沙尾钱，乾道九年禁之。宁宗时，有庆元、嘉泰、嘉定开铸四种，又有小平钱折二钱，当三钱、当五钱之别。设铜监七处，年造六十万缗。嘉定七年，复罢同安监，铸铁钱。先是，孝宗乾道六年复置舒州同安监，铸铁钱，至帝嘉泰三年复罢。开禧三年，仍恢复之，未几又罢。十六年申严海舶漏泄铜钱之禁，至帝嘉定五年，禁日本、高丽商贾博易铜钱，又严其禁。理宗端平元年，以胆铜所铸钱不足，以经永久之用，故收旧钱之精致者泄于海舶，申严下海之禁。淳祐八年，禁毁铜钱。嘉熙四年，改元嘉熙，文曰嘉熙通宝、嘉熙重宝。厥后铜钱之种类杂混不堪，纸币滥发，铜钱多被富户贮藏销镕，或输国外，故有销镕与海之禁，并抑制输入以为补救之方也。综上以观，宋代币制，多沿前代之法，可述者寡，而其钞法，则有考证之价值，次而述之。

夫硬币之外，复有纸币。当真宗之世，蜀人以铁钱重，私造券名交子（亦名钱引，义与茶盐钞引同，故必积钱为本乃可通行）以便交易。复设调剂之法，一交一缗，以三年为一界而换之，是谓后世行钞票（Paper Money）之祖。盖交券分为同文长短二片，长曰质，短曰剂，其面额为三缗，三年一次兑换，而最长之兑换期间限六十五年为二十界，是知交子者为一种之有定期限与有一定金额之无利支付证券也。高宗六年罢交子务。先是，交子听商人自由发行，而发出者计十六户，后因商人滥发，卒至停兑，令复归官营。仁宗天圣六年，凡私人有滥造者悉数禁止之，又于益州置交子务，以专理交子发行事。当时发行额达二百二十五万六千余缗，流通于各区域，乃由蜀地而普及于陕西河东江南一带矣。神宗四年，陕西流通之交子，既终二十二界，仍不能实行兑现，而纸币价值遂而跌落，按《宋书·食货志》云，当时交子供给甚多，而钱不足，致价大贱云，亦一证也。迨徽宗大观元年，又改交子为钱引。时因军费浩大，只以滥发纸币，以充边费，无如基金不充，民不之信，卒至票价下落，是故设法以补救之。其一为延长年界，以免挤兑。其二为新旧票并用，互相调剂。其三为补水，以图弥缝于一时。及大观二年，收回陕西河东之钱引，以补救蜀票充斥之币时交子之价，一千文仅值一百，市价暴落如斯之甚，亦奇闻也。政和二年，票价下落，是以七折开始兑现，因之人民对于票券之信用程度不如从前之坚，而政府对此不得不设法有以调剂之。其一为设定兑换准备金五十万缗作兑现之用，倘有流用此项准备金者，即依法治之。其二为开始兑换，倘期满尚有钱存于市面者按照旧价买收之。其三为制限发行额（大观三年当收回四十二界之纸币时，仍令仁宗天圣年间之旧钱纸币发行，但不得滥发）。其时制限发行额为一百二十五万六千三百四缗。其四为减价收买之废除，盖以兑换而出以扣折，则足以使票价之下落，是以撤废从前减价收买票券之恶制。其五为旧引得依旧通行，凡未经兑现之票，俱能以高价收回，此当时救济之方也。迨南宋高宗时代，有交子、会子、钱引关子及公据等纸币，以及类似之纸币证券（《宋史》），是时钱引关子等极有流通，而交子几至绝迹。绍兴六年复置行在交子务，印行交子，乃因准备金不充实，信用不孚，寻即废止。盖会子与交子钱引相类似，其所不同者，仅其支付期限略有长短之殊耳。交子始通行于蜀，会子则以绍兴三十一年发生于两浙，后乃通行于湖北淮浙等处。并置会子务，其交通有不便者，得以会子纳赋。而民间之买卖亦以会子为之授受焉。然虽法定三年为界，而造新换旧，无偿还之期，实以楮为钱矣。建炎二年，于印州增印钱引，钱引流通额不过二百五十万缗，后增至四千一百九十余万缗，而其兑换准备，则仅七十万贯耳。孝宗元年，置江州会子务，乃因准备金不充，而发行额太巨，且也会子之纸质不细致，禁令太宽，致伪造之风益炽。遂严禁令，倘有使用伪造者，即处以死刑。凡百字及贯字之字迹明了者，应照旧额面予以兑换；倘有任意折扣者，则罚之，以示惩戒。无如当时滥发过巨，准备金缺乏，而票价遂日趋下落，莫知所止，于是乃急谋维持票价之方。其一为使准备金增加，以使人民之兑换。其二为限制滥发，倘敢私自滥发者，一经查出，即行处罚，或处死刑。其三为收回旧票，按具票面价额，换以新票，或以现金与之。其四为严行取缔伪造。其五为维持币价之责任，则命各处官吏，专负其责。其为法也，虽未臻完善，较之以前救济之方则胜一筹矣。光宗绍熙年间，发行会子二百万于两淮，继复发行交子一百万，除以铜币略为供给外，余悉以纸币为主币。至宁宗时命四川增印钱引五百万以充军实，而其发行额比诸从前格外激增。嘉泰三年，会子发行额达三千三百余万缗。嘉定二年，又发行一亿一千七百六十余万贯。十年又继续增发，约达二八，〇〇〇，〇〇〇缗之多，因之票价下落不堪，竟跌至票价十分之四或十分之一。溯自嘉定六年以内分为五次收回旧票，其票值得以维持，时纸币发行较少，惟因伪票充斥，严禁未见其效，物价腾踊，比前加倍，又设法以调剂之。其方维何，即（1）钱会中半制度，（2）会子专用制度，（3）界限严守制度，（4）换引及收回制度，以为之整理。其时为总理收回纸币事宜，故扩设会子务，更置监司于各地，以补其缺。此外又置监察御史以考察监司之良否，法至善也。度宗咸淳五年川引仍听民间自造，后下会版于成都。是时票价亦低落不堪，故定关子减落之禁以处罚之。又一面严禁类似纸票之私人信用证券，他方又制定纸票之法以救其弊。综上观之，当交子会子发行之初，准备金充实，遂通行而无碍。后因官以楮为利薮发行，漫无阻限制民间所交易通用者，无一而非楮，卒致货贱物贵，民生凋敝，而且伪造日滋，币制紊乱，寖以亡国，后之为国者，关于币制当加之注意可也。

六、元代之货币

元代货币，可考者厥唯宝钞。其法以物为母，以钞为子，子母二者，相权而行。世祖时，禁江南铸铜钱，造交钞。以丝为本，每银五十两，易丝钞一千两。诸物之值，并从丝例。既又发行中统元宝钞，其文分九等。以十计者四，曰一十文、二十文、三十文、五十文；以百计者三，曰一百文、二百文、五百文；以贯计者二，曰一贯文、二贯文，一贯准交钞一两，两贯准白银一两。未几以用白银日增，发行银钞，名曰中统银货，以文绫织之，分一两、二两、三两、五两、十两五等。至元十二年，加道厘钞，分二文、三文、五文三例。后二年，以其不便，罢之。二十四年，以钞法创行以来，物重钞轻，非所以利国富民之道，遂改造至元钞。自二贯至五文，分十有一等。每贯当中统钞五贯，与前者并行。又设金银平准钞法，每花银一两，入库之价为至元钞二贯，出库则二贯零五文；赤金一两，入库之价为二十贯，出库为二十贯零五百文。即金与银之比价，为十与一之比。武宗二年，改造至大银钞。自二两至二厘定为十三等。每两，准至宝钞五贯，白银一两，黄金一钱。定其价格，为至大银钞五倍，至元宝钞，至元又五倍中统钞。

元之钞法，至是盖三变矣。武宗殁后，仁宗以三种宝钞价值相距过远，轻重失宜，罢至大银钞，增至元钱及小额之中统钞，仍复旧法。顺帝即位，托克托专政，大更钞法。以中统交钞一贯，权铜钱一千文，历代铜钱，并可通用。行之未久，物价腾踊，至逾十倍，钞皆停滞，国用大乏，不能兑现，而至元钞中统钞，遂成不换纸币矣。终元之世，并未大铸铜钱，唯武宗时，曾铸至大通宝，一文准至大银钞一厘，而亦旋起旋废，能流行最久迄于元末者，则至元、中统二钞而已。

七、明代之货币

明代之货币，较之元代略为整理。所流行者，为铜钱、宝钞、银三种。太祖初置宝源局于应天，铸大中通宝，与历代铜钱并行。以四百文为一贯，四十文为一两，四文为一钱。定天下后复颁行洪武通宝钱，令各行省皆设宝泉局。钱分当十、当五、当三、当二、当一五等。当十钱，重一两，洪武二十二年更定钱式，每生铜一斤，须铸小钱百六十文。其后成祖铸永乐钱。宣德九年，铸宣德钱。弘治十六年，铸弘治钱。世宗时铸嘉靖钱，每文重一钱三分。万历四年，命户工部准嘉靖钱式，铸万历通宝，金背及火漆钱，每文重一钱二分五厘。同时，又铸镟边钱，每文重一钱三分，以之颁行天下。天启间铸泰昌钱。既又用王象乾之言，仿汉武白金三品之制，铸大钱，分当十、当百、当千三等。崇祯时，钱式尤不一，多而弥贱。乃议改革钱法。每文规定重一钱，每千钱值银一两。又令收古钱，尽销毁之。古钱，自隋季销毁后，至是凡再见。惜流贼猖狂，煤山变作，未能根本改革之也。

明之钞法，始于洪武之八年。其时，商贾沿元之旧，习用宝钞，而不便用钱。太祖乃立钞法，设宝钞提举司，分钞纸局、印钞局及宝钞、行用二库。造大明宝钞。分一贯、五百文、四百文、三百文、二百文、一百文六种。每钞一贯，准钱千文，或银一两。四贯，准黄金一两。商税课程，钱钞并收。后又增印，自十文至五十文之小钱钞，以便流通。十三年，立倒钞法。倒钞法者，以昏钞（即破损之钞）纳库，换易新钞之法也。计每贯酌收工墨值三十文。是时，钞出甚多，上复禁用钱，以至民间重钱轻钞，物价翔贵，钞益坏不能行，每贯折钱仅百六十文。钞价在洪武时，每银一两，当钱三五贯。永乐时，可当八十余贯。至正统时，可当千余贯，每贯不过值铜钱一二文。价之下落，殊可骇闻。自天顺以后，宝钞几无有用之者矣。弘治元年，以钞价不复，乃令户口食监俱改以银折收。分司收税，钞一贯折十三厘，钱七文折银一分。是时，钞久不行，钱亦大壅，乃专用银。崇祯六年，欲复行钞法，以流贼犯京师，遂不过行。自宋交子以后，以迄清初，钞法盛行，虽时铸铜钱，亦不过供小量交易之用。故可统称此时期为纸币时代。

八、清代之货币

清之货币制度固以银与铜为本位。以银权钱，以钱辅银，相为表里。是故一切通用币，数少者用钱以相授受，大宗交易则用银。而所发之银，例以纹银。至商民行使，自十成至七成不等。果有交易，则按照其成色以计算之，此当时之情形也。先是顺治元年置宝泉与宝源二局。铸顺治通宝钱，宝泉局岁铸钱解交户部，钱源局岁铸钱解交工部，时每文铸重一钱；二年改铸一钱二分；后又加至一钱四分，凡七文准银一分，旧钱以十四文准银一分。又命山西陕西诸省各开鼓铸局。明年，凡旧钱概禁不用。惟崇祯钱则许以行使，惟时伪钱杂出，奸民竞相盗铸，故下令禁止之。四年，以钱价过重，交易不便，原七文准银一分，改为十文准银一分，每百文准银一钱。八年，增定制钱，每文改铸重一钱二分五厘，而每百文仍准银一钱，未几又行钞贯之制。十年铸一厘字钱，每千文值银一两。倘民有私铸者，悉依法处治。十四年，定钱粮兼收银钱，故以银三钱三为标准。寻更定制钱，每文重一钱四分，背面加铸满文，一面铸宝泉满字，一面铸四汉字，曰顺治通宝，又仅令京局鼓铸，以防私造之弊。十八年，其一厘字钱暂令展限行使，而以前无一厘字旧钱买收之，交局销毁鼓铸，为杜伪造也。迨康熙元年，颁行康熙宝钱，与顺治通宝钱互使，明年令凡以前一厘字钱未销毁者，买收改铸。连年以来，令各省各行鼓铸，后以私销制钱与销钱作铜器者日众，遂定禁例。不旋踵而钱法渐弛，鼓铸者弊宝益滋，卒致钱币日少，币值昂贵，乃定宝泉、宝源二局，收买淘洗余铜，以绝毁钱之弊。二十三年，因销毁弊多，仍改为一钱，嗣因私铸竞起，钱市居奇，而价值参差不一，乃令交易务照定例，每银一两毋得不足千文之数。于四十一年，更定制钱，每文重一钱四分。而旧铸之小制钱，每千文准银七钱，其值既不一，是以小民对于重钱则私毁。对于轻钱则私铸，嗣以铜价加增，以致工本愈重，钱重铜多，徒滋销毁。而银钱之法价，因之而破坏无余，虽屡变法，以救其弊，终不能见诸效果也。厥后令京局暂行买收旧铜以资鼓铸，每斤定价银一钱，寻严禁毁诛变卖，又罢收买旧铜之令。迨雍正元年颁行雍正通宝钱，通行民间，四年严造用黄铜器皿之禁，无论大小轻重之器皿均不准以黄铜制造，限定三年将所有悉行呈报，不准虚陈，倘逾期不交者则接私藏禁物律以治其罪。明年，令宝泉、宝源二局，以所收之铜器得于额外加卯鼓铸，九年设立铜色对牌，以八成、八五成、九五成、十成分为四牌，厥后鼓铸钱文专为便民利用。而各省开铸，须一体照其式样，务令分两准足，以杜诸弊。有私毁与私铸者不时查获治罪，以儆效尤。迨及乾隆元年，颁行乾隆通宝钱，嗣停设铜色对牌，又罢黄铜器皿之禁。寻令铸钱之法，先将铜錾凿成重二钱三分者，曰祖钱；随铸造重一钱六七分不等者，曰母钱。又铸青钱，与黄铜钱相兼行使。十年，令除雇兑匠夫给发工钱外，一切卖买物料以及总置货物，俱应以银交易，盖因高下轻重，足以抵钱多寡，得以流转通用。而其式有海马形、花边形，分为大中小三者，大者重七钱有奇，中者三钱余，小者一钱余。又有十字形，有刻作人面者，或为金身，其背为宫室禽兽之类，环之以字，其所供给者，为荷兰、法郎西、英吉利、墨西哥输入者为多。嘉道而后渐次行于内地，是知当时确以银为交易之媒介者。及至咸丰时，币制稍见改革。咸丰三年以军饷告匮，铸当十、当五十、当百、当五百、当千之大钱，嗣是私铸竞起。翌年乃停止铸当千、当五百大钱。八年，收回大钱，而改铸制钱。时钱法极其紊乱，最重者为一钱四分，最轻者一分，而小民所通用者，则以小钱为多也。降及光绪，而货币极为复杂，有银币、铜币、纸币诸种，银元较生银为便，故内部商人多喜用之。十三年，始自铸银币，粤督张之洞奏请称广东全省皆用洋钱，波及广西、闽、浙、皖、鄂等省，以致漏卮无底，粤省拟造外洋银元，每元重漕平七钱二分，银元上面铸光绪元宝四字，圆边铸广东省造库平七钱二分十字，并用汉文洋文以便与外洋交易等语，是为中国自铸银元之始。后张督与广东水陆师提督方耀忤，帝诏张督督鄂，而鄂省亦从事鼓铸。

三十一年始，设户部造币总厂于天津，时讨论本位单位之争议，颇费时日，而论本位者，以美人精琦奇氏主张采金汇兑本位（Gold-Exchange Standard）为最有力。此外有金银复本位说（Gold and Silver Standard）、银本位说（Silver Standard），议论纷纭，莫衷一是。卒以银钱并用，时各省督抚以筹款维艰，铜元余利甚饶，亟谋推运广销，以济省库。各大吏遂视为入款大宗竞相鼓铸，减价发行。以致铜铅愈多购而价愈增，铜元愈多铸而价愈落，是故钱价贱而物价上腾势所必至，理有固然也。未几，户部奏请试办户部银行，以为推行币制之总枢纽，诏可之。遂颁布银行章程三十二条。三十一年，户部给事中彭述奏请仿西法发行银行钞票，并请户部先就北洋官报局，印制户部银行钞票。是为中央政府发行兑换券之始，而所用之钞票，大半告于美国。迨三十四年，改户部银行曰大清银行，资本加至一千万元，更定大清银行则例二十四条，乃当事者昧于国家银行之要义，惟图私利。而营业上弊窦丛生，甚至各处押款欠款毫无着落，乃至牵动商业以及金融市场，银行信用破坏不堪。而财政上受莫大之恶影响，此清代之所以至于亡也。宣统元年，令官商银行、钱号发行钱票，嗣发后未发者不准增发。二年，度支部拟定则例，采银本位制，卒未能实行。又改银为七钱二分，令商民一体，按法行使。三年，定兑换纸币则例，凡发行以及兑换，悉归大清银行办理，以图统一纸币，然未果行耳。有清末叶，币制改革，较之往昔，甚为进步，惟尚昧于货币原理，需供不调，而物价亦极其昂贵，小民生计维艰，终无善法以为补救，斯足憾焉。

九、现代流通之货币

现代之货币，民间所通用者有五，曰制钱、铜元、银元、银两、纸币，兹分别言之。

1. 制钱

制钱自太公九府圆法以后，种类繁多，不胜枚举。大约隋代以前，所通行者为五铢钱、四铢钱等，民间亦间有用铁钱者。李唐以降，所铸制钱均名通宝。重量不一，有重一钱以上者，有不及一钱者。清室入关以来，所铸制钱，亦名通宝，流通颇称顺利。光绪末年，创造铜元，轮廓精良，价值重量均颇相称，民间便之，而当局亦以铜元铸费，不及制钱之昂，有利可图，乃今各省大铸铜元，于是制钱用者益少，民间多有收买而熔毁之者。至民国二三年时，制钱之重量，较好者如顺治、康熙、乾隆等，已不可多见，市面所流通者，唯有道光、光绪之镕蚀小钱及沙钱数种。至今日几无有用之者。虽铜元甚多，制钱尽为销毁，以至无形绝迹，而物价腾贵，制钱无用（现时物价均以铜元一枚为起码数），亦未始非其一大原因也。

2. 铜元

铜元创于广东，始于光绪二十六年。初铸时，每枚当十，价值重量，均能相称，较制钱复利于携运，民间咸称其便。二十七年，以各省制钱缺少，不敷周转，而铜元行于广东，已具成效，乃谕令各省仿造，大铸铜元，与制钱相辅而行，规定每百枚当银元一枚，每枚抵制钱十文。三十一年，度支部奏请铸大清铜币四种，大者重四钱值二十文，重二钱值十文，又次重一钱值五分；最小者，重四分值二文。然能流通市面者，仅二十文、十文两种，及五文者少许而已。时两广、两湖、四川各省，均已大加鼓铸，不遗余力。计每省每月可出铜元数百万枚，加以官府以其有利可图，益为督促。至宣统时，铜元数目已有数十万万枚之多，铸出日多，价值下落，此不可免之事焉。民国元年，更铸开国纪念币，又铸国旗铜币，与大清铜币等，均一律通行。四年，统计十文铜元之流通额，为二百二十万万枚。铜币重量，渐次减少，与大清铜币，相差远甚。后又铸双铜元当二十文，分量实值，均不相称，前铜元日多，价益下落，以前规定百枚当一元，现已须三百枚左右矣。双铜元盛铸于湖南、湖北两省，北平一带，亦多铸之，与清光绪所颁之重四钱当二十之铜元迥异。名虽二十，实值犹不及单铜元。惟此项双铜，通用于湘鄂两省及京汉路一带，天津、北平等处。天津多用十枚、二十枚、五十枚之铜元票，双铜元亦多，多系东三省造。扬子江流域各商埠，自芜湖以下至上海，则无双铜元。四川铜元共有三种，值百文者，值五十文者，值二十文者，质多为黄铜。现时市面流通，以值百、值五十者为最多，值二十者亦有，不过惟数极少耳。贵州市面，用各省当十铜元，广东亦用单铜元。吾国各省所铸铜元，数既增多，式复歧异，苟不急起而改良之，其患不知伊于胡底也。

3. 银两

银两自周秦以来即有之，不过其时所用者，纯为未铸之生银。重量、成色、价值均无一定。以两为单位，往来授受，权之以秤，验之以石。自宋元以降，始有铸之为元宝及马蹄银者。马蹄银形如马蹄，以银条镕之于马蹄模型中，由一两至五十两，分四等。至光绪末年以来，洋元盛行，元宝之用，已不多见矣。

近来市面，除大条银外，作货币用者，种类甚多。由价格上分之者，有关平、库本、漕平三种。以地之不同而分者，则有北平之公砝，天津之行化，上海之规元。关平，一名海关银，海关用以权税之银也，他项商业之往来，决不用之。盖是项银完全为计算抽税时，就所收地通用银折合之一种虚银也。库平为国家所定，除关税外，一切租税，均准此计算，可谓中国最通用银两。漕平为上海之通用银两，所以计算海外汇兑率者也。上述三者，均系规定价格之虚银。三者之中，以关平价为最高，约每两可换八九规元一两一钱四合漕平二七银，一两三钱七分七厘。鹰洋一元，可合库平六钱八分四。通常以银元纳税，以洋一元五角，折合关平一两。下式为三者之比价：

关平 100 两 = 规元 111.40 两

关平 100 两 = 库平 101.6424 两

关平 100 两 = 行化 105.215 两

又库平 100 两 = 规元 109.60 两

漕平 100 两 = 规元 107.75 两

上海之规元，与北平之公砝、天津之行化各有不同。规元较行化公砝，价值略低。规元尚有划头银与汇划银之别，划头银者，外国银行与国家银行，华商银行收解之现银也。汇划银者，各钱庄同业上，或与华商各银行收解之过账银也。二者同属规元，而性质各异，至为复杂，唯此纯系上海钱业交易流通之银两，他省未有之也。

4. 银元

银元，为现时泉币流通最多之一种。我国古时，并无银元。有之，自乾隆五十九年始。其时中国已关口通商。外国之银元，如墨西哥，渐次流入。以滨海之江、浙、闽、粤诸省为多。价值既有一定，复无秤权石验之劳，民感其便。于是下令仿造，正面铸乾隆宝藏四字，纯用纹钱造成，重一两。每元以一钱作火工。光绪年，粤省试铸外洋银元，每元重漕平七钱三分，铸光绪元宝四字，是为中国采用外洋式铸造银元之始。二十二年，湖北试办。

二十四年，山东开铸。而江南、直隶、浙江、安徽、奉天、吉林等省亦均先后陆续铸造，其中成色较准者，唯广东、湖北两省。各省所铸银元，与外洋之鹰洋、人洋相辅而行。唯各自铸造，国家无一定之标准，每元之成色，不免紊乱。宣统二年，度支部始自厘定币制之举，三年令遵照则例，切实办理，定银元为国币，单位分一元、五角、二角、一角四种，一元重七钱二分，银占九成，即纯银六钱四分八厘，至是国币法规，渐臻完密矣。然则例虽订，而银两沿至今日尚不能废除，依然存在。外洋贸易，且以两为标准，二角五（四分之一）之小银币，亦未见诸实行亦不过昙花一现而已。计现时所通用者，为大清银币、袁头银币及中山银币、鹰洋、二角广东双毫等数种。本国国币，成色殊不一致。昔日人民反以外国鹰洋为良币，此由于造币局之不良，政府之不着意整顿，自民三厘订条例迄至今日，不唯不见进步，反而愈趋愈下，无怪乎金融之紊乱、国家之贫且落也。

5. 纸币

纸币可分国家纸币、银行兑换券、庄票三种。国家纸币，顺治之钞贯，咸丰之宝钞均属之。银行兑换券，始于光绪三十一年户部银行钞票，嗣后大清银行设立，发行大清银行钞票，各省均设有官钱局，发行钱票，分一串文、五百文、三百文、二百文、百文数种。民国以来，改为省立银行，而大清银行即行停办，另设中国银行及交通银行。民国十六年，国民政府建都南京后，又添设中央银行为国家银行。其余华商银行及省立银行，普设于上海及通商大埠。总之全国通用之钞票，唯中、交二行最多，其票面额为一元、五元、十元、五十元数种，此外尚有省立银行及钱庄之铜元票，流行于内地，津浦路一带，票面额为一百枚、五十枚、二十枚、一十枚数种。

银行券外，有所谓庄票者。庄票，凡稍大之商号即可发行之。性质与期票（Promisory Notes）相似，而流通与银行兑换券无异，零碎交易，以之授受，虽属便利，而所含危险甚大，盖商号资本不大，周转不灵，偶一倒闭，所发庄票，即不能收回，市面所受影响甚大，晚近此项庄票则不见多矣。

结　论

综上以观，吾人即知历代之盛衰，固有其他之背景，然货币亦未尝非其原因之一。吾国晚近以来，货币制度，亦觉紊乱，故统一货币、整理辅币、改良本位、安定物价、集中造币权及统一发行权，亦为当务之急，应宜于最短期间内设法统一主币、辅币，调剂通货供求。纸币发行权之所属与发行之方法与数量，尤须有详密之考量，而现今之准备亦应充足，以示信国人，而经促之发展，于是对内对外，决不现有经济恐慌之态，愿国府当局共图之。

本篇参考书：

《中国货币论》蔡受百译

《货银币行学》朱彬元著

《民国财政史（下册）》阳资宝士

《中国金融论》张辑颜著

《支那货币论》杨冕译

《三通》《宋书》《东方杂志》

《史记》《元史》《银行月刊》

《宋史》《册府元龟》

《汉书》《源流至论续集》《皇朝通考》

《三国志》《事物纪原》Chinese Currency and Banking S.R.Wagel.

《唐书》

《唐会典》

《东吴》，1933年第1期

中国历代货币之沿革

侯厚培

一、汉代以前之货币

炎帝神农氏，起于烈山，艺五谷，立市廛，日中为市，致天下之民，集天下之货，使为交易。其时固无所谓货币也；交易均以物物相易。至黄帝兴，始范金为货。制钱，名金刀。以金、刀、泉、布、帛立为五币，以制国用，创中国货币起源之历史。自是时以迄商朝之末（纪元前一〇五〇年），除用贝壳为主要之交易媒介物外，金银珠玉，一并流通。币分三等：珠玉为上，黄金次之，刀布为下。古之三币，即此是也。周兴，太公作九府圜法，钱质铜，外圆而孔方，轻重以铢。定黄金单位为斤，大可一立方寸。此外常用之钱，尚有多种，流通最广者有三，像形立名，形如铲者，曰泉；如钟者，曰布；如刀者，曰刀。金珠亦间有用之者。太公之后，百余年，至周景王时，以钱轻，将铸大钱。单穆公极谏，勿听，卒铸大钱，文曰宝货，肉（钱形也）好（孔也）皆有周郭（钱之边也）。秦始皇灭六国，统一天下，更推广圜法，禁用贝壳、珠玉、银锡之属。分币为二等：一曰黄金，为上币，定重量之单位，名镒，重二十两，又名斤，重十六两。二曰铜钱，文曰半两，重如其文，此为采用纯金属货币之始。汉兴，高祖以半两钱过重，不便于民，更铸荚钱，形如榆荚，重一铢，半径五分，禁私铸。于是物价腾踊，米石万钱。文帝即位，复造四铢钱，文为半两，实重四铢。除盗铸之令，以致私铸蜂起。如吴王濞、蜀邓通等，均各拥铜山，铸钱千万，富埒王侯。货币过多，购买力下落，物价腾贵，此货币数量说（Quantity Theory of money）之原理也。高祖减轻货币重量，已误之于前，文帝解除私铸之禁，复误之于后，宜其币益紊乱，物价昂贵也。景帝时，钱益多而轻，民间几以铸钱为业。其时钱形，一面有文，一面幕幕为质。奸民乃盗摩漫面，而取其镕屑，以更铸钱。其法狡谲，无从禁之也。武帝即位，造皮币，以方尺之白鹿皮，缘以藻缋为之。又造银锡，为白金三品。大者形圜，而文龙，值三千。次者形方，而文马，值五百。下者形椭，而文龟，值三百。又令销半两钱。铸三铢钱，重如其文。重申盗铸之令。未几，有司言三铢钱轻，易作奸诈，流行不便。乃令郡国铸五铢，周郭其质，使奸民无法摩取其镕。后数十年，五铢铸出甚多，价轻。乃更铸赤仄钱，以一当五。凡赋官用，非此不可得行。赤仄者，所谓子绀钱是也。钱形如五铢，较大，以赤铜为其郭。宣帝时，以赤仄钱贱，废之。专令上林三官铸钱。民间非三官钱，均不许用。凡郡国铸钱者，悉禁之。以图钱币之划一。王莽秉政，造大钱，重二分之一两，值五十。造契刀，值五百。又造错刀，值五千，三者与五铢并行，后均罢之。改铸小钱，径六分，重一铢。篡位后，复大改钱法，作金、银、龟、贝、钱、布之品，名曰宝货，凡五物、六名、二十八品。五物者，金、银、铜、龟、贝也。六名者，钱货、金货、银货、龟货、贝货、布货也。二十八品者，钱六品、金一品、银二品、龟四品、贝五品、布十品之谓也。复行值一之小钱。禁五铢。有挟之者，加以重罪。于是金融纷乱，农商失业，食货俱废，民不聊生矣。是为帛币极紊乱之时代。光武诛王莽之后，虽复行五铢，民赖其便，然新莽时之货币，流毒民间者，殆六百年而未已也。

二、晋魏六朝之货币

货币中，流行最广者，唯五铢钱，重量一定，民间便之，故废而复兴者数次。汉献帝时，董卓秉政，复坏五铢，更铸小钱。于是物价腾贵，谷石至数万钱。三国时，孙吴铸当十、当五百大钱两种。董卓小钱，至魏武为相时，罢之，还用五铢。魏文时，复罢五铢，使百姓以谷帛为市。明帝更铸五铢。数千年间，五铢兴废，凡三次焉。晋自并吞吴蜀以后，货币不闻有所更改。所可考者，有比轮钱，四文钱，二者均孙氏之旧钱，轻重不一。大者谓之比轮，中者谓之四文，均盛行于中原丧乱、元帝即位之时。此外，又有吴兴沈充者，铸小钱，名曰沈郎钱。桓玄辅政，以货币销毁私铸，弊端百出，乃废钱，用谷帛以为交易。宋刘裕受禅，铸四铢，复铸二铢，前后凡七变。

后数十年，萧梁代齐。其时，除京师、三吴、荆郢江湘梁益多用铜钱外，其余州郡，仍杂用谷帛以为交易。武帝时，乃铸五铢，肉好周郭，重如其文。又令铸较小之钱，除其肉郭，谓之女钱。二者并行。唯古钱过多，轻重不一，百姓复有私造钱以为交易者，故其时流行者，有直五百铢、五铢女钱、太平百钱、定平百钱、五铢稚钱、五铢对文等。种目繁多，益为淆杂，虽绳之以法不能禁。普通中，有建议者，谓："帛币不一，新钱为古钱所逐。欲免此币，非根本改革弊材废铜用铁不可。"和之者众，于是改铸铁钱。是为中国用铁铸钱之始。然铜钱流行已久，数量甚多，断非一时所能改革。且铁贱而易得，民皆私铸，以致铁钱多如丘山。交易者，唯以贯计，不复计数，其流毒之深，良非浅鲜也。其时钱价各有不同，自破岭以东，八十为百，名曰东钱；江郢以上，七十为百，名曰西钱；京师以九十为百，名曰长钱。梁末，又有所谓两柱钱（较重），鹅眼钱（较轻）云。陈初，铁钱不行，沿用鹅眼；又改铸五铢，一以当鹅眼之十。又铸大货六铢，一以当五铢之十。陈亡，始废。

六朝时，南北分割。北朝钱币，较南朝略为整理。魏太和时，以大钱小钱之不便，行太和五铢钱。民欲铸者，听就官炉。铜必精炼，无得淆杂。泉币始有起色。永安中，有高道穆者上表，谓："以前五铢，币制极轻，有五铢之名，而无二铢之实，置之水上，殆不欲沈，非改铸不可。"魏主从之。改铸永安五铢钱。一斤七十文，官民并铸。于是钱价增高，民间无利可图，私铸者渐次止息矣。周齐之间，先后所铸钱，凡四种：一曰常平五铢，重如其文。二曰布钱之钱，以一当五。三曰五行大布钱，以一当十。四曰永通万国钱，以一当千。民间私钱，则有赤熟、青熟、细眉、赤生等种，名目繁多，轻重不等。其时又杂用古钱及西域金银钱。隋兴，文帝励精图治，大加改革。更铸五铢钱，背面肉好，皆有周郭。每一千，重四斤二两。悉禁古钱及私钱，没官销毁。自是钱币始能划一，民间便之。是为货币统一之时代。周秦以降，迄于隋末，泉币虽种类甚多，废兴不定，然能行之最久、轻重得宜、便利人民者，厥唯五铢。故可统称此时期为五铢钱时代。

三、唐代五季之货币

隋末，天下纷乱，群雄割据，钱币紊乱，亦达极点。民间私毁盗铸者甚多。钱薄如叶，每千几不及一斤之重。甚至铁片、皮纸，亦均以为钱。唐高祖定天下，乃废隋之五铢，铸开元通宝，径八分，重二铢四絫（十黍为絫十絫为铢）。每钱一千，重六斤四两，轻重大小，最为折衷。是为通宝钱之始。开元通宝初行时，民称其便。后以盗铸甚多，乃下令，好钱一文，买恶钱二文，以便收集。弊仍不息。高宗即位，乃改造新钱。铸乾封泉宝，径一寸，重二铢六分，以一当旧钱之十。既而以谷帛踊贵，商贾不行，罢之。又下令，凡非铁、锡、铜荡穿穴者，并许行用，于是钱币益紊乱矣。明皇平卫氏之乱，进用贤臣，重申恶钱之禁。凡钱重二铢四分以上者，乃得行。敛民间恶钱，尽镕更铸之。然利之所生，害必随之。江淮间，贵戚大商，以上有收恶钱之令，往往以良钱一易恶钱五，载入长安，市井仍不胜其苦。加以玄宗末年，溺于声色，百政废弛，以致天下盗铸蜂起。铸币有官炉、偏炉之称。公铸者，号官炉钱，一以当偏炉钱七八。江淮之间，偏炉钱有数十种。杂以铁锡，轻漫无复钱形。两京尤杂，有鹅眼、古文、线环之别。每贯重不过三四斤。至剪铁穿之，即谓钱一缗。唐代货币之乱，以是时为最甚。肃宗时，铸大钱，文曰乾元重宝，径一寸，每缗重一斤，以一当十。又铸重轮大钱，一当五十，每贯重二十斤，与乾元重宝、开元重宝，三品并行。既而以私铸过多，改乾元钱，一以当二。重轮大钱，一当三。寻又改为凡大小钱，均一当一。唐代之钱，以开元通宝为最得中，流行数百年，民鲜私毁之者。

通宝钱之外，尚有所谓飞钱者。飞钱始于宪宗，其时诸商贾至京师，委钱诸路进奏院，及诸军诸使富家，以轻装趋四方，合券乃取之，号曰飞钱。唯不盛行耳。

唐亡，天下大乱，枭雄四起，各据一方。货币种类，亦各有不同。楚王殷以湖南地多铅铁，铸铅钱。唯流行仅能及于境内，商旅出境，无所用之，皆易他货以去。石晋时，听公私铸钱。质铜，不得杂以铅铁。每十钱重一两，文曰天福元宝。周郭威受汉禅，以民间销钱为器皿者过多，敕县官铸钱。其时，南唐铸铁钱，有当十、当二两种，文曰唐国通宝。蜀以用度不足，亦铸铁钱。是时盖铁钱最盛之时。自唐开元以至五季之末，民间所流行者，均为通宝，故可统务此时期为通宝钱时代。

四、宋辽金之货币

甲　宋代之货币

宋承周唐之后，仍沿旧制，以通宝为名。钱币流行，有铜铁二种。行之最久者，唯小平钱。后又出乌背漉洞钱、夹锡钱二种。太祖时，铸宋通元宝。并悉禁诸州轻小恶钱，及铁钱。太宗铸淳化元宝。自后，每改元，即更铸，皆曰元宝，而冠以年号。仁宗时，命凡货币，均以皇宋通宝为名。币质均用铜。铁钱以其重而质贱，令悉禁之，唯蜀行用如故。蜀钱比价，铁钱十为铜钱一。未几，福建产铜数少，令建州铸大铁钱。江、池、饶、仪等州，则铸小铁钱。河东钱三当铜钱之一。其时铸钱，凡用铜三斤十两、铅一斤八两、锡八两，可得千钱，重五斤。建州铜钱，则增铜五两，减铅如其数。景祐时，有三司度支判官许申者建议，以铜铁混合铸钱，用铜三成，铁六成。诏用其法。唯铜铁混合，质甚流涩，而多不就，以至工多而出钱少，故不久即罢之。崇宁中，废小平钱及折五钱。更立钱纲验样法。当十钱每缗用铜九斤七两有奇，铅半之，锡居三分之一。颁其法于诸路。后以小平钱便民，不能废，遂命江池饶建诸州，以八分铸小平，二分铸当十钱。其时，有宋乔年者，创乌背漉洞钱，其法甚善。诏以其法颁之诸路。夹锡钱则起于蔡京一折铜钱二，其法，每缗用铜八斤，黑锡半之，白锡又半之。京罢政后，有司以扰民为言，乃罢之。

宋代货币，铁钱多用于边地，内地则多用铜钱。铜铁钱之外，又有所谓交子者。交子即钱券之一种，始于蜀。真宗时，蜀人患铁钱之不便贸易，乃设质剂之法，以楮作券，一交一缗（票面额为一缗，即一贯，额面千钱，实只七百七十文）。三年为一界而换之。六十五年为二十二界，谓之交子。是为中国纸币之起源（按纸币起源于唐之飞钱，其真正具纸币之形式，为法律所允许者，则始自交子）。交子以后，有会子、盐钞、茶引、钱引各种，均有纸币之意。盐钞，茶引与交子略有不同，乃易货之券，非贸易之媒介。盐钞始于仁宗。其时，用兵西夏，国库空虚，乃以解池之盐偿债，发引盐钞。每钞在边郡当钱四贯八百，可请盐二百斤。茶引即茶券，与盐钞并行，流通便利，发行甚多。关子、念子，创于南宋。性质与交子同，不过立名稍异。唯念子限年兑换，发行有额，故较有特点。关子自会子发行后，即已停止。钱引体如交子。蔡京改盐法，即以之代盐钞，行于陕西。四川之交子，亦改为钱引，继续行用。唯以兵革连年，发行过滥，价值大落，每贯仅值铁钱四百以下。综观南宋货币，实以会子为主，虽间铸铜钱，不过以供零碎之交易耳。

乙　辽之货币

契丹旧俗重游牧，分部落，富以马计，逐水草而居，民无定所，亦无货币之交易。自耶律氏兴盛以来，制造日增，经费日大，始设监铁转运使及度支钱帛诸司。色勒迪为额而奇木时，始铸钱。太祖袭用之。至景宗时，以旧钱不足，铸乾亨新钱。圣宗又铸太平钱。新旧并用。道宗之世，钱有四等，曰咸雍，曰太康，曰大安，曰寿隆，皆因改元而易名也。

丙　金之货币

金之货币，可分铜钱、交钞二种。初起时，用辽宋之旧钱。正隆三年，始置宝源、宝丰，利用三监铸钱，文曰正隆通宝，轻重等于宋之小平钱，而肉好过之。十六年，又铸大定通宝。字文肉好，过于正隆钱。盖其料微用银也。泰和三年，铸大钱，一直十，文曰泰和重宝。字篆，背文为二螭虎。金代多用交钞，故铸钱甚少。

交钞始于贞元间。迁都之后，行钞引法，设印造钞引库及交钞库。钞形如纸币，分大钞、小钞二种：大钞票面额，定为一贯、二贯、三贯、五贯、十贯五等。小钞分一百文、二百文、三百文、五百文、七百文五等。流行以七年为限，限满，纳旧易新，其法与宋之交子相似。章宗即位，罢七年一换之制，凡交钞均可永久流通。唯文字磨灭不现者，则可至库司换易新钞，每贯取工墨费十五文。后改为不计贯数，每纸取八文。明昌三年，恐交钞滥发，下令民间流转，当限其数，毋令多于现钱。未几，又令以银辅钞而行。旧例，银每锭五十两，值钱百贯。后以民间有裁凿之者，其价亦随之低落。至是改铸银，名曰承安宝货。自一两至十两，分五等。每两折钱二贯，以代钞本，救济其停滞之弊。泰和以后，交钞所出数多，艰于流转，而上复加以限制，一贯以上，只许用银及宝货。以致价值下落，不可复振。溃河之役，至以钞八十四车，为军赏。交钞之贱，几不能收拾矣。宣宗时，改交钞为贞祐宝券，冀设法救济。然金室自多故以来，所负军费，全赖交钞宝券。钞出日多，价值益落，加以银钞并行，银高钞贱，民间既苦银贵，复苦钞多。流毒之深，已无可救药矣。

五、元代之宝钞

元代货币，可考者厥唯宝钞。其法以物为母，以钞为子。子母二者，相权而行。世祖时，禁江南铸铜钱，造交钞。以丝为本，每银五十两，易丝钞一千两。诸物之值，并从丝例。既又发行中统元宝钞。其文分九等。以十计者四，曰一十文、二十文、三十文、五十文；以百计者三，曰一百文、二百文、五百文；以贯计者二，曰一贯文、二贯文。一贯准交钞一两，两贯准白银一两。未几，以用银日增，发行银钞，名曰中统银货，以文绫织之，分一两、二两、三两、五两、十两，五等。至元十二年，加道厘钞，分二文、三文、五文，三例。后二年，以其不便，罢之。二十四年，以钞法创行以来，物重钞轻，非所以利国富民之道，遂改造至元钞。自二贯至五文，分十有一等。每贯当中统钞五贯，与前者并行。又设金银平准钞法：每花银一两，入库之价为至元钞二贯，出库则二贯零五分；赤金一两，入库之价为二十贯，出库为二十贯零五百文。即金与银之比价，为十与一之比。武宗二年，改造至大银钞。自二两至二厘，定为十三等。每两准至元钞五贯，白银一两，黄金一钱。定其价格，为至大银钞五倍至元宝钞，至元又五倍中统钞。元之钞法，至是盖三变矣。武宗殁后，仁宗以三种宝钞，价值相距过远，轻重失宜，罢至大银钞，增印至元钞及小额之中统钞，仍复旧法。顺帝即位，托克托专政，大更钞法。以中统交钞一贯，权铜钱一千文。历代铜钱，并可通行。行之未久，物价腾踊，至逾十倍。钞皆停滞，国用大乏，不能兑现。而至元钞中统钞，遂成不换纸币矣。

终元之世，并未大铸铜钱。唯武宗时，曾铸至大通宝，一文准至大银钞一厘，而亦旋起旋废。能流行最久，迄于元末者，则至元、中统二钞而已。

六、明代之货币

明代货币，较之元代，略为整理。所流行者为铜钱、宝钞、银三种。太祖初，置宝源局于应天，铸大中通宝，与历代铜钱并行。以四百文为一贯，四十文为一两，四文为一钱。定天下后，复颁行洪武通宝钱，令各行省皆设宝泉局。钱分当十、当五、当三、当二、当一五等。当十钱，重一两。洪武二十二年，更定钱式，每生铜一斤，须铸小钱百六十文。其后，成祖铸永乐钱。宣德九年，铸宣德钱。弘治十六年，铸弘治钱。世宗时，铸嘉靖钱，每文重一钱三分。万历四年，命户工部准嘉靖钱式，铸万历通宝，金背及火漆钱，每文重一钱二分五厘。同时，又铸镟边钱，每文重一钱三分，以之颁行天下。天启间，铸泰昌钱。既又用王象乾之言，仿汉武白金三品之制，铸大钱，分当十、当百、当千三等。崇祯时，钱式尤不一，多而弥贱。乃议改革钱法，每文规定重一钱，每千钱值银一两。又令收古钱，尽销毁之。古钱，自隋季销毁后，至是凡再见。惜流贼猖獗，煤山变作，未能根本改革之也。

　　明之钞法，始于洪武之八年。其时，商贾沿元之旧，习用宝钞，而不便用钱。太祖乃立钞法，设宝钞提举司，分钞纸局、印钞局及宝钞、行用二库。造大明宝钞，以桑穰为料，高一尺广六寸，质青色，外为龙文花栏，横题其额曰大明通行宝钞。分一贯、五百文、四百文、三百文、二百文、一百文六种。每钞一贯，准钱千文，或银一两；四贯，准黄金一两。商税课程，钱钞并收。后又增印，自十文至五十文之小钱钞，以便流通。十三年，立倒钞法。倒钞法者，以昏钞（即破损之钞）纳库，换易新钞之法也，计每贯酌收工墨费三十文。是时，钞出甚多，上复禁用钱，以至民间重钱轻钞，物价翔贵，钞益坏不能行。每贯折钱仅百六十文。钞价在洪武时，每银一两，当钞三五贯。永乐时，可当八十余贯。至正统时，可当千余贯。每贯不过值铜钱一二文。价之下落，殊可骇闻。自天顺以后，宝钞几无有用之者矣。弘治元年，以钞价不复，乃令户口食盐俱改以银折收。分司收税，钞一贯，折银三厘。钱七分，折银一分。是时，钞久不行，钱亦大壅，乃专用银。崇祯十六年，欲复行钞法，以流贼犯京师，遂不果行。自宋交子以后，以迄清初，钞法盛行，虽时铸铜钱，亦不过供小量交易之用。故可统称此时期为纸币时代。

七、清代之制钱

　　清代自太祖太宗以来，即有铸钱之令。天命元年，铸天命通宝钱。天聪元年，铸天聪通宝钱。依古之九府圜法，铸钱二品，轮郭外周，均甚完美。入关后，设宝泉、宝源二局。宝泉属户部，宝源属工部。铸顺治通宝，每文重一钱，颁其制于河南、陕西、直隶一带。令开局鼓铸。二年，改为每文重一钱二分，七文准银一分，旧钱以二当新钱之一；又禁用前代旧钱。四年，更定钱直，每十文，准银一分。八年，改定钱制，每文重一钱二分五厘。行钞贯之制，造钞数十万行用。十年，铸一厘字钱。每千文，准银一两，面刻汉文一厘二字。十五年，以私铸甚多，钱多壅滞，乃命各省停铸，以资划一。令京师钱局铸顺治通宝钱，较旧钱体质，略加阔厚，每钱重一钱四分。十七年，以交通阻隔，钱难流通，复令各省鼓铸局开铸。康熙即位，铸康熙通宝。以钱出过多，价值下落，又令各省停铸。并令收买一厘字钱，每斤给值六分，以便改铸。钱重一钱，谓之康熙小制钱，名京墩。四十八年，以私铸竞起，仍复一钱四分之制。钱式改铸，务令分量准足，以杜弊端。每千文，准银一两。其先所铸之京墩，每千准银七分。雍正即位，铸雍正通宝，与顺治康熙大小制钱并行。四年，分宝泉局为四厂：旧厂为公署，收贮铅铜；西厂置炉十四座；东厂及南北二厂，各置炉十二座。共置炉五十座，以便鼓铸。又以铜产甚少，令禁以黄铜造器具，违者治以重罪。钱质铅铜各半。每银一两，止许换制钱千文。令江西、浙江、湖北、湖南各省开铸。十二年，复定钱制，每文重一钱二分。乾隆元年，颁行乾隆通宝钱，重如雍正十二年之例。除用黄铜器具之禁。二十四年，平回部，令户部颁发钱式，用红铜铸钱，重二钱，文曰乾隆通宝，以易回部旧钱（回部旧钱，质为红铜，名普尔，重二钱，钱形小而厚，外有轮郭，中无孔。五十文直银一两），更铸，以资回众之用。嘉庆元年，铸嘉庆通宝。清室钱，咸以通宝为名，而冠以年号。咸丰三年，以兵饷不足，铸大钱，分当千、当五百、当百、当五十、当十五种。当千者，重二两。后以不能流通，乃令只铸当十、当五二种，当百、当五十少数而已。又改制钱重量为八分。同治即位，仍沿八分之制。采用洋铜，以资鼓铸。光绪年，仍铸当十大钱（实抵制钱二文）及一文制钱。三十一年，改制钱重为六分。三十四年，复减至三分二厘。其时，各省已大铸铜元，民咸便之。铜元日多，制钱之用日益少矣。

清代制钱，轻重得当，而钱之多寡，俱准银之重轻以为上下。故终清之世，制钱流通如一，即盗铸者亦不及前代之多云。

八、现代流通之货币

现代之货币，民间所通用者有五，曰制钱、铜元、银元、银两、纸币。

兹各分别言之。

甲　制钱

制钱自太公九府圜法以后，种类繁多，不胜枚举。大约隋代以前，所通行者为五铢钱、四铢钱等，民间亦闻有用铁钱者。李唐以降，所铸制钱，均名通宝。重量不一，有重一钱以上者，有不及一钱者。清室入关以来，所铸制钱，亦名通宝，流通颇称顺利。光绪末年，创造铜元，轮廓精良，价值重量，均颇相称，民间便之。而当局亦以铜元铸费，不及制钱之昂，有利可图，乃令各省大铸铜元，于是制钱用者益少。民间多有收买而镕毁之者。至民国二三年时，制钱之重量，较好者如顺治、康熙、乾隆等，已不可多见。市面所流通者，唯有道光、光绪之镕蚀小钱及沙钱数种。至今日，则除邮局间以找尾数及广东仍略参用外，几无有用之者。虽铜元甚多，制钱尽为销毁，以至无形绝迹，而物价腾贵，制钱无用（现时物价几至以铜元一枚为起码数），亦未始非其一大原因也。

乙　铜元

铜元创于广东，始于光绪二十六年。初铸时，每枚当十，价值重量，均能相称；较制钱复利于携运，民间咸称其便。二十七年，以各省制钱缺少，不敷周转；而铜元行于广东，已具成效，乃谕令各省仿造，大铸铜元，与制钱相辅而行。规定每百枚当银元一枚，每枚抵制钱十文。三十一年，度支部奏请铸大清铜币四种：大者，重四钱，值二十文；次，重二钱，值十文；又次，重一钱，值五文；最小者，重四分，值二文。然能实行者，仅二十文、十文两种，及五文者少许而已。时两广、两湖、四川各省，均已大加鼓铸，不遗余力。计每省每月可出铜元数百万枚。加以官府以其有利可图，益为督促。至宣统时，铜元数目已有数十万万枚之多。铸出日多，价值下落，此不可免之事也。民国元年，更铸开国纪念币，又铸国旗铜币，与大清铜币等，均一律通行。四年统计所出十文铜币之流通额，为二百二十万万枚。铜币重量，渐次减少，与前大清铜币，相差远甚。后又铸双铜元，当二十文，分量实价，均不相称。铜元日多，价益下落，以前规定百枚当一元，现已须百三四十枚矣。双铜元盛铸于湖北、湖南两省，京师一带，亦多铸之，与清光绪所颁之重四钱当二十之铜元迥异。名虽当二十，实值犹不及单铜元，以至单铜元渐次绝迹。两者相换，必须贴水：如每元换单铜元一百五十枚，而双铜元即须百六十七枚。不过此纯系钱商盘剥，法令所在，亦不敢明行之也。现时湘、鄂两省，每元可换双铜元一百枚（即二千文）。此种双铜元，通用于湘、鄂及京汉路一带，天津、北京等处。天津多用十枚、二十枚、五十枚之铜元票，双铜元亦多，多系东三省造。扬子江流域各大商埠，自芜湖以下至上海，则无双铜元。四川铜元，共有三种：值百文者、值五十文者、值二十文者，质多为黄铜。现时市面流通，以值百、值五十者为最多，值二十者亦有，不过为数极少耳。贵州市面，用各省当十铜元，广东亦用单铜元。除此外多用制钱。上海所用均系当十铜元，品质甚佳，价值亦贵，每元换一百二三十枚。今年三四月，铜元暴落，至一百六七十枚。论者谓为新铜币分量及实价之减少，及流通总额之增加所致，良非虚语。吾国各省所铸铜元，数既增多，式复歧异，苟不急起而改良之，其患不知伊于胡底也。

丙　银两

银两自周秦以来即有之，不过其时所用者，纯为未铸之生银。重量、成色、价值均无一定。以两为单位，往来授受，权之以秤，验之以石。自宋元以降，始有铸之为元宝及马蹄银者。马蹄银形如马蹄，以银条镕之于马蹄模型中，由一两至五十两，分四等。至光绪末年以来，洋元盛行，元宝之用已不多见矣。

近来市面，除大条银外，作货币用者，种类甚多。由价格上分之者，有关平、库平、漕平三种。以地位之不同而分者，则有北京之公砝、天津之行化、上海之规元。关平，一名海关银，海关用以权税之银也，他项商业之往来，决不用之。盖是项银完全为计算抽税时就所收地通用银折合之一种虚银也。库平为国家所定，除关税外，一切租税，均准此计算，可谓中国最通用银两。漕平为上海之通用银两，所以计算海关汇兑率者也。上述三者，均系规定价格之虚银。三者之中，以关平价为最高，约每两可换九八规元一两一钱四，合漕平二七银，一两三钱七分七厘。鹰洋一元，可合库平六钱八分四。通常以银元纳税，以洋一元五角，折合关平一两。下式为三者之比价。

关平 100 两 = 规元 111.40（两）

关平 100 两 = 库平 101.6424 两

关平 100 两 = 行化 105.215 两

又库平 100 两 = 规元 109.60 两

漕平 100 两 = 规元 107.75 两

上海之规元,与北京之公砝、天津之行化各有不同。最近比价,大约每行化千两,合规元一〇五二两。规元与公砝,则为〇.七一四五与〇.六九八五之比(即每洋一元可换规元〇.七一四五两而只可换公砝〇.六九八五两),规定较行化公砝,价值略低。规元尚有划头银与汇划银之别:划头银者,外国银行与国家银行,华商银行收解之现银也。汇划银者,各钱庄同业上,或与华商各银行收解之过帐银也。二者同属规元,而性质各异,至为复杂。唯此纯系上海钱业交易上流行之银两,他省未之有也。

丁　银元

银元,为现时泉币流通最多之一种。我国古时,并无银元。有之,自乾隆五十七年始,其时中国已辟口通商。外国之银元,如墨西哥洋,渐次流入。以滨海之江、浙、闽、粤诸省为多。价值既有一定,复无秤权石验之劳,民咸其便。于是下令仿造。正面铸"乾隆宝藏"四字。纯用纹银造成,重一两,每元以一钱作火工。光绪年,粤省试铸外洋银元。每元重漕平七钱三分,铸"光绪元宝"四字。是为中国采用外洋式铸造银元之始。二十二年,湖北试办。二十四年,山东开铸。而江南、直隶、浙江、安徽、奉天、吉林等省,亦均陆续铸造。其中成色较准者,唯广东湖北两省。各省所铸银元,与外洋之鹰洋、人洋,相辅而行。唯各自铸造,国家无一定之标准,每元之成色,不免紊乱。宣统二年,度支部始有厘订币制之举。三年,令遵照则例,切实办理。定银元为国币。单位,分一元、五角、二角、一角四种。一元重七钱二分,银占九成,即纯银六钱四分八厘。至是国币法规,渐臻完密矣。然则例虽订,而银两制钱,沿至今日,尚不能废除,依然存在。外洋贸易,且以两为标准,二角五(四分之一)之小银币,亦未见诸实行。计现时所通用者,为大清银币、袁头银币(袁世凯时所铸)、鹰洋、人洋及二角小洋、一角小洋数种。本国国币,成色愈低,价值愈下,人民反以外国鹰洋为良币。此由于造币局之不改良,政府之不着意整顿,则例订已十年,不唯不见进步,反而愈趋愈下,无怪乎金融之紊乱、国家之贫且弱也。

戊　纸币

纸币可分国家纸币、银行兑换券、庄票三种。国家纸币,顺治之钞贯、咸丰之宝钞,均属之。银行兑换券,始于光绪三十一年户部银行钞票。嗣后大清银行设立，发行大清银行钞票。各省均设有官钱局，发行钱票，分一串文、五百文、三百文、二百文、百文数种。民国以来，多改为省立银行。现所存者，为湖北之武昌官钱局、山东河南之官钱局。发行九八制钱票，票面额为一串文。湖南则改官钱局为湖南银行。民国成立，大清银行停办，另设中国银行及交通银行，均发行兑换券，并设分行于各省及大商埠。湖南纸币，较之各省尤为紊乱。所发钞票，逾数千万元，超过银行资产数倍。湖南银行因以破产。现时，除中国银行分行外，已无所谓银行矣。四川通行聚兴诚银行钞票（现改为中和银行）。中交钞票，只可作三四折用。上海则有外国各大银行兑换券，中交两银行钞票，其余华商银行钞票。总之全国通用之钞票，唯中交二行最多。票面额为一元、五元、十元、五十元数种。此外，尚有省立银行铜元票，流行于内地、津浦路一带。票面额为一百枚、五十枚、二十枚、一十枚几种。

银行券之外，有所谓庄票者。庄票，凡稍大之商号即可发行之。性质与期票（Promissory Notes）相似，而流通与银行兑换券无异。零碎交易，以之授受，虽属便利，而所含危险甚大。盖商号资本不大，周转不灵，偶一倒闭，所发庄票，即不能收回。市面所受影响甚大。幸近年来除天津一带，多有用之者外，其余各地，已无此项庄票之发行矣。

《东方杂志》，1923年第1号

我国货币制度沿革考

方达观

夫货币制度之发展与否，其影响于国民经济也极大。而与国家之财政上、政治上之关系，亦极为密切。是故一国货币制度完善，则国兴，反是则未有不败者。考之往古，征诸近世，历历不爽。此挽近以来，货币一科，已成为经济学中之一种专门学科，良有以也。盖货币制度之成立，不特为经济制度进化之借镜，亦为财政政治现象变迁之表征，是知苟欲研究历来之财政状况。则对于货币制度方面，不可不加以特别注意。惟愚学识谫陋，安敢从事研究此难题。一得之愚，亦不妨就正于大雅君子之前。如蒙辱教，则获益当不少也。作货币制度改革考。

基尔特（Gide）教授曰：货币之所以为货币者，饥不能以之食，寒不能以之衣。而有无上之权能者，以其欲衣则借之以得衣，欲食则借之以得食。是知货币者乃交易之媒介，而且得以之为物价之标准也。管子有言：三币，握之非有补于暖也，食之非有补于饱也，先王以守财物，以御人事、而平天下也。是以命之曰衡，衡者，使勿一高一下，不得有调也。细味其言，与基教授适相符合。从可知货币之为物，可为有价值之尺度等等的使命。证之古今而皆同，征诸东西而无以异也。

原夫货币之起源虽杳不可得而知，惟必始于物物交换之时代。则无庸讳。读《迈尔通史》所载苏格兰以铁钉为交换，纽西兰以干鱼，印度以象贝，我国则以鹿皮布为贸易之媒介，当斯时也，人人以其不便使用。嗣是以后，群用贝壳之属以相易，以其便于行使，因之贝壳遂成为普通交易上之媒介物矣。《史记》云：龟贝金钱刀布之币，所从来久远，自高辛氏之前，其详靡得而记。又曰：农工商交易之语通，而龟贝金钱刀布之币兴焉。《汉书》则云：金钱、布帛之用，夏殷以前，其详靡记。《通典·食货志》则云：自神农列廛缠于国，以聚货帛，日中为市，以通有无。及禹以历山之金铸币，汤以庄山之金铸币。而货币制度已递演渐进矣，由是以观，货币之起源，自太昊时以肇其端，不亦彰明较著乎！

一、唐虞一代之货币制度

《通典》云：货币之兴也远矣，夏商以前，币为三品。太昊氏、高阳氏谓之金，有熊氏、高辛氏谓之货，陶唐氏谓之泉。夏商周人谓之布，齐人莒人谓之刀。金也，货也，泉也，布也，刀也，皆当时交货之媒介物。金者言其质，泉言其形，刀言其器，而货与布则言其用也。溯厥渊源，货币之由来甚远。迨虞夏之交，币为三品：珠玉为上币，黄金为中币，白金为下币（白金者银也）。及至周初以商通货，以贾易物。太公立九府圜法，便民利国。而货币制度殆完全成立，谓为自周代始，亦未曾不可也。盖所谓九府圜法，即周官有太府、玉府、内府、外府、泉府、天府、职内、职金、职币，皆掌财币之官，故云，九府圜法，谓内而通也。是故其制以黄金方寸重一斤，钱圆函方，轻重以铢。布帛广二尺二寸为幅，长四丈为疋，以为交易。币制完备，后世法焉。迨圜法通行后，民咸便之（故泉与刀亦因之而俱废）。而此种易品为便于民而设，不得藏于府库。考之周官，其义更明。盖外府乃掌邦布之出入，太府为治藏之长，而藏王之良货贿，则玉府掌之。内部掌货贿之在内者，以待邦之大用。泉府掌以市之征布敛市之不售货之滞于民用者，以其贾买之，特揭而出之。以待不时而买者各从其抵，于是物散而泉复聚。乃设赊贷之法以散之。赊者祭祀不得过旬日，丧祀不得过三月。货者必有息，所以使无故而贷者，知所警戒，推其意亦无非欲泉布之流通于民间也。明甚又按周礼，谓泉府买卖之出入，外府掌齐赐之出入。古人创泉布之本意实取其流通，滞则买之；不时而欲买者，则卖之；无力者，则赊货与之，非为谋利取息设也。按通志谓古文钱字作泉者，其形如泉，文一变为刀器之类，再变而为图圜法焉。乃先儒不察，谓流于泉，布于布，宝于金，利于刀，殆亦穿凿以沿其义欤。又考《尔雅》有云：九府所产不同，是以太公作圜法，用金钱货帛以通其有无。因之物价之高低，有所标准，而供给与需要，以亦得收互相调剂之效也。

周初钱制,只有 品。至景工时,患钱轻,更铸大钱,名曰宝货,径一寸二分,重十二铢。肉好者皆有周郭(通志谓:内郭为好,外郭为肉)以劝农。民用有不足者,赡之,咸蒙其利。按国语周语景王将铸大钱,大夫单穆公谏不可,王弗听,卒铸大钱云。后因不废轻钱,而民蒙其利者,实因单穆公解说子母相权之道,大小并用之法,遂二品相互并行。又云凶年物贵,置钱以饶民,民便之(按郑注,谓泉始盖一品,周景王铸大泉而有二品)。由此以观,古时之钱货,不特便于交易而已,抑亦有救荒之义在焉。而景王之铸大钱,使民间得二品兼用,其亦斯意乎!是当时二品互用,谓为后世主辅币相权之祖,则非过言也。夫太公既立九府圜法行于周,退复行于齐。至管仲相桓公,恢张其法,以权轻重,而后货币之用益广。管子之言曰:货币为衡量万物之器,后世钱币之用,虽百变而不离其宗矣。又曰:菽粟布帛者,民之司命也;黄金刀布者,民之通货也。昔者癸度居人之国,必四面望于天下。可因者因之,可乘者乘之,因天下以制天下,此之为国准。斯时也,国用得以充裕,高下以调,聚散以度。国富民强,三年而服楚。楚庄王时患币重,更以小为大。民咸以不便殊甚,卒令如故。由此以观,自周初币制降及战国,其法仍可通行而无阻,其制完备从可知矣。而后世之考征货币制度者,必溯及周制,非无故也。秦汉以降,专事物质上之变更,较之周代其退化为何如耶。

货币一览表如下:

时代	名称	文字	形质	量度及价值
太(昊)	金			
高阳	金			
有熊	货			
高辛	货			
陶唐	泉			
夏商	布			
齐	刀			
莒	刀		刀	
虞夏	珠玉黄金白金			
周	布帛 黄金 大钱 小钱	宝货	径一寸二分,肉好皆有周郭	广二尺二寸为幅,长四丈为疋 方寸重一斤 重十二铢

二、秦汉之币制

秦兼并天下后，币分为二等。黄金以镒（二十两为镒。改周一斤之制，更以镒为金之名数）。名为上币；铜钱质如周钱文，曰半两，重如其文，为下币。至于珠玉、龟贝、银锡之类，则为器饰宝藏不为币。然轻重随时，而有不同耳。迨汉兴，以秦钱重难用，更令民铸荚钱。荚钱形如榆荚，故名。荚钱重一铢半，经五分，文曰汉兴。黄金复以斤名。有不轨逐利之辈，徒事积蓄，以稽市物，卒至物价飞腾，民间咸蒙不利。高后时行八铢钱，严禁私铸。次又行五铢钱，即所谓荚钱也。文帝五年，因钱多而轻，更铸四铢钱。乃除盗铸令，使民自由铸造。贾谊谏不可，帝卒不听。于是吴以诸侯即山铸钱，富埒天子。邓通大夫也，以铸钱财过王者，而吴邓钱遍天下，铸钱之禁遂生。景帝六年，乃定禁钱弃市律以定禁遏焉。武帝建元元年有事四夷，又徙平民七十万口于新秦中。于是用度益广，遂出御府钱以赡之。乃县官往往就多铜之山而铸钱，或累万金，无有佐公家之急者。而且民间盗铸者，不可胜计。钱多则轻，物少则贵。民生困苦，莫知所居。职是故是司遂议更造钱币以赡国用，欲一扫浮淫兼并之徒而清之。乃废四铢钱，改为三铢。五年复罢三铢，行半两钱。有司极言三铢钱轻，易于盗铸，复令铸五铢钱，周郭其质。元狩四年，造白金及皮币，皮币谓飞子也（可谓行钞之始）。无如当时县官库空，商贾滞财，黎民重困。是时禁苑有白鹿，少府多银锡，乃以白鹿皮方尺，缘以缋为皮币，值四十万。又造锡银白金，以为天用莫如龙，地用莫如马，人用莫如龟，故白金三品。其一圆形，重八两，其文龙，名曰白撰，值三千。其二重六两，形方，其文马，值五百。三曰复小椭之，其文龟，值三百。翌六年更铸赤仄钱，以为一般通货，惟民弗用，价格下落，后二年废止之。币制紊乱，于斯为极。元鼎时，以铸币权归诸国有，令郡国停止铸钱，并销一切钱币为铜板。专令上林三官负专铸之责，非三官之铸钱，不许通用。而民间铸钱始少。至平帝元始中，钱之总额达二百八十亿万余之多云。《汉书·食货志》曰：王莽即位，变汉制。以周钱子母相权，更新铸大钱，径一寸二分，重十二铢，文曰大钱五十。又造契刀、错刀（错刀以黄金错其文曰一刀直五千，契刀其环如大钱，身形如刀，长二寸，文曰契刀五百），与五铢钱凡四品相互而行。莽即真，以为书刘字，有金刀，乃罢契刀、错刀及五铢钱，而更作金银龟贝钱布之品，名曰宝货。小钱径六分，重一铢，文曰小钱直一，次七分三铢曰幺钱一十，次八分五铢曰幼钱二十，次九分七铢曰中钱三十，次一寸九铢曰壮钱四十。因前大钱五十，是为钱货六品，直各如其文。黄金重一万，直钱万。朱提银重八两为一流，值一千五百八十。它银一流值千，是为银货二品。元龟岠冉长尺二寸，值二千一百六十为大贝十朋。两贝为朋，朋值二百一十之。元龟十朋；公龟九寸值五百，为壮贝十朋；侯龟七寸以上值三百，为幺贝十朋；子龟五寸以上值百，为小贝十朋。是为龟宝四品。大贝四寸八分以上，二枚为一朋，值二百一十六；壮贝三寸六分以上，二枚为一朋，值五十；幺贝二寸四分以上，二枚为一朋，值三十；小贝寸二分以上，二枚为一朋，值十。不盈寸二分，漏度不得为朋，率枚值钱三。是为贝货五品。大布、次布、弟布、壮布、中布、差布、厚布、幼布、幺布、小布。小布长寸五分，重十五铢，文曰小布一百。自小布以上，各相长一分，相重一铢。文各为其布名，值各加一百，上至大布，长二寸四分，重一两，而值千钱矣。是为布货十品。而所谓布者以其分布流行也。凡宝货五品六名二十八品，铸作钱布，皆用铜淆以连锡。又质周郭，依汉五铢钱之法，其金银与他物杂色不纯好。龟不盈五寸，贝不盈六分，皆不得为宝货。其后百姓愤乱，其货不能通行，而民遂私以五铢钱市贾矣。时农商失业，涕泣于市道。莽知民愁，乃但行小钱值一，与大钱五十，二品相互而行，龟贝布属之用遂寝矣。迨及世祖建武十六年，始行五铢钱，民赖其便。献帝初平元年董卓坏五铢钱，更铸小钱（悉取长安洛阳铜人、钟簴、飞廉、铜马之属以为铸货）。小钱无轮郭文字，不便通行，卒致物贵货贱，谷石数万。及曹操为相，又复兴五铢钱通行于市矣。卢舜治有言曰，汉之五铢，最为中正。驯至王莽变成法，复古制，既兴大钱，又兴小钱；既行玉，又行龟；既行贝，又行布。是扰天下于沸羹乱绳之域也。又曰汉三币：其一圆而龙其文也；其二币方而马其文也；其三币椭而龟其文也。后世交钞之源，始于此，可谓言之中肯綮矣。兹将秦汉货币列表如下：

时代	名称	文字	形质	量度及价值
秦	半两	半两		
西汉	榆荚		五分	
	八铢		八铢	

续表

时代	名称	文字	形质	量度及价值
西汉	四铢	半两		四铢
	三铢	三铢		三铢
	五铢	五铢		五铢
	赤仄		赤铜为郭	一当五
	白金三品	龙文	圆形	八两直三千
		马文	方形	六两直五百
		龟文	椭形	四两直三百
	白鹿皮币	缘以藻缋		
东汉	五铢			五铢
	小钱（献帝时董卓坏五铢钱铸之）			
新莽	错刀			黄金错字直五千
	契刀			长二寸直五百
	大钱			直五千
	钱货	小钱	径二分	一铢直一
		幺钱	径七分	三铢直十
		幼钱	径八分	五铢直二十
		中钱	径九分	七铢直三十
		壮钱	径一寸	九铢直四十
	银货二品	（朱提上品他银下品与黄金相权而行）		
	龟宝	元龟		尺二寸
		公龟		九寸
		侯龟		七寸
		子龟		五寸
	贝货	大贝		四寸八分
		壮贝		三寸六分
		幺贝		二寸四分
		小贝		一寸二分
		枚		不盈寸二分直三钱
	布货	大布		
		次布		
		弟布		
		壮布		五铢每布递进各长一分，重一铢增值一百
		中布		
		差布		

续表

时代	名称	文字	形质	量度及价值
新莽		厚布		
		幼布		
		幺布		
		小布		小布长一寸五分重十

三、魏晋六朝之币值

两汉以来，货币极为发达，而尤其有秩序者，则莫东汉若。魏文帝黄初二年，罢五铢钱，使民以谷帛为市，明帝因之。时民间巧伪者渐滋，竟有以湿谷为图利者。又作薄绢以为市，虽处以严刑，而莫之能禁。乃因司马芝等议以为用钱，非特足以丰国用，且可以省刑罚。卒更立五铢钱。徒以三国分立，钱币行用不广。于是蜀铸直百钱，平诸物价（令吏为官市备从之，旬月之间，国库丰裕），文曰直百。亦有勒为五铢者，并径七分，重四铢。吴嘉平五年，铸当五百钱赤乌。元年又铸当千，民间不以为便。晋元帝渡江后，参用魏五铢钱。及孙氏赤乌旧钱，轻重杂行，大者谓之比轮，中者谓之四文。吴兴沈充又铸小钱，谓之沈郎钱。安帝元兴中桓玄辅政，沿袭明帝之法。有司谏不可，乃止。宋文帝元嘉七年，立钱置法，铸四铢钱，文曰四铢，重如其文，轮廓形制，与五铢同。文帝以降，民间颇多盗铸，且剪凿古钱以取铜。孝武孝建初铸四铢，文曰孝建，一边为四铢，其后稍去四铢，专为孝建。废帝时铸二铢钱，文曰景和，形式转细。民间通用无轮廓，不磨钅。如今之剪凿者谓之来子，尤轻薄者谓之荇叶，亦通用之。永光初沈庆之启通私铸，由是钱货之值，低落不堪。一千钱长不盈三寸，谓之鹅眼钱，比鹅眼钱劣者，谓之綖环钱，入水不沉，随手破坏，数十万钱不盈一掬。斗米一万，币制紊乱，不可究诘明帝大始初唯禁鹅眼綖环，余皆通用。寻又仅用古钱焉。梁初惟京师及三吴荆郢江襄益用钱，其余州郡，则杂以谷帛而为交易。交广之域，则金以金银为货。武帝时整饬钱法，初铸五铢二品，继铸铁钱，人以铁钱易得，并皆私铸。而其铸钱，肉好周郭，文曰五铢，重四铢，三参三黍。其百文则重一斤二两，又别铸。除其肉郭谓之公式女钱，径一寸，文曰五铢，重如新铸。五铢二品并行，民或私以古钱交易者。其五铢径一寸一分，重八铢，文曰五铢。女钱径一寸，重五铢，无轮廓，郡县通用之。太平百钱二种，并径一寸，重四铢。后私铸盛行，所在铁钱如丘山。交易者以车载，钱不复计数，而物价因之腾贵，小民苦之。自陂岭以东，八十为陌，名曰东钱；江郢以北，七十为陌，名曰西钱；京师以九十为陌，名曰长钱。大同元年，诏通用足陌，令下而民不从，后遂以三十五为陌，而币制更不堪问矣。陈初承梁丧乱之后，铁钱不行，先是梁末有两柱钱及鹅眼钱，于时人杂用，其价则同。而冀州以北，交易者皆以绢布，河西诸郡，杂用西城金银之钱。文帝天嘉五年，改铸五铢，初铸一当鹅眼十。宣帝大建十一年，又铸大货六铢，以一当五铢三十，与五铢并行，还又当一，民皆以为不便，及帝崩，遂废六铢而行五铢矣。孝文帝铸太和五铢。宣武帝永平三年冬，又铸五铢，京师及诸州郡，钱或用或不用。逮于孝武，乃造五铢，随时改易，故钱有大小之品，后与五铢并行。永安二年更铸，文曰永安五铢，听民自由铸造矣。北齐神武之初犹用五铢，厥后人民私铸，体制渐别，以州为名，有雍州、青州、梁州生厚、古钱、河阳生涩、天柱之称。惟以交易者俱绢布，故帝乃依旧文更铸，流之四境，后周初尚用魏文钱。及武帝保定元年，乃更铸布泉之钱，以一当五，与五铢并行。建德三年更铸五行大布钱，以一当十，大收商贾之利，与布泉钱并行。四年又以边境之钱，民间盗铸，乃禁五行大布，不得出入。五年以布泉渐贱，而人不用，遂废之。至宣帝天成元年，又铸永通钱以一当千，与五行大布五铢凡三品并行矣。魏晋六朝时代，钱法之坏，可谓极矣。而其租税，亦会以实物完纳者，盖亦奇观也。兹列货币一览表于下：

时代	名称	文字	形质	量度及价值
魏	谷帛			
	绢			
	五铢钱			
蜀	直百钱	直百		
	五铢		径七分	重四铢
吴	当五百钱赤乌			
	当千赤乌			
晋	比轮（大者）			
	四文（中者）			
	小钱（沈郎钱）			

续表

时代	名称	文字	形质	量度及价值
宋	四铢钱	四铢		
	四铢	孝建		
	二铢钱	景和	细	
	耒子			
	荇叶			
	鹅眼钱			一千钱长不盈三寸
	綖环钱			
梁	钱	四柱 两柱		
	谷帛			
	金银			
	五铢二品			
	铁钱	五铢	肉好周郭	重四铢
	公式女钱	五铢	径一寸	
	古钱	五铢	径一寸一分	重八铢
	女钱		径一寸	重五铢
	太平百钱		径一寸	重四铢
	东钱			八十为陌
	西钱			七十为陌
	长钱			九十为陌
陈	绢布			
	五铢			
	一当鹅眼十			
	大货六铢			
	太和五铢			
	永安五铢			
	布钱			
北齐	五铢			
	绢布			
后周	布泉之钱			以一当五
	五行大布钱			以一当十
	永通钱			以一当千

四、隋唐之币制

南北朝时币制紊乱，不堪设想，迨至隋开皇初始统一之。乃以钱货既不统一，从而更铸新钱，背面肉好，皆有周郭，文曰五铢，重如其文，每钱一千重四斤二两。诏前代旧钱，有五行大布，永通各国，及齐常平，所在勿用。三年诏四面诸关各付百钱为样式，有相似者得以通过，否则坏以为铜，归入于官。又江南钱少，晋王广又请于鄂州铸钱，又诏汉王秀于益州铸钱。而钱因之益滥矣，惟民习用既久，犹不能绝。其后私铸者日益多，钱轻薄而且恶败，每千轻至一斤，或剪铁鍱裁皮糊纸以为钱，相杂为用。于是物价腾贵，钱货低贱，而国祚寖以亡矣。唐初民间通行之钱，曰线环钱，量小而轻，凡满八九万才满半斛。高祖武德四年乃铸开元通宝，径八分，重二铢四参，每十钱重二十四铢，一两为二十四铢，一千钱重六斤四两，轻重大小适中。又置钱监于洛、并、幽诸州。钱之文由欧阳询书，字含八分及篆、隶三体。每十钱重一两，计一千重六斤四两。其词回环读之，其义皆可通，故俗谓之开元通宝钱。乾封时铸乾封泉宝钱，以旧钱十枚当一枚，厥后复用开元钱，惟以当时私铸之风，不戢自焚，而民间犯者滋多。武后时，私铸者更众。至开元时，严禁恶钱，复通行二铢四参钱。复于诸州置钱监以经理铸钱事宜，无如钱货不良如故，是以盗铸者亦日见其多。武宗时，悉令诸州所有之钱，俱以铸造处之州以名之，然流通于市贾者，仍以开元钱为最。迨高宗之世，以私铸者众，恶货充斥，不特民生，经济受莫大之影响已而，即国家亦受其影响焉。是故谋补救之方以救济之，其一为没收恶货，凡敢私铸者处以死刑，并以一与五之比例，以良货付出而收回恶币。又设巡江官监以防私运，复令吏部，凡买收一百文之恶币，即以米粟一斗货予之。及至玄宗，稍变其方策，即（一）为减少恶币策（一），为通货补足策，其（一）为防止私铸策。德宗之时，铸币者，每贯可得百文，约得百分之十之利，是故私铸者尤为伙。而诸州之山野，莫不有私铸，卒之货价低贱，而物价昂贵，不特此也。斯时铜之价值极为上腾，以故私相镕销以图巨利者，尤不可以数计。据《唐书》谓：销一千钱可得铜六斤之度，而以之制为器具，每斤值钱六百，其利诚溥矣哉。利之所在，人必趋之，况巨利乎！时张滂之建议购买民间原铜及铜器，凡人民有制造或买卖者禁止之，复禁民间不得销镕铜钱，又规定铜器每斤值一百六十文。因此设法补救，而人民以获利减少，铜价下落，销镕之风，因之且寝矣。宪宗时以通货缺乏，大事鼓铸，而新币原料，收诸民间附产之铜，以为供给之需，其奈供不应需何。迨及穆宗，又设救济之策以防之。其策为何，即凡有销镕者重罚之，以布帛绢等充纳租税之用。又禁止铸造与买卖铜器者，并收买铜器，而于铜产地加炉增铸之。由是货币之量增加，而物价亦渐次提高焉。敬宗时佛教之风盛行，而铸铜佛像者亦多，是故其供给之料材，不得不以铜钱镕销以代替之。是时通货颇见减少，故帝严禁销镕铜钱，而销镕之风稍息。迨文宗之世，产铜之地私铸与销镕之事，极其流行，而不产铜之地，则私铸者少。惟其时货币与物价，不能调剂，故设法调和之。凡有销镕铜钱者禁止之，并禁止私贮，复取缔私铸，不惜重刑以处之，又令铸造新币，以免物价之涨落靡定也。太和三年，严禁私铸，盖当时钱币名价小于实价，是以镕销之风，仍不能销息。何者？顾新铸之良币不多，而恶货充斥也。又发严禁铜之令，除鉴、钉、环得以铜外，其他如铸造佛像者亦不之准用，其余更无论矣。太和四年，严禁积钱，不得过七千缗。按《唐书》，谓贮藏一百缗至十万缗者，限一年内处置之；十万缗至二十万缗，则期限为二年。倘有过期而不遵，令处置者没收之，法较善也。综上以观，计自唐一代之货币，以开元通宝流行者久而广。玄宗时，置钱监十处，其铸铜之炉数计九十有九，是以铸造额亦较多，其数约三十二万七千缗之谱。其用意，要不外以图增加流通量耳，次再言其软货焉。马端临曰：自唐以来始有飞券换钞之法以为商贾贸易之便利，盖执券以取钞，并非以券即钞也，可谓为汇兑制度自唐代始行发达也。按《唐书》谓：高宗武宗之世，钞票与硬货并行。于高宗时印行拾贯之大唐宝钞，形长方，横五寸八分之七，纵九寸，是时颇通行。迨武宗会昌发行一贯及九贯之大唐通行宝钞。一贯之宝钞，纸面九寸四分之三，横六寸四分之一，印刷纵九寸四分之一，横五寸四分之一；九贯之宝钞，其纸面横七寸，纵十寸二分之一，印刷横五寸四分之一，纵九寸四分之一，均长方形。是知当时宝钞之使用，其目的要不外为图交易转运之便利也。高宗时宝钞与铜钱并行。宪宗元和之世，虽通行者以铜，而岭南买卖以银（见韩愈奏状）。武宗时之宝钞，则与银并用。从可知当时银货交易制度之一般矣，惟关于飞钱之所以流通如斯之广者，盖以当时茶商以铜钱谷帛运输不便，故用飞钱以为交易，因之销路甚广，盖取其便也。要之，有唐一代币制，紊乱已极，虽设法补救，无如根深蒂固，终不能使之统一，可既已。兹列隋唐币制一览表如下：

时代	名称	文字	形质	量度及价值
隋	新钱	五铢	肉好皆有周郭	五铢
	五行大布			
	糊纸			
	裁皮			
唐	线环钱			
	开元通宝		径八分	二铢四参
	乾封泉宝钱			一枚当旧钱十枚
	大唐宝钞			长方，横五寸八分之七，纵九寸
	大唐通行宝钞	一贯		
		九贯		
	银			
	飞钱			

五、宋之币制

宋代币制，已由货币时代递进于信用时代，可谓我国币制史上之一大进化矣。太祖建隆三年铸造宋通元宝，欲广为流通，故设有三种之制限：一为限一月内输送轻量恶钱于官，禁其流通于民间，以防物价之高涨。倘有逾期而不输者则处罚之。二为凡私铸伪币者悉数没收之。三为铜钱不准输出于江南塞外及南番诸郡，达者二贯以上徒刑一年，三贯以上则处以死刑。太宗时铜钱之流通益广，太宗亲书淳化元宝，作真行草三体。厥后，每改元必更铸以年号元宝为文。至于铜钱渡江及入川之禁，悉令撤废。遂生铜货缺乏，不易获得之弊，且也四川之铁钱暴落，而生物价上腾之结果矣。太宗复于镇江昇州、江西饶州、苏州平江、安徽池州等处，各置钱监。其铸造额三十以至八十万贯，其币名曰太平通宝（太平兴国元年）、淳化元宝（淳化元年）、至道元宝之三种。惟原料供给缺乏，故于饶州、信州铜产地使人民开采铜矿。又使饶州之水，平钱监销矿归钱。令京师居民，凡有铜器者归诸官。复于广西平乐之贺州购买锡块，以为补救之策。迨真宗之世，所设钱监，比前代稍有增减。置饶州（永平）、池州（永丰）、江州（广宁）、建州之四监。每贯用三斤十两，铅一斤八两，锡八两，重五斤。至道中岁铸八十万贯。斯时原料告匮，凡人民有铸造五斤以上之铜器者处死刑，乃以犯法者众，以故令不能行使，遂改为五十斤以上始处之以死刑。后以铸造额渐次增加，卒致铜价因之而下落矣。景德二年所铸大铁钱，每贯二十五两，品位甚佳，价值因之而上腾。而大中祥符二年，益州钱监首先减轻铁钱之品位量目，以防镕销，并使便于人民之携带，乃当时铜价反行下落。而昔日铜钱一文值铁钱十文者，今则仅值四文至八文之多而已，宁非怪事耶。仁宗时令于铜产地置钱监，故于部州天兴置永通监，兴元府西县置济远监，江州置广宁监，虢州置未阳监，商州洛南县江崖山置阜民监，义州置博济监等。而于皇祐年中，每年皆有铸造。景祐元年令铸新币，惟以成绩不良，寻即停止。盖因当时财库窘极，滥造薄恶钱币。又因县官对于大小钱之交换，从中谋利，而私铸之风亦因之而盛行矣。英神二宗时亦置铜监于各州。如衡州则有熙宁监、卫州置黎阳监、鄂州置宝泉监、惠州置阜民监、舒州置安五监、江州置庆宁监、池州置永丰监、建州置丰同监、韶州置永通监、峰州置垣典监、两京置阜财监、饶州置永平监。而兴国军则置富民监，其币额约四，四六〇，〇〇〇贯惟时各监散居诸地，制度有异耳（见《宋史》）。神宗乃规定铜钱之品位量目，又设专官巡视各监，以谋钱币之统一。熙宁以后私铸者又渐加多，以故货量增加，而物价遂为之昂贵。七年改正法令，解除铜钱流出及销镕之禁。而货量增加之弊，得以无形消减矣。降及高宗时，造建炎通宝小平钱、当二钱、当三钱，及绍兴元宝小平钱、折二钱、折三钱之数种。绍兴十三年，铜器供给缺乏，于是令销镕旧钱。发掘冢墓、坏炉舍，又令民间铜器入官，因之铜器得以渐次加多焉。孝宗时有淳熙元宝、乾道元宝、隆兴元宝之三种，设铜监十处，铸造额年约二十五万缗。大江之西、湖广等处，流通一种混沙泥之薄恶沙尾钱，乾道九年禁止之。宁宗时，有庆元、嘉泰、嘉定、开铸四种，又有小平钱、折二钱、当三钱、当五钱之别。设铜监七处，年造六十万缗。嘉定七年，复罢同安监，铸铁钱。先是孝宗乾道六年复置舒州同安监，铸铁钱。至帝嘉泰三年，复罢。开禧三年，仍恢复之，未几又罢。十六年申严海舶漏泄铜钱之禁，至帝嘉定五年禁日本、高丽商贾博易铜钱，又严其禁。理宗端平元年，以赡铜所铸钱不足以经永久之用，故收旧钱之精致者泄于海舶，申严下海之禁。淳祐八年，禁毁铜钱。端平四年，改元嘉熙，文曰嘉熙通宝、嘉熙重宝。厥后铜钱之种类杂混不堪。纸币滥发，铜钱多被富户贮藏销镕，或输国外，故有销镕与下海之禁，并抑制输入以为补救之方也。

综上以观，宋代币制，多沿前代之法，可述者寡。而其钞法，则有考证之价值，次而述之。夫硬币之外，复有纸币。当真宗之世，蜀人以铁钱重，私造券，名交子（亦名钱引，义与茶监钞引同，故必积钱为本，乃可通行），以便交易。复设调剂之法，一交一缗，以三年为一界而换之，是谓后世行钞票之祖。盖交券分为同文长短二片，长曰质，短曰剂，其面额为三缗，三年一次兑换。而最长兑换期间限六十五年为二十界，是知交子者为一种之有定期限，与有一定金额之无利支付证券也。高宗六年罢交子务，先是交子听商人自由发行，而发行者计十六户。后因商人滥发，卒至停兑，令复归官营。仁宗天圣六年，凡私人有滥造者悉禁止之，又于益州置交子务，以专理交子发行事。当时发行额达二百二十五万六千余缗，流通于各区域，乃由蜀地而普及于陕西、河东、江南一带矣。神宗四年陕西流通之交子，既终二十二界，仍不能实行兑现，而纸币价值遽尔低落。按宋书《食货志》云：当时交子供给甚多，而钱不足，致价大贱云，亦一证也。迨徽宗大观元年，又改交子为钱引。时因军费浩大，只以滥发纸币，以充边费，无如基金不充，民之不信，卒至票价下落。是故设法以补救之，其一，为延长年界，以免挤兑。其二，为新旧票并用，互相剂调。其三，为补水以图弥缝于一时。及大观二年，收回陕西、河东之钱引，以补救蜀票充斥之弊。时交子之价，一千文仅值一百，市价暴落如斯之甚，亦奇闻也。政和二年，票价下落，是以七折开始兑现。因之人民对于票券之信用程度不如从前之坚，而政府对此不得不设法有以调剂之。其一为设定兑换准备金五十万缗，作兑现之用，倘有流用此项准备金者，即依法治之。其二为开始兑换，倘期满尚有钱存于市面者，按照旧价买收之。其三为制限发行额（大观三年当收回四十二界之纸币，时令仍仁宗天圣年间之旧制纸币发行，但不得滥发）。其时制限发行额为一百二十五万六千三百四十缗。其四为减价收回之废除，盖以兑换而出以折扣，则足以使票价为之下落，是以撤废从前减价收回票券之恶制。其五为旧引得依旧通行，凡未经兑现之票，俱能以高价收回。此当时救济之方也。迨南宋高宗时代，有交子、会子、钱引、关子及公据等纸票，以及类似之纸币证券（《宋史》）。是时钱引关子等，极为通行。而交子几至绝迹。绍兴六年复置行在交子务，印行交子。乃因准备金不充实，信用不孚，寻即废止。盖会子与交子、钱引相类似。其所不同者，仅其支付期限略有长短之殊耳。交子始通行于蜀，会子则以绍兴三十一年发生于两浙，后乃通行于湖北、淮、浙等处，并置会子务。其交通有不便者，得以会子纳赋。而民间之买卖亦以会子为之授受焉。然虽法定三年为界，而造新换旧，无偿还之期，实以楮为钱矣。建炎二年，于印州增印钱引。钱引流通额不过二百五十万缗，后增至四千一百九十余万缗。而其兑换准备，则仅七十万贯耳。孝宗元年，置江州会子务，乃因准备金不充，而发行额太巨，且也会子之纸质不细致，禁令大宽，致伪造之风益炽。遂严禁令，倘有使用伪造者，即处以死刑。凡百字及贯字之字迹明了者，应照旧额面予以兑换。倘有任意折扣者，则罚之，以示惩戒。无如当时滥发过巨，准备金缺乏，而票价遂日趋下落，莫知所止。于是乃急谋维持票价之方。其一为使准备金增加，以使人民之兑换。其二为限制滥发。倘敢私自滥发者，一经查出，即行处罚，或处死刑。其三为收回旧票，按其票面价额，换以新票，或以现金与之。其四为严行取缔伪造。其五为维持币价之责任，则命各处官吏，专负其责。其为法也，虽未臻完善，较之以前救济之方则胜一筹矣。光宗绍熙年间，发行会子二百万于两淮，继复发行交子一百万。除以铜币略为供给外，余悉以纸币为主币。至宁宗时命四川增印钱引五百万以充军实，而其发行额比诸从前格外激增。嘉泰三年，会子发行额达三千三百余万缗。嘉定二年，又发行一亿一千七百六十余万贯。十年又继续增发，约达二八，〇〇〇，〇〇〇缗之多。因之票价下落不堪，竟跌至票值十分之四或十分之一，自嘉定六年以内分为五次收回旧票，其票值得以维持。时纸币发行较少，惟因伪票充斥，严禁未见其效。物价腾踊比前加倍，又设法调剂之。其方维何，即（一）钱会中半制度。（二）会子专用制度。（三）界限严守制度。（四）换引及收回制度，以为之整理。其时为总理收回纸币事宜，故扩设会子务，更置监司于各地，以补其缺。此外又置监察御史以考察监司之良否，法至善也。度宗咸淳五年，川引仍听民间自造，后下会版于成都。是时票价亦低落不堪，故定关子减落之禁以处罚之。又一面严禁类似纸票之私人信用证券，他方又制定纸票之法以救其弊。综上以观，当交子、会子发行之初，准备金充实，遂通行而无阻。后因官以楮为利薮，发行漫无限制，民间所交易通用者，无一而非楮，卒致货贱物贵，民生凋敝。而且伪造日滋，币制紊乱，寖以亡国。后之为国者，关于币制，当加之注意可也。兹将其货币列表于下：

时代	名称	文字	形质	量度及价值
宋	宋通元宝			
	太平通宝			
	淳化通宝			
	至道元宝			
	大铁钱			每贯二十五两
	建炎通宝小平钱			
	绍兴元宝			
	淳熙元宝			
	乾道元宝			
	隆兴元宝			
	沙尾钱			
	庆元			
	嘉泰			
	嘉定			
	开铸			
	嘉熙	嘉熙通宝		
		嘉熙重宝		
	交子		长曰质，短曰剂	面额三缗
	钱引			
	会子			
	关子			
	公据			
	纸币证券			

六、辽金之币制

《通考》云：辽之先代，以土产多铜，已造钱币。太祖袭而用之，故铸天赞通宝，国富民强，以开帝业。洪遵《泉志》曰：天赞钱，径九分，重三铢六参。景宗时以旧钱不足用，乃铸造新钱流行甚广。又设铸钱院，年额五百贯。迨兴宗时，铸重熙通宝钱，径九分，重三铢。倘有铜逾三斤持钱二十贯以上者处死刑。道宗清宁九年，诏禁诸路不得以铜铁为买卖，以杜私铸之币。又禁铜铁不得卖入回鹘，盖至是而法益严矣。大安四年，禁钱出境，凡持钱十贯出境者处死。法益严密。后以国用浩繁，制度分歧。末年与金战，经费更广，民生困苦，不堪言状，不旋踵而为金所败，卒以亡祚。

金初，仍沿辽代旧钱。迨世宗大定八年，禁民间铸钱，倘有犯之者即行销钱作铜。十年以官钱聚而不散，令市金银诸物，而各处酤榷之货，亦令以物平折输之（见《通考》）。十八年代州立监铸钱，文曰大定通宝，字文肉好，远胜正隆之制。二十年，制钱以八十为陌，谓之短钱，而官用足陌者，谓之长钱。厥后官民俱以八十为陌通用，遂为一定之制。章宗明昌五年，发钱禁之令，以定限制。泰和四年，谋议足钱之方遂铸大钱，一值十篆，文曰泰和重宝，与钞相互而行焉。次而述其用钞之法。当海陵贞元二年，设印造钞引库，及交钞库二种，并设副使判各一员，都监二员，而交钞库副则专主搭印，合司画押之事。印行一贯、二贯、三贯、五贯、十贯五等，名曰大钞，一百、二百、三百、五百、七百五等，名曰小钞。是时钞钱并行，限以七年为期，收回旧钞，另换新钞。迨世宗大定十三年，费用浩大，重劳民力，遂行会子之法，以其便于行使也。二十九年更定换钞之法，并不限其行用之久暂。若经岁月已久，而字有不明了者，亦许于所地管库纳旧换新，或听便予以支钱。按《食货志》曰：交钞，字昏方换，法自此而始。而收敛无术，入少出多，民寖轻之。厥后其法屡更，而不能革，弊亦始于此焉。是一证也。章宗承安二年令凡以旧钞易新钞者，每贯取工墨钱十五文。至泰和五年，欲罢工墨钱，复以印时常费，遂命一贯收六文。及后官俸以及军糈，悉以钞与银为供给之需。七年敕凡有伪造交钞者，捕获而绳之以法。宣宗贞祐二年，更造交钞重五千贯。时因兵衄，国用亏耗，乃造二十至百贯例，又造二百贯至千贯例，三年改交钞名为贞祐宝券。兴定九年造贞祐通宝，凡一贯值贞祐宝券一千贯。查于制钞之桑皮旧纸，悉取之于民间，惟极不易得，遂令计价徵宝券通宝名桑皮故纸钱。元光二年，更造元光重宝，每贯当通宝五十。又以绫印制元光珍货，与银钞及其余之钞一并通行。未几，宝泉价格日跌，而银价则异常昂贵。至是宝泉几至不用，乃设法以维持之，其法为何，即凡物可值银三两以下者，不准用银。在三两以上者以三分为法定率，二分用宝泉，及重珍货其余一分则许以用银。无如上有限制使用之令，其如民间不从何。迨至哀宗正大之世，民间交易仅用银以相授受。顾炎武曰：此乃今日上下用银之始，信已。综上以观，金初沿用辽代旧钱，正隆而降，始行铸钱。厥后钱重钞轻，民间贱视宝钞，卒致百物腾踊，乃变更法制，权以银货为交易之媒介。而银货之弊又滋，钞多钱少，转易滞碍。虽百方设法以图补救，终无益于事。是以旧钞数贯欲易一饼而不可得，金祚卒因之而亡矣。兹列货币一览表于下：

时代	名称	文字	形质	量度及价值
辽	天赞通宝钱		径九分	三铢六参
	新钱			
	重熙通宝钱		径九分	三铢
金	大定通宝			
	短钱			八十为陌
	长钱			足陌
	大钱	泰和重宝		一值千
	钞引库			
	交钞库			
	大钞			一贯、二贯、三贯、五贯、十贯
	小钞			一百、二百、三百、五百、七百
	会子			
	交钞			五十贯
	贞祐宝券			
	贞祐通宝			一贯值贞祐宝券一千贯
	元光重宝			每贯当通宝五十
	银			

七、元之币制

元代初年，钱币亦沿用旧制。迨世祖至元十四年，遂禁江南使用铜钱，而行钞法于江南。十七年乃命废宋代之铜钱。二十二年但拒收铜钱，余铜器仍听民使用。二十三年议变更钞法，实行用钱。吏部尚书刘宣谏不可，用钱之议遂罢。迨武宗至大三年初，又行钱法。凡二品，以至大通宝为文者，书以楷书；以大元通宝为文者，西番篆书。四年乃罢至大钱。及至顺帝，至正十年，更定钞法，并令铸钱。复造至元宝钞，以一当五，名曰子母相权。而钞与币遂相并而行使矣。由此以观，元代用钱极少，而其时所通行者，厥为钞票。其用钞最初为中统交钞与钱相互并行，当钞法未曾通行以前，亦会间用会子。值经兵燹之后，货物往来极形阻滞。即以丝数印置会子权行一方，而商民颇获贸迁之利。及中统元年，行中统宝钞，以丝为本。每银五十两易丝钞千两，诸物之值，并从丝例。别造中统宝钞为辅币，有以文计者，有以百计者，有以贯计者，每贯合交钞一两，两贯值白银一两。且也中统宝钞，自十文至二贯，文凡十等，不限年月，皆可通行而无阻，而税赋亦可纳付。惟各地领钞，以金银为本，本至乃降新钞。其法盖以至元宝为母，中统交为子，以相辅而行也。四年置燕京平准库，以平均物价，而钞得以通行。至元三年，始铸元宝。以五十两铸为锭，文曰元宝，使用甚便。十三年云南行交会玠子，《元史》曰玠（贝八）子，《明史》曰蚆（贝巴）子。玠（贝八）与蚆（贝巴）同，皆贝之俗称，而《尔雅》所谓蚆者亦同。时当钞法初行之始，民以贝代钱颇以为不便。后乃用交曾玠（贝八）子，民咸便之。至元二十四年，更行至元宝钞，自二贯至五百文，凡十等。（按叶子奇《草木子》曰：至元钞凡十等，一十文为半钱，二十文为一钱，三十文为一钱半，一百文为五钱，二百文为一贯，三百文为一贯五钱，五百文为二贯五钱。一贯为五两，二贯为十两。五个一贯为半锭，五个二贯为一锭。）子母相辅而行。每一贯与中统钞五贯相值，使新者不至于充斥，而旧者不至于成为废物。是以税赋以及岁赐之军饷，以中统至元钞相半输官。复令并输至元钞，后悉以中统钞为准。又僧格言税赋并输至元钞，商贩有中统钞料，听易至元钞以行，然后中统钞可尽从之。迨至大二年，武宗复以物价腾贵，而钞价尚轻，乃改造至大宝钞。自二两至二厘，定为十三等，每两准至元钞五贯，白银一两，赤金一钱（是金价十倍于银价也）。元代币制至是盖三变异。四年，时仁宗即位，罢至大钱钞。乃以钞倍数太多，轻重失宜，其弊滋甚，遂仍复旧制。惟中统至元二钞尚有行之者。文宗二年将在京积年还倒昏钞二百七十余万锭烧毁之。至顺帝至正十年以国用不给，更行至正交钞，以中统交钞一贯文，省权铜钱一千文，准至元宝钞二贯，至元宝钞仍可通行，而印造文钞亦令民商通用。行之未久，物价骤涨，约十倍有奇。又值海内大乱，供军赏犒，每日印造，不可胜计。舟车装运，轴轳相连散布民间。卒至京师料钞十锭，欲易斗米而不可得。所在郡县悉以货物互易，而公私所积之钞人视之苦敝楮，国用由是大乏，而元以亡。由上以观，元代始终用钞，用钱极少，可谓开历代未有之奇制。其间仅武宗时一行钱法而已（其钱曰至大通宝者，一文准至大银钞一厘；曰大元通宝者，一文准大通宝十文）。纸楮充斥，准备金不足。欲其不至发生巨大之变乱，其可得乎。爰列其货币一览表于下：

时代	名称	文字	形质	重量及价值
元	至大通宝			
	大元通宝			
	至元宝钞			以一当五
	中统交钞			
	会子			
	中统宝钱		自十文至二贯	每贯合交铸一两
	元宝	元宝		以五十两铸为锭
	交会玖（贝戈）子			
	至大宝钞		自二两至二厘	每两准至元钞五贯，白银一两，赤金一钱
	至正交钞			
	印造交钞			

八、明之币制

明初欲易元制，置宝源局以（铸）钱。有司责民出铜以供给之，民毁器皿输官，甚以为苦。且也盗铸者多。而钱重不便转易，商贾病之。后复命户部及各省铸洪武通宝钱，置宝源局于应天府，铸大通中宝钱，与历代钱相并行。而每一贯为四百文，一两为四十文，一钱为四文。设官以专其责，江汉既平，乃命江西行省，置泉货局颁大中通宝，大小五等钱式使铸之。又令铸洪武式通宝钱，其制凡五等，当十钱重一两，当五重五钱，而其当二、当三，重者皆如其当之值，小钱重一钱。至是各行省俱设宝泉局与宝源局以铸钱币，并杜铸私之弊。（按《明会典》谓：洪武间铸钱之制，当十钱一千箇，铸钱连火耗用生铜，六十六斤六两五钱，当五钱二千箇，当三钱三千三百三十三箇。铜六十五斤九两二钱五分，折三钱五千箇，小钱一万箇）。四年收大钱改铸为小钱，而宝源局所铸大中通宝大钱皆铸京字于钱之背面。民间以二等大钱无京字者不行，遂改为小钱，以便其通用。又其设立钱局在京者，曰宝源，在外者曰宝泉（又称宝源局）。洪武九年罢各布政司宝源局，而二十二年并置宝源局于各省。后在京亦有宝源局，以理钱制。二十六年所定铸钱制分为在京者与在外者之二名。凡在京铸钱移宝源局铸就听用（按《食货志》曰：洪武时共铸钱一万八千九百四十一万四千八百文。又按《明会典》谓：当十每千之数铸小钱一百六十义。当十钱十六箇，当五钱三十二箇，当三钱五十四箇，折二钱八十箇，各折小钱一百六十文云）。迨成祖时弛用钱之禁，与宝钞并用。景帝七年以苏松等处伪造永乐钱者伙，且杂以锡铁，遂严禁之。英宗四年准以古钱与制钱并用，惟禁民不得挑选，又令除锡钱与假钱外依数得以通用。宪宗时凡商税课以及俸饷得以钱钞互用。嘉靖六年以私铸阻碍官钱，遂定钱法五大纲：遵用制钱，严禁私铸，严禁私贩，体恤民情，督收官铸。以中钱一百四十抵好钱七十，以七十文抵银一钱，与制钱相辅而行使。七年诏，凡钞一贯折钱二十一文，未几岁曾申严例。而商民私相结约，各闭钱市，因之物价昂腾。三十二年令，凡嘉靖制钱以七文易银一分之法。厥后复令崇文门宣课司商税以钱收纳，而钱法之弊稍息。迨神宗万历四年制定钱法，专监铸之官，申废铜之令，定折易之数，权简散之法。六年更定制钱与古钱之价值，令嘉靖、隆庆、万历制钱每金背八文准银一分，火漆镟边各十文，准银一分。洪武等制钱与前代旧钱各十二文准银一分并行。熹宗天启元年铸大钱，以大钱行使，弊端甚多，寻令工部发银一万两差官收买大钱，改铸为小钱。又令近畿各处一切赋税俱用大钱，限期收回改铸。二年，增设户部宝全局以右侍郎督理之。七年，每钱一文重一钱三分，复定钱式每文重一钱，每千值银一两。及至壮烈帝即首光销毁古钱而广铸新钱。是时内帑空乏，不得不开铸以充军实，是以钱法紊乱，盗铸滋多。而每银一两仅易钱五六十文，名目繁多。又有宽边、大版、金灯、胖头、歪脚之称，庞杂恶滥，诚不堪问矣。顾炎武曰：自天启崇祯以来，广置钱局，括古钱以充废铜，于是市人皆摈古钱而不用。而新铸之钱弥多弥恶，旋铸旋销，宝源、宝泉二局，只为奸蠹之窟。故曾论古来之钱凡二大变：隋时尽销古钱一大变，天启以来一大变也。顾氏之言是也。次述其钞法于下。

太祖八年，始立钞法。置局铢钱，鼓铸甚劳，民间盗铸者多，而钱重转易不便，商贾苦之。乃设宝钞提举司造大明宝钞。以桑穰为料，其制方高一尺广六寸许，质青色，外为龙文花栏，横题其额，曰大明通行宝钞。其内上下而旁复有篆文八字曰，大明宝钞，天下通行。中图钱贯状十串为一贯，其下楷书曰，中书省奏准印造大明宝钞，得与钱通行使用，伪造者处死刑。若五百文则画钱文为五串，其余按照其制分为六等，曰一贯、五百文、四百文、三百文、二百文、一百文，每钞一贯准钱千文，黄金一两为银一两四贯。凡商税课，钱钞并收，钱三钞七，凡一百文以下则不许用钱。九年，令税粮得以银钞钱绢以输之。银一两钱千文，钞一贯皆得折米一石，丝绢等物则以其轻重为衡。厥后设宝钞广源、广惠等库，以掌出入之诸币。关于收入方面，则广源局掌之，支出方面则由广惠掌之。未几更造小钞，自十文起至五十文止，为便民而设也。二十七年，民间对于宝钞不之信任，遂多行折使，是故以钞一贯折钱五十文，物价高涨，钞法益坏。帝遂令民间钱币归入官有，依数换钞，不许通用铜钱，倘有埋弃与私自行使者悉罪之。成祖永乐元年以钞法不通，遂令凡交易以金银者严禁之，倘敢犯者则以奸恶论。明年，行户口食盐法，计口纳钞，大口月食盐一斤、小口半之之二法。厥后严禁挑用新钞，犯者坐以大辟。迨及仁宗洪熙时，钞法又不能通行，民间率以金银布帛为交易，乃令停止造新钞。四年于各处置关钞，有敢不纳钞者，则凡所有之地亩以及房舍悉没收归官。又令舟船所装载者计所载货物之多寡，路程之远近，分别纳钞，钞关之设自此始。原其意，固欲通钞法以裕国便民，而实则反足以害之。是知立法当慎之于始，而后方能善终也。英宗年间减夏税折钞数，以体恤民间，意至善也。及成化、弘治间，钱与钞又得相辅而行。凡商税课折半兼收，未几折收银两，每钞一贯，折收银三厘；每钱七文，折收银一分。而崇文门税课则兼收五等钞以钞，一贯为半率，此当时之定制也。正德、嘉靖以后，折银发极其盛行，而钞遂渐次废用，此与时消长，反虚为实，亦一变也。乃因钞不行而有必须用钞者，官吏则从中侵蚀，奸豪则居积以图利，营私舞弊，不可终日。时钞虽废，而钱之流行亦不广。迨天启初，即设户部宝钱局，以右侍郎督理名钱法堂，加炉鼓铸，以供军实之用。崇祯时国用告匮，遂益从事鼓铸，以致滥恶伪钱充斥市面，银价贵而钱价贱。厥后遂再行钞法，设内宝钞以补救之，终不见效。何则盖钞之为物，本身原无真正这价值，当有充实之准备金方能坚人民之信任，夫而后庶可求其需供相调剂之效。乃当时既无代表之币，而从事行钞，欲其无弊，其可得乎。

时代	名称	文字	形质	量度及价值
明	洪武通宝钱			当十钱重一两，当五钱重五钱
	大通中宝钱	京		一贯为四百文，一两为四十文，一钱为四文
	小钱			
	大钱			
	大明通宝	大明通行宝钞	方高一尺，广六寸，青色	十串为一贯
	小钞			自时文起至五十文
	银两			每钞一贯折收银三厘

九、清之币制

清之货币制度固以银与铜为本位，以银权钱，以钱辅银，相为表里，是故一切通用。币数少者用钱以相授受，大宗交易则用银，而所发之银例以纹银。至商民行使自十成至七成不等，果有交易，则按照其成色以计算之，此当时之情形也。先是顺治元年置宝泉与宝源二局，铸顺治通宝钱，宝泉局岁铸钱解交户部，宝源局岁铢钱解交工部。时每文铸重一钱，二年改铸一钱二分，后又加至一钱四分，凡七文准银一分，旧钱以十四文准银一分。又命山西、陕西诸省各开鼓铸局，明年，凡旧钱概禁不用。惟崇祯钱则许暂以行使。惟时伪钱杂出，奸民竞相盗铸，故下令禁止之。四年，以钱价过重交易不便，原七文准银一分，改为十文准银一分，每百文准银一钱。八年，增定钱制，每文改铸重一钱二分五厘，而每百文仍准银一钱。未几又行钞贯之制，十年，铸一厘字钱，每千文值银一两。倘奸民有私铸者，悉依法处治。十四年，定钱粮兼收银钱，故以银七钱三为标准。寻更定钱制，每文重一钱四分，背面加铸满文，一面铸宝泉满字，一面铸四汉字，曰顺治通宝。又仅令京局鼓铸，以防私造之弊。十八年，其一厘字钱，暂令展限行使，而以前无一厘字旧钱买收之，交局销毁鼓铸，为杜伪造也。迨康熙元年，颁行康熙通宝钱，与顺治通宝钱互使。明年，令凡以前一厘字钱未销毁者，买收改铸。连年以来，令各省各行鼓铸，后以私销制钱，与销钱作铜器者日众，遂定禁例。不旋踵而钱法渐弛，鼓铸者弊窦益滋，卒致钱币日少值昂贵，乃定宝泉、宝源二局，收买淘洗余铜，以绝毁钱之弊。二十三年，因销毁弊多，仍改为一钱。嗣因私铸竞起，钱市居奇，而价值参差不一，乃令交易务照定例，每银一两毋得不足千文之数。于四十一年，更定钱制，每文重一钱四分，而旧铸之小制钱每千文准银七钱，其值既不一，是以小民对于重钱则私毁，对于轻钱则私铸，嗣以铜价加增，以致工本愈重，钱重铜多，徒滋销毁。而银钱之法价，因之而破坏无余。虽屡变法以救其弊，终不能见诸效果也。厥后令京局暂行买收旧铜以资鼓铸，每斤定价银一钱，寻严禁毁铢变宝，又罢收买旧铜之令。迨雍正元年，颁行雍正通宝钱，通行民间。四年，严造用黄铜器皿之禁，无论大小轻重之器皿均不准以黄铜制造，限定三年将所有悉行呈报，不准虚陈。倘逾期不交者则按私藏禁物律，以治其罪。明年令宝泉、宝源二局，以所收之铜器得于额外加卯鼓铸。九年，设立铜色对牌以八成、八五、九成、九五、十成分为五牌。厥后鼓铸钱文专为便民利用，而各省开铸，须一体照其式样，务令分两准足以杜诸弊。有私毁与私铸者，不时查获治罪，以儆效尤。迨及乾隆元年，颁行乾隆通宝钱，嗣停设铜色对牌。又罢黄铜器皿之禁，寻令铸钱之法。先将净铜錾凿成重二钱三分者，曰祖钱，随铸造重一钱六七分不等者，曰母钱，又铸青钱，与黄铜钱相兼行使。十年，令除雇觅匠夫给发工钱外，一切卖买物料，以及总置货物，俱应以银交易。盖因其高下轻重足以抵钱多寡，得以流转通用，而其式有海马形、花边形，分为大中小三者，大者重七钱有奇，中者三钱余，小者一钱余。又有十字形，有刻作人面者，或为金身，其背为宫室禽兽之类，环之以字。其所供给者为荷兰、法郎西、英吉利、墨西哥，而尤以墨西哥输入为多。嘉道而后渐次行于内地，是知当时确以银为交易之媒介矣。及至咸丰时币制稍见改革。咸丰三年，以军饷告匮，铸当十、当五、当百、当五百、当千之大钱，嗣是私铸竞起，翌年乃停止铸当千、当五百大钱。八年，收回大钱，而改铸制钱。时钱法极其紊乱，最重者为一钱四分，最轻者一分，而小民所通用者，则以小钱为多也。降及光绪，而货币极为复杂，有银币、铜币、纸币诸种。银元较生银为便，故内部商人多喜用之。十三年始，自铸银币，粤督张之洞奏称广东全省皆用洋钱，波及广西、闽、浙、皖、鄂等省，以致漏卮无底。粤省拟造外洋银元，每元重漕平七钱三分，银圆上面铸光绪元宝四字，围边铸广东省造库平七钱二分十字，并用汉文、洋文以便与外洋交易等语，是为中国自铸银元之始。后张督与广东水陆师提督方耀忤，帝调张督督鄂。而鄂省亦从事鼓铸，三十一年，始设户部造币总厂于天津，时讨论本位单位之争议，议颇费时日。而论本位者，以美人真奇氏主张采金汇兑本位为最有力。此外有金银复本位说，银本位说，虚金本位说，议论纷歧，莫衷一是。卒以银钱并用。时各省督抚以筹款维难，铜元余利甚饶，亟谋推运广销，以济省库。各大吏遂视为入款大宗，竞相鼓铸，减价发行，以致铜铅愈多购而价愈增，铜元愈多铸而价愈落。是故钱价贱而物价上腾势所必至，理有固然者也。未几户部奏请试办户部银行，以为推行币制之总枢纽（惟当光绪中叶，各省次第设立官钱局、官银号，而湖北首先创官钱局，不过发行钞票与兑换铜元而已，有谓山西票庄先于湖北官钱局者，待考），诏可之，遂颁布银行章程三十二条。三十一年，户部给事中彭述奏称仿西法发行银行钞票，并请户部先就北洋官报局，印制户部银行钞票，是为中央政府发行银行兑换券之始，而所用之钞票，大半造于美国。迨三十四年，改户部银行曰大清银行，资本加至一千万元，更定大清银行则例二十四条，乃当事者昧于国家银行之要义，惟图私利，而营业上弊窦丛生，甚至各处押款欠款，毫无着落，乃至牵动商业以及金融市场，银行信用，破坏不堪，而财政上受莫大之恶影响，此清代之所以至于亡也。宣统初年，令官商银行钱号发行钞票，嗣后未发者，不准增发。二年，度支部拟定则例，采银本位制，卒未能实行。又改银为七钱二分，令商民一体，按法行使。三年，定兑换纸币则例。凡发行以及兑换，悉归大清银行办理之以图统一纸币，然未果行耳。有清末叶，币制改革，较之往昔甚为进步，惟尚昧于货币原理，需供不调，而物价亦极其昂贵，小民生计维艰，终无善法以为补救，斯足憾焉。次列货币一览表于下：

时代	名称	文字	形质	量度及价值
清	纹银			
	顺治通宝			
	一厘字钱			每千文值银一两
	钱制	宝泉顺治通宝		
	康熙通宝钱			
	小制钱			每千文准银七钱

续表

时代	名称	文字	形质	量度及价值
	雍正通宝钱			
	铜色对牌			
	乾隆通宝钱			
	祖钱			
	母钱			
	青钱			
	黄钱			
	银		海马形	大者七钱有奇
			花边形	中者三钱有奇
			上字形	小者一钱有奇
	铜			
	锭			
	银			重七钱三分
	嘉庆通宝			
	小钱			
	银锭			
	道光通宝			一千一百文当银一两
	咸丰通宝			当十五、五十、当五百、当一千
				轻一分
	小钱			重一钱四分
	光绪通宝			
	纸币			
	银角			十角合银一元
	银元宝、中锭、小锭	光绪银宝		重七钱三分
	黄铜元			每百枚换银元一元
	红铜元			

十、民国以来之币制

民国肇造，有十四稔，关于币制专书，绝少窥见，有之亦不过东鳞西爪而已。是故欲溯考民国以来之币制，极其困难。且也各地有各地之通用币，名目繁杂，不下百数十种。愚见闻不广，乌敢妄事探考，惟就有生二十四年以来所见所闻者而一述之已耳。民国鼎革之初，民间所用之币，多沿前清之各种铜银币，而总厂所铸者，均系书宣统元宝，惟川厂则另铸所谓大汉银币者。民国三年政府颁布国币条例，乃定银为本位，银币一元为单位。是年十二月由总厂开始铸造，而原来成色为九成，乃改为八九。除总厂所铸一元国币外（即袁头银元），而各省局厂亦从而鼓铸，其重量成色，纷杂不一，有合法者仅十之一二，超过法定者十之三四，不合法者居十分六七，其总额约为二万五千万元之多。以故其价格随市而升降，成为一种之货物，而不能衡百物之价值。因之华洋大宗贸易以及外国行，仍以银两为计算，即以通商大都会言之。北京有京公砝平、三六库平、二七京平、二六京平、三六库平、六厘、七厘京平七种。上海有九八规元、申公砝平、公估平、关平、漕平、库平，汉有洋例，然有银两之名，而无其实。自银元推广行使之后，银两之用稍减，而内地腹省则尚以银两为交易之计算，即上海等处之大宗交易亦仍以银两也。至于银角在光绪时，以十角合银一元，十枚之铜币，折合银角一枚。今日银元一角约合铜元二十八枚，而各省所铸之小银角则仅合二十枚左右。计历年各厂所铸银角，约达三百七十余兆之多云。迺者各省纷纷开铸，其数额当格外加多，而其重量成色轻恶不堪。即就广东所铸新式银角，前此见拒于上海等处，而不复用矣。次言铜元。溯自欧战停止以后，铜价下落，余利极大，各省督军，视为入款大宗，竞相鼓铸。一元银币，可兑三百枚铜元有奇，物价飞涨，小民生计困苦，不堪言状，悲已谕及纸币则当民五之间，财政匮乏，补苴无术，势必不得不滥发纸币以救一时之急。孰意纸币充斥，准备金不充实，商民视为废楮，群相兑现。卒至中交两行钞票，曾低至五六成折合亦一奇观也。他如银两券、银角券、铜元票诸种有行使之者，有否者。盖银两券以两为单位，大抵有一两、五两、十两诸种，其通行之处，以湖南、江西二省为最。其他各省亦有行之者，小银元券则以东三省、闽、粤诸省行之最多，而东三省几以此券为本位币也。至于官钱局所发行之铜元券，通行之区域不广，其票面可分为十枚、二十枚、五十枚、一百枚数种，而中交所发之铜元票，则令归平市官钱局矣。夫政府为整顿币制起见，故特设币制局（在民国六七年间），以整理之。其职务为计划之筹备，各地情形之调查，以及关于银行之各种行政事务皆归其专掌，以谋全币制之统一。惟创局以来将近十载，未见丝毫成绩，终以政治紊乱，未能从事此大规模之动作。币制恶滥，于斯为极。而外国银币以及纸票，商民受之而眉飞色舞，对于国币，则弃置之如敝楮。吾为我国无币，谁曰不宜，未知当局对此作何感想也。币制之良否，其影响于国计民生者甚大。既如序论所云，即就历代沿革而观，实足以乱亡国祚而有余，货币所关，乌可等闲视之耶。

本篇参考书：

《三通》《史记》《汉书》《三国志》《唐书》《唐会典》《册府元龟》《源流至论续集》《事物纪原》《金史》《辽史》《宋史》《宋书》《元史》《皇朝通考》《明史》等书。

《银行月刊》，1925年第1期

中国古代货币考

连 元

一、古代的硬币

中国之货币制度，由来已久，其变动亦多，而历代最易流通者，只有铜币。铜币以一钱为单位，但因时不同而异其轻重。金银则视为贵重品，可代替货币，惟未经铸造且无一定重量成分，致与铜币之换算率时时变动。

上古时代民智未开，人民日用自给而无交易。炎帝教民作五谷，乃创物物交换之市。伏羲集天下之铜，拓棘币之制。黄帝以金为货，以金、刀、泉、布、帛为五币。太昊以后，已有泉币（金属货币）。汤以庄山之金铸为货币。禹以历山之金铸为货币。又云以珠玉为上币，黄金为中币，刀布为下币，是以古代举珠玉龟贝、五金、布泉等皆有货币之效用。周之太公立九府圜法，以黄金方寸重一斤为钱，以下小者为铢。景王二十一年，患钱轻更铸大钱，此后硬币渐盛行。春秋战国时代，王室之法令不行，诸侯各自铸货币，致通用货币类多复杂。此多数货币中最通用者，为铲、钟、刀，可称刀形制货币的最盛时代。

秦并六国，统一天下，禁用珠、玉、龟、贝、银、锡等货币，定通用货币为二种，以黄金二十两、三十两为上币，铜钱径一寸二分，重十二铢，曰半两，为下币。汉以秦代货币过重，乃铸荚钱，然因失之过轻，致物价昂腾。高后二年改为八铢钱，后又铸五分钱，文帝五年更铸铢钱曰半两。武帝建元元年改铸三铢钱，同五年废之，复用半两。元狩四年，因国费浩繁，乃通用皮币，并以白鹿皮约一尺四方者五十万，及钱、锡、白金等金属为货币，分三千文、五百文、三百文三种，此及用文为货币之嚆矢，同五年，因人民之要求，铸五铢钱，通用颇广。后因五铢钱之单位低，更铸赤灰钱（赤铜），未达目的而废之，此后私铸稍行绝迹。但王莽变法，而铸大钱，即径一寸二分重十二铢曰大钱五十文。造契刀、错刀为铢钱，与银、锡、白金、赤铜并用。因使用不便，复以金、银、龟、贝、钟、布等为通货，称为宝货，凡五物六名，二十八品。所谓五物，即金、银、铜、龟、贝。六名即钱货、金货、银货、龟货、贝货、布货。二十八品者，即钱货六品，金货一品，银货二品，龟货四品，贝货五品，布货十品。后因此制弊害亦多，未能实行，故改为一文小钱与大钱五，二品，严禁使用旧货币，其后货币法益乱。商业标准不立，失业者续出，此为泉币纷乱时代。光武中兴，再铸五铢钱。桓帝时有铸大之钱，因列陶反对而中止。献帝时董卓溃五铢钱铸小钱，因之货币贱物价贵，谷一担值数万钱。三国时代魏文帝罢五铢钱，以谷帛为货币而行交易。至明帝时通行谷帛并铸五铢钱。同时蜀铸大钱以百为单位，吴亦铸大钱，以五百为单位，规定大钱当千，人民极不便利。晋承汉祚之后，别无铸造货币之明文，只以孙氏之旧钱，分其轻重，其大者谓比轮，小者称四文。此外有沈氏私铸小钱，至宋始铸五铢钱，又改铸四铢钱，梁铸五铢钱，并铸无边公式女钱，使兼用之。然当时古钱颇多，轻重不一，民间私铸者亦不少，虽禁止不能绝迹。铜钱废止之声颇盛，乃以铁钱代之。但铁较铜更易得，私铸者续出，且量重交易不便，市价分为七十、八十或九十，弊害甚多，遂废止之复用前代旧钱，乃铸五铢钱后改铸六铢钱。至隋废此制。北朝对钱币较南朝注意整顿，多用五铢钱之旧制。魏的永安年中铸永安五铢钱。又周齐时代，前后有四种钱币，即一谓常平五铢，二谓布泉钱，三谓五行大布钱，四谓永安万国钱。及隋兴禁止古钱及私铸，乃铸五铢新钱，其重量仍依旧制，此时钱币渐统一，人民乃称便利。秦至隋，钱币虽几变迁，但流通最多者为五铢钱，后世称为五铢钱时代，或第一期铜钱时代。

汉末至隋天下骚乱，盗铸伪造之风极盛，轻量异形之钱续出，数十万竟不值一掬纯货，一斗之米需万钱，终致商民停门闭业。唐高祖即位，乃废旧钱，铸开元通宝，以一千当一钱，规定重量六斤四两，其后伪造风行，高宗的乾封元年，又改铸乾封泉宝钱，泉宝钱径一寸重二铢六分，十枚当旧钱一枚，商家不便使用，致米帛昂腾，乃复用开元通宝钱。武后长安年中因恶货币充斥，市场陈列多种硬币，任交格者择取，惟因择取困难，致交壅滞。更以器具穿穴，以确正伪，盗铸伪钱依然不止，交易益形困难。玄宗时代，江淮地方，有官铸钱、匾炉钱、稜钱、时钱等名称。唐代钱币紊乱复杂，达于极点。至肃宗时代铸乾元重宝钱，以一枚当旧钱十枚，更铸重且大之重轻大钱，枚一当旧钱五十枚，与乾元重宝钱并用。代宗帝即位后，改轻元钱一当二，重轮钱一当三，后小钱皆一当一，任人民去取。唐代硬币，虽几经改铸，只有开元通宝钱流通最久。五代十国之际，重量、形态不同。楚王殷氏因湖南地方多产铅铁，乃铸铅铁钱。晋之石敬瑭尤认公私铸造，禁止掺杂铅铁，每钱重二两四参（原文如此），十钱重一两，称天福元宝。晋汉周及前后蜀南汉南唐，虽曾铸铁钱，但皆应地方情况而铸造，故当时南唐造铁钱，名唐固通寰。蜀亦因财政穷乏，乃铸铁钱，成为铁钱最盛时代。唐之初至五代末铸造之硬币，总称通宝，后世称此时代为第一期通宝时代。

宋初造硬币时，系仿唐旧周制，称宋元通宝。至太宗铸造淳化元宝，以后改元便铸新币，例皆冠以年号。仁宗时代曾称宋皇通宝，其后复冠年号。此时各地货币多以铜铁铸造，使两者并用。而建州、河东等地方，皆铸大铁钱，江、池、饶、仪等地方，则铸小铁钱。徽宗时代，亦有荚锡钱及乌背流洞钱出现，货币极紊乱。辽之先代，产铜甚多，故多铸铜币。太祖以后，初铸天赞通宝。道宗时之清宁、咸雍、太康、太安、寿隆等年号，每换一朝，更铸新币，至天祚帝，更有乾统、天庆等新钱出世。金初用辽宋旧钱。正隆时代设三监官署，司铸货币，曾仿宋之小平钱，而造正隆通宝，然钱孔较文字尤大，格式不良。十八年乃铸大定通宝，盖其只掺用少许银质。泰和四年铸泰和重宝大钱，以一当十，惟因铜产额减少，乃混用纸币。元代以使用纸币为主，仅武宗时代，曾铸大通钱，毁以前之小钱，使用于新筑庙宇。至元末陈友谅、张士诚割据之地方，亦仿至正之制新造货币。明初铸大中通宝钱，使用于历代。海内一统后，颁布钱式法令，以四百文为一贯，四十文为两，四文为一钱。称此为洪武通宝钱，并下令各省设铸造局，铸铜钱，分一、二、三、五、十钱五种单位。以生铜一斤铸小钱百六十枚。其后永乐、宣德、弘治各朝亦屡铸造。至嘉靖时，于通宝钱外，更铸金背火漆旋边等货币，广为流通。万历帝之世，复仿先代旧制铸金背及火漆钱，以一枚改重一钱二分五厘，旋边钱一文改重一钱三分。天启之世铸泰昌钱，并依汉武白金三品之制，铸相当十枚、百枚、千枚三种大钱。至崇祯时代，又变更币制，自宋泰和年间，创造交子（纸币），至明末纸币流通渐盛。铜钱亦无间断使用。后世称此时代为楮币（纸币）与通宝钱并用时代。

清太祖于丙辰建元年间，铸天命通宝钱，天聪时更铸天聪通宝钱。世祖即位于燕京仿明代旧制，设局鼓铸货币，名顺治通宝钱。规定一文重一钱。二年改为一钱二分。同三年禁用以前之旧钱。同八年再定钱制，以一钱重一钱二分五厘。十年铸一厘钱。十四年更覆钱制，以一文重一钱四分。至康熙二十三年溃毁旧钱，再改一文一钱，称为康熙小制钱，俗呼京墩钱。同四十一年各地私钱风行，仍复活一钱四分制。同四十五年，命户部支出库十万两，收回小制钱。雍正四年分宝泉局为四厂，极力鼓铸，然□市场现金增加缓慢，钱之价格仍高，商业交易不灵活，乃严禁溃毁货币制造其他器物，违者处重罪，并颁布非一品（位阶）之家不得用黄铜之指令。同十二年，因货币过重，溃毁者续出，纠纷不绝，遂改定币制，以一文重一钱二分。乾隆元年，废止以黄铜制器物之禁令。同五年命令各省鼓铸青钱，以防止铜钱溃毁之弊。同二十四年，命令户部颁布钱式，以红铜鼓铸每文重二钱之乾隆通宝钱。嘉庆、道光年间亦曾炉铸，惟因钱法不如前代整肃，反见弛缓。咸丰年因军费之急需，致财政穷乏，乃铸相当十文、五十文、百文、五百文、一千文之五种大钱。如一千文之大钱重二两，使用至不便。时钱法侍郎王茂荫，举历代大钱之弊，并痛论其非，惟未采纳。后未及三年，盗铸、伪造层出不穷，致物价昂腾，无可抑止。朝廷乃命户部、工部两当局，将百文及五十文钱，各减二成，其他各种钱各减六成，以鼓铸十文、五文及一文制钱，并发行宝钞（纸币）收回五百文、一千文之大钱，同年更许铸铁钱，惟因过重，流通困难，尚不如大钱之便利。同治年间，依然沿用一文重八分之部制，以外铜鼓铸制钱及铜钱。光绪二十年，铸相当十文之大钱抵制二文钱，嗣又命令宝泉局开铸二文制钱。同三十一年，各省加累铸造铜元，因十文大钱流通不便，乃改铸制钱。同年又因溃毁者日增，遂改订制钱为一文重六分，配合铜五成五分、铅四成五分而铸造之。再改铸一文新钱减重为一文三分二厘，配合紫铜六成、白铅四成而铸造之。此乃无孔钱之起始。其形式采湖北省总督之建议，而重量成分则采用广东省之制度。此无孔钱开铸时，而旧式铜钱始无鼓铸者。由此以观，清朝三百年间，上下皆用通宝钱，并图注其轻重，使适于流通，时或以银为辅助货币，但只以制为法币，故称为第二期通宝钱时代。

二、历代之币纸

中国古代已有纸币流通,明载于史籍。《周礼》曰:载师凡宅不毛者有里布。郑司农注曰:"里布者幅二寸,长二尺,上书官司文字刻即为币,供贸易之用。"诗云:抱布贸丝,即抱里布(纸币)而购丝之谓。□中国古代纸币之起源,是以周代为嚆矢。《礼》云:"听称责以传别,及凡买卖者质剂焉。"所谓传别,即于布面大书各类文字而区别之,质剂即取质于大贾(大商人)剂小贾而起之一种质券名称。大市人民购牛马用长券,小市购兵器,珍异之物用短券,按二者之性质,类似今日之票据。

汉武帝因国费缺乏,创白鹿皮币,因为当时白鹿皮为稀有珍重之物,故用为货币。唐宪宗帝时,准将硬币输出地方,首都所存寥寥,乃命商人悉寄地方官厅、军卫、富豪之现款,发行书据,附托飞脚,以之相互决算贷借关系,而中止输送现款,此即所谓飞钱汇兑制度之开始。宋太祖仿此,货币行使乃大便。右二者严格解释,故难称为纸币,但无疑的是有价证券之一种。

宋真宗时,蜀人以铁钱重,不能如意交易,乃以纸作券帮交。交分一文一缗二种,以一千文为缗,三年为一界兑换,分六十五年为二十二界。初以富豪十六人司兑换,兑换准备金额为三十六万缗。徽宗之世,改交子为钱引,因无兑换准备,而发行颇多,致一缗降得数十,终成不兑现纸币。交子纸币之后,有会子纸币,此处亦发行盐钞茶引等盐商、茶商通用之纸币。

南宋高宗时,创造阚子(一名阚会),其性质与交子同,而交子只通用于蜀,会子则流通于两淮、湖广各地。其制规有一贯、五百、三百、二百等四种。始如盐券、茶引,只于一部分商人间通用之,后于公私货物交易场中,亦以之代现钱,其兑换准备金增加为三千万贯,每界兑换期延长为九年。因之,会子发行额增加,纠纷繁多,至宪宗嘉定年间价格益低落,终至无法收拾。同时各时行使交引。即四川通用川引,两淮用淮交,湖广用湖会,人民昧于去取,此种现象至宋末始加整理。

宋高宗绍兴年间,因金(现东北四省一带)之铜产额减少,货铸造困难,乃仿中国(现江西、江苏、山东、河南、安徽、湖北、河北一带)之纸币,发行大小二种交钞,大钞额面为一贯、二贯、三贯、五贯、十贯五种,小钞为一百、二百、三百、四百、五百、七百等六种，与现金并行流通。流通期限为七年，期满后全部与新纸币交换，其制度殆与宋之交子相似。世宗之世，犹采用其制。章宗即位，乃废七年一度交换之制，命其继续行使，但额面文字磨减、难识别者，会经库司与新钞交换。明昌三年，交钞充满市面，流通不灵，乃下令禁止民间抑价。但每次纸币发行后，流通市面时，统被折扣，如其价格不较现金低，则难流通，只银辅券渐不打扣而流行，此因官俸、军需等与银钞兼用之故。此时银□每锭五十两，相当铜钱百贯，后民间有截凿检查银锭者，结果致价格低落，遂息之改铸为承安宝货，分一贯、二贯、三贯、五贯、十贯等五种。与铜钱之交换价值，规定银一两相当二贯，公私与现金同样行使，努力维持钞面价额。泰和以后，限制只一贯以上之交易，可行使银与钞，其流通益停滞。宣宗之贞祐二年更造大钞，名为宝券，额面二十贯至一百贯。嗣又发行二百贯至一千贯之大券，因忽视其先后轻重，一般人民不肯行使，致交易杜绝。及哀宗正大年间，民间只用银而行交易。

元世祖中统元年，初发行纸币，以丝钞兑换准备。每银五十两，得与丝钞一千两交换。其他诸物宝亦仿能而交易。后又造十文至二贯之十种中统宝券，于各地流通，并准用以纳税，各地官署军队之薪饷，亦以纸币支给。又以金银为兑换准备，后其标准低下，仍以银为准备，每二贯相当白银一两，另铸所谓元宝（即五十两银锭），规定相当中统宝券百贯。然实际元宝银锭未用，只有元宝交钞（纸币）流通。其后省略中统宝券名称，仍以五十两为一锭，即一贯为交钞一两，因白银成分低劣而分离，收支结算统称钞若干锭，各地设平准库以钞为标准，防止物价变动。至元十二年钞券增发为二文、三文、五文三种，因行使不便，无几时即废止。同十七年在江南颁布《钞法》（纸币法），废宋之铜钱而不用，与宋交易，则易以中统钞之发行额愈增，致价额下落。二十四年遂改造至元钞，自五文至二贯分十一等，与中统钞共行使。至元钞之价值，每二贯当白银一两，每二十贯当赤金一两。然日后发行额增加，非仅未收整顿中统券之效，反步既往很多恶币之后。于武宗之至大二年，因中统钞至元钞轻薄，易陷纸币滥发之弊，乃发行二两至一厘分十三等之大银钞，规定银钞一两相当五贯及中统钞之二十五贯，白银一两相当亦金一钱。各地方官衙设平埠库买卖金银并交换纸票（纸票之破损者），又铸铜钱补银之不足。元之票法纸币曾经三度变更。待仁宗即位，纸币之发行额倍增，因轻重失宜，遂废止大银票，依然使用中统钞与至元钞。顺帝之至正十年因丞相托克钞之专政，改变纸币法，使诸币一贯或铜钱一千反相当元宝票二贯，以票为用。无几物价昂腾，同时各地内乱蜂起，军费浩多，纸币之价值益下落，人民不用纸币，而以物货交易，致公私纸币山积，怨嗟之声日高，元遂为明所灭亡。

明之洪武八年，开始发行行钞（纸币）立钞法（纸币法），设宝钞提举司，总司纸币发行事宜。宝钞提举司下设钞纸，花钞二局及宝钞行，行下设工库发行大明宝钞，命民间行使。其金额以一贯为高，分五百、四百、三百、二百、一百等五级，一贯当铜钱一千文或银一两，四贯当黄金一两，规定租税课金与铜钱兼收，即以铜钱三成，宝钞七成之比率收纳。一百文以下只使用铜钱。同九年因宝钞纸质柔软，印刷更字消减，致识别困难，于是改钞法，提出破损者予以兑换。同二十二年，更发行五十文、十文二种小钞，便于民间交易。但此时纸币发行额已增多，充溢市面，朝廷禁止行使铜钱，因之民间重视现金，轻视纸币，物价益昂腾，钞法破坏，不能行使。洪武年间，银一两相当宝钞三五贯而通行，至永乐年间银一两相当纸币八十余贯。又正统年间银一两相当千余贯，钞一两仅值铜钱一二文，纸币暴落，无法防止。天顺以后人民已无行使宝钞者。成化年间地方，以银折扣宝钞使用。弘治年间命令钞关及户口食盐局规定宝钞一贯相当银一厘，铜钱七文相当银一厘，使征收租税。惟此宝钞已完全不流通，普通专使用银。崇祯十六年欲复活钞法，惜因流寇犯京师而中止。

满朝鉴于宋、元、明各朝纸币发行之弊害，乃探取使用现金、不行使纸币之政策。顺治九年定钞贯之制发行纸币十二万一千一百七十二贯，发行额未增加。同十八年便停止流通。然因发行额有限，上下流通，曾用铜钱，未酿成何等弊害。咸丰三年各地叛军蜂起，遣军讨伐，需费甚巨，乃酌量发行银票（一名官票），使之流通，定额面为库平一两与二两，先于京师实行，后向各省推行，各省亦一律遵行。嗣又发行一千文、二千文钱票，与银票共同使用，招京师内外商民，设立官银产号，为收发汇兑机关，由国库发给银两为宝本，同时户部工部局交印钱（或铜钱）为官票发行兑换准备，于是许送一般人民缴纳地丁、钱粮、关税、盐课及其他一切公款，悉以官票宝钞各五成之比例支付。规定官票一两当制钱二千贯，宝钞二千文当银一两，使与现行之大钱（以前之一钱铜币）和制钱（三厘钱）并用。同四年户部侍郎王茂荫以钞法（纸币法）难行，奏请改革。同五年布告河南、山东征收钞丁钱粮，不收钱票、银票，因此钱银票之流通益生困难，政府谕告严令行使，此乃因发行纸币朝廷严令行使之著例，惟钞法依然不能圆满执行，纸币之流通更见困难。

《银行月刊》，1946年5月

历代古钱记略

丁福保

一、夏商周及列国

上古无钱币，民各以其所有，易其所无。后以交易日繁，以物易物，值无定准，民多不便，于是龟、贝、金、钱、刀、布之币兴焉。《盐铁论》曰："币与世易，夏后氏以玄贝。"正义云："贝者水虫，古人取其甲以为货，如今之用钱然。"据此则知以贝为货币，实始于夏，后以天然贝不敷应用，故又有石贝、骨贝、珧贝、铜贝等之仿贝出焉。

钱始于有周（见《说文解字》注），古人以为神农、黄帝、尧、舜、禹、汤时已有钱者，皆瞽说也。周景王之钱，至今已不可得见，其得见者，仅晚周之东周空首布及东周、西周两国圜钱而已。当是之时，列国皆铸钱，其权在各国地方政府，故所铸之币，共形式、轻重、大小各有不同，有空首布、方足布、尖足布、圆足布及齐刀、召刀、尖首刀、直刀等数百种。至今流传甚多，此外又有垣、共、长垣一金化、共屯赤金、济阴，半环等圆形圆孔钱。此等钱币，其通行之范围甚小，皆限于一国中之一地，而不能通行于天下者也。

二、秦

秦兼天下，政令统一，分币为二等，以黄金为上币，铜钱为下币。下币质如周钱，文曰半两，重如其文（秦之半两合库平秤二钱二分〇八毫，汉秤同）。凡珠、玉、龟、贝、银、锡之属，为器饰，而不为币。秦之金币，早为后世熔化，故不得见。若铜币则至今流传尚多，即世俗所称秦半两是也。

是时铜贵，故钱少而值昂。汉高祖微时，役咸阳，吏皆送俸钱三，萧何独送五，使高祖感激无已，区区二钱，其贵重若此。高祖贺吕公，绐之曰："贺钱万。"吕公大惊。若在后世，十千何足惊也？是时皆指秦半两而言。

三、两汉

汉初以秦钱重难用，更令民铸小钱，俗名"榆荚半两"。吕后因荚钱太小，遂铸八铢半两，又铸五分钱，皆秦半两之辅币也。文帝更铸四铢半两，除盗铸令，令民自铸。时吴王濞，以诸侯王，即山铸钱。宦者邓通得幸，赐蜀道铜山，许其铸钱。吴邓之钱满天下，与文帝之半两钱至今不能有所分别。景帝时，定铸钱弃市律，武帝更铸三铢钱，未几即罢之，行半两钱，后改铸五铢钱。大抵秦半两太重，荚钱及三铢、四铢太轻，惟五铢为得轻重之平，民闻便之。又有一种名赤仄钱，制亦不善，又以钱不足，更造皮币及银锡白金等币，后俱不行。武帝封菑川懿王子于山东益郡，遂铸益货、益四货、益六货三品，其作风与三铢钱、有郭半两钱相同，即旧谱误为景王钱宝货者也。汉钱虽比秦钱多，然亦少而贵，不如后世之贱。汉初为算赋，每岁每人出钱百二十，七岁至十四岁，人出钱二十，武帝时加三钱，以补车骑马费，而钱值之可贵如此。其后王莽变法，铸大泉五十，重十二铢，又造契刀、错刀，契刀值五百，错刀值五千。后以刘字有金刀，乃罢契刀、错刀不用。更铸小泉直一，小泉之上，有幺泉一十，幼泉二十，中泉三十，壮泉四十，兴太泉五十，名曰六泉。至今大小泉甚多，其余四泉，希如星凤而价极贵。又铸小布一百、幺布二百、幼布三百、序布四百（《汉志》误作厚布）、差布五百、中布六百、状布七百、第布八百、次布九百、大布黄千，名曰十布。除大布外，皆不易得。又铸货泉、布泉、货布三品，货泉每枚直一，货布长二寸五分，其四枚之长（宜除外边），即汉之一尺也。其重二十五铢，合库平秤四钱六分，每枚值货泉二十五。莽铸泉凡二十一种，币制之紊乱极矣。是时公孙述据蜀，始铸铁钱，有铁半两、铁五铢二种，颇不易得。光武中兴，始复用五铢钱。灵帝更铸四出文、五铢钱。献帝初平元年，董卓坏五铢钱，更铸小钱。悉取洛阳、长安铜人、钟簴、飞廉、铜马之属以充铸，其钱无文章，不便人用，至今亦仅有存者。

四、三国

刘备入蜀，军用不足，用刘巴言，铸直百五铢钱，以平诸物价，令吏为官市，旬月之间，府库充实。其钱背有为字者，为犍为郡所铸。又有省作"直""百"二字者，又有五铢作传形者，又有铁铸之值百五铢，颇不易得。魏文帝罢五铢钱，令民以谷帛为市；后以巧伪滋多，竞湿谷以要利，作薄绢以为市，严刑不能禁，乃复用五铢钱。吴孙权铸大钱二品，一为大泉五百，一为大泉当千，钱值之昂，于是为极。权后闻为百姓不便，乃止官勿复出。私家有者，并以输藏，平其值，勿有所枉。

五、晋

两晋未尝铸钱。至元帝渡江后，则杂用孙氏旧钱。吴兴沈充又铸小钱，谓之沈郎五铢钱。安帝时，桓玄辅政，议欲废钱用谷帛，朝议以为不可，乃止。按以谷帛为市，则有运致之劳，又有朽败之虑，此其必不可用，较然易见。前凉张轨时，河西悉用縑布，参军张辅请复用五铢，以济通变之用，轨纳之，立制准用钱，人赖之利。石勒铸丰货钱二种，一有内郭，一无内郭。李寿在蜀，改国号曰汉，改元曰汉兴，故铸汉兴小钱。

又有太平百钱，种类甚多。有极小者，与安平一百（安旧读作定），小直百钱，均在四川出土。审其作风，与汉兴相似，故附于汉兴之后，亦是蜀钱，特不知铸于何时耳。

六、南北朝及隋

南朝惟齐不铸钱，余皆见于史。宋文帝铸四铢钱，因旧五铢钱，有重至八铢者，则用时可抵四铢两枚之用，故曰当两五铢，遂定为当时钱制。武帝孝建元年，又铸孝建四铢，其后又省四铢二字，仅留孝建二字。前废帝铸永光钱，中废帝铸景和钱，二钱仅重二铢，因废帝在位日短故其钱甚不易得。梁武帝天监元年，铸五铢钱，肉好周郭悉备。普通四年，又铸钱五铢，背有四出文。梁敬帝铸两柱五铢钱，以一当十；又铸四柱五铢钱，以一当二十。陈文帝天嘉三年，改铸五铢钱。太建十一年，铸太货六铢钱，一当五铢之十，制作颇精。北朝魏孝文帝，至太和十九年始铸钱，工铸粗备，文曰太和五铢。宣武帝又铸五铢钱。孝庄帝永安二年，诏改铸，文曰永安五铢。西魏亦铸五铢。东魏亦铸永安五铢，至今已不能强为分别。北齐铸常平五铢钱。后周铸布泉，五行大布，永通万国三钱，制作皆甚精妙。戴文节公曰："古今书法，未变不足丽，已变不足观，将变最可观。汉唐人碑版，不过汉唐人面目，最可观莫如六朝。汉将变为唐也，故异境百出，钱文亦然。北朝钱上承秦相，下启少温，正篆法之将变，最可观者也。余尝集北钱各种，玩弄摹拓，意固有在。"隋统一南北朝后，更铸新钱，面背肉好，皆有周郭，文曰五铢。又于各关，各付百钱为样，钱从关外来者，勘样相似，然后得过；轻而劣者，坏以为铜，入官。又有一种号称白钱者，内和锡镴，宛似白铜，故曰白钱。至大业之末，私铸盛行，薄恶不堪，或剪铁鍱，裁衣、糊纸以为钱，此则衰世气象，真有不可终日之势矣。

七、唐

唐初铸开元通宝钱，读为开通元宝亦可。钱文含八分、篆、隶三间，系欧阳询所书，制法精工，自五铢以后，此为最善。积十枚为唐权之一两，一枚即为一钱，今以清之库平称之，其重正同乾封元年，改铸乾封泉宝钱，以一当旧钱之十。至乾元元年，铸乾元重宝钱，以一当十，故曰乾元十当钱。二年新铸乾元重宝大钱，以一当五十，背有重轮以别之。亦有小乾元钱而背有重耳者为少见，而以背有云一朵者为尤少。又铸乾元小钱，以一当一。大历四年铸大历元宝钱，今亦不多。建中初年，铸建中通宝，为大历尤为少见。是时又铸开元通宝大钱。武宗会昌年间，所铸之开元钱，其背文皆铸地名，有二十余种之多，名曰会昌开元。唐末史思明据东都，铸得壹元宝钱，以一当开元之百。其后又改铸顺天元宝钱，此二钱与会昌开元钱，皆毁佛像改铸之，其结果均大凶。

八、五代十国

五季承唐末大乱之后，四分五裂、干戈扰攘者五十余年。自后梁灭唐，奄有中原，历唐、晋、汉、周，皆以大梁为都，即所谓五代是也。一、后梁铸开平元宝，大如当十钱。又铸开平通宝，大如当五钱，传世绝少。是时刘仁恭据燕，不在十国之内，故附于梁后。刘铸永安一十，永安一百，永安五百，永安一千，此四种铜铁皆备，惟铜少而铁多。此外尚有铁货布，背有二百二字，铁顺天元宝二种，大者背有丁字，小者背有百字，铁五铢小平钱。二、后唐庄宗灭梁、灭燕，铸天成元宝小平钱，流传极少。三、后晋借契丹兵灭唐，岁赂金帛无算，府库殚竭，遂铸天福元宝小平钱，许官民自由铸造，故轻薄滥恶。四、后汉入洛阳，铸汉通元宝，亦读作汉元通宝。五、后周代汉而兴，至世宗，烧毁佛像，铸周元通宝钱，以至中道崩殂，惜哉。

所谓十国者，一曰前蜀。王建闻梁灭唐，遂据蜀称帝，铸永平元宝、通正元宝、天汉元宝、光天元宝四种。王衍铸乾德元宝、咸康元宝二种。二曰后蜀。孟知祥略有全蜀，其子昶铸钱二种，曰广政通宝，曰大蜀通宝。三曰楚。马殷据湖南八州地，开天策府，梁拜殷为天策上将军，因铸大钱曰天策府宝，大如当百，铜质浑厚，字文明坦。又铸大铁钱，曰乾封泉宝，背有天字、策字、天策字、天府字四种，以天策字为最少。又有铜铸者，其价极贵。四曰吴越。钱氏未铸钱。五曰南唐。李昇冒姓徐氏，名知诰，国号大齐，铸有大齐通宝钱，后改唐，复姓李氏，仍都金陵。及元宗即位，遂铸唐国通宝钱，有隶书、篆书、真书大小数种；又铸大钱，文曰永通泉货，有隶书、篆书二种，篆书者尤少见。又铸开元通宝钱，使徐铉篆其文。又铸铁开元钱，今少见。亡国时又铸大唐通宝。六曰南汉。刘龑即位于番禺，铸乾亨重宝，有铜、铅二种，铅钱背有邕字者即铸于邕州，今广西宣化县是也。又铸乾亨通宝，极难得。七曰闽。王审知有铅铸开元通宝小平钱，背有闽字、福字及无文者数种。又铸开元通宝大铁钱。王延羲铸永隆通宝大钱，有铜、铁二种。王延政铸天德通宝、重宝大钱，背有殷字。此外曰吴，杨氏据之；曰北汉，刘氏据之；曰南平，高氏据之。皆未铸钱。

九、宋

宋初钱币，仍仿唐制。如淳化三体钱，每十钱为一两，每一枚为一钱。故宋权同唐，至清仍未变也。太祖建隆元年铸宋元通宝，亦读作宋通元宝，旧谱作开宝年铸，非是。太宗即位，用年号铸钱，文曰太平通宝。其后每改元，必更铸。淳化至道，更以真、行、草三体为文，其后则有咸平、景德、祥符、天禧、天圣、明道、景祐、皇宋、康定、庆历、至和、嘉祐、治平、熙宁、元丰、元祐、绍圣、元符、圣宋、崇宁、大观、政和、重和、宣和、靖康等钱，各钱又有元宝、通宝、真书、隶书、篆书、小平、折二、折三、铜铸、铁铸之别，故制作之烦，种类之多，无有过于北宋者。北宋钱中当以重和靖康为最贵，以其罕见也。北宋钱近世出土者甚多，动以千万计，虽皆习见之品，而各钱字体不同，笔画飘逸，各臻精妙，其神采奕奕，至今犹耐人把玩也。

南宋钱则有建炎、绍兴、隆兴、乾道、淳熙、绍熙、庆元、嘉泰、开禧、嘉定、圣宋（旋读）宝庆、大宋、绍定、端平、嘉熙、淳祐、皇宋（旋读）开庆、景定、咸淳等钱，亦有小平、折二、折三、折五、折十等制，钱背皆铸年分，自一二年至十余年不等。考宁宗之世，国势日蹙，府库空虚，而铜钱愈少，乃更广铸铁钱，如庆元、嘉泰、开禧、嘉定等，铁钱是也。而嘉定又有元宝、通宝、之宝、重宝、珍宝、永宝、隆宝、泉宝、正宝、真宝、万宝、兴宝、新宝、至宝、封宝等之分，铁钱类别之多，莫甚于此，是为铁钱最盛之时。理宗淳祐之际，又铸当百钱。其后又铸临安府行用之铜錡牌，分一百、三百、五百三种，盖斯时外辱日亟，军用繁多，故特铸大钱，以救国库之乏，非得已也。宋《食货志》曰：宋自蔡京始以益州交会之法，引诱商贾。南渡后，军需国用，上下交困，始以其法行于江淮行在，谓之楮币，嗣后终南宋之世，凡输纳给赏，铜楮并行，而铜钱贵，又泄于海舶，故南宋钱不及北宋之多。蜀中为铁钱汇萃之区，南北宋钱，无虑四五百种。自嘉道间刘燕庭宦蜀，铁钱为之一显；同治初鲍子年守夔，铁钱为之再显；光绪间饶汉祥入蜀，广购铁钱为之三显。至近岁则藏钱家愈多，其价又日昂矣。

十、辽金西夏

史言，辽初每年铸钱仅五百贯，较诸宋神宗时岁铸六百余万贯，多寡悬殊，故今北宋钱多，而辽钱甚少，所以辽钱半可得，半不可得。如天赞应历、乾亨、统和、太平、天感等，不可得者也；重熙、清宁、咸雍、大康、大安、乾统、天庆、寿昌等，可得者也。自金灭辽后，适当北宋之季，故金之钱币制度，悉仿宋制，如正隆元宝、大定通宝、泰和通宝、重宝等钱，制作皆精妙。金天会八年，济南刘豫降金，封为伪帝，僭号阜昌，铸钱六品，大重宝、次通宝、小元宝，并皆有真有篆，制作颇精，其价极昂。他若西夏建国之初，铸梵文小平钱四品，其后则有元德、天盛、乾祐、天庆、皇建、光定等平钱，以元德天庆为最少，而元德尤贵。

十一、元

元代肇基之初，铸有大朝通宝、大朝金合二钱。至世祖以后，废钱而专行钞矣。钱或为寺庙供养佛菩萨之用，故元代各钱，如元贞、大德、皇庆、延祐、至治、泰定、致和、至顺、元统等，大小错出，似以意为之，皆非正用品。武宗至大三年，铸至大通宝小平钱，及蒙文大元通宝当十钱。顺帝至正时，铸有至正通宝小平、折二、折三、折五、折十等钱，背皆铸蒙文。又铸至正之宝权、钞钱，有五分、一钱、一钱五分、二钱五分、五钱等五种。元末韩林儿铸龙凤通宝，徐寿辉铸天启通宝、天定通宝，陈友谅铸大义通宝，张士诚铸天佑通宝。并皆有小平、折二、折三三种，惟天佑钱又有折五一种。

十二、明

明太祖起义时，铸有大中通宝。及即位后，又铸洪武通宝，皆有小平、折二、折三、折五、折十五种。背皆纪地，纪值，纪重。其后世则有永乐、宣德、弘治、嘉靖、隆庆、万历、泰昌、天启、崇祯等钱。明钱自嘉靖而后，文字呆板，制作简陋；逮庄烈崇祯之时，流寇纷起，国社将□，更无论矣。后世伪造者，则有建文、洪熙、正统、成化、正德等钱，皆不可收买。明末诸藩，亦皆鼓铸。鲁王铸大明钱，福王铸弘光钱，唐王铸隆武，永明王铸永历，李自成铸永昌，张献忠铸大顺，孙可望铸兴朝，吴三桂铸利用昭武，吴孙世璠铸洪化，耿精忠铸裕民，皆有大小数种，亦有作篆文者，惟皆作通宝。

十三、清

满清于未入关前，太祖铸天命通宝小平钱，有满文、汉文二种，又铸满文当十钱一种。太宗铸天聪通宝，为满文当十钱。迨世祖即位后，一仍明制，铸顺治通宝，其初面用汉文，背无文，又背以汉文纪地，其后背文兼用满汉文纪地，旋又易为满文。圣祖铸康熙钱，背以满文纪工户二局名，即用顺治之满文式，外省各局所铸，皆满汉文并列，其汉文有同福临东江宣康苏蓟昌南河宁广浙台桂陕云漳肇西等字，内以巩字西字为最贵。世宗铸雍正钱，高宗铸乾隆钱，仁宗铸嘉庆钱，宣宗铸道光钱，文宗铸咸丰钱。其后载垣等辅政，改元曰祺祥，铸祺祥钱。穆宗铸同治钱，德宗铸光绪钱，清末帝铸宣统钱。其间惟文宗咸丰时，洪杨变起，军需浩繁，钱制纷更，各省皆开炉鼓铸，等差之多，蔑以复加，有小平、当二、当四、当五、当八、当十、当二十、三十、五十，以至于当百、当二百、当五百、当千等。又铸铁钱，又兼行钞法。其币制之紊乱，实为新莽以来历朝所未有也。当时洪秀全等铸太平圣宝、太平天国、平靖通宝、平靖胜宝、天朝通宝、皇帝通宝等钱，俗名谓之长毛钱。至德宗光绪间，始铸铜元，其后各省复相继鼓铸，于是铜元大行，而制钱遂至不用，此乃币制上之又一变迁也。今铜元又绝迹矣。

十四、外国

外国钱甚多，兹因限于篇幅，故所收甚俭，朝鲜有海东、东国、三韩、朝鲜、长平等钱。日本有和同开珍，（宝宝省文）万年通宝、神功开宝、隆平永宝、富寿神宝、承和昌宝、长年大宝、饶益神宝、贞观永宝、宽平大宝等钱。琉球则有大世、世高、金圆、世宝等钱。安南则有太平兴宝（背丁）、天福镇宝、大治元宝及通宝、天庆通宝及大宝、大和、天兴、端庆等钱。略述一二，不能备也。

十五、结论

统观二千余年之钱币，自考据上而言，近日颇多进步。如辅币上所铸之夻贝，旧谱译作贝丘，近人译作文贝，皆非是。考夻字，鼡（齐之古文）之省文，齐贝者即齐城之货币也，齐刀面文中之夻字，古人译作吉字、法字、宝字，皆失之，乃小篆圜字之省文。太公为周立九府圜法，圜乃流通之意，非方圆之圆也。节墨刀背文，有辟邦二字，旧谱译作开邦，亦非是。考说文，此乃古文辟字，非开字也。安阳刀，旧谱谓齐地无安阳，而不知即《史记·项羽本纪》所载宋义留安阳四十六日不进者是也。略举四条，其详皆备载于《古钱大辞典》及《拾遗》，兹不赘述，以概其余。又考汉之五铢、唐之开元通宝，轻重适宜，其制最善，故其行之亦最久。其他各朝，不失之太重，即失之太轻，轻则私铸，重则盗销，足见立法与行法之难。又国富则币制统一，而不轻改；国贫则屡铸大钱、铁钱多至数十百种，朝更夕改，民怨沸腾。研究历代币制之变迁沿革，及政治之得失，尽在此区区阿堵之中。呜呼，千古兴亡，宛然在目，英雄成败，大抵如斯。所以周官八政，货居其一。列史食货有志，洵民生日用最大之政也，岂可谓之玩物丧志乎哉！

《文艺新朝》，1939 年 4 月第 1 期

货币名称辨

市易名价之物我国向无定称，或谓之金，或谓之货，或谓之泉币，或谓之刀币，恒随时代、地域及所用物品而称谓各别，然自其大较言之，三代以前，币为通称。太史公曰，农工交易之路通而龟、贝、金、钱、刀之币兴焉。横渠理窟，谓币者，金、玉、齿、革、泉、布之杂名。《管子·国蓄篇》以珠玉为上币，黄金为中币，刀布为下币，此其证也。三代以降，钱用渐宏。太公为国立九府圜法，钱圜函方，轻重以铢，确立造币之制。秦兼天下，铜钱质如周钱，又曰半两，重如其文。汉兴，有榆荚三铢、五铢。自是上之所铸，民之所用，莫不以钱。虽其间不无变更，然其形式与称谓，直至清末无所改易也。以是历代研究圜法者，统称钱币。马氏《文献通考》有钱币考。邱氏大学衍义补，有《铜楮之币》，其他散见于各家著述者，多循此例，可覆案也。

英文默芮（money），日人亦称货币，我国学者从之。教育部所定学校科目亦称货币，于是货币几为易名价之物定称矣。浅薄如余，曷敢异议。以求之西语，拨诸汉文，窃有难安者，英语默芮（money）与造币厂一词（mint）同源于拉丁文之默芮特（moneta），默芮特（moneta）者几诺（juno）之性。当时罗马帝国在几诺寺院铸币，故即以默芮特（moneta）名之，是默芮之初义，指经铸造币而言，与吾国之钱相当。其后引用寖广，遂为一切市易名价之物之通称，此西文钱币名词知所昉也。迄今彼邦学者引用此语与吾国之币，字不差累黍，如纸币则彼作 paper money，硬币则彼作 hard money 是也。货之原训，财也，实用之物也。《汉书·食货志》，谓为布帛可衣，及金、刀、龟、贝所以分财布利通有无者也。据则货字界说，实视钱币为广，凡一切有用之物皆属之，钱币特货中之一耳。故凡钱币皆得成为货，而货则不书为钱币也。英语加莫底特（commodity）与我国之货字相当，凡物之为人类所渴望而有据之形式者皆属之，故此字之训义，至为广汎。详言之，一切物品之含有效用（utility），或满足人类欲望之能力而供给有限制者，皆货也。（说本 Trank Bower-Adiationary of Eononie Terms）彼邦经济学者，有货币二字连用者，如加莫底特默芮（commodity money），通常译硬币或实币，正译当做货币。所以列已经铸生之钱币纸币（paper money）其他信用上发生之交易媒介也。今以货币译默芮（money）则默芮（money）之原训埋，而界说狭，如币而不货之纸币，举在排斥之列矣，是安可乎哉！或者谓以钱币为市易名价之总称，则惟已经铸造之金属货币，始克当之，范围过狭，不免有挂漏之是不然。汉武帝时有皮币，唐宪宗时有飞钱，宋元明因之而有交会楮钞之制，故钱者已经铸造之币而行用渐广，界说扩大，与彼西洋默芮（money）之意同出一辙也。

综观上述，以钱币译英语默芮（money），于中西古今意之变迁，实相吻合，无论自通俗上观之，经济学上观之，法律上观之，皆无抵触不通之弊，此不佞，所以敢有如是之主张也。虽然一名之立必经多数学者之承认，使其所含之意义，一般皆已了解之，而得其概念，则睹名知义，名之能事尽矣。今货币既已流行十数年，习用不察，骤易以钱币，反滋骇惑，故不妄标题。不能不勉强从俗，而又深知其无当市易名价之物真诠，故缕所见，备海内宏达商榷之资，亟思有以辩证之也。

《法政学报》，1918年第6—7期

古泉杂考

陈 直

古币文字，自咸、同以来发见最多，利津李竹朋《古泉汇》搜集至数百品，极为伙颐，其考证亦有精确不磨者。洪洞刘青园取虞化安邑数币，定为虞夏赎金，倾动一时。今日视之，其说不攻自破，以予观之，皆列国时之文字也。欲考列国之文字，必先明列国之疆域；欲考列国之疆域，莫如《史记》各世家、《汉书·地理志》所载之明晰。汉初郡县，皆先秦之旧；先秦多沿列国而不革易，其汉初增置者，班氏皆于注文详之。以志推求币文，可分国者，尚六七十枚。兹考班氏为经，史公书纬焉。《地理志》云：汉地，"自弘农故关以西，京兆、扶风、冯翊、北地、上郡、西河、安定、天水、陇西，南有巴蜀广汉、犍为、武都，西有金城、武威、张掖、酒泉、敦煌，又西有牂柯、越嶲、益州，皆宜属焉。"魏地，"自高陵以东，尽河东、河内，南有陈留及汝南之召陵濦疆、新汲、西华、长平、颍州之舞阳，郾许鄢陵，河南之开封、中牟、阳武、酸枣卷，皆魏分也。"韩地，"韩分晋得南阳郡及颍川之父城、定陵、襄城、颍阳、颍阴、长社、阳翟、郏东接汝南，西接弘农，得新安、宜阳，皆韩分也。"赵地，"赵分晋得赵国，北有信都、真定、常山、中山，又都涿州郡之高阳州乡，东有广平、巨鹿、清河、河间，又得渤海郡之东平舒、中邑、文安，东州成平章武河以北也，南至浮水、繁阳、内黄、闲丘，西有大原、定襄、云中五原上党……皆赵分也。"燕地，"东有渔阳，右北平、辽东、辽西，西有上谷、代郡、雁门，南得涿郡之易容城、范阳北、新城、故安、涿县、良乡、新昌，及渤海之安次，皆燕属也。"齐地，"东有淄川、东莱、琅琊、高密、胶东，东南有泰山城阳，北有千乘、清河以南，勃海之高乐、高城、重合、阳信，西有济南平原，皆齐分也。"楚地，"今之南郡江夏、零陵、桂阳、武陵、长沙，及汉中汝南郡，皆楚分也。"疆域既明，币文即依次写定，穿凿胶柱，知所不免，愿质之当世之博雅君子焉。

币文属于秦者，曰"虢"，案《汉书·地理志》云：虢属右扶风。曰"邰"，案《地理志》云：邰属右扶风。曰"蒲坂化一金"，案《地理志》公蒲坂属前东部，本名蒲。应劭注云：秦始皇东巡见长坂加反云云。《史纪·秦本记》云：昭襄王四年取蒲坂，与《汉书》异，币文当列国时已名蒲坂，应说似不足据。曰"卢氏"，案《地理志》云：卢氏属弘农郡。又有"卢氏涅金"，前人谓卢氏、涅阳二地名，共书一币，于一与氏涅金前人谓于氏、涅阳两地名，共书一带，于理未洽，予疑涅为汤字省笔，汤为鎓字省文。《尔雅》黄金美者谓之鎓，卢氏美金之义。韩币仍存涅：条曰"商城"。案《地理志》云：商属弘农郡，注秦相衡鞅邑也，前人解商为宋，非是。曰"安阳"，案《地理志》云：安阳属汝南郡。曰"平周"，案《地理志》云：平周属西河郡与平州自为两地。曰"离石"，案《地理志》云：离石属西河郡，前人误为赵币。曰"中都"，案《地理志》云：中都属西河郡，《史记·秦本记》云：惠文君九年伐赵取中都西阳，西阳即中阳，盖赵地，战国初即为秦所得。前人谓中都为鲁邑，引孔子为中都宰作证，谬误殊甚。曰"中阳"，案《地理志》云：中阳属西河郡。曰寿阴，案《史记·始皇本纪》云：六年韩魏赵卫共击秦，取寿陵，注在当山，本赵邑，币文"寿阴"疑即"寿陵"形近而误。曰"平州"，案《史记·高祖以来功臣表》：有平州侯昭涉掉尾，注平州汉志阙，晋书地道记蜀巴郡，前人有考为齐地者，说亦可参。

币文属于魏者，曰"梁正尚金尚爰"。案币文之义，谓梁正用品之上金上爰，爰说文云六两谓之锾，币文盖纪权量之称，决非赎金之货。合肥龚氏所藏郢陈诸爰，亦楚国之金币，当与此同解。曰"梁牟尚二金尚爰"，旧释牟为半"梁牟化金金尚爰""梁牟化金五二十尚爰"旧释牟为充，案牟疑中牟之省文，《地理志》云：中牟属河南郡。曰"梁邑"，案《地理志》云：梁属河南郡。曰"平阴"，案《地理志》云：平阴属河南郡，左昭二十三年传云齐师在平阴。曰"安邑化金""安邑化一金""安邑化二金"，案《地理志》云：安邑蜀河东郡，第一品背有阴文牢字，盖中牟用此币时所凿，犹大良鞾量初用于临,继又用于重泉也。曰"平阳",案《地理志》云:平阳属河东郡,《史记·秦本纪》十三年桓公反攻赵长平,盖赵后为魏所得者。曰"大阳",案《地理志》云:大阳属河东郡,币文又有"大阴",地虽不详,当与大阳相近。曰"彘邑",案《地理志》云:彘属河东郡。曰"北屈",案《地理志》云:北屈属河东郡,《左传》夷吾居屈,加北字盖始于战国时,地志与币文极合。曰"蒲子",案《地理志》云:蒲子属河东郡,前人谓为蒲坂之蒲繁文,非是。曰"皮氏",案《地理志》云:皮氏属河东郡,《史记·魏世家》云:哀王十三年秦击皮氏。曰"戈阳",案《地理志》云:戈阳属汝南郡,旧释作宅阳别体,古泉业话释为戈阳,其确;又左冯翊阳陵县万亦名戈阳。曰"武安",案《地理志》云:武安属魏郡。曰"高都",案《地理志》云:高都属上党郡,《史记·秦本纪》昭王三年攻魏高都,庄襄王十三年使蒙攻魏高都。曰"宅阳",案《史记·韩世家》云:懿侯五年兴魏惠王会宅阳,正义云在郑州;杭州郑氏又藏有"宅阳矛"。

币文属于韩者,曰"京化一金",案《地理志》云:京属河南郡,左传隐元年,"谓之京城大叔"注郑邑。曰"涅金",案《地理志》云:涅阳属南阳郡,上党郡又有涅氏,未知孰是。曰"鲁阳",案《地理志》云:鲁阳属南阳郡。注云:即淮南所云鲁阳公与韩战日反三舍者也。《史记·楚世家》云:肃千十五年魏取我鲁阳,似又属魏地,未知孰是。曰"邓",案《地理志》云:邓属南阳郡。曰"宜阳",案《地理志》云:宜阳属弘农郡,《史记·秦本纪》使甘茂庶长封伐宜阳。曰"求一金化",案《左传》云:隐元年置姜氏于城颍,注郑邑。

币文属于赵者,曰"晋阳化一金",案《地理志》云:晋阳属太原郡。《国策》云:智氏信,韩魏后而伐赵攻晋阳之城。曰"阳邑",案《地理志》云:阳邑属太原郡。曰"兹氏",案《地理志》云:兹氏属太原郡。曰"邬邑",案《地理志》云:邬邑属太原郡,注晋大夫司马弥牟邑。曰"祁",案《地理志》云:祁属太原郡,注晋大夫贾辛邑。曰"榆八七",案《地理志》云:榆属太原郡。曰"长子",案《地理志》云:长子属上党郡,《史记·赵世家》:韩与我长子。曰"屯留",案《地理志》云:屯留属上党郡。曰"襄垣",案《地理志》云:襄垣属上党郡。曰"同是",案《地理志》云:同是属上党郡。曰"露",案《地理志》云:露属上党郡。曰"奇氏",案《地理志》云：奇氏属上党郡，又疑为猗氏省文，猗氏属河东郡，则为魏币。曰"甘丹"，案《地理志》云：邯郸属赵国。曰："柏人"，案《地理志》云：柏人属赵国，《史记·赵世家》云：晋定公二十一年使赵简子拔邯郸圆柏人。曰"中邑"，案《地理志》云：中邑属渤海郡，与中都当为两地，前人每语为中都省文，非是。曰"西都"，案《地理志》云：西都属五原郡，旧释为息都文未确。曰"中山"，案《地理志》云：中山国属冀州，应邵注中山故国为赵所灭。曰"蔺"，案《地理志》云：蔺属西河郡，案《史记·赵世家》云：敬侯元年魏败我蔺。曰"马服"，案《史记·赵世家》云：惠王廿九年使赵奢击秦，赐号马服君，注马服山名，在邯郸西北。曰"武平"，案《史记·赵世家》云：惠王二十一年徙漳水武平西，幽王廿年秦攻武平阳当。

币文属于燕者，曰"涿"，案《地理志》云：涿属涿郡。曰"益昌"，案《地理志》云：益昌属涿郡。

币文属于齐者，曰"平原"，案《地理志》云：平原属平原郡，《史记》云：平原君封于东武城，平原是其君号，前人谓为赵币。曰"羽"，案《地理志》云：羽属平原郡。曰"阳丘"，案《地理志》云：阳丘属济南郡。曰"贝丘"，案《地理志》云：贝丘属清河郡，应劭注齐襄公田于贝丘，《史记·楚世家》楚人以弋说襄王云夕发贝丘。曰"虞金化""虞化半金""虞化一金""虞一金化"，案《地理志》云：虞属梁国，前人解虞夏之虞未确。曰"文阳"，案《地理志》云：汶阳属鲁国。曰"匋阳"，案《史记·越世家》云：范蠡止于陶，注在济阴定陶，济阳当在定陶之阳，故定为齐币。

币文属于楚者，曰"邾"，案《地理志》云：邾属江夏郡。曰"阳山"，案《地理志》云：阳山属桂阳郡，前人误为山阳传形杭州邓氏岁阳山匋币范。曰"向"，案《地理志》云：向虞属沛国。曰"交"，案《史记》惠景闻功臣表有交侯吕产，注属沛郡，《地理志》作洨，前人解为郊外所铸，未确。

其他地名未详者，曰安阳、尹阳、兀阳、襄阴、王氏、北兀、关中、邪山等。《左传》寒浞处其子于戈注在郑宋之间木邑干邑畿城平工周是释文未确者。曰郎子氏咎攸关。近人有释作蔺者，亦未确。桃源列国时未有此地，惟空首币之安藏似非地名，本为明钱，盖取谨慎埋藏之意。

齐"建邦刀"，绝非周初之物，乃战国时所铸，建邦云者，当即指田完之篡齐。传世之刀，以建邦及莒明刀为最多，殆齐国以刀为正币，方圆尖足布为辅币欤？

定海方药雨藏有"覃邦断刀"，《左传》齐师灭覃，覃子奔莒，文称覃邦，必为春秋时物，刀币能定为春秋时物者，只此一品。

"宝四货""宝六货"近丁仲祜先生释为宝益，特加贝旁明为货贝，列国时铸，非周景王时物，是矣。然益当为镒字省文，即平准书所云之黄金四镒。谓以泉若千易金一镒也。

《汉书·食货志》云：武帝以前未悉罢郡国毋铸钱，命令上林三官铸。据此，武帝以前郡国皆可铸钱。同光间齐鲁出土四铢，分八种，曰"高柳四朱""临菑四朱""骀四朱""东阿四朱""宜阳四朱""临朐四朱""姑幕四朱""淳于四朱"。字在隶篆之间，大率方郭方穿，亦有圆郭圆穿者，予定为汉文景间郡国自铸之钱。按《汉书·地理志》云：高柳属代郡，临菑属齐郡，阳丘与骀俱属济南郡，东阿属东郡，宜阳属弘农郡，临朐属齐郡，东莱郡亦有临朐，姑幕属琅琊郡。核其地理，齐鲁为多。《食货志》云：孝文五年，乃更铸四朱钱，其文为半两，因钱重四朱也。泉文直称四朱，与半两正同义例；属于齐者，必为齐悼惠王子哀王所铸。今齐地所出封泥，有种官火丞技巧钱丞二封泥，足见齐国可以自行铸钱之铁证。铸时系以地名，理所必然也，上虞罗氏以泉文为六国时物，曰云阳丘高柳无考，似失之眉睫矣。

《说文月刊》，1941年第3卷第1期

中国货币史上之大钱

——通货膨胀之另一方式

朱　契

　　余近治中国货币史，搜集历代古钱三千余种，拟先从整理资料着手，再作有系统的叙述。在整理资料过程中，发现若干有兴趣之问题，拟先从经济史或财政史的立场，加以研讨。本篇专论大钱，即此诸问题中之一端也。

　　我国制钱，向为实质货币，不属于信用货币范围。但每当国家财政困难、国用匮乏之秋，政府往往铸行大钱，或以一当十，或以一当百，或以一当千，甚至以一当五千，以一当万；然其实质所值，不逮其额面价值远甚。此种大钱，表面视之，虽为实质货币，而实质上已为信用货币。政府鼓铸大钱愈多，获利愈厚，然通货愈趋膨胀，币值则愈趋跌落矣。余故曰：此为通货膨胀之另一方式，惟非纸币之膨胀，而钱币之膨胀耳！

　　我国货币史上，此种例证，屡见不鲜。试就日人奥平昌洪所著《东亚钱志》及余搜集所得之古钱，加以列举，凡得下列各例：

　　（1）周景王（西历前五四四—前五二〇）始铸大钱，名曰宝货，径一寸二分，重十二铢，文曰大钱五十，肉好，皆有周郭，以劝农赡不足。是为我国历史上记载大钱之始。

　　（2）王莽居摄二年（西历七）铸大泉五五，契刀五百，一刀平五千。

　　（3）王莽始建国元年（西历九）铸钱四品，曰幺泉一十，幼泉二十，中泉三十，壮泉四十。

　　（4）王莽始建国二年（西历十）铸布十品，曰小布一百，幺布二百，幼布三百，序布四百，差布五百，中布六百，壮布七百，第布八百，次布九百，大布黄千。

（5）王莽天凤元年（西历十四）铸货布，直货泉二十五。

（6）汉献帝建安十九年（西历二一四）刘备入成都，铸直百五铢钱。

（7）吴大帝嘉禾五年（西历二三六）铸大泉五百。

（8）吴大帝赤乌元年（西历二三八）铸大泉当千。又民国初年浙江省上虞出土有大泉五千，亦孙吴故物。

（9）唐肃宗乾元元年（西历七五八）铸乾元重宝，以一当十；乾元二年（西历七五九），又铸重轮乾元重宝，以一当五十。

（10）史思明称燕帝，铸得一元宝，以一当百；又铸顺天元宝，亦以一当百。

（11）唐德宗建中年间（西历七八〇—七八三）判度支赵赞于连州铸开元通宝大钱，以一当十。

（12）五代时闽王审之铸开元通宝大铜钱及大铁钱，以一当十（此外更有铅铸，背皆有闽字）。

（13）五代时闽王晓铸永隆通宝大铁钱，以一当十，并当铅钱百。

（14）五代时闽王延政天德三年（西历九四四）铸天德通宝大钱及天德重宝大铜钱，背书殷字。（按王延政称帝，国号殷）

（15）五代时楚马殷铸天策府宝大钱。

（16）五代时楚马殷更铸乾封泉宝大钱（有铜铸铁铸二种，背书天或天府）以一当十。

（17）南唐中主李璟保大年间（西历九四二—九五七）铸永通泉货大钱，以一当十。

（18）南汉刘䶮铸乾亨重宝大铅钱，以一当小铅钱十。又铸大有元宝大铅钱，传世绝少。

（19）唐末（昭宗天复昭宣帝天佑年间，西历九〇一—九〇七）刘仁恭据燕州，铸永安一十，永安一百，永安五百，永安一千，并有铜铸、铁铸二种。又铸顺天元宝大铁钱，有当百、当千二种。

（20）唐末燕刘守光铸应圣元宝，以一当十；又铸乾元重宝，以一当百；又铸应天元宝，背文曰万，以一当万！

（21）宋徽宗崇宁三年（西历一一〇四）铸崇宁通宝当十钱。

（22）宋徽宗大观元年（西历一一〇七）铸大观通宝当十钱。

（23）宋宁宗庆元元年（西历一一九五）铸庆元通宝大钱，背书五十料，此钱不见奥平昌洪《东亚钱志》。

（24）宋宁宗嘉定年间（西历一二〇八——一二二四）铸嘉定元宝，背书折十二字。

（25）宋理宗宝庆年间（西历一二二五——一二二七）铸大宋通宝大钱，背书当千，此钱不见《东亚钱志》。

（26）宋理宗端平年间（西历一二三一——一二三六）铸端平元宝大铁钱，背书折十及利（按即利州）字。

（27）宋理宗淳祐年间（西历一二四一——一二五二）铸淳祐通宝大钱，背书当百二字。

（28）金章宗泰和四年（西历一二〇二）铸泰和通宝及重宝（篆文）大钱，以一当十，与钞并行。

（29）元武宗至大三年（西历一三一〇）铸大元通宝，蒙古文，一文准至大通宝钱一十文。

（30）元顺帝至正十年（西历一三五〇）铸至正之宝大钱，背书权钞五分，一钱，一钱五分，二钱五分，五钱（按即当十，当二十，当三十，当五十，当百）；更铸至正通宝当十钱，背书"一两重"三字，上刻蒙古新字天干纪号。

（31）明太祖于元至正二十一年（西历一三六一）铸大中通宝，背书"十"字，并各刻地名。

（32）明太祖洪武元年（西历一三六八）铸洪武通宝大钱，背书"十"（纪值）"一两"（纪重）或刻地名。

（33）明熹宗天启元年（西历一六二一），铸天启通宝大钱，背书"十"及"一两"，或刻地名。

（34）明永历帝永历年间（西历一六四七——一六五九）铸永历通宝大钱，背书壹分。

（35）明永历元年（西历一六四七）张献忠将孙可望铸兴朝通宝，背书壹分。

（36）清初吴三桂铸利用通宝，背书一分。

（37）清初耿精忠铸裕民通宝，背书壹钱及壹两。

（38）清文宗咸丰年间（西历一八五一——一八六一）铸咸丰重宝大钱，背书一十、二十、三十、四十、五十、当百、当二百、当五百、当千九种。

（39）太平天国（西历一八五一——一八六四）铸太平天国或天国圣宝大铁钱，当五十，当百，当千不一。

（注：以上所举，以当十以上之大钱为限，若折二、当三、当五，则不列入大钱范围之内）

以上所举，不过荦荦大者，挂一漏万，自所难免。然即以上所列举三十九种情形而一，可见发行大钱，非属用兵之秋，即系国势危急财用匮乏之际。发行大钱用以筹饷，用以救急，发行愈多，币值愈跌，物价愈昂，所谓"物重币轻"是也。余故曰：此系通货膨胀之另一方式，治我国财政货币史者不可不知也！

《学识》，1947年8月第1卷第8期

中国上古货币论史

夏复初

一、货币之发生

神农氏前，为自给经济时代，即非经济交通时代也。是时经济单位，厥维民族，一切财产，属于氏族之共同财产，生产消费，均于氏族内共同行之，而不与其他经济单位相接触。既无所谓交易，则媒介交易之货币，自无由发生。

神农时代，一变封锁的孤立经济状态，而各个经济单位，由分业与交易联为一团，开始和平的经济交通。所谓交通经济时代，于是兴焉。然犹物与物直接交换，故谓之物物交换时代，又谓之自然经济时代。惟此时代之移转财物，需给难于投合，价格虽于决定。神农氏所以开设市场于国都者，原欲以祛此二大困难，赋与物质的幸福于人民而使其悦服也。渐因人口增殖、欲望发展、财种加多，而交易繁兴，于是社会的心理，思得一定种类之财务，以之展转流通于交易市场，而为普通的且永久的测定价值之标准及移转财物之枢轴，即货币是也。

黄帝时代，根于上述之社会心理，最先使用贝货，于是脱离直接交换经济时代而入于间接交换经济时代矣。后复设骨货、铜贝、蚁鼻钱，而成货币经济时代初期之物品货币经济时代焉。

二、贝货

甲　贝货之流通

贝货为物品货币之一，古今东西原始社会多使用之，乃人类发达史及货币发达史上之重要事项也。其流通依时与地而有变迁，兹撮要说明如下：

（1）Maldiao 群岛 在印度以南近赤道地方，为贝类之原始产地，亦采用贝货之最始地也。

（2）马来群岛 此群岛滨海产贝颇多，惟鲜有用为通货者。

（3）暹罗 自古以来，继续使用贝货，僻坏边疆，今犹行之。

（4）阿拉伯及波斯 一时用为补助货币；今未使用。

（5）高加索及土耳其斯坦 就古坟中所发掘之贝类观之，可推知其曾以之为通货。

（6）欧洲诸国 如英吉利、德意志诸国，有史以前，重视贝类。

（7）亚非利加 西海岸诸地方至今犹以贝为通货；东海岸则仅用为装饰品。

（8）印度至十七世纪止，以之为通货而流通。

乙 贝货流通时期

中国上古使用贝货，载在史册，至贝货占交易市场之重要地，何时起而何时止，则文献不足徵矣。

以贝字为要素表明经济思想而构成之文字颇多：如卖、买、宝、财、资、贪、贡、贸、贷、赁、贮、贩、贱、赠、贿、赂、赋、赏、贺、赍、赇、赃、负、贳、货、购、费、赎、赈、赢、赖、赙、赔、账、赊、贾、赀、贫等字是也。可知贝货在三代以前，用为通货，对于汉族之经济生活尽重大之职能矣。更就当时经济组织观之，既放弃共有财产制度而入于私有制度，交易现象逐渐开展而为平和的、组织的、集中的进行，则贝类自黄帝时代即用为货币而为富之蓄积手段矣。吾人推断贝货之采用，当自黄帝时代始。

贝品之流通，果至何时止？为吾人研究之第二问题。《说文》云："古者货贝而宝龟，周而有泉，至秦废贝行钱。"《文献通考》云："珠玉、龟贝、银锡之属，为器饰宝藏不为币。"是则秦之初叶，得认为贝货流通之终期矣。惟始皇打破封建旧制，施行统一政治，遂进而谋度、量、衡、货币等交易用具之统一。所立制度，未必合于时宜。则秦之贝货，亦仅法令上之废止而已；实际上未尝不继续流通也。盖贝货之发生流通，均与上古经济社会交易现象有密切之关系。欲以一纸法令驱之于流通界外而无遗，其可得乎？故因始皇之禁令，而贝货之流通或停止于一地方。至全灭时期，则固不在秦初而在秦后未经几许岁月之时代也。

王莽篡汉，建设新国。制定龟宝四品、布货十品、贝货五品。钱币而外，流通物品货币。不察经济事情之进展，交易现象之复杂，财物移转之纷繁，种类价格之增进，而对于过去时代之贝货及其他物品货币强使流通，致交易阻滞，民怨沸腾，经济社会，大受打击，何其陋也。由是可知贝货在汉代二百余年间，实际上已逐渐消灭矣。

丙　贝货采用原因

吾人欲知贝货之所以采用，不可不先知贝货之本体。中国及其他原始民族间用为通货之贝类，在中国文籍谓之齿贝、海肥、文贝；日本谓之宝贝，此种贝子，光彩美丽，原始民族重视之。《三才图会》云："古人以贝为宝而紫贝最贵"是也。又据《尔雅》有魟、鲭、贻贝、余貾、余泉、蚆、蜻等名，则古人用为货币之贝子，不仅一种矣。又据《增补字汇》云："夏后氏以玄贝，殷人以紫石，周即泉贝也，至秦废贝行钱。"则贝之为物，虽用为通货，而所用之种类，代有变迁矣。兹以货币材料应具备之要件为标准说明贝货采用之原因如下。

第一，交换价值。其物须有满足多数人欲望且得使多数人认知之效能，始有客观的利用价值而适于为货币之材料。贝类在上古社会有装饰的效能，药材的能效，迷信的效能。兹分析解说之。

（一）装饰的效能。个人的装饰之欲望，为人类最原始且最强烈之本能，故有装饰的效能之财物，即可使多数人认知其客观的利用价值而其具备货币原料之要件。贝类在上古时代，固有装饰的效能者也。《云南记》云："新安妇人绕腰以螺蛤联穿系之，谓为珂佩。"《三才图会》云："自然不假外饰，光彩焕烂，故名文贝。"可知贝之用为货币，此其一大原因也。

（二）药材的效能。据《南越志》云："潮阳之南有小水，注海而带山，其中多文贝，可以解毒。"是贝子不仅有装饰品之利用价值，而依于原始人之知识，尚判定其为有效之药材矣。

（三）迷信的效能。上述装饰的效能为主的效能，药材的效能为从的效能，更附加迷信的效能，则贝货之客观的利用价值盖大而流通益广矣。宝贝为安产之护符，汉族极为重视。他如濯贝使人善惊，无以亲童子；瞚贝使胎消，勿以示孕妇；慧贝使人善忘；壳贝使童子愚；碧贝使童子盗，雨则重，

霁则轻；委贝使人志强夜行，伏迷鬼狼豹百兽，雨则轻，霁则重。（详见汉朱仲之《相贝经》）

第二，容易认识。以品质一律之财物为货币之材料，则授受之间，无所阻滞。贝类之形状色泽，均有一定。日常交易，真伪立辨。用以为币，便莫大焉。

第三，便于携运。上古经济幼稚，生活资料价值极微。贝货之供给有限，需要颇多，价值因之而大，故其容积重量颇觉通宜，而携带搬运亦形便利。

第四，适于分析。分析而不损其价值之物品，方有作为货币之资格。贝子之物质的组织一律，分析之各部分有同一比例之价值。又各个贝子之品质略等，有依数计算价值之便利也。

第五，性质耐久。货币既为贮蓄之手段，必富于为保存性之物品，始有为货币材料之资格。就此点观之，贝类虽劣于金属而胜于谷物。

丁　贝货废止原因

凡合于经济社会交易发达之程度与货币材料要件具备之程度者，乃有采用之价值。时代变迁，则新货币材料因之出现。贝货之废止，亦受此原则之支配耳。世未有绝对的完全具备货币材料要件之物品，不过就一时代一社会比较的完全具有货币材料要件者用为货币。贝货之在上古经济社会，比较的完全具有货币材料之要件，已如上述。惟因经济社会之变迁，渐不足以尽货币之职能。较良物品代之以兴，而贝货遂陷于废止之运命矣。兹述贝货因时代进步所缺货币材料之要件如次：

第一，价值稳固。货币为支付之标准，其自身价值，不宜时有变动。为贝货材料之贝类，不产为汉族领域，乃经南蛮——獠族、獐族、安南、暹罗等海商民族之手由南方滨海诸地供给者也。一方因产地之天灾地变而供给减，一方因人口加多、交易发达、贝货磨灭而需要增，贝货价值遂惹起变动矣。

第二，供给丰富。上古经济社会，交易不广，人口复稀，货币之使用量不大。贝货之供给虽不丰富，然既具备货币材料之其他要件，交易之实行上未尝觉其不便也。其后交易进步，人口增加，货币之使用量亦随之而大。贝货不能应此需要而充分供给，遂不适于货币之用，由是衰且废矣。

Laconperio 氏所著《*Metallic Coins of Ancient China*》云："纪元前三百三十八年战国时代，因真贝不足而制限通用，复谋由楚输入材料。"此语虽未必可凭。然就货币变迁之原则与贝货供给之事实观之，当时贝货供给实行人为的增加，其或然欤！

第三，携运便利。上古经济社会，交易之范围狭而数量少，贝货之容积、重量，固觉适宜；而在后世经济社会，交易之范围扩充，数量加大，则其容积、重量不合时宜，而携带、搬运大感困难矣。

三、其他货币

甲　骨货

贝货起为黄帝时代，历唐、虞、夏、殷而为上古重要之货币，已如前述。惟是贝货因一般社会经济之发达，交易之进步，致通货缺乏，遂有以代用品补充之必要。应此要求而发生者，为骨货、铜贝、蚁鼻钱等，实则骨货为贝货之第一次的代用品也。

从来发掘之骨货，约二百个，由河南新安州及山东滕州发见者独多。河南彰德府安区县者，殷墟也。发现多数骨片制之货币，大可为古代贷币研究上之参考品。古代文献绝无关于骨货之记载，此则根于少数之发见与稳健之推定而论述之耳。此类骨货，有粗制、精制二种。前者表理粗陋，雕刻模仿贝货之齿线；后者两面滑泽。状近圆形，齿线绝类贝货。山东发现之一孔骨货为粗制者；河南发现之二孔骨货，则精制者也。

上述骨货，系王莽时代之制造品，或上古时代之装饰品。虽属疑问，然近时由殷墟发现多数光泽骨片之制品，可知骨货之在殷代，当与贝货同为通货。惟其始期、终期尚未明耳。

乙　金属货币

上古铸造金属货币以为交易之用具，古籍之足资考证者如下：

（1）"自太昊以来，则有钱矣。太昊氏高阳氏谓之金，有熊氏高辛氏谓之货，陶唐氏谓之泉，商人周人谓之布，齐人莒人谓之刀。"（《文献通考》）

（2）"虞夏商之币，金为三贝，或黄，或白，或赤，或钱，或布，或刀，或龟贝。"（同上）

（3）"伏羲制用前民，因聚天下之币，仰视俯观，以为棘币。"（《路史》）

（4）"神农范金排货，以济国用。"（同上）

（5）"黄帝范金属为货，制金刀，立五币，设九棘之利，为轻重之法，以制国用，而货币行矣。"（《外纪》）

据以上诸说，可证明，（一）货币发生于伏羲时代。（二）金属货币亦行使伏羲时代。然与吾人之见解，（一）货币发于黄帝时代。（二）金属货币行使于周代不免冲突，是不可以不辨。

神农氏列□为国，虽发生平和的、组织的、继续的交易，然为交易用具之货币，则尚未发生，盖依于物物交换之形式以行之耳。神农时代尚无所谓货币，而谓货币发生于无交易之伏羲时代，不其谬欤？

纵令神农时代因有交易而发生货币，亦不过使用物品货币耳。当时冶金之技术不进，产金之数量不多，何至以金属为货币？况金属货币之铸造，乃使用生金后进步之货币状态。神农时代尚无所谓非铸造货币，而谓伏羲时代行使铸造之金属货币，不尤谬欤？凡此谬说，盖由崇古的观念而发生耳。

要之：本期之始，决无金属货币之存在。惟至本期末，生金属行使于交易市场，则或有之。

《华铎》，1924年第2期

先秦货币制度演进考

李剑农

中国金属货币制度，果成立于何时？马氏《文献通考》之钱币考，发端即曰："自太皡以来则有钱矣。太皡氏、高阳氏谓之金，有熊氏、高辛氏谓之货，陶唐氏谓之泉，商人、周人谓之布，齐人、莒人谓之刀。"钱谱家习于此种茫无证验之说，咸以为中国在远古时代，即有金属货币通行。对于后世出土各种古货币，不能辨识其文字，随意附会，谓某为少昊氏币，某为高阳氏币，某为尧币，某为舜币；或随其形状而附以名，曰某为方足布，某为尖足布，某为空首布，某为铲布，某为鬼脸钱，某为蚁鼻钱。实则上列各种名目，皆属因形臆造。以予所见清代各钱谱家之著述，惟马昂之货布文字考，尚能不为旧说所拘，间有近为事实之处，然其中穿凿臆说亦不少。要之，往昔之钱谱家，多不明历史演进之理，又不解货币在经济活动上之意义，故所言多远于史实也。欲知中国金属货币成立之时期，须先明货币在经济上之意义，次徵其演进之迹。

一、货币之意义

货币最重要之意义，第一为诸物交换之媒介，第二衡量各种物价之标准，故经济学者名之曰"易中"。在货币制未成立以前，为实物交换时代。以实物交换，供求两方，彼此无媒介之具，不易值合；偶然相值合矣，彼此之价格，又不易论定。交换情形之困难，可想而知。于是有"日中为市"之习惯起焉。日中为市者，盖于一定时间，一定场所，各出所有，互为交换，所以解除无交换媒介之困难也。在日中为市之习惯中，交换媒介之困难问题虽已解决，然物价标准问题，则仍未易解决也。孟子言："古之为市也，以其所有，易其所无者，有司者治之耳。"有司者，市官也。市官之所司，评定诸物相比之价殆为其主要职务之一。评价之方法，必从各交换品中，择定某数种为其他各物比价之标准，其初必有多种，且不必为金属品。或服饰，或器物，或牲畜，或谷物，要以需要较多，用途较广者为归。盖用途较广、需要较多者，其交换次数与方面亦较多，价格之标准，亦容易辨识也。故在远古，珠玉、龟贝、牛马、皮革、布帛、谷栗、农器及其他工具，皆曾经立于货币地位，为其他物价标准之时代。然为物价标准之品目过多，其结果仍等于无标准，渐次复于各标准物品中，选定一种用途最广泛，携带最便利，且最不易腐损使其价值发生变动之物品，为一切物价标准之中心。因其取携储藏最便利，用途又最广泛之故，于取得物价标准中心之资格外，复取得为交换媒介物之资格。于是此种物品，遂战胜其他一切物品，而成为"易中"之货币矣。能具备上述各种之资格者，其初厥惟金属制之器物。此种金属制之器物，在取得货币资格之初期，其名称、形式、大小、重量，皆与其本来之名称、形式、大小、重量无异。迨其物之价值，由实用方面移入于作交换媒介与物价标准方面时，其形式大小重量，为求取携便利之故，渐生变化，初或减其量而存其形，终乃变其形而仅存其名，或凡并其名而更易之，而别附新名新义焉。此金属货币制成立之所由也。约言之：金属货币者，由实物交换时代，于各种实用物品中，以市场上之习惯经验，选择而出，作为交换媒介与物价标准者也。其创始非由于政府之制作命令，而生于市场上之习惯，习惯既成，政府始因其利而整齐之耳。司马迁曰："农工商交易之路通，而龟、贝、金、钱、刀、布之币兴焉。"兴者，自兴也，非一人一时之创作也。明乎此，可以观中国金属货币演进之途径矣。

二、中国金属货币演进的器物与形制

中国在"日中为市"之实物交换时代，为物价标准之物品，有珠玉、龟贝、皮革、牲畜、布帛种种。孟子言太王居邠，事狄人以犬马、皮币、珠玉云云，果属事实与否虽不可知，要足以表示远古货财之观念。金属货币之露头角，当由铜制之"贝""锾"始，其后渐有"钱""刀"之属。兹就此等物品演进之次序略述之。

（一）贝朋

贝本非金属，远古滨海民族，贯多数之贝而为朋，用作装饰品，渐取得交换之价值。在甲骨文字时代，贝已成为贵重之赏赐品；周代彝器铭文中，锡贝之事尤屡见之；即诗中亦有"锡我百朋"之语。惟锡赏所用之贝，其性质已否为货币，未易断定；盖金文中所记锡贝之事，时或与衣饰器物并列，如玄衣带裳朱袯赤舄之类；似贝之用仍属一种装饰品。惟所锡之数由一朋而三五朋，渐多至十朋数十朋而百朋，则似由装饰品之性质渐进于货财之性质，即其原质亦不必为天生之海贝而为人造之贝矣。人造之贝，初以兽骨或玉类仿制之，及进入铜器时代，乃更用铜仿制之。迨至铜贝出生时，贝之名存而实变，其用途之性质与价值，亦与之俱变矣。罗振玉《殷墟古物图录附说》云：

> 前人古泉谱录，有所谓蚁鼻钱，予尝定为铜制之贝，然苦无证。往岁于磁州得铜制之贝无文字，则确为贝形。已又于磁州得骨制之贝，染以绿色或褐色，状与真贝不异，而有两穿或一穿，以便于贯紧。最后又得真贝，磨平其背，与骨制贝状毕肖。此所图之贝，均出殷墟，一为真贝，与常贝形类颇异；一为人造之贝，以珧制，状与骨贝同而穿形略殊；盖骨贝之穿在中间，而此在两端也。合观先后所得，始知初盖用天生之贝；嗣以其难得，故以珧制之，又后则以骨，又后则以铜。世之所谓蚁鼻钱者，又铜贝之尤晚者也。蚁鼻钱间有文字，验其书体，乃晚周时物，则传世之骨贝，当在商周之际矣。

罗氏论人造贝产生之次序，似不尽合；继真贝而起者当为骨贝，珧制与铜制之贝孰为先后，未易断定，兹不必深论。此处所宜注意者，真贝与人造之贝骨或珧贝，其用途除贯系为饰物外，别无其他实用可言；铜贝则除贯之为饰物外，复可改铸为他物，故其用途较广；用途较广则欲得之者亦多，因渐由饰物进于财货之性质。故曰中国金属货币之露头角，当由铜制之贝朋始也。

（二）锾

《尚书·吕刑》云，"墨辟疑赦，其罚百锾……宫辟疑赦，其罚六百锾。……大辟疑赦，其罚千锾。"《伪孔传》曰："六两曰锾，锾黄铁也。"《周礼·考工记》有戈矛"重三锊"语，郑玄注曰："郑司农云，锊，量名也，读为刷。玄谓许叔重《说文解字》云，锊，锾也。今东莱称，或以大半两为钧，十钧为锾，锾重六两大半两，锾锊似同矣；则三锊为一斤四两。"自汉至清末，经解家对于锾锊二字之注释，合之不下万言，大都皆以锾为量名，专注意锾锊二字之同异及其重量有无差别之问题，对于锾之本始果为何物，殆无人论及之也。阮元钟鼎彝器款识中有"曶鼎"；"曶鼎"铭文中有"卖（赎）兹五夫用百爰"语。此器铭文中，"爰"字凡三见，皆作"🔣"。阮氏释之曰：

"百爰"之"爰"即"锾"字；锾者锊也；古者以二十两为三锊，故《考工记》戈重三锾。郑注引《说文解字》云，锊，锾也……

阮氏对于锾锊二字之解释仍不能越出各经解家之范围，以"锾"为重量之名。惟从此知古人锾字并无"金"旁，但作爰。其本形为"🔣"与"🔣"之小篆"🔣"相近。昔人为锾锊本为一字者，殆信然也。然所谓"锾"之朔，果为何物仍不可得而知。吴大澂类集各种古器物中文字之相同或相近者，作《说文古籀补》。亦认"锾""锊"为一字，于"爰""锾""锊"字下，列有左列相近之字。

吴氏对于前列各字所加之简注，或有不正确处，兹不赘引。惟从《吴书》得知古"锾"字有多种变体。但锾之朔，究为何物，仍不可得而知也。罗振玉于甲骨文中得一"爰"字，作"🔣"。罗氏释之曰：

《说文解字》：爰，引也。"瑗"注，大孔璧，人君上除陛以相引。桂氏曰，大孔璧者，孔大能容手。又曰《汉书·五行志》宫门铜瑗，亦取孔大能容手以便开闭；而于人君上阶除，以瑗相引之说，亦无征验，盖古谊之仅存许书者也。"瑗"为大孔璧，可容两人手，人君上除陛，防倾跌失容，故君持瑗，臣亦执瑗在前以牵引之。必以瑗者，臣贱不敢以手亲君也。于文从⺕，象臣手在前，君手在后。1者，象瑗之形；瑗形圆，今从1者正视为O，侧视则为1矣。瑗以引君上除陛,故许书于"爰""援"均训为引。《荀子·性恶篇》注,训援为牵引。《礼记·中庸》注,训"援"为牵持之,均与许书"瑗"注谊同。知古"瑗""援""爰"为一字。后人加"玉"加"手",以示别于初形,初谊反晦矣。古"罚锾"之"锾"亦作"爰","梁尚币"作"㑇"、作"㑇","毛公鼎"作"㑇",变1为一,形又失矣。吴县潘氏旁喜斋藏一卣,其文曰"㑇",与卜辞正同,盖亦爰字,张文襄公释为引而申之"申",吴中丞从其说,盖未为得也。(见《殷墟书契类篇》)

依罗说则所训"爰"者,最初当为一玉制之瑗,其用可持以相引,故又演为援引之"援";后人因于"爰"旁加玉加手,以为名词与动词之区别。罚锾之"锾"何以从"金",罗氏未释。依类推之,爰可以玉制,亦可以铜制;石器时代之饰物与用具,其最贵重者为玉器,进入铜器时代,诸物多可以铜仿制之,则由玉制之"瑗"演为铜制之"锾",亦属自然之趋势。然则罚锾之"锾",其本始当为一铜制之环,"锾"固为器物名而非量名,其变为量名者,后起之事也。

(三)锾与贝之关系

如上所述,"爰"之为物,无论为玉制或为铜制,似皆与贝无关系。然殷虚甲骨文字中复有一从贝之"赎"字作"㑇"或作"㑇"。罗振玉释之曰,《说文解字》,锾,锊也,从金,爰声。此从贝从爰。古者以贝为币;至秦废贝行钱,谓之锾,殆不知本有"赎"字也。罗氏此解,微嫌粗疏,谓秦废贝行钱谓之锾,尤背于事实。爰之名早成立于秦以前,非秦以后之称谓也。秦以后之人不知本有"赎"字,故用"锾"字,虽属事实,然秦以前之"锾"字,亦皆作"爰"。据金文可见,"爰"字之本意,依罗氏所说,既由两手持环相援引而来,然贝之为物极小决不能以一贝制成一环,则从贝之赎字何由而来?此为大可疑之问题。考金文中锡贝例称若干"朋",锡金则称"爰"。然亦有锡贝称"爰"者,例如"王伐鄴侯"敦(或名"禽彝")铭文云,"王锡金百爰",此锡金称"爰"也。"䚄卣"铭文云,"锡贝三十爰",则锡贝亦称"爰"矣。贝可以称"爰",则知"赎"字之所由来。一贝不能成一环，贯无数之贝而联系之，则亦可以成环，用为项饰或臂饰，如妇人所用之珠串然。则知所谓"媛"者，其初殆为由多数之贝贯系而成之环，与由一整块之玉或铜所制成之环同。故锡贝可以称"朋"，亦可称"爰"。"稣卣"所记锡贝之数，至于三十爰之多，则所锡之贝，殆已非天生之贝而为铜贝。"王伐许侯敦"所记锡金之数以"爰"计，则其所锡之金，可为整块如环之铜爰，亦可为铜贝串成之铜爰。要之，"爰"之为物，其本始为由贝玉制作之饰物，进入铜器时代遂以铜仿制之，渐由饰物之性质，演变为一种普通货财之性质，故用为赎刑之具。此锾与贝之关系也。

（四）钱刀

刀本为器物名，绝无疑问；"钱"之初，亦器物名也。古籍中最初所见之"钱"字，为诗臣工篇"庤乃钱镈"之"钱"。孔疏云："说文，钱，铫也，古田器。"及入春秋以后晚周诸子书中，则"钱"与"刀"皆成为货币之名称矣。例如：

《管子·国蓄篇》云："五谷食米，民之司命也。黄金刀币，民之通施也。"

同书又言："刀布为下币。"

《荀子》言："厚刀布之敛以夺之财。"

此"刀"变为货币之名称也。又如：

《国语》言："周景王二十一年将铸大钱。"

《管子·国蓄篇》又言："铸钱立币，民庶之通施也。"

《墨子·号令篇》言："男子有守者，爵人二级，子女赐钱千。男女老小，先分守者，人赐钱千"；又言："诸盗守器械、财物及相盗者，直一钱以上皆断。"又言："钱金布帛财物，各自守之，慎勿相盗。"

此"钱"变为货财之名称也。盖钱与刀，初皆为日用之器物，因需用者最多，复可改铸其他器物，遂在市场上取得普遍之交换价值，渐且变为交换之媒介，并其他交换品价格之标准物。及流通之习惯既成，乃缩小其重量，而袭用其形制，名称亦仍之。此钱与刀变为货币名称之所由来。

（五）爰与圜钱之关系

先秦古货币之形制，见于各家钱谱图录中者，种类极多，依类略举其要，约有下列各种：

（一）　（二）　（三）　（四）　（五）　（六）

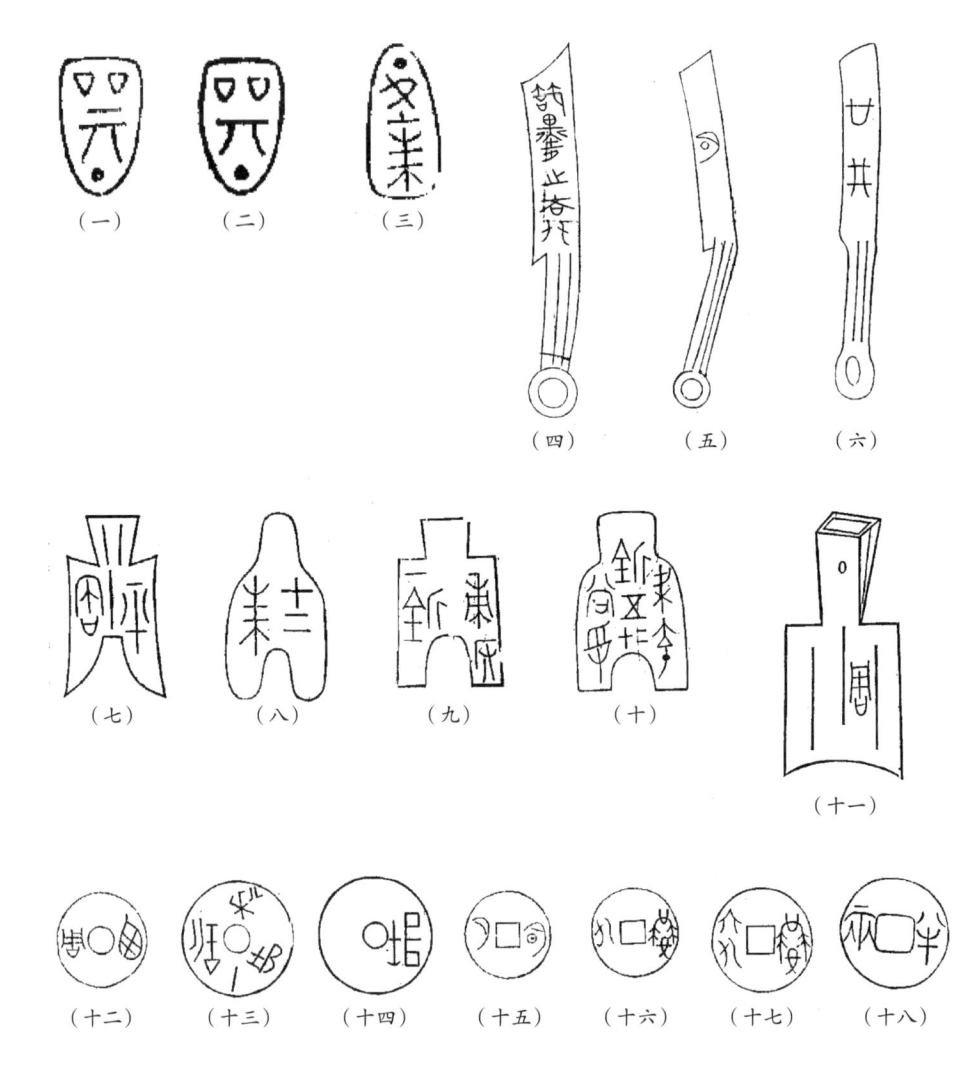

（七）　（八）　（九）　（十）　（十一）

（十二）　（十三）　（十四）　（十五）　（十六）　（十七）　（十八）

　　前列各图（一）至（三）为蚁鼻钱，由铜制之贝演变而成。（四）至（六）为刀布，由实用之刀演变而成。（七）至（十一）为钱布，由农器之钱镈属演变而成。观其形制，自易明了（钱镈属之演变，可参阅徐中舒《耒耜考》）。（十二）至（十八）为圜钱属。圜钱之形制，果由何种器物演变而成，颇不易明。《汉书·食货志》谓："太公为周立九府圜法。"后世或竟谓"圜法"即圆钱之法，遂疑圜钱之制，起于周初，由太公所制造。此说之不足信，马昂已言之。马氏曰："周官九府皆掌财币之官，统言圜通之法，非指圜为圜钱法也。师古曰，圜为均而通也。颜说是矣。"又曰，"周初即有定式，而列国诸地，不遵王制，更范为长椭诸形，岂反以缗贯为不便乎？……明是以误传，实由班氏启之。"马氏不认圜钱为周初所定之制，颇具特识，然终未能说明圜钱形制之所由来。梁任公谓："后世之钱，圆周方孔，此为铸造技术之进化，形虽变而称不改，于是钱镈之名，遂为钱币所夺。"谓钱币之名夺自钱镈固然；谓圆周方孔之形，由于铸造技术之进化，则仍属空洞无证验之词。或疑圜钱之制，由刀布之环演变而来，谓刀布折损，仅存一环，因其为金属，犹可折价通用于市面；后转因其形制之便利，竟从其形而仿制之，此说虽似近理，然亦无证验，或举起前列第五图之刀布与第十五图之圜钱为证，谓第五图之刀布其文曰"明"，第十五图之圜钱，其文亦曰"明"，明为赵地名，知二者皆铸于赵之明邑。同一地之货币，而有此两种之形制，知后者，必由前者之演变也。

此说极难为证。方足布所著之文有曰"斤金"者，如前第九第十图圜钱之文亦有曰"金斤"者，如前第十三图方足布有著有"垣"邑之地名者，圜钱亦有著"垣"邑之地名者。然方足布固不若刀布之有环，可以演变为圜钱也。予窃疑圜钱之形制，亦必由一种同形之器物演变而成。罚锾之"锾"金文皆作"爰"，爰之朔本为玉制之环，已如前说；则圜钱之制，必仿似铜爰。

尔雅释器"好倍肉谓之瑗，肉倍好谓之璧，肉好若一谓之环"。注，好倍肉，孔大于边也。然则"瑗"与"璧""环"之区别，仅在于孔与边之大小，要之皆为圆形之玉器。由圆形玉器，仿制圆形之金属品，如"爰"与"璧""瑗"之类者，古金中亦有之。周金文存卷六下，有二器，其形制大小如下图：

第一图

此为不知名之古铜器，邹安以之附于车饰之类，其旁所著之文，译为楷书"𦥑"。

周金文存卷六，仅有一器，形制大小如下图：

第二图

此亦为不知名之古铜器，邹安以为刀槃，跋云："趄字与趄爵同文。或曰，此列国泉权，故有系孔"。

予窃疑此二器，皆古铜制之爰属也。前者如"好倍肉"之瑗，后者如"肉好若一"之"环"；而前列第十三及第十四图之圜钱，则如"肉倍好"之"璧"，绝不类由刀布之瑗折损而来者（马昂亦言"此制范形如璧，尔雅肉倍好谓之璧。《说文》璧，圜也。是为秦始之制开半两大钱之先，特穿未方耳"。见《货币文字考》卷三，四十四页）。然则为圜钱之形制，由铜制之爰属演变而成，殆无不可也。

又吴氏《说文古籀补》："鍰""锊"字条所列各变体之"爰"字，谓有见之于"郢爰饼金"者。予尝觅之于《钱谱图录》中，欲观所谓"郢爰饼金"，果作何形制，苦未得见。黄葆戌《散盘今释》（见《东方杂志》二十七卷第二号）亦言"余近见周饼金郢爰"。但于形制若何，亦未说及。《周金文存》卷六下列有古银饼一，上有印文，难以辨识，其形较今之双铜圆略大。邹安附记云，"与饼子金同山东新出土"；又跋云，"银饼即印金之属，今见合肥龚氏所藏印金不少。"邹氏所言之"印金"或饼子金当即属"郢爰饼金"之类，其形制当亦为圆形。然则中国古货币，除前记各类之形制外，尚有一种圆形之"饼金"，状若今之铜元与银元，或附有"郢爰"之文，是亦属爰之一种，特无孔耳。则谓圜钱之形制，与"爰"属有密切之关系，亦无不可也。然圜钱既袭爰属之形制，何以不并取"爰"之名而称"钱"？大抵战国晚年，上记各种复杂之货币，虽旨通行，而以农器形之钱镈属通行之势力为最广，然形制之便利，则不如有孔之"爰"属，故终袭"钱"之名而取"爰"之形耳。

三、各种货币使用之时代

上述各种由金属器物演成之货币，以通行之先后言，自当以铜贝为最先而圜钱最后出。铜贝之兴，当远在西周时期，由《诗》言"锡我百朋"语可以知之。"爰"有贝爰与璧瑗形之爰的区别。璧瑗之爰通行始于何时，已不可知；惟爰属使用之时间为最久，上当溯至西周，近且至于战国时期。"罚锾"之语，见于《吕刑》，已如上述。《吕刑》相传为周穆王时作品。穆王则西周时代之君王也。惟吕刑果否为穆王时代之作品，尚有疑问；因以金赎刑，西周时代似尚不能有此事实。(《国语》记桓公问于管仲曰：齐国寡甲兵，为之奈何？管子对曰：轻过而移甲兵，小罪谪以金分云云，是以金赎刑，为管仲所献敛金之术策。若西周时代早有以金赎刑之成例，何待管仲之献策乎？且《吕刑》为一种刑书，其性质颇有"定制法"之意味，中国之法家思想，至春秋渐发达；在法家思想未发达之前，不能有带"定制法"意味之刑书。故吕刑所言，果否为穆王时代之事实，尚有疑问也）。然吕刑所言，即不可信，金文中用爰之事则屡见之。前记"曶鼎"铭文既有"赎兹五夫用百爰"之语，其铭文之首段复有"王在周穆王大□□若曰，曶命女……"，中缺二字，证以他器物铭文之例，当为"室""王"二字，即言"王在周穆王大室王若曰，曶命女……"即言王在周穆王大室，则所称之王，决为西周时代之王，因东周之洛邑不能有周穆王大室也。故知"曶鼎"必为西周时代之作品，即可知爰之使用，上当溯之西周时期也。钱谱图录中所录之方足布，有所谓"梁当爰"币（即前列第十图）。其所记之地，明明为战国时代之梁，其形制明明为仿自农器之钱镈属，而犹曰"当爰"；盖以当时用爰之习惯尚未消灭，因附"当爰"二字以迎合当时之习惯力，使其流通无阻，故知爰之使用时期，近且至于战国也。刀属与钱镈属流通之始期，极难明了；钱刀二字用为货币之名称，至晚周诸子书中始见之，已如前述。《管子》中虽屡用"刀布""钱币"等语，不得据为春秋初期即已使用钱刀为货币之证，因《管子》明明为入战国以后之伪书也。若以《左传》中所表现之货财观念证之，则在春秋时代，钱刀之为物似尚未成为通行之货币。予尝将《左传》中涉及为货财之事，依类记之，共约得八十条，分为五类记之：

（甲）言贿赂、赎偿者二十，或以宗器鼎彝之属，或以乐器，或以璧玉，或以帛锦，或以车马牛，或以人奴，无以钱刀者。

（乙）言赏赐、馈赠、献纳犒聘者二十九，或以器饰，或以车马牲畜，或以璧玉，或以帛锦，或以衣服，以生金者一，无以钱刀者。

（丙）言乞求谋取者九，或玉、或剑、或璧、或车服器饰、或牲牢，求金者仅有一焉，似亦非钱刀之金而为生金。

（丁）言掳掠盗窃夺取者十四，或禾麦米粟，或木材，或璧玉，或实用之兵器，或马，或钟，夺币者一，不言为钱刀之币。

（戊）其他言积畜富有之事者七，亦多以车马器物为言，无言钱刀者。

然则春秋时代，钱刀已否成为货币，在《左传》中绝无证验。惟《国语》中之周语有周景王二十一年（即春秋鲁昭公十八年）将铸大钱事（前已引述），单穆公反对之。其反对之言曰：

> 古者天灾降戾，于是量资币，权轻重，以赈救灾民。民患轻则为作重币以行之，于是乎有母权子而行民皆得焉。若不堪重，则多作轻而行之，为是乎有子权母而行大小利之。今王废轻而作重，民失其资能勿匮乎。若匮，王用将有所乏，乏将厚取于民，民不给将有远志，是离民也。……王弗听，卒铸大钱。

后世之钱谱家，每见古钱形制之较大者，辄目为周景王之大钱，其根据即在于此。然实则此段记载大有疑问。清代今文学派之考据家尝谓《左传》与《国语》本为一书，今之《国语》为伪造《春秋左氏传》以后之残余部分。今观此处所记单穆公口中所表现之货币理论实与《左传》中所表现之财货观念大相径庭。何也？《左传》中所表现者尚为实物交换时代之货财观念，一切财货皆属实用器物，金属货币，尚未取得代表财货之资格；单穆公口中所表现之货币理论，则已进入使用辅币时代，且视货币为财富之资本，是非至战国晚年，不能有此现象。若在春秋时，已知使用辅币，《左传》中所表现之财货观念决不若是，故《国语》所记，大为可疑。《左传》昭公二十一年有天王将铸无射事。《国语》于周景王二十一年将铸大钱外，复有周景王二十三年，王将铸无射而为大林事。但景王二十三年为鲁昭公二十年而非二十一年。则同一事也，两书所系之年不同。《左传》所记铸无射之事，有冷州鸠之讥评语，而无单穆公反对之词。《国语》所记铸无射之事，无冷洲鸠之讥评，而有单穆公之反对；其反对之词，与反对铸大钱为一贯。如曰："作重币以绝民资，又铸大钟以鲜其继。若积聚既丧，又鲜其继，生何以殖？……三年之中而害金再兴。"观此，似《国语》与《左传》所记，并非出于一手，根于同一之书。大凡故事传说之演变，恒有以一故事演变而为三数类似之故事者。《国语》所记景王二十一年铸大钱之传说，或由鲁昭公二十一年天王将铸大钟之传说演变而来；由铸大钟之一事，演成《国语》中铸大钱与铸大钟之两事。若此则《国语》所记为难信，即单穆公口中所表现之货币理论，亦非春秋时代之理论。盖在春秋时代，虽已有自西周以来流行之贝锾，为上下所使用，此时之贝锾，应尚在半货币半饰物之时代，故一般人之货财观念，交换媒介，钱刀之成为货币，流通于社会，恐在入战国以后。试观《国策》中所表视之财货观念，则金属货币，已成为代表财货之中心矣。《国策》中涉及于财货之语，共约得五十条。或言资用，或言贿赂，或言赏赐赠与，或言买卖赎偿，或计价值，或计赢利，或计富力，用金者四十一，专用其他实物者仅有九焉。最可注意者为下列数条：

（甲）"函冶氏为齐太公买良剑，公不知善，归其剑而责之金，越人买之千金折而不卖。"（策二周策）

（乙）孟尝君出行国，至楚，献象床。……象床之值千金。上二条皆以金计价值者。（策十齐策）

（丙）綦母恢为周说魏王，"臣尝闻温囿之利，岁八十金。周君得温囿其以事王者岁百二十金是……赢金四十金也。"（策二周策）

此以金计赢利者。

（丁）金钱粟，孰与之富，曰弗如。（策七穆策）

此以金钱与粟并计富力者。

此种财货观念，绝不见于《左传》。《左传》中言富力，不言有马若干，即言有何种宝器。《左传》之作者虽亦属春秋以后之人。《国策》中之作者，或且有秦汉间人，其所代表之财货观念，或不能恰与两时代全合。试更以《论语》与《孟子》证之：《论语》中言财富亦恒举用之物以为言，如曰，"齐景公有马千驷，死之日民无得而称焉。伯夷叔齐饿于首阳之下，民到于今称之。"此以贫富相较，举千驷之马以为言。又如曰"陈文子有马十乘，弃而违之至于他邦"。此亦举十乘之马以见陈文子之舍其富而出亡。又如："子华使于齐，冉子为其母请粟"，而不请金；"颜渊死，颜路请子之车以为之椁"而不请金。原思为孔子之宰，孔子"与之粟九百"，而不与金。《孟子》中则有"于齐，王馈兼一百而不受于宋，馈七十镒而受，于薛馈五十镒而受"之事矣。《论语》中所表现之财货观念，恰与《左传》相合，《孟子》中所表现著，则恰与《国策》相合。此决非偶合之事。然则谓在周景王之春秋时代，尚不能有用辅币之事，即不能有铸大钱之事，决非妄生疑问也。

再就钱谱中所录各种两足布空首布及刀布所记之地名察之，除字形奇诡不易辨识者外，多为战国时之地名，如兹氏、晋阳、中都、离石、鄥祈、邯郸、鄙、中山为赵地；屯留、长子、铜鞮、涅氏、高都、宜阳、卢氏、平阴为韩地；平周、安邑、垣皮氏、平阳、北屈、山阳、安阳、蒲坂为魏地。此各种两足布及空首布所著之地名也。刀布所记之地名，以齐与即墨为最多；次则有明与成及甘井等地名，据马昂之考证，亦皆属赵地（可参阅徐中舒《耒耜考》及马昂《货布文字考》）。然则钱与刀皆至战国时始大流行，当属事实。马昂谓：

> 范铜为货，乃创自商民；民以为便，便则通行；国君未有禁令，铸不为私。商民创此，为权利之巧术。……都市虽行，不出其地，故各识地名；或同此而铸非一家者，又以背文别之。

此可谓有特识之言。盖货币之起源，本由于实物交换时代习惯之演进，自当起于商民，而非创自政府。战国时，七雄之政府，已成为中央君主集权之政府；在此种中央君主集权政府之下，铸钱尚听各地商民之自便（因各种钱布所著之地名及形制极为纷杂故），则在春秋时代之周景王，安得有独操铸币权以剥削小民之事，故愈足证《国语》周景王铸大钱之说非史实也。钱有大小子母相权之法，至战国晚年，始有此事实。方足布有"安邑斤一金""安邑斤二金""梁一金斤""梁金斤✗十二"之别；凡言"斤一金"或"一金斤"者，其形制皆较小，言"斤二金"或"斤✗十二"者，其形制皆较大。圜钱之"燕货"，亦有"燕货""燕四货""燕六货"之别。"燕货"之形较小，"燕四货"较大，"燕六货"又较大。先秦圜钱之品类今存者极少，此可见圜钱出现之时，已至战国末年；钱有大小子母相权之法，亦为战国末年渐次演成之事实也。

至由政府确定行钱之制度，果在何时，诸国皆无可考，惟秦则始于惠文王二年。《史记·六国年表》记惠文王二年初行钱。史公所著年表，必以战国时人作之《世本》为根据，决非悬揣。按秦惠文王二年当周显王三十三年，公历纪元前三三六年，至六国灭亡尚有一百一十六年（六国全灭在秦始皇二十七年公历纪元前二二〇年）。惠文王所以行之钱制，果从何种形制，未能臆断；各家钱谱图录中所录先秦之钱布，记有秦地名者，似尚罕见。《史记·六国年表》，于秦惠文王二年行钱之记事外，于始皇二十七年，又有复行钱之记事。揆诸情势，惠文王二年既明令行钱矣，决无中废，待至百二十余年后再恢复之理。马昂曰：

> 惠文王二年，史称初行钱，盖商市范铜，初承其令。……昭襄王拔魏邑之宁新中，更名曰安阳，安阳之名始于秦，今见之"安阳布"（两足布之一种）为秦制，其确凿。据此而推，其形制相类者，为秦物无疑矣。其后拔三晋燕齐之地，地日大，故铸作因此而繁。至始皇三十七年，史称复行钱，事在兼并后之十年，即《平准书》所谓"及至秦中铸钱文曰半两"是即半两大钱也。

马氏此说，甚合于情理。惠文王时所行之钱，必尚属仿农器形制之钱镈属。以秦与三晋为邻，而三晋所行者皆钱镈属也，故从三晋之形制，而名称亦曰"钱"也。后世出土之两足布，著有三晋之地名者，其一部分当为秦割取其地后之作品。及尽并六国之地后，则依各地之习惯，所行之货币，有钱镈属，有刀属，并有初流行之圜钱属，其孔或圆或方，形制极为复杂，大小轻重子母相权之系统，至不统一，故有始皇三十七年复行钱之法令。三十七年之行钱，实非复也，特统一钱之制度耳。其名称虽仍袭"钱"之旧，其形制则从仿似璧瑗之圜钱，盖以此为最便利也。于是贝锾属、钱镈属、刀属等形制之币皆废，圆周方孔，遂成为中国制钱之定式焉。

四、附论衡量名称与货币之关系

演成金属货币之各种器物，在实物交换时代，其重量至不一定。其大小但以适于其所使用之目的为原则，决无所谓重量之标准单位。即衡量单位之各种名称，亦大都由实用之器物演变而来。例如：

（钧）《说文》曰，钧，三十斤也。《书五子之歌》"关石和钧"，疏云："三十斤为钧，四钧为石，钧石所以一天下之重轻而立民信也。"予以为此后起之义也。实则"钧"之朔，当为器物名。《前汉·贾谊传》师古注"陶家名转者为'钧',盖取周回调匀之义。"如淳注,"陶者作器于钧上,此以造物为大钧",则钧为制陶之工具也。陶器之发明,在铜器之先,即制陶之钧,亦早存于使用金属器物之前;及金属品之使用渐广,渐以制陶之钧,衡量金属之轻重,钧遂成为衡量之名称矣。如"使夷敦"铭文言"金十钧","㝬子盘"铭文言"金一钧"是也。

（斤）《前汉·律历志》,斤者,明也,三百八十四铢。……十六两成斤者,四时成四方之象。《小尔雅》二锾四两谓之斤,注六两曰锾（锾之初本为器物,非量名,成为量名乃后起之事前已辨之）。此亦皆后起之义也。实则"斤"之朔,亦为器物名。《说文》,斤,砍木也;《孟子》言斧斤以时入山林;则"斤"为斧属之砍木。《周礼·考工记》言"宋之斤"谓宋人善铸斤也;《国语》"恶金以铸锄夷斤斸,试诸土壤",是"斤"又属农器,为钱镈之别名;前列方足布,往往附有"斤金""金一斤",或"斤二金"之文,可见古钱镈之农器,确有"斤"之名称。及农器之"斤",变为交换媒介之货币,"斤"遂渐由器物之名而变为重量之名,故有"斤二金"或"二金斤"之别也。

（铢）《说文》铢,权十黍之重也。一曰十黍为絫,十絫为铢,八铢为锱,二十四铢为两。孟康曰,黄钟一龠容千二百黍为十二铢。此亦皆后起之义也。实则"铢"为"珠"之转变字,古金文或作"珠"或作"朱",无作铢者。铢与珠皆由（朱）孳乳而生之字,犹"锾"与"瑗"之由"爰"而生也。"朱"即"珠"之本字,金文作"米"或"米",象系珠形。珠本为一天然之物品,渐乃取为比重最低之标准单位,于是乃有量名之铢。及铢既成为量名,习焉而忘其朔,于是有"权十黍重"之说焉,有十黍为絫,十絫为铢之说焉,而不知"铢"之本于"珠",其初实为一天然整个之单位标准也。

（两）后世习于二十四铢为"两"之说,不知"两"之本义,许君作说文时已不能道其详。观《说文》两部,"两,再也,从冂阙;又⺆部,㒳,二人也,两从此,阙。"是许君已不能详。最近丁山著《说文阙义笺释》两字之由来最为稳当,其略曰:

……权衡之制,三代以前,其详靡记。然权与钱之音极近,得知古钱之沿革,斯知权之重与形矣……传世之周钱,不尽外圜而函方也；其形有似刀者，所谓刀布也；有似铲者，所谓铲布也；铲布之变也则有似秦权者；有凹钟之口以为枝足布者；枝足之布，形则近于 ⿻，两之则为 ⿻，合 ⿻ 为一则为 ⿻，其字即铢两之两，其形则西周大钱也。然后知 ⿻ 权衡之与，不在龟贝为钱之世而在铜器时代钱布既行之后；然后知权衡之形，不徒因钱布之形，其体重亦且因钱布之体重；然后知 ⿻ 之与两，古皆象权形，间接得形于钱布也。……证之"鲁阳布"重十二铢，两之为二十四铢，直谓 ⿻ 为两钱相比， ⿻ 象权形，皆无不可。

据丁释，可见"两"之本义，亦由两枝足部实物之比重而来，一枝足布之重为十二铢，故一两遂为二十四铢也。

前述钧、斤、铢、两之成为衡量名称，其初为大都彼此尚属孤立的，不必有联贯的一定之系统；且各地各依其地方习惯之单位而行使之，不必有统一之制度。及使用权衡之习惯既成后，感于复杂之名称单位，不相系属，不便于交换之计算，始整理而联贯统一之。于是二十四铢为两，十六两为斤，三十斤为钧，渐成为一有系统之权量制度矣。至此"两"之重不必恰如二十四颗天然之"珠"，"斤"之重不必恰如一斧斤之"斤"，"钧"之重亦不必恰如一制陶之"钧"矣。中国权量之制，亦由秦始皇统一。钧、斤、铢、两之量名，虽早存于秦以前，然决非有一定之系统者。观存世各种古货币，大小形式与名称之差异或以"斤"名或以"朱"名，或以"化"（即货字）名，知各地各有其衡量单位之系统也。

本篇为作者方在研究致中国经济史初稿之一节。因资料缺乏，其中所设假定的断案，尚有涉于疑似难决之处，故特刊布于此，以求博雅君子之指教。作者附志。

二十一年十二月二十六日

《社会科学季刊》，1921年第3卷第1—4期

先秦货币考

吉田虎雄著　陈观译

一

中国使用货币，始于何时，殊难洞悉。徵诸文献，如《通典》云：

  自太昊以来则有泉，太昊氏、高阳氏谓之金，有熊氏、高辛氏谓之货，陶唐氏谓之泉，商周谓之布，齐莒谓之刀。

《管子》：

  汤以庄山之金铸币，而赎民之无饘卖子者，禹以历山之金铸币，而赎民之无饘卖子者。（山权数）

又《竹书记年》中记殷商事云：

  二十一年大旱铸金币。

《史记·平准书》：

  农工商交易之路通，而龟、贝、金、钱、刀、布之币兴焉，所从来久远，自高辛氏之前尚矣，靡得而记之。……虞夏之币，金为三品，或黄，或白，或赤，或钱，或刀，或布，或龟贝。

《通志》：

  商代钱币亦谓之布。

传说纷纭，有谓金属货币之使用始自太古者，有谓始于夏殷时代者，而尚书中不见有关于金属货币记载，可见以上诸说皆不足信（班固以洪范六政之货为布、帛及金、刀、龟、贝，其说似非）。惟《尚书·盘庚》篇云：

> 兹予有乱政同位，具乃贝玉。（原注：乱，治也，此我有治政之臣，同位于父祖，不念尽忠，但念贝玉而已，言其贪）

又《周易·爻辞》云：

> 或益之十朋之龟，弗能远。（损卦六五九爻，及益卦六二爻）

《毛诗·小雅》：

> 既见君子，锡我百朋。（菁菁者莪）

由此可知，殷及西周时代已用龟甲及贝壳为货币矣。

又《盐铁论》云：

> 故教俗改，币兴世易，夏后以玄贝，周人以紫石，后世或金钱刀布，物极而衰，终始之运也。（错币）

据《盐铁论》所说，则夏的时代，已使用贝壳为货币。又如扬雄《太玄经》云：古者宝龟而货贝，后世君子易之以金币，国家以通，万民以赖（玄挽）。

许慎《说文》云：

> 古者货贝而宝龟，周而有泉，至秦废贝行泉。

郑玄注《礼记·礼器篇》云：

> 古者货币而宝龟。

则当时所使用以为货币者，仅有贝壳，至龟甲，则非货币。而据晋郭璞之文《贝赞》，则曰：

> 先民有作，龟贝为货，贵以文彩，贾以大小。（《郭弘农集》卷二）

是则龟甲亦货币也。孔颖达《毛诗疏》云：

> 王莽多举古事，而行五贝，故知古者贝货焉。

按龟甲为五贝之一。王莽行五贝，既系法古，则上古之有龟币，由此可以证明。中国文字如卖、买、货、财、贿、赂、赎、贸诸字，皆从贝字，又足为古时以贝壳为货币之一证也。

又关于以珠玉为货币之传说，如《管子·国蓄》篇云：

> 玉起于禺氏，金起于汝汉，珠起于赤野，东西南北，距周七千八百里，水绝壤断，舟车不能通。先王为其途之远，其至之难，故讬用于其重，以珠玉为上币，以黄金为中币，以刀布为下币。三币握之则非有补于暖也，食之则非有补于饱也，先王以守财物，以御民事，而平天下也。

《管子·轻重乙》篇云：

> 金出于汝汉之右衢，珠出于赤野之末光，玉出于禺氏之旁山。此皆距周七八百余里，其途远，其至难。故先王度用于其重，因以珠玉为上币，黄金为中币，刀布为下币。故先王善高下中币，制下上之用，而天下足。

其余数篇及揆度篇中，亦有类似上述之文，兹不赘述。试于《尚书·盘庚》篇中所谓：

> 具乃贝玉。

一语观之，则殷代似已用珠玉为货币。若证以管子所云，则至少在西周之时，当以珠玉为货币之制也。又如《皇朝文献通考》所云：

> 三代以后，珠玉但为器饰，而不以为币。

可见自三代以迄有周，尚以珠玉为货币也。殷周时代使用珠玉龟贝为货物一事，既如上述，而其所使用之货币，是否可以通行无阻，则又有说焉。《毛诗·卫风》云：

> 氓之蚩蚩，抱布贸丝。（氓章）

又《毛诗·小雅》：

> 交交桑扈，率场啄粟。哀我填寡，宜岸宜狱。握粟出卜，自何能谷。（小宛章）

当时尚属自然经济时代，货币之流通，并不普遍，人民除一方面使用货币以为交易之媒介外，一方面则还是直接以物易物，如"抱布贸丝"是也。……按郑众及郑玄均以"抱布贸丝"之布作货币解，朱熹亦同其说，《毛传》谓："布币也。"惟孔颖达独持异议，孔氏谓币与泉异，泉非可抱之物，而币既可抱以贸丝，则所谓布者，直丝麻布帛之布耳，此说似较合理。

二

金属币之行使，已见于周代，惟是否始于西周，则属疑问。据《汉书·食货志》云：

> 太公为周立九府圜法，黄金方寸而重一斤，钱圜函方，轻重以铢，布帛广二尺二寸为幅，长四丈为匹，故货，宝于金，利于刀，布于布，束于帛。太公退又行之齐。

然则太公之时，不特使用金属货币，而铸造一种圆形方孔之钱币矣，此说未免可疑。《毛诗·周颂·臣工》一章云：

> 命我众人，庤乃钱镈，奄观铚艾。

钱者，农具也。《孔疏》云：

> 《说文》云：钱，铫古田器。世本曰：垂作铫。宋仲子注云：铫，刈也。然则铫刈物之器也。

又徐光启《农政全书》云：

> 钱。臣工诗曰，庤乃钱镈，注，钱，铫也。广韵作鉫，田器也，非锹属也。兹度其制，似锹非锹，殆与铲同。篆文曰，养苗之

道，锄不如耰，耰不如铲。铲柄长二尺，刃广二寸，以划地除草。此铲之体用，即与钱同。

钱为古之农具，当时人民用农具或刀刃作为交换之媒介，其后并象其形以铸造货币，其名曰布。迨造铸方法较为发达之时，始有圆周方孔之币出现，其名曰钱。《辞源》云：

> 古以农器为交换媒介，其后制币，因象其形为之。今见古钱有货布字者，其形即古钱镈之钱也。后世始为圆形方孔形，仍沿钱之名耳。

又梁启超《中国古代币材考》云：

> 钱即铫，铫即锹。古者以农具之钱，为一种交易，媒介之要具，后此钱币，仍象其形，而袭名曰钱。观古代之钱，其形与今之锹酷相类，则其名之所由，可以见矣。钱为本字，周代或称泉者，乃同音假借字，后儒妄以泉之流称之（原注亦见《汉志》，如淳注）。宝□壁虚造也。后世之钱，圆周方孔，此乃铸造技术之进化，形虽变而称不改，于是钱镈之名，遂为钱币所夺，而世无复知之本为何物者矣。

梁启超称形似农具之货币曰钱，其说实谬。至钱与泉同音假借之说，更属无稽。盖货币之以钱名，为时实较布、刀尤后。货币由形似农具之形，进而改为圆周方孔之形，其间相去，不无相当岁月，故其名称之由布而钱，其间亦必历有年代。臣工之什，乃周成王时之作，太公于周成王十三年作圜法（一种币制），二者时代相同，欲谓当时已有圆形方孔之货币，而又名称曰钱，如《汉书·食货志》所谓"钱圜函方"云云。余实不敢然其说也。宋魏了翁《古今考》云：

> 诗所谓钱，盖农器也。上币，以泉币为钱，不知自何时始，小学书亦无此字。《史记·平准书》载，虞夏之币三品，《管子》论禹汤以金铸币，未有钱之号也，至《管子》《国语》《吕氏春秋》《史记》《汉书》则周、齐、秦、晋、楚、赵之币，皆名钱矣。

然《国语》"钱"之一字，仅见于记载周景王铸大钱事中有之而已。

至《食货志》所谓"周礼天官外府掌邦布之出入，及地官廛人掌敛市絘布，总布，质布，罚布，廛布，而入于泉府"云云，说者以为诸布皆为金属货币。郑玄解作泉，清张尔岐《蒿庵闲话》亦云：

> 周礼外府掌邦布之出入，泉府掌以市之征布，钦市之不售货滞于民用者，以其价买之。及礼记子硕欲以赙布之余具祭器。孟子□无夫里之布。诸布皆铸金为之者，非与帛为类之布也。

又郑众释《地官·载师职》"凡宅不毛者有里布"，云：

> 布参印书，广二寸，长二尺，以为币，贸易物。诗云，抱布贸丝，抱此布也。

梁启超亦然其说。凡此皆无所根据，直妄说耳。郑众不敢自断，乃曰"布参印书"，缘旧说也。故孔颖达谓：

> 司农之言，事无所出，故郑易之云，罚以二十五家之泉也。

三

《管子·国储》篇云：

> 五谷食米，民之司命也。黄金刀币，民之通施也。故善者执其通施，以御其司命，故民力可得而尽也。

人君铸钱立币，民庶之通施也，人有若干百千之数矣，然而人事不及，用不足者何也，利有所并藏也。他如山权数、地数、揆数、轻重甲、轻重乙、轻重丁、轻重戊诸篇，其中多有关于钱币及使用黄金为货币之记述，然《管子》为后人伪托之书，故谓管仲时代已使用金属货币，其事并不可靠。惟徵诸《国语》周景王二十一年铸造大钱一事（西历纪元前五二四年），则在周景王未铸大钱之时，已有钱币行使矣。《国语·周语》云：

景王二十一年，将铸大钱。单穆公曰不可。古者天灾降戾（汉书天降灾戾），于是乎量资币，权轻重，以赈救民，民患轻则为之铸重币以行之，于是乎有母权子而行，民皆得焉。若不堪重，则多作轻而行之，亦不废重，于是乎有子权母而行，大小利之。今王废轻而作重，民失其资，能无匮乎？若匮，王用将有所乏。乏则将厚取于民。民不给，将有远志，是离民也。……且绝民用以宝王府，犹塞川原而为潢洿也，其竭也无日矣。……王弗听，卒铸大钱。

又《礼记·檀弓》篇云：

子柳之母死，子硕请具（郑注，具葬之器用）。子柳曰，何以哉？子硕曰，请鬻庶弟之母。子柳曰，如之何其鬻人之母以葬其母也？不可。既葬，子硕欲以赙布之余具祭器。子柳曰，不可。吾闻之也，君子不家于丧（郑注，恶因死者以为利），请班诸兄弟之贫者。

孟献子之丧，司徒旅归四布（郑注，旅，下士也，司徒使下士归四方之赙布），夫子曰，可也。

据此可知春秋时代已有布币之行使矣。又《墨子·号令》篇云：

男子有守者，爵人二级，女子赐钱五十。男女老少先分守者，人赐钱千。

诸盗守器械财物及相盗者，直一钱以上皆断。

钱金布帛财物，各自守之，慎勿相盗。

《墨子·杂守》篇：

唯弇逮民献粟，米，布，钱，金，牛，马，畜产，皆置平贾，与主券书之。

足见在墨子时代[①]，已盛行钱币矣。

又据孟世杰《先秦文化史》：墨子约生于周敬王二十年至三十年之间，

[①] 据《孙诒让墨子年表》：墨子生于周定王初年，卒于周安王末年。

死于威烈王元年至十年之间。

关于行使金币之传说，如《公羊传·隐公五年》：百金之鱼，公张之。
何休注云：

> 百金犹百万也。古者以金重一斤，若今万钱矣。张，谓张罔罟障谷之属也。

> 隐公五年，乃周桓王二年，即西历纪元前七百十八年，亦即周平王迁都洛阳后五十三年之时。春秋系始于隐公元年，若据公羊传推之，则在春秋时代以前，当已有金币之行使矣。

《左传》有关于金之文字，见文公九年（即西历纪元前六一八年）如：

> （文公）九年，春，毛伯来求金。

杜预注云：

> 求金以共葬事，虽逾年而未葬，故不称王使。

又昭公二十六年：

> 高龁以锦示子犹，子犹欲之。龁曰，鲁人买之，百两一布，以道之不通，先入币财。子犹受之。

郑泉以布为泉，其说似妄：夫一布之微，岂能购百两之锦哉？
杜注：

> 言鲁人买此甚多，布陈之，以百两为数。

《管子·乘马》篇云：

> 无金则用其绢，季绢三十三，制当一镒。无绢则用其布，经暴布百两，赏一镒。

此说较当。
《国语》中有关于金之文字者如：

公子夷吾出见使者，……退而私于公子絷曰……

黄金四十镒，白玉之珩六双，不敢当公子，请纳之左右。（《晋语》二）

大夫种曰：寡君之师徒，不足以辱君矣，愿以金玉子女赂君之辱，……若以越国之罪不可赦也，将焚宗庙，沈金玉于江。（《越语》上）

夫差行成曰：寡人之师徒，不足以辱君矣，请以金玉子女赂君之辱。（《越语》下）

又《墨子》：

是故江河之水，非一源也，千镒之裘，非一狐之白也。（《亲士》篇）

二三子复于子墨子曰，耕柱子处楚无益矣。二三子过之，食之三升，客之不厚。子墨子曰，未可知也。毋几何而遗十金于子墨子曰，后生不敢死，有十金于此，愿夫子用之也。子墨子曰，果未可知也。（《耕柱》篇）

子墨子至于郢，见公输盘。公输盘曰，夫子何命焉为？子墨子曰，北方有侮臣，愿借子杀之。公输盘不悦。子墨子曰，请献十金。公输盘曰，吾义固不杀人。（《公输》篇）

岳与父老及吏主部者，不得皆斩。得之除，又赏之黄金，人二镒。（《号令》篇）

诸吏卒民，有谋杀伤其将长者，与谋反同罪。有能捕告，赐黄金二十斤。（《号令》篇）

禁无得举矢书，若以书射寇，犯令者父母妻子皆断，身枭城上。有能捕告之者，赏之黄金二十斤。（《号令》篇）

又《吕氏春秋》：

齐有北郭骚者，结罘罔，捆蒲苇，织萉履，以养其母。又不足，踵门见晏子曰，愿乞所以养母。……晏子使人分仓粟，分府金而遣之。辞金而受粟。（《吕氏春秋》十二《士节》）

解其剑以予丈人曰，此千金之剑也，愿献之丈人。丈人不肯受，曰，荆国之法，得伍员者，爵执圭，禄万担，金千镒。昔者子

骨过江，吾犹不取，今吾何以子之千金剑为乎？（《吕氏春秋》十《异宝》）

郑之富人有溺者，人得其死者。富人请赎之，其人求金甚多。以告邓析（《吕氏春秋》十八《离谓》）（注，邓，邓析，郑大夫，鲁定公九年，为驷歂所杀）。

是由观之，金属货币之使用，殆始于春秋时代，或远在春秋时代以前，及至战国时代，则已盛行流通矣。

四

吾国在西周以前，商业尚未发达，人民徒知以物易物，盖犹未脱自然经济之时代也。迨春秋之时，渐渐由铜器时代进入铁器时代，生产日趋发达，经济状态，为之丕变。尤以齐桓晋文之时，商业大盛，盖以臻而入于货币经济时代矣。《汉书·货殖传序》云：

> ……及周室衰，礼法堕，诸侯刻桷丹楹，大夫山节藻梲，八佾舞于庭，雍徹于堂。其流至乎士庶人，莫不离制而弃本。稼穑之民少，商旅之民多。谷不足而货有余。陵夷至乎桓文之后，礼谊大坏，上下相冒，国异政，家殊俗，耆欲不制，僭差亡极。于是商通难得之货，工作亡用之器，士没反道之行，以追时好，而取世资。伪民背宝而要名，奸夫犯害而求利。

可见桓文之时，不特社会状态，较昔迥殊，即工商业之繁盛，亦为西周时代所未有也。迨至战国时代，工商业之发达，益加显者。当时列国分立，政制不一，其所使用之铜币，亦当因地而殊，或以刀，或以布，或以圆钱。其中圆钱一种，因此较便于运用，故流行渐广，卒为各国所通用。《韩非子·五蠹》篇中有"鄙谚曰，长袖善舞，多钱善贾"。其谚处于何时，虽不可考，然徵此一语，又可知当时之钱币，实已成为普通流通之货币。当时不特贝谷之用渐绝，即刀布之流通量，亦当大减。至于金币之使用，当系始于春秋，及至战国时代而益盛，惟当时之使用黄金者，殆不多见，大抵或于大宗之买卖中行之耳。

据罗振玉《俑庐日札》谓：就历代发掘之古币推之，使用铸造之货币，系始于战国七雄之时。此说殊难置信。盖铸币之行使，实始于春秋，已如上述矣。第春秋时代，前后亘二百六十余年，徒谓始于春秋，未免令人有漠然不可捉摸之感，以予测之殆系始于齐桓之时。

《管子》书中所载，多杂管仲死后之事。由此可知管子一书，既非管仲所作，亦非管仲时人所作，乃后人之伪作也。书中如《小称》篇云："毛嫱西施，天下之美人也。"西施生于管仲死后百六十余年。又《小问》篇云："百里奚，秦国之贩牛者也，穆公举而相之。"百里奚相穆公时是在管仲死后。又《轻重甲》篇中多举梁赵国名，而韩、赵、魏（梁）之立国，其事亦在管仲死后。然则是书当系战国时代之作，朱子谓战国时人述管仲之言语行事，附和他书而作者也。战国时代去春秋不远，谓是书为伪作固然，而书中所载诸事实，则未可一概抹杀，故姑引之以为管仲时代（齐桓）使用铸币之证。

在战国时代，不特已经使用铸币，黄金亦以秤量货币（即依秤量以决定价值）行于时，试举《孟子》《荀子》《战国策》《韩非子》诸书，可为明证：

陈臻问曰，前日于齐，王馈兼金一百而不受，于宋，馈七十镒而受。前日之不受是，则今日之受非也，今日之受是，则前日之受非也。夫子必居一于此矣。孟子曰，皆是也。当在宋也，予将有远行，行者必以赆，辞曰馈赆，予何为不受？当在薛也，予有戒心，辞曰闻戒，故为兵馈之，予何为不受？（《孟子·公孙丑》下）

南后郑袖闻之大恐，令人谓张子曰，妾闻将军之晋国，偶有金千斤，进之左右，以供刍秣。郑袖亦以金五百斤。（《战国策·楚》）

秦大国也，韩小国也，韩甚疏秦，然而见亲秦，计之非金无以也，故卖美人。美人之贾贵，诸侯不能买。故秦买之三千金，韩因以其金事秦。（《战国策·楚》）

于是太子预求天下之利匕首，取之百金。（《战国策·燕》）

又关于铸币之文字如《荀子》：

今之世而不然，厚刀之布敛以夺之财，重田野之税以夺之食，

苟关市之征以难其事。(《富国》篇)

《孟子》：

> 廛无夫里之布，则天下之民，皆悦而愿为之氓矣(《公孙丑》上)。

赵岐注云：

> 布，钱也。

黄黎洲《孟子师说》云：

> 夫里，一夫所居之里令之出钱，当时有此名也。

张尔岐亦以布作铸币解。

又《汉书·食志货》：

> 魏文侯之臣李悝云：今一夫挟五口，治田百亩，岁收亩一石半。为粟百五十石，除十一之税十五石，余百三十五石。食，人月一石半，五人终岁为粟九十石，余有四十五石。石三十，为钱千三百五十，除社闾尝新春秋之祠，用钱三百，余千五十。
>
> 衣，人率用钱三百，五人终岁五千百，不足四百五十。

此外如《韩非子》书中《十过》《说林》《外储说》《六反》《五蠹》《显学》诸篇，都有关于金钱之文字，兹不赘举。综观上揭诸文，对于战国时代货币形态，不难见其一斑。吾人读《汉书·食货志》："凡货，夏殷以前，其详靡记。"一语，信知欲考先秦时代货币之迹，殊非易事，为可憾也。

《说文月刊》，1940 年第 2 卷第 1 期

先秦货币考略

叶受祺

一

中国使用货币始于何时，难以确知。《通典》中载：

> 自太昊以来则有泉，太昊氏高阳氏谓之金，有熊氏高辛谓之货，陶唐氏谓之泉，商周谓之布，齐莒谓之刀。

又《管子》：

> 汤以庄山之金铸币，而赎民之粮卖子者，禹以历山之金铸币，而赎民之无粮卖子者。

《竹书纪年·殷汤》条：

> 二十一年大旱，铸金币。

《史记·平准书》：

> 农工商交易之路通，而龟贝、金、钱、刀、布之币与焉。所从来久远，自高辛氏之前尚矣，靡得而记云。……虞夏之币，金为三品，或黄、或白、或赤、或钱、或布、或刀、或龟贝。

《通志》：

> 商代钱币亦谓之布。

或则谓夏殷时代已使用金属货币，或则谓自太古时代已使用之，然《尚书》中关于金属货币无明文记载，诸家之说未可置信（班固虽以洪范八政之货为布帛及金、刀、龟、贝，然为妄说）。惟古文《尚书·盘庚》篇有：

兹予有乱政同位，具乃贝玉。

注："乱，治也。此我有治政之臣，同位于父祖，不念尽忠，但念贝玉而已，言其贪。"

又《周易·爻辞》有：

或益之，十朋之龟，弗能违。（损卦六五爻及益卦六二爻）

又毛诗小雅有：

既见君子，锡我百朋。（《菁菁者莪》篇）

据此，则殷及西周时代以龟甲及贝壳为货币可证也。《盐铁论》有：

大夫曰：（前路）故教与俗改，币与世易。夏后以玄贝，周人以紫石，后世或金钱刀布。物极而衰，终始之运也。（错币）

此说谓贝币自夏时使用。扬雄《太玄》有：

古者室龟而货贝，后世君子易之以金币，国家以通，万民以赖。（玄捝）

许慎《说文》亦有：

古者货贝而宝龟，周而有泉，至秦废贝行泉。

郑玄《礼记·礼器》篇注有：

古者货贝而宝龟。

据上诸说，皆言龟贝，未言龟甲。而晋郭璞《文贝赞》有：

先民有作，龟贝为货，贵以文彩，贾以小大。

（《汉魏六朝百三名家集·郭弘农集》卷二）是证龟甲亦作货币。孔颖达《毛诗疏》有：

> 王莽多举古事，而行五贝，故知古者贝货焉。（《菁菁者莪》篇疏）

莽时亦行龟币，可为上古有龟币之旁证。再上古行贝货，自关于"卖买货财"诸文字皆从"贝"考之，亦可证明。

关于珠玉之为货币，《管子·国蓄》篇有：

> 玉起于禺氏，金起于汝汉，朱起于赤野。东西南北，距周七千八百里，水绝壤断，舟车不能通。先王为其途之远，其至之难，故托用于其重，以珠玉为上币，以黄金为中币，以刀布为下币。三币握之则非有补于煖也，食之则非有补于饱也，先王以守财物，以御民事，而平天下也。

同书之《轻重乙》篇有：

> 金出于汝汉之右衢，珠出于赤野之末光，玉出于禺氏之旁山，此皆距周七千八百余里，其途远，其至阨。故先王度用于其重，因以珠玉为上币，黄金为中币，刀布为下币，故先王善高下中币，制下上之用，而天下足。

此数篇及揆度篇文有略同者。盖据《尚书·盘庚》篇"具乃贝玉"，殷代固以珠玉为货币。而据《管子》，则至西周时代亦以珠玉为货币。《皇朝文献通考·钱币考》序有：三代以后，珠玉但为器饰，而不以为币。此即证明直至周代珠玉作为货币而被使用。

殷代及西周时代贝货及龟币之被使用，珠玉亦自殷代迄西周被用为货币，既如前述。然此等使用并非广被普及。《毛诗》有：氓之蚩蚩，抱布易丝。（《卫风·氓》）又：交交桑扈，率场啄粟。哀我填寡，宜岸宜狱。握粟出卜，自何能谷（《小雅·小苑》）。依此可以推知，盖当时经济尚未脱于自然经济之域，因此一面有货币流行，一面复有物物交换之流行。郑众及郑玄以"抱布易丝"之布为货币之布，以贸为买之意。朱子亦作如是解释。然毛传有"布者币也"。孔颖达曰：谓之币者因抱之之故，泉则不能抱矣。此布为丝麻布帛之布，而币即布帛也，云云。此处不得不以孔颖达说为是。说文有"贸易财也"，盖初夏生丝上场，故持麻布以易之也。

二

金属货币之使用已见于周代固无所疑，然是否始于西周时代尚有待于研究。《汉书·食货志》有：太公为周立九府圜法，黄金方寸而重一斤，钱圜函方，轻重以铢，布帛广二尺二寸为幅，长四丈为匹，故货宝于金，利于刀，束于帛。太公退又行之齐。据此，太公时不独以金为货币，且以铸为圆形方孔之钱。然此颇为可疑。《毛诗·周颂·臣工》篇有：

> 命我众人，庤乃钱镈，奄观铚艾。
> 此钱为农具，孔颖达疏有：《说文》云，钱、铫，古田器。世本曰，垂作铫。宋仲子注云，铫，刈也。然则铫刈物之器也。

徐光启《农政全书》谓：

> 钱。臣工诗曰，庤乃钱镈。注，钱，铫也。广韵作庣。田器也，非锹属也。兹度其制，似锹非锹，迨与铲同。篆文曰，养苗之道，锄不如耨，耨不如铲，铲柄长二尺，刃广二寸，以铲地除草。此铲之体用，即与钱同。

盖自始以农具之钱及铲并家具之小刀用为交换媒介，后遂象此等之形而铸为货币，而象钱及铲之货币名为布，其后钱即铫，铫即锹。古者以农具之钱，为一种交易媒介之要具，后此钱币，仍象其形，而袭名为钱。观古代之钱，其形与今之锹酷相类，则其命名之所由，可以见矣。钱为本字，周代或称曰泉者，乃同音假借字，后儒妄以如泉之流释之，（原注，亦见《汉志》如淳注），实向壁虚造也。后世之钱，圆周方孔，此乃铸造技术之进化，形虽变而称不改，于是钱镈之名，遂为钱币所夺，而世无复知钱之本为何物者矣。

又《辞源》谓：

古以农器为交换媒介，其后制币，因象其形为之。今见古钱有货、布字者，其形即古钱镈之钱也，后世始为圆形方孔，仍沿钱之名耳。

梁氏谓铜币象农具之钱而名为钱，其说实难赞同。同书中其他各点难以同意之处亦不少。然关于圆形方孔之钱出而货币形式进步，布与刀非同时发生之主张，与吾人见解相同，此点《辞源》之说亦然。由农具之钱及铲演进为布货，至铸为圆形铜币必历相当年所。然如上《臣工》之篇，为周成王时诗，有痔乃钱镈，而成王十三年太公望定圜法，铸为货币，圆形方孔，此说不足信矣。宋魏了翁《古今考》有：

诗所谓钱，盖农具也，上声。

以泉币为钱，不知自何时始，小学书亦无此字。《史记·平准书》载，虞夏之币三品，管子论禹汤以金铸币，未有钱之号也。至《管子》《国语》《吕氏春秋》《史记》《汉书》，则周、齐、秦、晋、楚、赵之币，皆名钱矣。

而《国语》中见钱字，惟有周景王时铸大钱之记事，则太公望时行圆形钱之说，殊不足信也。

又据《食货志》，布帛亦用为货币。此说毫无根据，不足置信。《周礼·天官外府》有"掌邦布之入出"之布，《地官》廛人有"掌敛市欤布、总布、质布、罚布、廛布而入于泉府。"之布，郑玄释为金属货币之泉。清张尔岐《蒿庵闲话》载：

《周礼》外府掌邦布之出入，泉府掌以市之徵布，敛市之不旧货带于民用者，以其价买之。及《礼记·子硕》欲以赙布之余具祭器。《孟子》廛无夫里之布。诸布皆铸金为之者，非与帛为类之布也。

又《地官·载师》中"凡宅不毛者有里布"之布，郑众谓"布参印书，广二寸，长二尺，以为币，贸易物。诗云抱布易丝，抱此布也"。梁启超虽首肯之，然为无所根据之妄说。郑众对此亦见不能自安，并举以布为泉之说，谓"布参印书"乃旧时说也以为掩饰。孔颖达谓"司农之言，事无所

出,故郑易之云,爵以二十五家之泉也",以否认此说。(《毛诗·卫风·氓》篇疏)

三

《管子·国蓄》篇:

> 五谷食米,民之司命也。黄金刀币,民之通施也。故善者执其通施,以御其司命,故民力可得而尽也。……人君铸钱立币,民庶之通施也,人有若干百千之数矣。然而人事不及,用不足者何也?利有所并藏也。

其他《山权数》《地数》《揆度》《轻重甲》《轻重乙》《轻重丁》《轻重戊》等篇中,亦不乏关于钱及用金为货币之记载。该书性质,仅直记其事,虽不足为管子时代已流行金属货币之确证,但据《国语》周景王二十一年(西元前五二四)铸造大钱之记事,其前钱已流行之事固甚彰明也。《国语》文如下:

> 景王二十一年,将铸大钱。单穆公曰,不可。古者天灾降戾,(《汉书》为天降灾戾)于是乎量资币,权轻重,以振救民。民患轻则为之作重币以行之,于是乎有母权子而行,民皆得焉。若不堪重则多作轻而行之,亦不废重,于是乎有子权母而行,大小利之。今特废轻而作重,民失其资,能无匮乎?若匮,王用将有所乏,乏则将厚取于民。民不给,将有远志,是离民也。……且绝民用以实王府,犹塞川原而为潢污也,其竭也无日矣。……王弗听,卒铸大钱。(《周语》)

又《礼记·檀弓篇》之文如下:

> 子柳之母死,子硕请具(郑注,具,葬之器用)。子柳曰,何以哉?子硕曰,请粥庶弟之母。子柳曰,如之何其粥人之母以葬其母也?不可。既葬,子硕欲以赙布之余具祭器。子柳曰,不可,吾闻之也,君子不家于丧(郑注,恶因死者以为利)。请班诸兄弟

之贫者。

孟献子之丧，司徒旅归四布（郑注，旅，下士也，司徒使下士归四方之赙布），夫子曰，可也①。依郑注及孔疏，子柳，叔孙氏之一族，叔仲皮之子，惠伯彭生之孙。据《左传》，惠伯于文公十八年为襄仲见杀，埋于马粪中。其宰公冉务人者奉惠伯妻子奔蔡，后复叔仲氏。孟献子，鲁夫仲孙蔑。据此，则自春秋时代布货已流行矣。又《墨子·号令》篇中有：

男子有守者，爵人二级，女子赐钱五十，男女老小先分守者，人赐钱千。诸盗守器械财物及相盗者，直一钱以上皆断。

钱金布帛财物，各自守之，慎勿相盗。其他粟米钱金布帛，又有粟米布钱金云云之文句。又据同书《杂守》篇：

惟弇逮民献粟米布钱金牛马畜产，皆置平贾，与主券书之。

可推知墨翟时代钱已普遍流通矣。

关于金之用为货币，《公羊传》隐公五年有：百金之鱼，公张之。何休注谓：百金犹百万也，古者以金重一斤，若今万钱矣。张，谓张网罟障谷之属也。

隐公五年为周桓王二年，当西历纪元公元前七百十八年，自周平王迁都洛阳，即自东周以来已五十三年。而春秋始于隐公元年，若据《公羊传》文，则金之用为货币不得不已在春秋以前。

春秋经文中见关于金之记事始于文公九年（西元前六一八）：（文公）九年春，毛伯来求金。

杜预注：求金以其葬事，虽逾年而未葬，故不称王使。毛伯即周大夫卫。文公八年周襄王崩，鲁使公孙敖齐币弔丧，公孙敖不往京师，以其币奔莒美人处，翌年周顷王遣毛伯于鲁求金。

又《左传》，昭公二十六年：

高齮以锦示子犹，子犹欲之。齮曰，鲁人买之，百两一布，以

---

① 据孙诒让《墨子年表》，墨子周定王初年生，安王季年卒，约八九十岁。孟世杰《先秦文化史》，墨子约生于周敬王二十年至三十年间，卒于威烈王元年至十年间。

道之不通，先入币财。子犹受之。

郑众持以布为泉之说，但以一布得购锦百匹，殊难为置信之事。《管子·立政》篇有：

> 无金则用其绢，季绢三十三，制当一镒。无绢则用其布，经暴布百两，当一镒。殆有当焉。故杜预注："言鲁人买此甚多，布陈之以百两为数。"（《周礼·地官》载师职郑注及《左传》杜注参照）

关于金之记载，《国语》亦有文如下：

> 公子夷吾出见使者，……退而私于公子絷曰：……黄金四十镒，白玉之珩六双，不敢当公子，请纳之左右。（《晋语》二）

> （大夫种）曰寡君之师徒，不足以辱君矣，愿以金玉子女赂君之辱。……若以越国之罪不可赦也，将焚宗庙，沉金玉于江。（《越语》上）

又《墨子》：

> 是故江河之水，非一源也；千镒之裘，非一狐之白也。（《亲士篇》）

> 二三子复于子墨子曰，耕注子处楚无益矣。二三子过之，食之三升，客之不厚。子墨子曰，未可知也。毋几何而遗十金于子墨子曰，后生不敢死，有十金于此，愿夫子用之也。子墨子曰，果未可知也。（《耕注篇》）

> 子墨子至于郢，见公输盘。公输盘曰，夫子何命焉为？子墨子曰，北方有侮臣，愿藉子杀之。公输盘不悦。子墨子曰，请献十金。公输盘曰，吾义固不杀人。（《公输篇》）

> 缶与父老及吏主部者，不得皆斩，得之除，又赏之黄金，人二镒。（《号令》篇）

> （注）王念孙读书杂志缶应为正。诸吏卒民，有谋杀伤其将长者，与谋反同罪。有能捕告，赐黄金二十斤。（《号令》篇）

> 禁无得举矢书，若以书射寇，犯令者父母妻子皆断，身枭城

上。有能捕告之者，赏之黄金二十斤。(《号令》篇)

前记有粟米、布帛、钱金云云，依钱与金并举之点见之，可知金已用为货币矣。

因思金属货币之使用始于春秋时代或其以前，至战国其流通已盛。

又《吕氏春秋》亦有如次之记事：

> 齐有北郭骚者，结罘网，捆蒲苇，织萉屦，以养其母。犹不足，踵门见晏子曰，愿乞所以养母。……晏子使人分仓粟、分府金而遗之，辞金而受粟。(《吕氏春秋》十二士节)

注：《晏子春秋》(五)与《刘向说苑》(六)大略相同，《晏子春秋》中此外尚有关于金之记载，惟此书为后人伪托，兹不复举。

> 解其剑以予丈人曰，此千金之剑也，愿献之丈人。丈人不肯受，曰，荆国之法，得伍员者，爵执圭，禄万石，金千镒。昔者子胥过江，吾犹不取，今我何以子之千金剑为乎。(《吕氏春秋》十异宝)

> 郑之富人有溺者，人得其死者，富人请赎之。其人求金甚多，以告邓析，邓析曰，云云。(《吕氏春秋》十八离谓)

注：邓析，郑大夫，鲁定公九年为驷颛所谷者，即此人也。

四

中国迄西周时代商业尚未发达，犹未脱于自然经济时代。春秋时代乃自铜器时代进于铁器时代，随生产之发达经济状态发生变化，至齐桓晋文时，商业发达，遂渐入货币经济时代。《汉书·货殖传》序：

> ……及周室衰，礼法堕，诸侯刻桷丹楹，大夫山节藻棁，八佾舞于庭，雍徹于堂。其流至乎士庶人，莫不离制而弃本。稼穑之民少，商旅之民多，谷不足而货有余。陵夷至乎桓文之后，礼谊大坏，上下相冒，国异政，家殊俗，耆欲不制，僭差亡极。于是商通难得之货，工作无用之器，士设反道之行，以追时好，而取世资。伪民背实而要名，奸夫犯害而求利，云云。

据此，桓文以来社会之状态比于西周时代大为丕变，而可知当时商工业之发达。而此倾向至战国时代更为显著。然当时为列国分立时代，如上所谓国异其政，铜货币亦因国而异，或使刀，或使布，或使圆钱。而圆钱比之刀及布使用上较为便利，其后各国遂皆用圆钱，似可推知也。《韩非子·五蠹》篇："鄙谚曰，长袖善舞，多钱善贾，此言多资之易为工也。"此谚起于何时虽不可知，但此谚流行之顷，钱已成为一般通货；贝货固无论，刀布已不盛行，殆可想象而得。尤以金之使用自春秋至战国渐次增加，盖以使用于大交易为主。

据罗振玉《通庐日札》，由出土古货币推之，铸造货币之使用似始于战国七雄时代。然吾人于此说未能折服。春秋时代既用铸造货币已如前述。然春秋时代且二百六十余年，仅言春秋时代，似失之漫然。吾人可想象齐桓时代已用铸造货币。不过现尚未得确证之文献，对此断言宁以谨慎为宜。

《管子》固非管仲之著作，且亦非管仲时代之著作，已有定论。此自该书记载管仲死后之事实可知也。例如《小称》篇有："毛嫱西施天下之美人也。"西施生于管仲死后百六十余年。又《小问》篇有："百里奚，秦国之饭牛者也，穆公举而相之。"百里奚为穆公相亦管仲死后事。此书为战国时代之著作似属无疑。朱子谓战国时人集管仲之言语行事，且以他书附加之而成《管子》。纵令为伪托，若为战国时代著作，其记载各事亦未可一概予以抹杀。铸造货币行于管仲时代，该书可为一证。

注：据十九年新闻报载，十八年十一月初旬至十二月初旬，南京中央研究院与山东省政府协力发掘在山东历城县龙山镇之春秋时代谭国故城址。发掘物达一万余点，中有货币齐刀。据春秋谭国于鲁庄公十年（周庄王十三年，西元前六八四）为齐桓公所灭。其出土齐刀果为谭国物，则可为在齐桓时代已行铸造货币之佐证，不过此尚须待专门家之考证也。至战国时代，铸造货币流行甚广，金亦用为称量货币。自《孟子》《荀子》《战国策》《韩非子》等书，可得而证之。

《孟子》及《战国策》关于金之记事如下：

  陈臻问曰，前日于齐，王馈兼金一百而不受，于宋馈七十镒而受，于薛馈五十镒而受。前日之不受是，今日之受非也，今日之受是，前日之不受非也，夫子必居一于此矣。孟子曰，皆是也。当在宋也，予将有远行，行者必以赆，辞曰丑赆，予何为不受？当在薛也，予有戒心，辞曰闻戒，故为兵丑之，予何为不受？（《孟子·公孙丑》下）

南后郑袖闻之大恐，命人谓张子曰，妾闻将军之晋国，偶有金千金，进之左右，以供刍秣。郑袖亦以金五百斤。（《战国策·韩策》）

于是太子预求天下之利匕首。得赵人徐夫人之匕首，取之百金。（《战国策·燕策》）

《战国策》关于金之记事甚多，兹仅举其二三而已。

关于铸造货币，荀子有：今之世而不然，厚刀布之敛，以夺之财，重田野之税，以夺之食，苛关税之征，以难其事。（《富国》篇）

又《孟子》：

廛无夫里之布，则天下之民，皆悦而愿为之氓矣。（《公孙丑》上）

赵岐注谓："一布，钱也。"黄梨洲谓："夫里，一夫所居之里，令之出钱，当时有此名也。"张尔岐亦解此布为铸造货币，已如前述。又魏文侯臣李悝言：

今一夫挟五口，治田百亩，岁收亩一石半；为粟百五十石，除十一之税十五石，余百三十五石，食，人月一石半，五人终岁为粟九十石，余有四十五石。石三十，为钱千三百五十，除社闾尝新春秋之祠，用钱三百，余钱千五十。衣，人率用钱三百，五人终岁用钱千五百，不足四百五十，云云。（《汉书·食货志》）

又《韩非子》中，《十过》《说林》《外储说》《六反》《五蠹》《显学》诸篇，亦不乏关于钱及金之文，兹不一一备举。征之前文，战国时代金属货币已广为流行可得而知矣。

《学风》，1936年第6卷第6期

春秋时代与货币经济

小岛祐马著　汪馥泉译

我在本志前期，批评《尚书》的赎刑时（译者按：指第一卷第六号《支那学》，《从经济上来看的尚书的赎刑》一文），对于周代货币经济的状态，稍稍讲述过；断定金属货币在中国的社会上一般地通行，恐怕是自春秋末至战国时代的事。当时，因为怕叙述得太入旁径，只是简单地讲了一下。这里，关于这一点，想稍稍提供资料，以补前说之不备。所以虽题为《春秋时代与货币经济》，也并非想尽究春秋时代一般货币经济的状态，只是想知道当时的金属货币通行的程度，这是这论文的主眼。其所以特地选择这春秋时代的理由，因为我以为这个时代在金属货币的通行上，是疑问最多的时代。

关于研究上述的事实，主要的材料可以分为两宗。其一，是古代的铸造货币的遗物本身；其二，是对于货币及货币经济有关系的古代的记录。试先从古代货币的遗物上来观察。

关于古代货币的遗物，要直接地作根本的研究，我迄今所见的材料，实太贫弱。所以，这种研究，且待日后有得见相当的材料的机会时再写。这里，专基于历来的学者关于这方面所作的研究，来叙述一下。关于古代货币的遗物本身的研究，历代的著录不下五十种。但其大多，都沿袭罗泌的《路史》与洪遵的《泉志》的谬误，有太皞、葛天的时代已有铸造货币这种无稽的说头，在研究铸造货币的起源上，可以依据的东西几乎没有。只清代马昂的《货布文字考》，将刀布分属于春秋列国而论列，断定列国以前全然没有刀布（见《古泉汇》卷首三引），其识见殊高出流辈，可谓一扫前人凿空附会的说头。其次是罗振玉的《俑庐日札》。据他所说的，关于铸造货币的起源，显示给学者以端绪的，也不少。马氏的著作，其版本太平天国之乱时烧毁，流传甚少，今无由知其详，所以这里只介绍罗氏的说头，然后再就罗氏所说，附以卑见。

罗氏研究现今残存的古代的铸造货币的结果，断定说："近世所存古化币，山川所出，皆周及列国物也。"又说，"此说虽为以前古泉家所未发，然以理断之，并证以传世古化币，当知予言非凿空也。"且许慎的《说文解字》贝字注，说"古者化贝而宝龟，周而有泉，至秦废贝行钱"举此作为旁证。所谓"周及列国"，是范围颇广的用语，自西周时代到东周时代的春秋战国，都包括在内。那么罗氏以为，这些时代都有铸造货币存在着吗？关于这一点的罗氏的说头，颇欠明了。罗氏先从货币出土的地方及从记在货币面的地名，将货币分属于列国，说：

> 空首布出关洛，周制也。三字、四字、六字刀，及各种四铢，出山东，且多记有地名，齐制也。宝化三品，以前谱录谓是周景王铸，然今皆出山东，亦齐制。梁山阳虞安邑四地，列国鹰赵，则梁正、梁允山、阳虞、安邑诸币，皆赵制。蒲反垣共亦赵地，则蒲反布，其垣诸圆金，亦赵制。洹为韩地，则洹金二种为韩制。方尖足小布出山西、河南、直隶，乃燕赵韩魏制。明刀尖首刀直刀，皆出近畿，亦燕赵制。直刀有甘丹白人，均赵地，尤赵制之证。圆足布、大尖足布，文多与小方尖足布同，殆亦燕赵韩魏制。重一两十二铢、十四铢圆金两种，出关中，当是秦制。

且只就方尖足小布，由其表面所见的地名，定其所属国：

> 燕——涿。
> 赵——晋阳，离石，祁，中都，西都，安阳，武平，平阳，平原，汤邑。
> 韩——屯留，郆子。
> 魏——皮氏，高都，中阳。

如此表示之后，便说："据以上诸国观之，则造币时代亦略可考见，意者殆出于晚周七国时与？"大体上，似以这些货币为战国时代的遗物。但同时又说：

> 疑所谓赵韩魏诸币，皆晋制。晋为大国，雄长中原最久也，则诸币或在三家分晋以前。

插进了以这为春秋时代之物的疑问。结果说，两说未能断定。不独如此，罗氏又下面那么说：

> 或谓既定陕西所出空首布为周制，则西周时周已造币，则诸刀布中空首布最早，列国币皆出其后，是或然与？
>
> 空首布出关洛，关中所出，多博大整齐。洛中所出，则大小不一律。意关中所出，乃西周制，洛中则东周制，于器之良窳，可觇国之盛衰也。

据这些说头，罗氏似以铸造货币为西周以来之物。总之，罗氏以铸造货币为创始于周代，这是很明白的；至于铸造货币创始于周代的什么时代这一点，似尚难下明白的断语。

罗氏关于古代的铸造货币的遗物，以其出土的地方及其货币的表面上所记的地名为主，以研究其铸造的时代，因为这原来是由横的方面广大的地域以定纵的方面的贯通的时代的，所以在地理的变化很甚的时代与时代之间是可以的应用的；但在如西周与东周、春秋与战国这种互相接近而同属于一王朝的场合，在很不能捉住特殊的材料的限度内，是很难有效果的。例如说关中地方，是西周建都的地方，同时是秦国兴起的地方。所以即令从这个地方出土了某种货币，单借地方的关系，不能断它为西周之物抑东周之物。又例如，即令货币的表面上刻着安阳的地名，这在晋国支配的时候是安阳，晋在国分裂而归赵国支配的时候也是安阳。因而，单单靠这一点，不能判断其货币是春秋时代之物，或战国时代之物，或西周时代之物。又即令其货币刻着到某时代才见于记录的地名，如其不能证明，在未见于记录之前，其地方不是都邑，便不能推定它为该时代的东西。即令在其地方到某时代是都邑的事已明白了的场合，刻着这种地名的货币有两三品，也不一定可以就此便把别的同种类的货币定为和这货币为同时之物。所以做这种研究的时候，不可单止于地理的研究，必须借别方面的研究的帮助。罗氏固然也多多少少借用别方面的研究，但这因为并不充分，所以他的研究，感到漠然而不能确定，这是很遗憾的事（原本，罗氏是就见闻所及，随笔式地写下来的，不是一篇系统的论文，所以对于这论述，求其完备，也许是无理的）。

那么，在上述的地理的研究之外，作为关于货币本身的研究，有如何的方法？这，如货币面的文字本身的字体之研究，如由其文字显示的量名及其他的事实之研究，如比较各种的货币之实质样式等研究其发达的状态，这可以说是其主要的吧。我虽则现在关于这几点，没有特别足于在这里发表的材料；但关于其最后的一点，欲有所叙述。

中国古代的铸造货币，这由于其样式，可以分为三种，即所谓"布"与"刀"及"圆钱"（泉或圆法）。据《汉书·食货志》的说明，说："货币于金，利于刀，流于泉，布于布，束于帛。"布、刀、泉的名称似出于寓意的称谓：这是汉儒一流行的附会，原不是有任何的根据的。刀，本来是家具的小刀。布，本来是农具的铲。其小刀与铲，是家具及农具。同时，作为货币，是用作交换的媒介，后来终至失去了其为家具的农具的职分，单可辨其所为货币之用而铸造了。这从成为货币的刀布，现在存在着小刀和布的形态这件事情上来看，或者从其他的古代民族之间存在着与这些同种的货币这件事情上来看，也便可首肯的吧。那么，圆钱币起源是如何的？这虽则有着以为由于刀的一端成为环状而来的说头，但我想推断为这是由贝货发达了来的。关于这一点，罗振玉氏在其《俑庐日札》中，显示着一个有力的端绪，这便是，以蚁鼻钱为铜制的贝货的说头。其由蚁鼻钱变化为圆钱，这随着造币技术的进步，是可以明显发现的（关于这一点，虽则打算多少地一述愚见，承神田君的指示，一看《考古学杂志》，因为滨田博士之说甚备，所以这里一概从略了）。

那么，这种布刀圆钱，是从什么时候起通行的？要知道这一点，须从这些货币被制作的地方来看。从这些货币的样式的变化及其分布的状况来看的时候：布，起于关中，东渐而及洛阳三晋；刀，起于齐，西渐而及赵暨其他各国；圆钱，原为周的货币，其制法传到东北齐赵，而及于西方秦。如此，成为列国贸易的中心地的三晋，尤其是赵，可以认识前述各种货币盛行铸出的事实。

以上所述，成为问题的，是布的起于关中。关中地方不消说是秦国兴起的地方，原本是西周建都处，周与秦都在其所谓沃野千里的地方专事奖励农业；所以成为农具的布，作为货币而使用的事，单从这一点上来看，周秦两时代都可以起来。但如后所述，征诸现在残存的周代铜器的铭文，在周代，有行使贝货的形迹，这贝货发达而后铸造货币；蚁鼻钱及圆钱古昔的形式，在邻近周东迁以后的国都的河南省地方发现。由这一点来看，周代铸造货币，无论怎样看，可以推测为其东迁以后的事。固然在圆钱中，有所谓西周钱的东西，但其所谓西周是在河南，是与战国末以拱卫东周相对待而称谓的名称。现在，这种钱，与所谓东周钱同由河南省地方发现，且从其样式来看也是当时相并而行的。如其如此地以周代的铸货是圆钱，且甚发达，是在东迁以后，那么，近来盛由关中地方出土的布，只能以为，这是西周以后，这个地方归于秦的支配以后的东西。由关中出土的布，是所谓空首布，如其这在布之中，其形式最近农具的原形，那么，其他各种的布，应是由此而渐渐发达的，其时代当更在空首布之后。

刀，从其样式来看，不能以为比布更先产生的。东周，最近于家具的原形的是齐刀，但甚至其最古形式的齐刀，已刻着多数的文字及模样。由这一点来看，比诸空首布的最古的形式只在其面上刻着一二字的很多，便可知是进步了很多形式的东西。尤其是从其实质上来看，铸造技术的显著的进步，及其面上刻着法货的字等，如其把当时的齐与秦的经济发达之程度的不同放在心上来考虑，还以为这是远在空首布之前产生的，是无理的事；看作两者略相前后而产生的，恐怕还妥当吧。

最后，一看圆钱与刀布的先后如何。如其铸造货币的起源是贝货的一元，那么，成为圆钱之源的蚁鼻钱，是铸造货币的最古的东西。但如前所述，铸造货币的起源是多元的，所以决定其先后，是很困难的事，不能如此简单地决定。但据理推测时，刀布都是由同其实质的金属制的器物变化了来的，圆钱是由全异其实质的贝货变化了来的。所以前者比诸后者，其变化为自然的，因而先于后者而产生的可能性较多。原本贝货石制、骨制的，有了自殷代起已存在的证据，所以圆钱之源的铜制的贝货，随着冶金术的进步，即令没有别的影响，也应能自行发生。但从通过冶金术已很发达了的西周时代，没有铸造铜贝的形迹上来看，铜贝的发生，也只有看作由于刀布的影响的吧。而且圆钱作为通货，最为适当，这由于自发生以来一直通行到如今这回事也可以证明；如其圆钱先于刀布而通行，那么，刀布受了它的影响，便没有能够大发达的理由。周代的圆钱的遗物，在其种类上，其数到底没有刀布的遗物来得多；而且在次于周代的秦汉时代，刀布已全废，只有圆钱通行，从这个经过上来观察，也可以推知圆钱在周代，是最后发达了的。

总之，单就周代货币的遗物本身上来看的时候，在战国时代盛行铸货的事实，固然明明白白；在西周时代，铸货的不存在的事，也略略可以想象了。只是，春秋时代铸货存在否，这以迄今的研究，不能提供那有着这以上的任何决定力的资料，这是遗憾的事。但虽则不充分，把这一点的事实放在心头，我以为对于不能相信的中国古代的记录，便能多多少少地建立取舍的标准了。

以下，试征诸古代的记录，以考虑春秋时代的货币及货币经济的状态。原本这些记录，大多成于后人的编纂，不能充分地期待事实的精确。这是不消说的；但就本文，作多少的取舍，可以由此而得到大体的情况。

先看关于货币的记录。《史记》说，"农工商交易之路通，而龟贝金钱刀布之币兴焉。"（《史记·平准书》）并称金钱刀布，恐怕这是始见罢（《史记》中说金钱币布的起源，固然不足取）。那么，其所谓金钱刀布，果何所指？据《汉书·食货志》上，刀的说明，没有；金是地金，钱是圆钱，布是布帛。布，后世专解为模仿农具的铸货之称，如《周礼》的"外府掌邦布之入出"（《外府》）及"凡宅不毛者有里布"（《载师》），如管子的"市正而不布"（《戒》）及"束布之罚，一市之赋"（《君臣下》），概将布解为货之义。但这个，或许如《汉书》中所说，解为布帛的意义来得正确也未可知。原本在这个场合，将布解为铸货，而从《周礼》《管子》的制作年代上来看，把这看作战国时代的事实，较为妥当罢。又关于刀，见于记录的，如《荀子》中说："厚刀布之敛以夺之财"（《富国篇》），说："余力布有困窌"（《荣辱篇》），又《战国策》中说："家杂总身窜穴，中罢于刀金"（《齐策》五）。这也是战国时代中叶以后才看到的。其次，钱，在《汉书》中看作外圆孔方的铸货，但钱，如在《诗经》中也说"痔乃钱镈"（《臣工》），本来是指农具的字，现在所谓的布，可不是原本是称为钱的吗？又，有时用泉字，这或者是钱的假借，或者是因为泉底篆文与钱形相似而用的，如说"古曰泉，后转曰钱"（《国语·周语》韦注），这是全然颠倒本末的说头。钱恐怕是《周礼》中以泉府名官，《淮南子》中有"武王伐纣，散鹿台之泉"（《主术训》）等，误解为周初实际的史实结果罢。关于钱，重大的疑问，是《国语·周语》的"景王铸大钱"这件事。这据《汉书》，有"王弗听，卒铸大钱，文曰宝货，肉好皆有周郭"（《食货志》下）的话，但所谓宝货钱，据罗氏的话，说是现在皆出于山东的齐制。而且圆钱，从其遗物来看，有一般地比刀布后发达的事实，这个场合的大钱，也怕不能不看作模仿农具的钱货。但虽则如此，情况还是不好的事实是：周代的货币，如前所述，看作由贝货变为圆钱较为妥当，从准几点来看，这一条，不论在哪里，终于不免成为疑问了。又和这相类似的记事，有《史记》中说的"楚庄王以为币轻，更以小为大，百姓不便，皆去其业"（《循吏传》），及"楚王乃使使者封三钱之府"（《越王勾践世家》）。但据罗氏，他说从遗物来看，在楚国，自国的钱货，一个也没有。所以单由于这些记事，便看作在春秋时代，楚国行货币的铸造，怕不行的。

其次，见于记录中的春秋时代货币通行的状态，如何？先看春秋以前即西周时代的状态，征诸《诗经》。足以使人想象当时通行金属货币的事实的记载，一条也没有。反而，虽则只有一处，有成为通行贝货的证据的，《菁菁者我》篇的"既见君子，锡我百朋"便是。此外，足于看到当时的经济状态的，有"抱布贸丝"（《氓》篇）及"握粟出卜"（《小宛》）的两条。前者，虽有把布解为铸货的，但就其说"抱"来看，也应是布帛之布，如孔疏所说；又后者的握粟，惠栋等解为祀神之粟，也不确当，从其说"出卜"来看，解为给与卜者的工资，较为妥当（关于这一点，尚有拙见，这里从略）。由这来看，《孟子》中所谓"布缕之征，粟米之征"，也可略略推知其由来了。再看周代的金文，说："王赓作册丰贝大子锡柬大贝"（《父己鬲鼎》），说："朕锡师据贝十朋"（《师遽敦》），说"王锡贝五朋"（《小臣继彝》）。其他王侯使用贝货的例，可以看到很多。尤其是在金文中，与这同时，锡金的例，虽则也有多少（禽彝等），但这些也大多似作为器物制作的资料而给与的。总之，这些器物的制作年代既然不曾确定，要明确地推测贝货通行到什么时候，是不可能的事；但与前述的《诗经》中诗句等对照着来看的时候，至少看作在西周时代通行贝货，怕不至于不当吧。

那么，其次，春秋时代的状态是如何呢？现在，先将这一点，就《左传》《国语》两书来看，在这两书中，金属作为货币而使用的事实，一处也看不到。只有金属作为赠与目的物而使用的，下列数例：

> 郑伯始朝于楚，楚子赐之金。既而悔之，与之盟曰："无以铸兵！"故以铸三钟。(《左传·僖十八年》)
>
> 毛伯卫来，求金。(《左传·文九年》；经文中也有)
>
> (公子夷吾曰)黄金四十镒，白玉之珩六双，不敢当公子，请纳之左右。(《国语·晋语》二)
>
> (大夫种曰)愿意金玉子女贿君子辱，请勾践女女于王，大夫女女于大夫，士女女于士，越国之宝器毕从。(《国语·越语》上)
>
> 夫差行成曰："寡人之师徒不足以辱君矣，请以金玉子女贿君之辱。"(《国语·越语》上)

以上所列，大夫种所说的"愿赂于吴王的金玉"，据他自己的话，这是宝器的意思，这很明白；夫差所说的金玉也只是反复大夫种的前言，由这一点来看，当然也是用作宝器的意见的吧。又因为楚子阻止以其所赐金的武器，郑伯便铸了钟这事实，这足于证明其金并非作为货币而给与，这与"金玉其车，文错其服"(《国语·晋语》八)等的记载一同来考虑，这足以想象，在当时，金，在何种意义上被尊重。周毛伯来鲁求金这回事，这由这些事例来考察，也并非求致作为货币的金，而是求致作为货币的材料的金的，这是与"使家父来求车"(桓十五年)没有多大差异的事实吧。公子夷吾的话，也不能看作作为货币而赠之以金的，从别的事例来推测，实在看作单作为金属而赠与的为妥当的吧。但在这个场合，有一件奇怪的事，便是，用黄金的名称，用镒的量名。这种称谓，从战国时代到秦代，是一般地通行的；在《左传》《国语》中，除了这个场合，别无其列，这，以为其本文很可疑。总之，征诸这些事例，在春秋时代，金属的通行还稀少，而明明白白地作为货币而使用的事实，说全然不曾见到，也并不过言吧。因此，当时作为货币，使用着什么，可以明确地证明它的史实，在《左传》《国语》中也看不到。但或者作为报酬，或者作为贿赂，或者作为礼物，是授受何种东西的？其大多是玉璧及其他的玉器，鼎钟铸磬等宗器乐器，剑戟弓矢、车马牛羊、币帛锦绣等；还有以土地或女子作为赠品、作为代偿的场合，也并不珍异（这些事实，原可列举，因过烦，从略）。单单看这一点，不能成为任何的材料。但如后所述，将这与战国时代的同种事实对照着来观察时，并不足以资参考。

此外，在《史记》中，赵氏孤儿的记事中，程婴对诸将军说，"谁能与我千金，吾告赵氏孤处。"（《赵世家》）这故事是有名的故事，但在种种点上，与《左传》的记事不合，古人也已怀疑《史记》（《左传·成公八年》孔疏）。千金云云，也恐是后世的附会。还有，《史记·仲尼弟子列传》《越王勾践世家》《货殖列传》等之中，记载春秋末战国初子贡与范蠡致富的事，说"家累千金"，说"三致千金，……遂至巨万"等，这由前面的关于楚国的货币的记事及这里的赵氏孤儿的例来看，怕也不能信用。又记载春秋时代的事情的著作，有《管子》。这是将后代齐国的事实，附会到管仲身上？如"黄金一镒，百乘一宿之尽也"（《乘马》），"万乘之国有万金之贾，千乘之国，有千金之贾"（《国蓄》），如其把这些话看作记载春秋时代的史实，当然是极大的错误。《论语》中，关于金钱的记事，一处也没有看到，这不失为一个可注意的事实。

为明了春秋时代的货币经济的状态，有再一瞥战国时代的情状的必要。现在，就《战国策》一书来看，在这个时代，也有授受玉帛、车马乃至土地、女子的事实，这与《左传》《国语》的记事毫无不同。但在这个场合，此外，使用金属货币的事实，可以找到四十余条，这是两者之间的重大的差异。

尤其是，如其中的：

郭隗先生曰，"臣闻古之君人，有以千金求千里马者。"（《战国策·燕一》）

（韩）卖美人，美人之贾贵，诸侯不能买，故故秦买之三千金。（同上韩三）

又如冯谖为孟尝君焚券（同上燕三），又如秦以千金购樊将军之首（同上齐四）。这足以想象战国时代货币经济的程度。又如《孟子》，也与《论语》不同，其中包含着可以有力地证明金属货币通行事实的材料。总之，《左传》《国语》与《战国策》，在其记载史实这一点上，是性质相同的著作；《论语》与《孟子》，在其记载圣贤之言行这一点上，是性质全然相同的著作。而其后者，都记载关于金属货币的记事，前者却阙如，说因为前者对于货币经济是无关心的，这到底不可能的。现在，试举春秋时代与战国时代的类似的场合，在前者，全然不使用金属货币，而在后者却盛行使用。金属货币：试举数例，以资比较。

（1）宋人以兵车百乘，文马百驷，以赎华元于郑。半入，华元逃归。（《左传·宣二年》）

卫嗣君时胥靡逃之会，魏赎之百金，不与。（《战国策·燕三》）

（2）齐侯代莱，莱人使正舆子赂夙沙卫以索马牛皆百匹。（《左传·襄二年》）

公孙衍曰：王与臣，百金，臣请败之。王为约车齐百金。（《战国策·魏》）

（3）（鲁公）贿荀偃束锦，加璧乘马，先吴寿梦之鼎。（《左传·襄十九年》）

梁王虚上位，以故相为上将军，遣使者黄金十斤车百乘往聘孟尝君。（《战国策·齐四》）

（4）夫人使馈之锦与马，先之以玉，曰，君之妾弃使某献。（《左传·襄二十六年》）

（南后）令人谓张子曰，妾闻将军之晋国，偶有金千斤，进之左右，以供刍秣；郑袖亦以金五百斤。（《战国策·楚三》）

（5）叔鱼摄理，韩宣子命断旧狱，罪在雍子；雍子纳其女于叔鱼，叔鱼蔽罪邢侯。……叔向曰，"雍子自知其罪，而赂以买直。"（《左传·昭十四年》）

赵取周之祭地。周君患之。……郑朝曰，"君勿患也；臣请以三十金复取之。"周君予之。郑朝献之赵太卜，因告以祭地事。及王病，使卜之太卜谴之曰，"周之祭地为祟"。赵乃还之。（《战国策·东周》）

（6）为游士八十人，奉之以车马衣裘，多其资币使周游于四方，以号召天之之贤士，皮币玩好使人鬻之四方，以监其上之所好，择其淫乱者先征之。（《国语·齐语》）

"王资臣万金而游，听之韩魏，入其社稷之臣于秦，……楚王即王虽有万金，弗得私也。"秦王曰，"善。"乃资万金使东游韩魏。（《战国策·秦四》）

（7）公伐秦军于萧鱼，郑伯嘉来纳女工妾三十人、女乐二八歌钟二肆及宝镈、辂车十五乘。（《国语·晋语七》）

赵王乃封苏秦为武安君，饰车百乘，黄金千镒，白璧百双，锦绣千纯，以约诸侯。（《战国策·赵二》）

（8）（重耳）及齐，桓公妻之，有马二十乘。……及曹（曹共公）……乃馈盘餐实璧焉，公子受飨反璧。及宋，宋襄公赠之以马二十乘。（《左传·僖二十三年》）

陈臻向曰，"前日于齐王馈兼金一百而不受，于宋馈七十镒而受，于薛地馈五十镒而受。"（《孟子·公孙丑下》）

以上，固然只是示其一斑，但就这一些来看，也足以看到在春秋时代与战国时代之间，在经济上有显著的差异了。

总之，从见诸记录的事实上来看，也是在西周时代，没有金属货币的通行的形迹，而在战国时代，却见其盛行，这是不容疑的事。只是，关于春秋时代的状态，还仍旧是疑问。就是，周景王铸大钱这件事，如前所述，虽有多少疑义，但要完全否认这个事实，材料却并不充分。但即令把这个记事作为真实，因此便下春秋时代通行金属货币的结论，却不一定可能。如其一考虑与别的记事的权衡，除去特殊的例外，一般地在社会上通行金属货币，无论看得如何早，总在春秋的末年，以上是不能追溯到。如其有了否认景王铸货的记事的根据，即末，铸货是当然，即令是金货币，也进了战国时代，才开始一般地通行的。

以上是以春秋时代为中心，列举关于金属货币的通行的材料，并略加以我的臆说。总之，难下断案，这是中国古代研究的常事，如本稿，是其最甚的吧。但是其由此能把历来关于中国古代的货币经济的疑问的范围，缩小几分，那么我的愿望便满足了。

《商学期刊》，1929年第7期

金文中所窥见的西周货币制度

非 斯

研究中国古代历史，由于古书的真伪没有一定的意见之故，使我们很难于开口。试想，在周代及其以前的古书，如《诗经》《尚书》《易》等等，有几多是确切可信毫无疑义的呢？我们根据这些材料来论说，尽管你谈得头头是道，但在别人看来，根本不值一哂——何也？以其完全建筑于沙滩之上故也。这种空中楼阁，尽管完美，但是值得我们留恋的么？因此我不能不认为近来那些古史研究者有许多都白费力气了。

幸运得很，自宋以后便出现了好多钟鼎，前之十年又出现了甲骨，近来古史的发掘更多，这些都能够使我们得出确切无疑的史料，在这些史料上面建立的历史，方才是真正的历史，方才是无可争论的历史，远非根据什么经传之类的历史可比的。

我极想纯粹根据金石文来另作周史，纯粹根据甲骨文来另作殷史，固然由于史料缺乏之故，或许不能像根据古书那么头头是道，那么堂哉皇也，但是，虽则贫乏，却都是真的历史，未经伪造付托过的历史，与那些庞大的纸老虎，一戳穿后便完全要不得的历史完全不同。

但是甲骨文差不多完全是卜兆的文辞，好似我们今日的谶语、符咒那样，若非有充分的资料，尚难马上建立新史（近来中央研究所一次发掘得数万片，里面史料想必很多，可惜整理未竣，尚未发表）。而金石文则是记功之作，虽多夸张文饰之辞，但流露出当时的史迹却很多（故金石文可用其事迹来分期，而甲骨文却非由其中之祖、父亲辈来分期不可）。所以我又想先研究金石文，弄清楚了周代再说。

其实周代的研究，其重要也非商代可比。因为它恰恰衔接着一个大转变，大光荣的时代（春秋战国），欲明这个时代，不是须先明白周代么？事实上，对于中国史的主张，由周代亦可决定一大半了。

因此，我的研究计划便决定了，即是专门由金石文去窥探周代的社会，材料或许比之向来研究的人少许多，但是里面没有一点材料是虚伪的，假托的。我们得一点材料，便得到一点真材料，这是我们所可告慰的。

这里，因为关于货币的材料首先集毕，故此先行发表它。同时，这篇文前半的写成是在很久以前的，故材料不限与金文，这里也懒得改作了。

一、商代货币制度略述

关于商代的货币，据云有：

> 商人、周人谓之布，齐人、莒人谓之刀。　　　　（《钱币考》）
> 秦并天下，始不以珠、玉、龟、贝为币。（《汉书·食货志》）
> 农工商之路通，而龟、贝、金、钱、刀、布之币兴焉。
> 　　　　　　　　　　　　　　　　　　（《史记·货殖列传》）
> 古者货贝而宝龟，因而有泉，至秦废贝行钱。（《说文解字》）

由上面所说的，可以知道周代货币有布、珠、玉、龟贝、泉几种，但是我们单由金石文来考察，便知道周代的货币至少有贝（以朋、条为单位）、金（以条、钧为单位）、布、丝四种。其中贝盛行于穆王以前，在穆王以后除偶尔一二见以外，便没有其痕迹了。而金则盛行于邵王以后，但成王时之禽彝已有"易金百条"，是知在昭王之前亦不能轻视者。至于布，仅见于寰尊，丝仅见于曶鼎，是否为货币尚未可定。要之，当时之货币当以贝及金为主。

以下分述贝及金，布附见于贝处，而丝则附见于下物价处。贝在商代本已甚通行，今不得不追述。

我国文字中宝、锾、贮、得、买、卖、赊、贯、货、财、贵、贱、贿、赂、赠、赐、购、贸、赈、贡、贺、赍、货、胜、赏、赢、负、赖、赎、费、贩、赋、贪、贫、赁、赊、赀等诸字俱从贝，而此诸字有许多早已出现于甲骨文中，则在甲骨文之中贝所占之地位不想可知。

其次据甲骨文所载，关于赐贝之事有下：

戊申卜贞大有其囚贝。

贞土方□贝。

庚戌□贞赐多女之贝□朋（朋即一串之贝也，据王国维释朋，当为每五贝或六贝为一朋）。

其次，《易》中关于"贝"之记载亦伙。《易》著作时代，各说纷纷，然由文辞上，用语上，内容上，……无一不与甲骨文相同，我认定他是周初人集甲骨文而做成者。因此这里便承认他里面所记的是商代的事（自然，一小部分如"康侯"等，当为周初之文）。《易》上说有：

十朋之龟。一亿丧贝于九陵。震六二。

在《传世》之金石器中，亦有赐贝之记载：

侯赐中贝三朋用作祖癸宝鼎（中鼎）。

中卯王令且子会西方与相，惟反，王赏伐贝一朋，用作父乙鼎（戊□鼎）。

阳亥曰：遣叔体于及□贝三朋，□三家，对厥休，用作父丁宝彝（阳亥彝）。

庚申，王在东间，王格宰梽从赐贝五朋用作父丁尊蠡在六月，佳王廿祀翌又五。

癸巳，王赐邑贝十朋，用作母癸尊彝，佳王六祀肜日，在四日，邑舞。

戊寅五月丧□见酌赐贝用佳父丁尊戊寅父丁鼎。

庚午王命□□辰相北田四品之一夕，作册友史赐赖贝，用作父乙尊鼎庚午父乙鼎。然此中容或有为周器而误认者。然罗振玉已指出：

前人《古泉谱录》有所谓蚁鼻钱，予尝定为铜制之贝，然苦无证。往岁于磁州得铜制之贝无文字，则确为贝形。已又于磁州得骨制之贝，染以绿色或褐色，状与真贝不异，而有两穿或一穿，以便贯系。最后又得真贝，磨平其贝，与骨制贝状毕肖。此所图之贝均书殷圩，一为真贝，与常贝颇异；一为人造之贝，以珧制，状与骨贝同而穿形略殊，盖骨贝之穿在中间此在两端也。合观先后所得，始知初盖用天生之贝，嗣以真贝难得，故以珧制之，又后则以骨，又后则铸以铜，世之所谓蚁鼻钱者，又铜贝中之尤晚者也。蚁鼻钱间有文字者，验其书体乃晚周时物，则世传之骨贝殆在商周之间矣。（罗振玉《殷圩古物图钱附说》）

这样，我们说商人用贝为货币便决不会错误的了。

同时，商书中全用"贝玉"而没有其他货币的现象也不会奇怪了：

兹予有乱政同位，具乃贝玉。（《盘庚》中）
朕不眉好货，敢共生生。（《盘庚》下）
无总于货宝，生生自庸。（《盘庚》下）

这样看来，殷庚即使非商人所作（其中已用殷字，与甲骨文中"衣"字不同）但亦在周初了。

二、周代的货币

至周代用贝之事更多，今依其时代罗列之。

在武王时的凡有：

王后反克商，周公易小□单贝十朋单解

在成王时的凡有：

姜赏令贝十朋，□十家，鬲百人（令殷）。
佳十又三月辛卯，王在斥，易遣采□，易贝五朋，遣对王休遣等。
佳十又九年，王在斥，王姜令环安夷曰，夷曰真罢贝布。
佳明保殷成周年，公赐作册□爸贝（□□）。
丰百生豚，既赏卤爸贝□辰盉。
小□速蔑历，既易贝（小□速殷）。

王令孟宁邓白，宝贝（孟爵）。

公易旅贝十朋（旅鼎）。

吕行捷孚贝（吕行壶）。

乃易史□贝十朋史□彝。

成王（成王也）乎伊白易懋贝史懋壶。

休王（亦成王，见召诰）易欢父贝（欢父鼎）。

审孚贝，审用作饕公宝尊彝审彝。

犇宝者曰宝曰贝（中甗）。

侯易中贝三朋，用作祖癸宝鼎中鼎。

己酉，戍令尊宜于召束，寿彝九律彝，赏贝十朋，……戍令彝。

在康王时者凡有：

王蔑庚赢历，易贝十朋（庚赢卣）。

王蔑庚赢，易带朝贝十朋（庚赢鼎）。

在昭王时者凡有：

白淮父蔑录历，易贝十朋录（义卣）。

□蔑历，易贝卅炙（□卣）。

在穆王时者凡有：

小□静即事王易贝五十朋（小□静彝）。

王易吕饕鬯三卣，贝卅贝（吕鼎）。

王荐于尝，公东宫入卿于王，王易公贝五十朋，公易毕顺子效王休贝二十朋（效卣）。

剌御，王易剌贝卅朋剌鼎。

以上是确知其时代的，足知多在穆王以前，而尤以成王之世为多，康王之世已经很少了。至于确知在穆王以后者，有：

孝王时的：

王乎师朕易师遽贝十朋（师遽殷）。

厉王时的，有：

"易守宫……赉贝"守宫等郭沫若引说文云："赉填玉也"则此当指珧贝矣。

平王时有：

史尹氏受□敔圭鬲□贝五十朋（敔殷）

真是寥寥可数了。此外不知其时代的亦有，如：

正月，王在成周，……小臣夌易贝马两（夌尊）。
王赏作册丰贝，太子赐东大贝作册（丰鬲）。
遽伯睘作宝尊彝，用贝十朋又三朋（遽环彝）。

但审其形制文体皆在穆王之前。因此，我们可以得到一结论以补正史之不足，那便是：周穆王以前为用贝时期，穆王以后则甚少应用了。

由上所引，可以知道贝皆以朋为单位。关于朋，后来皆说"二贝为朋"，但是我们看金文中朋字皆作"拜"之形，从无作"干"或"开"之形者，则知定是五贝为朋，旧说皆误也。

再由易之数量视之，有十朋，有廿朋，有卅朋，有五十朋，而绝无在五十朋以上者，就在故籍上亦如此。《诗经》："既见君子，赐我百朋"（见菁莪篇），这正和"则百斯男""千子百孙"一样地是空洞的形容。而穆王之"载贝万朋"更是一味地吹牛皮了，都不能够视为实数。这我们可以知道"朋"的单位必很贵，"一朋"之价值决非轻易者。这遽伯睘彝里面透露出一个很大的消息，他说他铸造这个彝，用了十四朋之价值。他这个彝之大小如何，我没有看见，不知其实情，其实知道也没有用，难道我们可用今日之价格数千元来作标准么？但是我们知道彝是当时重器之一，在当时只有贵族们方才可以铸此，稍贫一点的人是不可能的。而这彝只用去十四朋，足见十朋因而一朋必很高贵无疑了。照我看来，一朋必当有今日一两之价值，或竟十两亦未可知。

但□卣有"易贝卅孚"，足见孚亦为贝之单位。我起初时以为贝当为金字之误，因为一来与□卣同时之各器如岩鼎等等，见后皆言"易金"无言

"易贝"。二来孚为金之单位，金文多见，而为贝之单位者，只此而已。今细按之殊不然者。因为商周之初虽用骨具见前罗振玉说，但周后确已改用铜贝，故可借用孚为单位也。且此外具之以孚为单位者尚够，特其文例不同，今列如下：

成王时有：

以乃族干吾王身，取专卅孚（毛公鼎）。

穆王时有：

用岭延卖兹五夫用百孚（舀鼎）。

共王时有：

舍马四匹，取遗□孚牧殷。

厉王时有：

讯讼，取遣五孚杨殷
命女司成周里人众诸侯大亚，讯讼罚，取遣五孚。

宣王时有：

命女司公族卿事大史寮，取遗廿孚番生殷。
楚走马，取□五孚用事载殷。

这许多都有"遣□□孚"的字样，而遣字又皆徒贝，则知贝当亦以孚为单位者了。"遣"之意义不得详知。据郭沫若氏以为"大抵乃货贝字"，是知或则是一种特殊之见形，若竟是贝之通名矣。若□即为贝之通名，则恰可为□卤（易贝卅孚）之证，若□为特殊贝之一种，则□卤当为"易□卅孚"之省文成误刊也。要之，不论如何，贝之可以孚为单位毫无可疑。至于炙与朋之关系若何，由各器所言之孚只"五孚、廿孚、卅孚"观之，召鼎之百孚非"取"的，不计大概也与朋相去不远，一朋大概便等于一孚。其差别或者朋以形式言，孚以重量言，正如我国前时有两元二制但这只是猜测之言，未为定论。

孚，古释有两种，一为《说文解字》说：

> 锊，十一铢二十五分铢之十二

由二十四铢为两言之，则一锊约等于半两，此一说也。但他又列出有一说则为：

> 《周礼》曰"重三锊"，北方以二十两为三锊。

是则一锊约得六七两，此又一说。第二说尚见考工记冶氏注，《小尔雅·广衡》等是知锊有两说，相差甚大，但《说文》明言："此方以二十两为三锊"，是知后说当是一地方之制，而前说乃通制也。"一锊"既只半两，若"一朋"又为"一锊"的话，则古时之制钱亦其细小轻巧了，这是可考知的。

以上为由《金石文考》知当时贝之情形，至于成王时之罞尊言"夷白宝罞贝布"以贝布并举，知布当亦货币之一，诗有"抱布贸丝"，史称"商人、周人谓之布"得此便足证其无讹了。又大鼎、召白虎殷等并有"宝帛"之记载，此帛亦有为布之可能，然由上下文无证其为货币，今不敢妄为断定。

其次为金。金之初用，当始于成王时，今依时代述之如下：

成王时的凡有：

> 王伐楚侯，周公某禽祝，王易金百孚禽彝。
> 员先入邑，孚金员鼎。
> 白懋父乃得兹古三百孚师旅鼎。
> 明公易亢帅鬯金小牛……易令鬯金小牛令彝。

康王时凡有：

> 鬲于麦司，易金麦彝。
> 鬲于麦司，侯易麦金麦盉。

昭王时的凡有：

> 过白从王伐反荆，孚金过日殷。

其父蔑戊历，易金戊鼎。
□蔑□历，易□金□甗。
卧蔑历，中竞父易金卧解。
蔑录厉易赤金。
白屠父蔑御史竞厉赏金竞殷。
周伯边及中□父伐南淮夷孚金中□父鼎。

穆王时的凡有：

王在迁居，并叔易舀赤金□，舀受休□□王，舀用兹金作。
朕文考究白□牛鼎舀鼎。
非出五夫□□旌，延□又旌众□金同上。

共王时有：

酥真章马四匹，吉金。（史颂殷）
王乎史戊册命吴司□众叔金吴彝。

厉王时有：

欧孚士女羊女孚吉金。（师震殷）

宣王时有：

张伸作宝簠择之金。

此上为确知其时代者，其记金皆以寽为单位。此外有两器不知其时代者，但在周代则无疑则一钧为单位，如下：

戎易金于子牙父百事，而易鲁眉敖金十钧眉敖殷。
内史命农事易金一钧农鼎。

寽之单位如上所云，乃半两之重，而钧则凡三十斤（见《说文》），大概周时用金尚少，不能像苏秦那么一游便用去了百斤黄金（百斤尽）。故此记金之事除这两例以外，都以寽为单位了。

由于金之单位只有寽和钧，使我们知道周代之金并未铸成一定之形式，而只依重量相计算，故此"太史为周立九府圆法"（见《汉书》）全属子虚了。这马昂亦批评过：

> 周官九府皆掌财币之官，统言固为圆通之法，非指周为圆钱之法也。师古曰：圆为均而通也。颜说是矣。……周初既有定制，而列国不遵王制，更改为长椭诸形，岂反以缗贯为不变乎？明是以误传误，实因班氏启之。（《货布文字考》）

这是一针见血的话。据此，我们可以知道周代大概贝（骨贝铜贝之类）尚有一定之形状。而金则只计重量罢了。这虽有多少臆断，但由西周之钱绝无出土，便可以知道了。

此外用丝的，见于舀鼎，其文曰：

> 舀使氒小子□以限讼井叔：我既卖女五夫效父用匹马束丝，限许曰，□则卑我偿马，效父则卑复氒丝束。□效父乃许□曰：于王参门□□木榜，用□延卖丝五夫用百寽。

这是说用"匹马束丝"来买五夫。依照"抱布贸丝"一语看来，系为货币实无可疑。但这又有"匹马"，是知此五夫之卖买，盖物之相交易，丝未必定为货币也。若果如此，则"抱布贸丝"当亦"抱布买丝"，系亦非货币也。今不敢断定。

三、周代的物价

现在我们再来看看当时之物价。这一点材料太少了，这是治任何一期历史的人所同样感觉到的困难。不过在记功颂德的彝器中，居然也透露了一两句关于物价的话来，使我们对于当时的物价知道一两点。这是十分万幸的。今先述之如下：

> 舀使氒小子□以限讼于井叔：我既卖女五夫，效父用匹马束丝，限许曰：器则俾我偿马，效父则俾复氒系束，□效父乃许□曰：于王参门□□木榜，用□延卖兹五夫用百寽，……使寽以告□，

乃卑□以舀酒杀羊系三孚用致兹人。（舀鼎）

昔饥岁，匡众厥臣二十夫寇舀禾十秭，以匡季告东宫：匡乃旨首于舀，用五田用众一夫曰系用□寴曰胐曰奠，曰用兹四夫旨首……舀或以匡季告东宫。舀曰：必唯朕禾是赏。东宫乃曰：赏舀十秭，遣十秭，为廿秭，如来岁弗赏则倍卅秭。乃或即舀用田二。又□一夫，凡用即舀田七田，人五夫，舀觅匡卅秭。（舀鼎）

格白受良马乘于倗生，厥债卅田（格白殷）。

在洋洋大观的金文中，有关于物价的只这寥寥三项了。但是由这三项我们却可得出几件东西的价值来，未始非不幸中的小幸了。

由舀鼎第一段，我们得到：五夫＝匹马束丝＝百孚。

由舀鼎第二段，其中云：匡寇舀禾十秭，故东宫令罚匡，匡乃以五田四夫偿舀，而舀不肯，故东宫判匡须赏十秭，遣十秭，为廿秭。（共四十秭，若不赏，在加上四十秭）但匡却不如此偿而以七田五夫了之，而舀乃觅（免也）卅秭。故此我们可得到：二田一夫二三十秭。（这里若作□行解释时，自然可以得到别种式子，这里的解释是依郭沫若氏的。不过我经得到底还未能十分完善，因想不出别种解释，姑依之）

至于格白殷所言，则马一乘可债三十田，一乘即四匹，故此我们又可以得出：马四匹＝30田，故马1匹＝7田。

有这三个式子后，我们便可以把马、田、夫、秭通通以孚来表示了；换言之，通通可以求出其价格来了。

首先，五夫即等于百孚，故：

1 夫 ＝20 孚 （1）

又"匹马束丝"，等于百孚。束丝价格若干，今不得不知，因其与匹马并称之故（由□偿匹，由效父偿束丝），姑无妨认其相等，故此：

1 匹马 ＝1 束丝 ＝50 孚 （2）

再由格伯殷可得出：

$1 田 = \dfrac{4 \times 50}{30} = 7$ 孚 （3）

再由舀鼎第三段，知道：

$$1 秭 = \frac{2 \times 7 + 20}{30} = 3.4 寽 \qquad (4)$$

一秭据《尔雅》为二百把，每把约半斤，则我们姑不妨换为斤数如下：

禾一石 =3.4 寽 　　　　　　　　　　　　　　　　　　　　　　　（5）

又由遽伯睘尊（上文已述）知道：

1 蠱器 =14 朋

蠱器因大小而异价，因为这里的十四朋与一般君主所赐者相近，我们姑不妨认为凡是有：

王易贝 ×× 朋，用作 ×× 蠱的蠱，其价格便与价赐之贝价格相同。如此，则：

1 蠱器 =5 朋— 50 朋 =30 寽— 100 寽

上面的六项便是考察得出的当时的物价，自然不是百分之百真实的，是有多少或然的成分的，但我敢断定，其差误当不会超过百分之十以上。

由这六式我们还可以考见各个小诸侯之国富如何，即入息如何，关于毛公鼎等等之"取□×寽"我们可以知道当时各国之入息大概为五寽至三十寽左右，至于锡田锡夫锡马的，大都是武臣之类，镇守边疆，其入息则比之文官大得多（毛公等多是文官，亦既是在王畿内之卿大夫之类，没有锡田的）。今将它一一化为寽数如下：

成王时的有：

余其舍女臣十家（令鼎）

依"八口之家"计当为八十人，依"夫三为屋（当即冢）"计，当为卅人，今姑用后说，则三十人共一千五百寽。

姜赏令贝十朋，□十家，鬲百人。（令彝）

共一百三十人，共五万一千五百寽。

遣叔休于小子贝三间□三家。（阳亥）

三家共九人则当为四百五十寽。

易毕土方五十里。(召等)

接"方里为井，四井为邑，四邑为丘，四丘为甸（即田）"则一田当六十四方里，此二百五十方里，当为四田左右，故当为二十八孚。

康王时的有：

锡女邦司四白，人鬲自驭又至于庶人六百又五十又九夫……

易夷司王□十又三白，人鬲千又百十夫（十盂鼎）

"四白，十又三白"当为人鬲之首领，可不计。则共人鬲千七百又九夫，合计当共八万五千四百五十孚。

候易诸□臣二百家。(麦等)

二百家共六百夫，共三万孚。此外周公彝之（易□三品，州人景人庸人）不知确数，无从化为孚数。

易女…鬲夷允三百人。(师訇殷)

三百人共一万五千孚。

共王时的有师酉殷之"命师酉司乃祖啻官邑人虎□西门夷熊夷春夷卑京夷"，实数无考。此外疑为共王时的颂鼎：

令女官司成周，债廿家。

廿家共六十人，则当共三千孚。

历王时的有：

白大师易克仆廿夫。(克壶)

廿夫当一千孚。

易女田于埜，易女田于渒，易女井家㵒田于畯山，以氒臣妾，锡女田于□。易女田于匽，易女田于原，易女田于寒山，易女史小□灵仑鼓钟，锡女井渠㵒人糟，易女井人奔于景。(克鼎)

此处确数不可知，但至少有七田，四十九孚。

王曰：取□五孚，易女夷□十家。（敔殷）
十家为三十人，共一千五百孚。

幽王时的有：

易女马十匹牛十，易于亡一田，易于密一田，易于队一田，易于载一田。（卯殷）

此处共十马十牛四田，十马十牛（假定马牛价等）共一千孚，四田共二十八孚。

平王时的有：

白氏曰：……易女弓一，矢束，□五家，田十田。（不□殷）

五家十五人共七百五十孚，十田共七十孚。合计八百二十孚。

五蒇敔厉，史尹氏受厘敔圭鬲□贝五十朋，易田于□五十田，于早五十田（敔殷）

此共百田，共七百孚，再加上五十朋。

外叔夷钟言易县三百，国徒四千，厘仆三百五十夫，仲姜镈又言易二百九十九邑，这都是春秋时期，难用穆王时价格来估定，今不必细说了。

七月二三改完

《食货半月刊》，1936年第7期

熊岳出土古泉考释

金毓黻

国民十八年秋，盖平县所属熊岳城北五里镶蓝旗村，村民由地中掘出古泉甚多，皆战国时货布也。嗣得泉者，持来省城，售于崇古斋，余乃得见。约数百枚，锈蚀特甚。于其中检得十九枚，颇可观览，即具于本篇者也。此十九枚，分方足、尖足两种，大抵皆具于李氏《古泉汇》。而刘氏《奇觚室吉金文述》所论与李氏不无出入，亦可取以参证，惟李氏实能萃诸家之长，而折衷至当。故本篇于李氏以前论泉诸书，采取至尠，盖以此也。此次出土诸泉，以彝平泉为最多，惟有二枚稍完整，取以入录。余则置而未取。兹依次考论之。

一、甲方足布

（一）平阳

李佐贤《古泉汇》春秋宣八年，城平阳（注：东平阳）。《左传》哀二十七年。公及越后庸监于平阳（注：西平阳）。《史记·秦本纪》：十三年桓齮攻赵平阳。应邵曰：在平河之阳，尧所都也。《吉金录》曰：近时此布多与长子屯留诸布同出，应是赵铸。

（二）安阳

《古泉汇》《史记》秦昭襄王五十年：拔宁新中。《地志》云，宁新中七国时魏邑，秦昭王拔之，更名安阳。

（三）陶阳共两枚

《古泉汇》东出于陶丘北。说文陶丘在济阴。《国策》秦封君以陶，按邑名。

（四）鲁阳

《古泉汇》谓文自右读。又引《竹书纪年》：孔甲七年，刘果迁鲁阳。战国属韩。

（五）襄垣

《古泉汇·地志》云：襄垣县北韩城，以赵襄子所筑，故名。

（六）关共两枚

《古泉汇》此布或曰鲁，或曰蔺，或曰黄父，迄无定论。《货布文字考释》为关谓䏍。即卄兮之卄，古从戉。隶作亦像人臂两戉之形。䏍为谐声亦为会意其义一也。今从之。《史记》秦王向以为关中之固属秦地。

（七）差阴

《吉金录释》为溠阴，溠减水旁。溠，水名，在北地。李释引《左传》：楚令尹斗祁、莫敖屈重除道梁溠（注：溠水，在义阳）。

（八）彝平

《古泉汇》谓此布字不可识。或谓乇系平土二字。王廉生《古泉精选拓本》谓二字不能强释。余疑为彝平二字。今从之。

（九）郻共二枚

《古泉汇》谓自右读，旧谱释为梁邑。按第一字为乘马币之乘字。春秋庄十年公败宋师于乘丘（注：鲁地），今多出鄹鲁燕赵之间，当系鲁币。刘心源《奇觚室吉金文述》谓：梁详前。此布又从邑。大梁鼎作𨞓，可证也。

（十）郲

《古泉汇》谓左右合为一字，即郲字。《左传》隐元年欲求好于郲。又襄四年使我败于郲。郲系国名，又系地名。

二、乙尖足布

（一）畿氏八七

《古泉汇》旧谱释为兹氏，赵氏云。愚意此88下有十字。应连缀看，是畿之省。畿氏者，畿内之民所铸。或取道路四达之象。七即化省，八化言此八枚可当古一化也。此布轻小。古布厚重，故以一抵八，适足相当。方小东云，太原有兹氏城，见《晋志》，仍当释为兹氏。今并存两说，俟考。

（二）武平

《古金所见录》武平布与武安布相似。《史记·白起传》：秦以郢为南郡，迁起为武安君。是武安属秦，武平盖亦秦布也。

《古泉汇》《史记》赵惠王二十一年徙漳水武平西。幽王二年秦攻武平阳，当属赵地邑。

（三）大阜

《古泉汇》阴省右旁作阝，即阜字，亦犹中都布之作中邑也。另有大阴布，大阴地名。《左传》哀四年，使谓阴地之命。大夫士蔑（注：阴晋地），或亦名大阴欤。方小东谓太行

之阴，义亦通。又春秋僖十有五年，晋阴饴甥会秦伯于王城。注阴饴甥食采于阴。阴系晋地。《货布考》据汉志大阳在大河之阳。以此推之，当在大河之阴，说亦可参。刘心源《奇觚室吉金文述》谓：大阜，地名，无考。

（四）平州

《古泉汇》春秋宣元年，公会齐侯于平州（注：齐地）。

（五）韩八化

《古泉汇》陈寿卿谓：面文是韩字减笔。刘心源《奇觚室吉金文述》谓𢀖字乃韦豕合文。引左襄二十四年在商为豕韦（注：豕韦，国名）。东郡白马县有韦城。《正义》豕韦国君为彭姓也。按以陈说为长。

右方足、尖足两种布共十九枚。

按辽宁省出土之古泉有三。

一为义县之明刀及安阳币。

胡永年《鲍斋泉考》自序：曩者读书于义州老君堡乡塾。中秋假归，见村童数人，各持明字刀安阳币掷扑为戏。余甚讶之。询厥由来。对以凌河岸崩，突露数瓮，悉为牧竖所分散。亟以倍值易得数十枚。迨遍询农家，咸唶唶曰：毁矣。盖蚩氓无识，惧被发掘之谴，群谋舂碎，以货其铜，乃年深质朽，皆成片段，遂尽行抛弃。骤聆其言，为之不怡者久。窃叹物之显晦存亡，亦有定数焉。

一为辽阳及大石桥之明刀。

稻叶岩吉《满洲发达史》：清光绪二十九年三十年间，日俄战役，曾在大石桥（在今盖平城北，今为南满铁路之一站）之盘龙山附近。掘土发见战国货币之一种。此货币即燕国西方赵国之明邑地方所造之明刀。而同时在辽阳太子河附近掘得者，亦有此种货币。盖辽东辽西二郡，实因燕国驱逐东胡之结果而建置。设令辽东当时已与齐国发生关系，则应有齐刀之发见，惟此种齐刀未见只影。来日方长，或能于地下发见与齐国发生关系之证物，亦未可知。但自今日以前所发见者仅此，谓齐人已发展势力至此，并将辽东兼辖于青州者，误也。

一即熊岳之战国货币也，依据此次之所得，若平阳、安阳、鲁阳、襄垣、武平、关韩八七诸币，固多出于燕、赵、韩、魏之间，谓由燕人输入，自无不可。若陶阳、邾平州诸币则皆出于鲁地，谓尽由燕人输入，则不可也。考唐宰相贾耽《边里道里记》，谓由中土以入辽东之道有二：一曰营州入安东道，即由燕蓟以入辽东之道也。一曰登州海行入高丽道，即由山东海行以至旅顺登岸之道也。《读史方与纪要》谓辽东为古冀青二州地，舜分冀东北为幽州，即今广宁以西地；青东北为营州，即今广宁以东地。此虽为后人之说，并为唐人所经之路。然考之周代情形，亦必相去不远。稻叶氏谓：来日或能于地下发见与齐国发生关系之证物，此不啻为熊岳发见古泉之预言。自此泉发见之后，而稻叶氏谓：齐人势力未发展至辽东之说，不攻自破矣。

稻叶氏所云在辽阳及大石桥发见之明刀，未见著录，惟近人关百益撰《义州盟刀谱》载在义州发见之明刀甚多，叙谓皆自万佛堂附近得之，且云明古盟字，明刀即盟刀，为春秋时诸侯会盟之用。此说果确，又可为此币不尽由燕人输入之反证，关氏此书，诚谈辽省古泉之仅见者也。此次出土之古泉，前人胥有著录，殊无特异之品。而不惮为之详说者，亦关氏考证明刀之意，为后来者采撷之资耳。

本篇著录之古泉，现归毅庵主人收藏。而于撰著此文之际，承王希哲先生之指示甚多，附志于此，以表谢忱。

附记一 胡氏《鲍斋泉考》四册，载有明刀及安阳币数事，而未注明所出。或即在凌河崩岸所得者欤？此考亦可宝贵。特以未经付刊，故不具引。

附记二 顷又闻王希哲先生藏有此类古泉甚多，皆于日俄战役发见于辽阳鞍山附近者。其发见时间，先于熊岳，实有纪述之价值。附志于此，一以见古泉之流通区域甚广，一以知稻叶氏推论之不确也。

《东北丛刊》，1931年第16期

两汉货币制度的研究

郭 垣

A 小引	一、大钱、契刀和错刀——四品并行时期
B 汉初的货币制度	二、五物，六名，二十八品
C 文帝时货币的私铸	三、二品并行——大钱和小钱；货泉与货布
D 武帝时币制的频改	F 光武以后的币制
一、三铢钱与四铢钱	一、光武时的五铢钱
二、信用货币的滥觞与白金三品	二、桓帝时改铸大钱议
三、赤仄钱与铸钱设官	三、灵帝和献帝时的四出文钱与小钱
E 王莽的改制	G 结论

A 小引

在经济社会里，货币占据了最重要的地位，人类社会发生了交易事实，就会引起货币的使用。不过，货币经济的发展，须有待于商业的发达；而完善的货币制度之树立，也必以国家产业（National Industry）的发达和繁荣为先决条件。我们了解了这个前提，就可进而探讨两汉的货币制度了。

B 汉初的货币制度

我国货币制度，历代兴革，各有差异。秦时分币为二等：黄金为上币。（单位曰"镒"，二十两为一镒）铜钱为下币，重半两，其上刻有"半两"字样，禁用珠玉、龟贝、银锡等物为币。我国专以金类为货币，遂始于此时。

汉初，以为秦钱太重，不便民用，因令民铸荚钱（形如榆荚，故名），黄金又改以斤计。然而当时的经济状况是，商业虽已颇为发达，但范围很狭，货币制度虽在大商业都市已被采用，但大都市以外，仍为现物经济。货币之中，铸货的成分遂不及谷帛使用之频繁，在这种情形下，铸货只是商人剥削农民的手段之一。因为农村的自足经济，在商业资本已经侵扰的区域以内，是不能再保持的，农民要买工业品和消费物，必须卖自己的生产物，以换取铸币，而铸币则储积于商人之手。于是，他们就可以任意抬高或抑低其价格，因以赢余之财，蓄积群货，使物甚昂贵。所以司马迁说：

> 为秦钱重难用，更令民铸钱，黄金一斤，约法省禁。而不轨逐利之民，蓄积余业，以稽市物。物踊腾跃，米至石万金，马一匹则百金。（《史记·平准书》）

到了后来，人们又觉得荚钱过轻，高后二年遂行八铢钱，即秦半两钱。至高后六年又行五分钱，即荚钱。

C 文帝时货币的私铸

在中国历史上，自从三代以后，造币之权，向为国家所独占，私铸素为法令所干禁。惟至汉文帝时除盗铸令，使民放铸；于是，大利所趋，人多铸币。因人民图利，铸币时又夹杂铅铁，货币成色减低，数量也愈来愈多，于是遂大影响货币购买力的降低。到了文帝五年，乃更铸四铢钱，其文为半两，因任民自由铸造的结果。于是，吴本诸侯之国，以即山铸钱，富敌天子，终做了汉家的反动者。在私人方面，邓通拥有铜山，所铸钱也遍布天下。当时，钱法之乱和私铸之害，贾谊曾有个很简明的陈述，他进谏说：

> 法使天下得顾租铸锡为钱，敢杂以铅铁为他巧者其罪黥。然铸钱之情，非殽杂为巧，则不可得赢，而殽之甚微，为利甚厚。……今令细民人造币之势，各隐屏而铸作，因欲禁其厚利微奸，虽黥罪日报，其势不止。……又民用钱，郡县不同，或用轻钱百加若干，或用重钱，平称不受。法钱不立，吏急而壹之乎，则大为烦苛，而

力不能胜；纵而弗呵乎，则市肆异同，钱文大乱。……今农事弃捐而采铜者日蕃，释其耒耜，冶镕吹炭，奸钱日多，五谷不为多。(《文献通考·钱币考》)

所以，他的主张是：货币来源的铜矿统归政府经营，造币权专属之于君主。而贾谊更从政治的立场，以辨护钱币的铸造应独属之于天子。因此，到了后来，朝廷复禁人民铸钱。

到景帝六年，制定："铸钱伪黄金弃市律"，这是邓通铸钱舞弊的一个反响。

D 武帝时币制的频改

一、三铢钱与四铢钱

从孝文五年更铸四铢钱，直至汉武建元以来，国用不多，县官往往多即铜山而铸钱，民间也私自盗铸，不可胜数。结果，铸币愈多，币制愈减；又因民皆趋于盗铸钱币，荒弃所业，故百货缺少而贵。此外，减低币值的另一原因就是："奸民盗磨钱质而取鋊——铜屑也。"于是，在汉武帝建元元年废四铢钱而行三铢钱，重如其文。至建元五年，政府当轴又以为"三铢钱轻，轻钱易作奸诈"，于是，又废三铢钱，复行四铢钱（即半两钱），周郭其质，令不得磨钱取鋊。

二、信用货币的滥觞和白金三品

黩武穷兵的汉武帝，自然会碰到国库空虚的厄运；加以关东连年水灾，不能不力谋赈济，于是更增加国家财政的困难。在这样情形下，发行钱币、银币、皮币便是他的财政政策之一。

第一是造皮币，以白鹿皮方尺，缘以藻缋（徐广说：藻亦作紫），为皮币，其值为四十万。为推行此币制，规定着王侯宗室朝觐享必以皮币荐璧，然后得行。皮币的价值是建筑在政府命令上，它虽然不像今日的信用货币（如钞票等是），但它也可以算是后来信用货币的滥觞。当时，人们很攻击皮币，以为它未含有价值。大司农颜异曾对汉武帝说过：

> 今王侯朝贺，以苍璧直数千，而皮币反四十万，本末不相称。（《汉书·食货志》）

由此，我们很可以窥见当时人们对于皮币的态度。

第二是造银锡为白金三品：

（1）为圆形，重八两，花纹是龙，名为"白选"，币值三千。（2）为方形，分量较轻，花纹是马，名曰"以重"，币值五百。（3）为椭圆形，分量更轻，名曰"复小"，花纹是龟，直三百（据马端临注：①重八两，②重六两，③重四两）。在中国货币史上，此为钱币用文和用银铸的嚆矢。

同时，又明文规定：

> 盗铸诸金钱，罪皆死。（《史记·平准书》）

这些都是武帝元狩四年的事。其后，因官铸赤仄钱币，白金遂不能维持平价，民皆不实用，县官虽以令禁止，无效。一年后，此制终废不行。

三、赤仄钱与铸钱设官

汉武帝元狩五年又铸五铢钱，轻重适宜，民皆称便。但当时郡国铸钱而民多奸，于是，五铢钱遂贱。在武帝元鼎二年时，乃更铸赤仄钱，以赤铜为其廓，一当五赋官用，非赤仄不得行。后二年，以赤仄钱贱，因又废之。于是，遂禁止诸郡国铸钱，专令上林三官铸钱，凡郡国前所铸钱皆废销之，输入其铜于三官。并令天下，非三官钱不得行，自此货币私铸之弊稍绝。而在中国货币史上，铸钱设官，这是第一次。

到了汉元帝时，贡禹曾请罢采珠玉、金银铸钱之官，毋复以为币，租税禄赐，皆用布帛及谷。当时议者以为，交易待钱，布帛不可尺寸分裂。故此议未获采纳。事实上，商业已达到相当发展的汉朝，交易已很频繁，想返回上古，再使用布帛、龟贝作钱币，已经是不可能的事了。

从孝武元狩五年，三官初铸五铢钱，到平帝元始初年，在此时间所铸的

钱约有二百八十亿万多,《汉书·王嘉传》上说:

> 元帝时,都内钱四万万,水衡钱一十五万万,少府钱十八万万。

但据石林叶氏的意见,以为事实上并没有这样多。(见《文献通考·钱币考》)

E 王莽的改制

复古改制的王莽,对于钱币也曾有番改革。为研究的便利,我们可把王莽的钱币改革史,分为三个阶段。

1. 大钱契刀和错刀——四品并行时期

在王莽摄汉政而没有篡汉位的时候,就扮演了第一次改汉制的把戏。第一是仿效周朝的子母相权之制(量资币,权轻重,重者母也,轻者子也)。更铸大钱,大钱径寸二分,重十二铢,文曰"大钱",值五十。第二是造错刀和契刀,契刀的环像大钱,身形像刀,长二寸,上刻有"契刀"字样,值五百。错刀的上面用黄金刻文,值五千。当时,此三种钱币和五铢钱都在社会使用,所以,我们可以称此为"四品并行时期"。

2. 五物,六名,二十八品

王莽篡位后,一因为"书刘字有金刀"又想使货币"轻重大小,各有差品,则用便而民乐",于是,尽废错刀、契刀和五铢钱,更作金银、龟贝、钱布之品,名曰宝货,共五物(金、银、铜、龟贝),六名(钱货、金货、银货、龟货、贝货、布货),二十八品(钱货六品,金货一品,银货二品,龟货四品,贝货五品,布货十品)。它们是:

(1)钱货六品,小钱值一,重一铢,径六分。幺钱值一十,重三铢,径七分。幼钱值二十,重五铢径八分。中钱值三十,重七铢,径九分。壮钱四十,重九铢,径一寸。大钱值五十,重十二铢,径一寸二分。

(2)金货一品:黄金一斤值钱万。

(3)银货二品:朱提银重八两为一流,值一千八百五十;他银一流值一千。

（4）龟货四品：①元龟，长尺二寸，值二千一百六十，为大贝十朋——两贝为朋，值二百一十六，元龟十朋；故值二千一百六十。②公龟，长九寸，值五百，为壮贝十朋。③侯龟，长七寸，值三百，为幺贝十朋。④子龟，五寸，值百，为小贝十朋。

（5）贝货五品：大贝，四寸八分，二枚为一朋，值二百一十六。壮贝，三寸六分以上，二枚为一朋，值五十。幺贝，二寸四分以上，一朋值三十。小贝，寸二分以上，一朋值十。漏度，不满寸二分，一枚值钱三，不得为朋。

（6）布货十品：大布、次布、弟布、壮布、中布、差布、厚布、幼布、幺布和小布（小布值一百，以上各递加一百，至大布重一两，值一千）。

王莽改革钱币的用意很不错，可惜终因为货币太复杂，民用不便，而商人又可借兑换的程序以剥削农民，结果是：

百姓愦乱，其货不行，民私以五铢钱市买。（《汉书·食货志》）

3. 二品并行——大钱和小钱，货泉与货布

因为币制太复杂，民不便用，和以五铢钱市买，王莽遂严令禁止。然而严令禁止的结果还是"农商失业，食货俱废"。（《汉书·王莽传》）不得已，遂但行小钱（值一），与值五十的大钱，二品并行。

到天凤元年，废大小钱，改作货布（长二寸五分，广一寸。首长八分有奇，广八分。其圜好，径二分半。足枝长八寸，间广二分。其文右曰"货"，左曰"布"。重二十五铢，值货泉二十五）。与货泉（径一寸，重五铢，其文右曰"货"，左曰"泉"，每枚值一）。二品并行。其后，又以为大钱屡行屡废，恐民仍沿用不改，遂令民但独行大钱，与新货泉都是每枚值一而并行。

王莽币制改革的几幕剧，就这样地闭幕了。在此时期，因为币制频改，人民受害颇烈，而犯法陷刑者也很多。

F 光武以后的币制

1. 光武时的五铢钱

光武帝虽诛莽乘龙，但宇内仍多扰攘，故在建武初，未暇顾及改革币制。王莽乱后，货币曾用布帛、金粟，币制紊乱，民感不便。建武初，马援

曾上书请铸五铢钱，至建武十六年始行五铢钱，天下便之。

2. 桓帝时改铸大钱议

桓帝时，因遭蝗灾、水灾和平西羌，府币甚虚。当时，有人建议改铸大钱，刘陶以为：

> 当今之忧，不在于货，在乎民饥。……八方分崩，中原鱼溃，虽方尺之钱，何能有救其危。（《后汉书·刘陶传》）

因上书力谏，铸钱之议遂寝。

3. 四出文钱与小钱

灵帝中平三年，铸四出文钱。钱皆四道，当时，一般谣言谓："此钱成，必四道而去。"后京师乱，钱果流布四海，这个谣言，就附会成功了。

献帝初平元年，董卓坏五铢钱，更铸小钱，其钱无伦理文章，不便人用；又因铸钱成色低，故物价甚昂。到了东汉末年，昭烈帝取蜀，乃铸值百钱（径七分，重四铢，亦有勒为五铢者，但大小秤两如一）。

G 结论

严格地讲来，中国是有币而无制。我们统观两汉，也是如此。在此时期，我们很显然地看出，还没有主币和辅币观念的发生，因此更没有货币本位的采用，凡是在社会上流通的钱币都有"无限法偿"Unlimited Legal tender。其次，"货币价格单位"的概念，在此时期，也没有被人所清楚地理解。除了武帝铸银币，王莽行龟贝等钱币外（然此亦都是昙花一现而已）。其余都是使用铜钱一种，金银皆未曾范铸成币，仅依重量品质流通，此相当于欧美所谓的"虚币"。Token Money 从这一点上说，此时货币制度是"秤量通货制度（System of Currency by weight）和无限制计数通货制度（System of Unrestricted Currency by tale）"的综合。从中国币制史的阶段上讲，是"五铢钱时代"（直到隋）。因为五铢钱，在此时间行之最久。

货币制度是国民经济发展与否的试金石。汉时，商业资本还没有怎样发展，故不能树立完善的货币制度。然而，此时经济状况，已较往古发达多了，货币的使用，决不能返回古时，所以，王莽的改制终于失败。由此，我们可了解"时代性"的伟大。

最后，我们要说的：汉时币制的频改，遗害于社会颇烈，因以阻碍了国民经济的发展，且引起社会的骚扰，人民犯罪的日益加多："每一易钱，民用破业而大陷刑。"（《汉书·食货志》）最大的原因是：每一易钱就给与商人剥削农民的一次良机。

《中国经济》，1934年第9期

前汉货币问题之研究

王肇鼎

近作《前汉经济状况之推测》中的一章。

从《食货志》上看来，我们知道，吾国脱离物物交换的时期是很早的。周初当西元前一千一百多年的时候，太公已给我们立圜法，设九府。但是假若我们把上古史详细地审查一下就可知道，太公以前，已有所谓三币——"珠玉""黄金""刀布"，根流追源，实始于黄帝。自周初迄秦末，中经八百八十二年，币制变迁的源流，虽不能详细审查清楚，然周景王时的"宝货"，在历史上犹有些痕迹可考；且春秋时齐管仲，越范蠡，卫子贡，战国时秦商鞅，都以善货殖名简册，则当时货币的重要，亦可想见。

秦初分货币为两等：一黄金为上币，并定以重量的单位，二十两为镒，十六两为斤；二铜钱为通币，文曰半两，重如其文，名"半两钱"。半两钱在汉初通行最盛。高祖嫌其太重，小民运用不便，乃令更铸荚钱。荚钱的形状恰如榆荚，重约一铢，半径五分。按一铢等古二十四分之一两，但古时的一两仅当现代的半两，则一铢仅及现代四十八分之一两，其轻可知。汉代钱币的开始以此，汉代钱币的紊乱亦以此。

于此我们所最应注意者有一点，即高祖虽令铸荚钱；并未将半两钱完全销毁，实际上还是并行。《汉书·高后纪》：

二年秋七月行八铢钱。

所谓"八铢钱"者，就是半两钱。又：

六年行五分钱。

所谓"五分钱"者，就是荚钱。以我推想而得，高祖行荚钱时，不过为民间增一种重量较轻的钱币以利运用。半两钱名目上是废币，实际上还是通用。所以到文帝行四铢钱的时候，国内流行的钱币，共有三种：最重者，半两钱；次重者，四铢钱；最轻者，荚钱。因之遂发生下述的结果：

> 又民用钱，郡县不同；或用轻钱，百加若干；或用重钱，平称不受。（《食货志·贾谊谏文帝书》）

更看臣瓒注曰：

> 秦钱重半两，汉初铸荚钱，文帝更铸四铢钱秦钱与荚钱。皆当废，而故兴四铢并行。民以其见废，故用轻钱则百加若干，用重钱虽以一当一，犹复不受之，是以郡县不同也。

我们可以明白，荚钱、四铢出，秦钱并未全毁。

人类有求适的根性，所以大都厌劳而贪逸。高祖废秦半两钱而行荚钱，荚钱较轻于半两钱十倍左右；物质轻则值贱，以之量物，按以经济学的原理，物价必大涨。市民不悉其原委，惟知以余钱储市物，期其价涨而售之，可谋大利，较之工作于田间，所得既多，安适尤甚，遂群趋之若鹜。社会交易，发生垄断物，价因之愈涨，又钱不足则继以私铸；私铸多则伪钱充斥，于是按以货币数量说（Quantity Theory of Money），物价将更涨。《食货志》上说得好：

> 而不轨逐利之民畜积余赢，以稽市物踊腾跃，米至石万钱，马至匹百金。

此虽单指高祖时社会情况而言，其实下经惠帝、高后以及孝文，无不如是。高祖不明此实发行荚钱之流弊，反恨商人刺骨，遂下令重租税以困辱之，贾人不得衣丝乘车。

文帝五年夏四月，以五分钱轻小充斥于市，乃更铸四铢钱，文亦曰半两，重实四铢；又除盗铸之令，使民放铸。于是汉代钱币，益形紊乱。

当周公行井田制的时候，大部分的人民，类以农为本职，然自春秋战国割据纷争以来，渐有一部分的人民，弃农事商。洎乎秦，暴政之下，岂有宁岁？

楚汉争霸间，人民颠沛流离，失恒产的颇多。高祖行荚钱，虽禁私铸，然铜锡仍任人民自由采取，于是私铸蜂起；而又有所谓不轨逐利之民，垄断货物。

是文帝未行四铢以前，从事于商者已多，故《汉书·文帝纪》二年九月诏曰：

农，天下之大本也，民所以恃以生也。而民或不务本而事末，故生不遂。

按所谓末者，即指商贾言。不过在当时，人民弃农事贾的问题，还不十分重大。文帝这一番的改革，却不意在"钱币轻多"和"物价腾贵"的外面，再加上一个耕者减少农事萧条的景况，故贾谊谏文帝曰：

今农事弃捐而采铜者日蕃，释其耒耨，冶熔炊炭，奸钱日多，五谷不为多。(《食货志》)

于此我们应留意到一点，即吾国为农立国主因固在幅员广大，气候适宜，土地生产力富足，然一半还依赖着历代帝王的鼓励耕织。农夫是最和安而惟一能服从的百姓，所以三代以下的帝王，为欲保守他们的地位起见，常常亲耕免税，极力奖勉。不但如此，西汉文景之世，实为武帝用兵匈奴的准备时期。按高祖七年多，被匈奴围于白登者七日。高祖此辱，终身未忘，徒以当时天下初定，不堪再劳人民，故《汉书·高帝纪》：

萧何治未央宫，上归，见其壮丽，怒曰："天下匈匈，劳苦数岁，成败未可知，是何治宫室过度也？"

此后文景重农爱民，目的就是要利用人民，复匈奴之志。所以对于农产品，极力鼓励储蓄；盖深知非有充分准备的糇粮，实不足以用兵。其实文帝时，从事于商者究属迁少，不致有绝大的影响，可是在文帝心理作用上，关系却觉得很重，所以《汉书·文帝纪》：

十三年六月，诏曰："农，天下之本，务莫大焉。今廑身从事，而有租税之赋，是本末无以异也。其于劝农之道未备，其除田之租税。赐天下孤寡布帛絮各有数。

后元十七年春三月诏曰：间者数年比不登。……夫度田非益寡，而计民未加益，以口量地，其于古犹有余，而食之甚不足，则其咎安在？无乃百姓之从事于末以害农者蕃……

甚至景帝后三年春正月，犹诏曰：

农，天下之本也。黄金、珠玉，饥不可食，寒不可衣，以为币用，不识其终始。间岁或不登，意为末者众，农民寡也。其令郡国务劝农桑，益种树，可得衣食物。吏发民若取庸采黄金、珠玉者，坐臧为盗。二千石听者，与同罪。

当时过去的情形既如此，文帝设施的结果又如此。不平则鸣，在这样环境的鼓动下，便引起了西汉一代最富有货币知识的经济思想家——贾谊——的反感。他那锐利的目光，第一步先认定这一种情形，实是当时政府不善于利导所产生的恶果。

所以他说：

法使天下公得雇铸铜锡为钱，敢杂以铅铁为它巧者，其罪黥。然铸钱之情，非淆杂为巧，则不可得赢；而淆之甚微，为利甚厚。夫事有召祸而法有起奸。今令细民人操造币之势，各隐屏而铸作，因欲禁其厚利微奸，虽黥罪日报，其势不止。乃者，民人抵罪，多者一县百数，及吏之所疑，榜笞奔走者甚众。夫县法以诱民，使入陷阱，孰积于此！曩禁铸钱，死罪积下；今公铸钱，黥罪积下。为法若此，上何赖焉……（《食货志·谏文帝言》）

这是何等的确切，何等的痛快呵！太史公在他的《货殖（传）》里，开头就提出政府对于人民所采用的经济政策有五种，就是：

故善者因之，其次利道之，其次教诲之，其次整齐之，最下者与之争。

太史公和贾谊相差不过几十年，处同一个社会情况下，他们的主张竟是暗合。不过太史公已经把贾谊的意思引申了一下子就是了。当时文帝所用的政策就是太史公所说的与之争一种。贾谊认定这一种政策是最下等的，有害而无利的，所以他不得不谏。他又指出自高祖以来，最大的弊病便是任人民自由采铜。所以他说：

> 奸数不胜而法禁数溃，铜使之然也。故铜布于天下，其为祸博矣。（《食货志·谏文帝言》）

他主张补救的方法有二步。第一步是立法币，他说：

> 法钱不立，吏急而一之乎，则大为烦苛刻，而力不能胜；纵而弗呵乎，则市肆异用，钱文大乱。（《食货志·谏文帝言》）

他的意思，就是要政府规定一种钱币，通行全国，把其余的伪币、废币，尽数销毁。无论何处，无论何时，交易时非用这一种规定的钱币不可。但是假定法币已立，铜锡仍任人民自由采取则私铸不减，伪钱将依旧充斥，结果法币全失功效。所以从根本着手，他又提出第二步补救方法。要使流行的钱币一律，并使流行钱币的数目有伸缩，惟有由一强有力者——政府——专铸发放之，要使此强有力者——政府——实行他专铸发放钱币的职务，惟有使天下铜产归其独握。他认为用严酷的法律去限制是治标，不是治本。所以他主张收天下之铜产归政府专有。他确定如此做法，博祸可得而除七福可得而致。何谓七福？他说：

> 上收铜勿令布，则民不铸钱，黥罪不积，一矣。伪钱不蕃，民不相疑，二矣。采铜铸作者反于耕田，三矣。铜毕归于上，上挟铜积以御轻重，钱轻则以术敛之，重则以术散之，货物必平，四矣。以作兵器，以假贵臣，多少有制，用别贵贱，五矣。以临万物，以调盈虚，以收奇羡，则官富贵而末民困，六矣。制吾弃财，以与匈奴逐争其民，则敌必怀，七矣。（《食货志·谏文帝言》）

我们单看他所说的第四项，现代人，要是没有研究过货币银行学，说得出么？可惜文帝不听，卒至：

> 是时，吴以诸侯即山铸钱，富埒天子，后卒叛逆。邓通，大夫也，以铸钱财过王者。故吴、邓钱布天下。(《食货志》)

不然，给贾谊的经济学说一个大试验，有助于吾国经济思想界当不少。景帝时人民几以铸钱为业钱益多而轻。按当时的钱形，一面为文，一面幕幕为质，于是不轨逐利之民，盗摩漫面，拾其铅屑以更铸钱。这一种情形，我们不能不说是文帝设施的遗毒。不但如此，《汉书·景帝纪》：

> 中六年冬十二月，定铸钱伪黄金弃市律。

应劭注曰：

> 文帝五年，听民放铸律尚未除，先时多作伪金，终不可成，而徒损费，转相诳耀，穷则起为盗贼，故定其律也。

观此，则文帝盗铸钱令之结果，浸渐而复引起一辈盗贼来了。不过于此有一点我们应该彻底地明了，就是以上所论，仅及文帝处理货币的不得其当，致发生几大弊病。就大体言，文景之世不但可以算是刘汉最承平而昌盛的时代，并亦唐虞三代以下吾国历史上所罕见的。文景对于货币的设施，于当时的社会固不免稍生紊乱的现象，然于政府自身得利甚大。至若对于农业的鼓励，则确会收有良好的效果。不然及武帝初年，又何至如以下所说的呢？

> 七十年间，国家亡事，非遇水旱，则民人给家足，都鄙廪庾尽满。而府库余财，京师之钱累百巨万贯，朽而不可校；太仓之粟陈陈相因，充溢露积于外，腐败不可食。(《食货志》)

武帝雄才大略，承文景之余荫，愤胡虏之蛮横；加以好大喜功，于是连年用兵边陲，人民大疲。按《汉书·武帝纪》：

> 建元元年，行三铢钱。

又：

> 五年春，罢三铢钱，行半两钱。

是武帝即位五年来，汉代币制已经两度之改革。其后国用既不足，而武帝开边之意未已。这时有二个提议。第一个是主张积极地节俭，《食货志》上说：

> 于是大司农陈臧（藏）钱经用，赋税既竭，不足以奉战士。

第二个是主张不正当地开源，《食货志》上说：

> 有司请令民得买爵及赎禁锢免减罪；请置赏官，名曰武功爵。级十七万，凡值三十余万金。

不消说得，武帝当然以后者为是。

自买爵、赎禁锢、免减罪等制行，吏道腐败，固不待言，而于社会经济界上，影响尤大。最显著者有二点：

其一，人民于功利之途，《食货志》上说：

> 公孙弘以宰相，布被，食不重味，为下先，然而无益于俗，稍务于功利矣。

其二，鼓励人民私铸货币。因为有了货币才可以买爵，赎禁锢，免减罪，所以他们看得货币愈重，而

> 从建元以来，用少，县官往往即多铜山而铸钱，民亦盗铸，不可胜数，钱益多而轻，物益少而贵。（《食货志》）

亦自然的结果，有什么稀罕。

《汉书·武帝纪》：

> 元狩四年冬，有司言，……请收银锡造白金及皮币以足用。

考《食货志》。当时所铸的皮币有一种，以见方一尺白鹿皮，缘以澡缋为一枚，值四十万。白金有三品，大者形圆文龙值三千，次者形方文马值五百，下者形椭文龟值三百。又令销半两钱，行三铢钱。并重申盗铸诸金钱罪皆死令。翌年春三月改令郡国铸五铢钱，周郭其质，使奸滑吏民无法摩取其铅。

武帝这一番改革，目的不仅在要足用，并欲以检约奸邪。所以他在元狩六年六月的诏书里说：

> 日者，有司以币轻多奸，农伤而未众，又禁兼并之涂，故改币以约之。稽诸往古，制宜于今，废期有月，而山泽之民未谕，……奸猾为害，野荒治苛者，举奏。(《汉书·武帝纪》)

但是我们知道，自文景来，放铸律既放纵于前，买爵等制复鼓励于后，至是势已若燎原，武帝欲以法律限制之、整理之，可能呢不可能？此仍是太史公所说的"与之争"惯技，故

> ……自造白金五铢钱后五岁，而赦吏民之坐盗铸金钱死者十万人。其不发觉相杀者，不可胜计。赦自出者百余万人，然不能半自出，天下大氐(抵)无虑皆铸金钱矣。(《食货志》)

结果仍归失败。于此令我不得不忆念到贾谊。大凡任何学说的可贵，总在乎眼光远大，可以持久。贾谊谏文帝言，不谓到武帝中年，还是事实。则其根据于此而提议的补救办法，一定可靠，试行以后的效果决可观。怀才不用，于此我实为贾谊三太息！

奸铸既多，则市钱之轻而多，实为经济界中自然的结果。于时武帝遂允公卿之请，令京师铸"官赤仄"以一当五，并规定赋官用非赤仄不行。按赤仄亦名"子绀钱"，形若五铢而较大，郭以赤铜为之。

大凡在经济现象中间，往往含有一个自然的趋势。吾国中古史上，历代帝王大都不能应顺这一个自然的趋势去相谋为利，所以处处表示出不满的结果来。太史公认得真切，所以他说"善者因之"。可巧武帝此时的经济现象中，又有可以给我们反证的一事。《食货志》上说：

> 白金稍贱，民弗宝用。县官以令禁之，无益，岁余终废不行。

这明明告诉我们说，先不能顺这一个自然的趋势而欲以强有力的法令去规定，终是不行的。

白金既废而不能行；官赤仄于后二年，竟亦以民之巧用，价值低落，势不能支持，乃悉禁郡国铸钱，前所铸钱，尽废销之。令上林三官收其铜，专

司铸钱，复令国中非"三官钱"不得行。时民间私铸以利薄或竟所得不偿所费，劳稍减；惟规模大者盗为如前，及元帝而未已。贡禹说得好：

> 铸钱采铜，一岁十万人不耕，民坐盗铸陷刑者多。(《食货志》)

则当时情形，亦可想见，惟较前略觉平静罢了。

钱币紊乱的情形既如上述，而其影响于货物之价格尤大，屡经整理而无效，于是消极的改革起。武帝时桑弘羊主张的均输平准便是其中之一。《食货志》上说：

> 弘羊以诸官各自市，相争，物以故腾跃，而天下赋输或不偿其僦费，乃请置大农部丞数十人，分部主郡国，各往往置均输盐铁官，令远方各以其物如异时商贾所转贩者为赋，而相灌输。置平准于京师，都受天下委输。召工官治车诸器，皆仰给大农。大农诸官尽笼天下之货物，贵则卖之，贱则买之。如此，富商大贾亡所牟大利，则反本，而万物不得腾跃。故抑天下之物，名曰平准。

此虽不能算是计之上者，然按以经济学上的求供律（Law of Demand And Supply）如能好自行之，对于当时的经济现象不无小补。故均输平准，终武帝之世而弗衰。

最奇者，元帝时，贡禹主张根本完全废除货币。他说：

> 铸钱采铜，一岁十万人不耕，民坐盗铸陷刑者多。富人藏钱满室，犹无厌足。民心动摇，弃本逐末，耕者不能半，奸邪不可禁，源起于钱。疾其末者纪其本，宜罢采珠玉金银铸钱之官，毋复以为币，除其贩卖租铢之律，租、税、禄、赐皆以布、帛及谷，使百姓壹意农桑。(《食货志》)

这真是书生孔见、因噎废食的论调，宜其不能行。

《汉书》上说：

> 自孝武元狩五年三官初铸五铢钱，至平帝元始中，成钱二百八十亿万余云。

则以理惟想而得，西汉自武帝元狩五年至王莽篡位止，最占势力的钱币要算"五钱"了。

孺子婴时，王莽专政，造有大钱、契刀、错刀三种，与五铢并行。大钱重十二铢，直径一寸二分，文曰大钱五十。契刀身状若刀，长二寸，上有环如大钱，文曰契刀五百。错刀以黄金错其文曰一刀，每枚值五千。及王莽篡位，复造有金银龟贝钱币等"宝货"及小钱、幺钱、中壮钱等"钱货"，于是钱币大乱，遗害至东汉而未已。以其无关本文，故不论及之。爰西汉钱币的沿革，列表于后，以为本文之结束：

　　（一）半两钱　　　秦铸通行汉初
　　（二）荚钱　　　　高帝令铸
　　（三）八铢钱　　　高后二年行按应诏云本秦半两钱
　　（四）五分钱　　　高后六年行按应诏云即荚钱
　　（五）四铢钱　　　文帝五年令铸
　　（六）三铢钱　　　武帝建元元年令铸
　　（七）半两钱　　　武帝建元五年行
　　（八）白金
　　（九）皮币　　　　俱武帝元狩四年铸
　　（十）五铢钱　　　武帝元狩五年铸
　　（十一）官赤仄　　武帝时京师铸
　　（十二）三官钱　　上林三官铸
　　（十三）大钱
　　（十四）契刀
　　（十五）错刀　　　俱孺子婴时王莽铸

《国立第一中山南大学语言历史学研究所周刊》，1927年第7期

秦汉以后中国金银货币之沿革

叶受祺

一、秦汉之金银货币

秦并天下，乃定币制。货币种类有金铜二种。金为称量货币，计其重量而使用，单位名镒。至汉改之为斤。秦以一镒为一金，汉以一斤为一金。

汉武帝时，与匈奴连年构兵，政府财政陷于困境。适禁苑多白鹿，少府多银锡。元狩四年（前一一九）以白鹿作皮币，以银锡铸白金三品。白金其一名白撰，重八两，圆形，上有龙纹，当钱三千；其二重六两，方形，有马纹，当钱五百；其三重四两，椭圆形，有龟纹，当钱三百。此盖中国钱货币之嚆矢也。然因白金三品，银杂锡而铸，伪造云起，发行后仅五六年，流通即至绝迹。

王莽时，黄金以重一斤为单位，价格使当万钱。银货以重一两为一流，朱提银[①]一流当钱一千五百八十，他银当钱一千。

当时金货币形式，《皇朝文献通考》《钱币考》，雍正二年条："古者金银皆有定式，必铸成币而后用之。颜师古注汉书谓，旧金虽以勒为名，而官有常形制。……然则麟趾裹蹏，即当时金币式也；汉之白选与银货，亦即银币之式。"而《汉书·武帝纪》："太始二年三月，诏曰：有司议曰，往者朕郊见上帝，西登陇首，获白麟，以馈宗庙，渥洼水出天马，泰山见黄金，宜改故名，今更黄金为麟趾裹蹏，以协瑞焉。"注："应劭曰，获白麟，有马瑞，故改铸黄金，如麟趾裹蹏，以协嘉祉也。古有骏马，名要裹，赤喙黑身，一日行万五千里也。师古曰，即云宜改故名，又曰更黄金为麟趾裹蹏，是即

---

① 朱提，山名，今四川省宜宾县，因所产银质佳良，故价格高贵。

旧金虽以斤两为名，而官有常形制，亦犹今时吉字金铤之类矣。武帝欲表祥瑞，故普改铸为麟足马蹄之形，以易旧法耳。今人往往于地中得马蹢金，金甚精好，而形制巧妙。"想秦汉时代之以金为秤量货币，殆如后代之银两，略具一定形式及重量而使用之。《汉书·食货志》：太公为周立九府圜法，黄金方寸而重一斤。据此以推，武帝改铸以前，盖为方形。太公为周立九府圜法，乃后人臆说；但此说既出，当时方形金之存在可以推断。又《后汉书·列女传》（乐羊子妻），载河南乐羊子途中拾金一饼，还以与其妻事，则当时之有饼形生金可知也。然饼形金起于西汉抑起于秦时，详确则不可知。又武帝改铸之麟足马蹄式，武帝以后各朝，是否沿用，亦不可明。

银货币始于汉武帝，王莽时亦仍用银币制，既如前述。两者皆为铸造货币，而新莽时银货形式，史无记载，不可考知。

金货币与钱之交换率，汉代一斤万钱。其见于《汉书·王莽传》者，"有司奏，故事聘皇后，黄金二万斤，为钱二万万。"又惠帝纪注："晋灼曰，下凡言黄金真金也，不言黄谓钱也。《食货志》，黄金一斤值万钱。师古曰，诸赐言黄金者，皆与之金，不言黄者，一金与万钱也。"据同书《食货志》，王莽时金货币一斤值万钱。盖金与钱之交换率，汉初公定为一斤付钱一万，莽亦沿用之欤[1]。据云汉一斤约当今三分之一，虽然，一斤万钱，亦可知当时金价之贱矣[2]。盖汉代为中国黄金丰富时代，金多而用途复少，价格因之低

---

[1] 宋孔平仲《孔氏杂说》载：汉赐诸侯王及功臣以下金，凡言黄金者，皆与之真金，不言黄金者，一金与万钱也。又宋王楙《野客丛书》：惠帝纪云，视斥上者将军四十金（中略）后汉何休注公羊百金之鱼亦谓一金万钱。《缃素杂记》，引一金万钱以证晋王导所市练布之价，则是一金万钱，不但秦汉为然，自三代至晋莫不然。何千百年间金价一律如此？今日之价，视古又何倍蓰邪？（卷五，古者金价）三代金价一金万钱固为妄说，即秦一镒万钱，亦极可疑。

[2] 《孔氏杂》说：孝惠纪注引《食货志》，黄金一斤值万钱，乃知汉金之贱也。今金两有直万者，则汉金一斤如今一两价矣。高祖善家令之言，赐金五百斤，罢医不使之治疾，赐金五千斤，使陈平为反间，捐金四万斤，使其价不贱，安得如是之多哉。唐时金必贵，太宗以于志宁孔颖达能谏太子，各赐金一斤，帛五百定。沈存中云，古之一斤，今四两余也。然则一两之值亦二千五百也。（卷二）

《皇朝文献通考》：大抵古者金银视后世较贱，而铜钱视世后较贵。《汉书·食货志》，汉武铸白金三品，龙文白选重八两，直三千，马文直五百，龟文直三百。所谓白金者，杂银锡为之，既非专用真银，而其时以县官塞之，聊造以赡用，不可据以为准。故重八两直三千，而六两，四两者，止直五百三百，则知当时原未尝以白金之重与铜钱相较而平其直也。新莽时，黄金一勒直钱万，钱八两为一流，朱提银一流，直钱一千五百八十，他银一流，直钱千，以古称比后世三之一计之，金一勒实为今五两有奇，而直止万，银八两实为今二两八钱有奇，而直止千有奇及千，则汉时钱贵可见，而金价但五倍与银，则以金多而易得也。宋真宗尝论，咸平中金两五千，银两八百，是金银之直，已较贵于汉。(《钱币考》)

廉①。

糜竺事，晋王嘉《拾遗记》记如下：

> 竺叹曰，人生财运有限，不得盈溢，罹为身之患害。时三国交锋，军用万倍，乃输其宝物车服，以助先主黄金一亿斤，锦绣氍毹如丘陇，骏马万匹。及蜀破后，无复所有，饮恨而终。（卷八）

《野客丛书》卷十一：

> 汉赏赐多用黄金，晋赏赐多用绢帛，各因其时之所有而用之。汉初以黄金四万金与陈平间楚，其用如此，所积可知。梁孝王临死，府库尚有黄金四十余万斤。吴国悬赏，斩大将者黄金五十斤，以次赏金各有差等。王国尚然，天府有不待言者。治郡有声则增秩赐金，复有功臣不时之赏，费用浩瀚，不闻告之，数千斤之赐甚多，不可胜举。如黄霸严诉尹翁归等动与百斤，周勃赐五十斤，霍光前后至七千斤。至王莽末，省中黄金尚积六十万斤，董卓郿坞亦不可胜数，是知当时黄金多也。

二、魏晋南北朝之金银货币

魏晋以后，金仍作称量货币而被使用，惟东汉以来生金渐次减少，尤以南北朝时代为甚。此因风俗日趋奢侈，且佛教东渐以来，器物及装饰多以金

---

① 明胡侍《真珠船》卷四曰，黄金汉时最多，陈平四万斤间楚。梁孝王死，藏府余四十余万斤，武帝时，卫青比岁击胡，斩捕首掳之士，受赐二十余万斤。汉故事，聘皇后二万斤。王莽徵杜陵史氏女为后，聘三万斤。又莽破时，省中黄金万者为一匮，尚有六十匮，黄门钩盾藏府尚方处处各有数匮。文帝赐绛侯勃五千金，丞相平、将军婴各二千斤。朱卢侯章，襄平侯通，典客揭各千斤。昭帝赐广陵王二千斤，昌邑王赐侍中君卿千斤，宣帝赐霍光前后七千斤，广陵王前后五千斤。王莽赐孝单于咸千斤，咸子助五百斤。高帝赐太子家令、叔孙通各五百斤。昭帝赐蔡义，元帝赐孔霸，成帝赐许嘉皆二百斤。成帝赐王根、哀帝赐王莽皆五百斤，他赐百斤、数十斤者不能枚举。糜竺助先主至一亿斤。自西教盛行，弃之于土木者，既不胜计，而衣物之饰，又日趋于华靡。

为之，而一面金之生产复无增加故也①。同时，铜之生产亦渐减少，铜钱镕毁及盗铸之风甚盛，其品质恶劣，重量不一，遂难为价格之尺度，以绢布及谷物代交易者日多。又晋代以来，各地亦有以银为货币者。

晋书《石勒传》："勒既还襄国，刘翰叛勒，奔断匹碑，襄国大饥，谷二斤直银二斤，肉一斤直银一两。"据此，则当时之以银为货币可知矣。又据《隋书·食货志》，梁初交广域全以金银为货币。又后周武帝时，河西诸郡（今甘肃省西部）或用西域金银钱，官不之禁②。据此，可知此等边地用金银货币极盛。然当时金银皆用于大交易，小交易则仍用钱谷粟布。《陈书·宣帝纪》："岭南诸州郡，以盐米布交易，俱不用此钱矣。"（此钱指六铢钱）此可为证。

西汉以来，金以一斤为一金，既如前述，至南北朝时代，金银用途俱见增加，因之价格腾贵，结果，金惟以两计，银之以两计之亦渐增多。似此，则金以一两为一金者，殆始于彼时矣③。

前述后汉时生金为饼形，而《南史·梁武陵王纪传》："黄金一斤为饼，百饼为簉，至有百簉，银五倍之。"则饼形金魏晋以后仍沿用之也。又后魏

---

① 汉及后魏赎罪皆用黄金。后魏以金难得，合金一两，收绢十匹，今律仍复依古，死罪赎铜一百二十斤，于古称为三百六十斤。（古文《尚书·舜典疏》）古来用金之费，如《吴志·刘繇传》，笮融大起浮图祠，以铜为人，黄金涂身，衣以锦采，垂铜盘九重。何姬传注：引《江表传》，孙皓使尚方以金作华燧步摇，假髻以千数，令宫人着以相扑，朝成夕拜，辄出更作。《魏书·释老志》（中略）天安中，于天宫寺造释迦立像，高四十三尺，用赤金十万斤，黄金六百斤。《齐书·东昏侯本纪》：后宫服御极选珍奇，府库旧物不复周用，贵市民间金银宝物，价皆数倍。京邑酒租，皆折使输金，以为金涂，犹不能足。《日知录》卷十一黄金）世间糜费，惟黄金最多，自释老之教日盛，而寺观装饰之侈靡，已数倍于上下之制用，凡金作薄，皆一往不可复者。天地所产有限，甚可虑也。东坡号知事者，见后世金少，以为宝货神器不可知，复归山泽，此何言与，云云。（《陆深燕间录》）
② 《汉书·西域传》，罽宾国条有，以金银为钱，文为骑马，幂为人面，乌戈山离国条有，钱货兵器金珠之属，皆与罽宾同。……其钱，独文为人头，幂为骑马。安息国条有，亦以银为钱，文独为王面，幂为夫人面，王死辄更铸钱，大月氏国条有钱货与安息同。西域诸国银货殆于南北朝时代输入河西地方。幂与漫同，皆钱之背面也。
③ 汉以来，金银皆以斤计（中略）。侯景围城，羊侃率兵御之，诏送金五千两、银一万两赐战士，则金银以两计，起于梁时，其后陈将周罗㬂彭城之战，拔出萧摩诃于重围，以功赐金银各三千两。梁睿平剑南，隋文帝赐二千两，又平王谦，赐金二千金、银三千两。王谦作乱，王述执其使上书，文帝亦赐金五百两。又文帝尝赐萧岿金五百两、银千两。周法尚破李光仕，文帝赐黄金百五十两、银百五十斤，则金以两计，银犹以斤计。炀帝以来护儿破杨元感功赐黄金千两，以王辨惠破山东盗贼功，赐黄金二百两，事俱见南北史，则金银之以两计，起于梁陈隋之间也。《通考》谓：萧梁间交广以金银交易，既是民间交易，则零星多寡不齐，自必细及铢两。又《宋书·徐豁传》：中宿县俚民课银，一子输半两，则国制收银课，亦以两计，因而上下通行，俱论两不论斤。且古时金银价甚贱，故以斤计。后世金银日贵，故不得不以两计也。（赵翼《陔余丛考》卷三十）

时，饼形外尚有铤形，此自《魏书》《北史》《南史》可以考知。此铤即后世之所称为锭者①。

三、唐代之金银货币

东晋以来，银为货币，既如前述。至于唐代，生金减少益甚，加之铜亦缺乏，钱币周流，发生障碍，而因经济发达，要求单位较大之货币，银使用之增加，乃势所必至也②。

唐赵璘《因话录》（卷三《商部》下）：范阳卢仲元者，其妻崔氏兄某，生前居室下埋置金百两。崔妻李氏依其嘱咐，卖之于扬州，值金价高，一两售钱八千文，云云。依此可知唐代金价较汉代腾贵十数倍，一面亦可证明金量减少也。

唐代生金银之充货币者，有铤形、饼形等，而其中以铤形为最多。段成式《酉阳杂俎前集》（卷十）：官金中，蝼头金，最上六两为一垛，有卧蝼姑穴及水皋形，当中陷处，名曰趾腹。又铤上凹处有紫色，名紫胆。开元中有大唐金，（一有印字）即官金也。据此，官金想皆铤形也。

又唐代于生金银外，尚使用铸造货币之金银钱，甚可注目。虽南北朝时代即已使用金银钱，而以唐宋为最盛。但金银钱之流行于民间，记录中尚无所见，惟朝廷中赏赐用之耳。据可信记录，关于铸造金银钱，疑为自外国

---

① 其在古之称银，多称为饼。《三国志》：魏嘉平五年，赐郭修子银千饼。《水经注》，岭南林水石室有银，有奴窃其三饼归。是也。亦有称为钣及笏及版者，犹之称为饼之意。所谓饼者，以其倾银似饼，则与今所称锭者，其式原自不同，盖今之称锭者，即古之称铤。《南史》：梁庐陵威王续子应，至内库见金铤。《唐书》：太宗赐薛收黄金四十铤（《旧唐书》作挺）。《南唐书》：耿先生握雪为铤，热之成金。《五代史》：贾纬言，桑维翰身后有八千铤。自宋以后，遂转称银为铤云。（《皇朝文献通考·钱币考》）
② 唐初租出谷，唐出绢，调出缯布，并未尝征钱。天宝中，杨国忠请令各道义仓及丁租地课皆易布帛，充禁藏，玄宗诏百官观库物积如山，是亦尚皆用布帛。宪宗元和三年，诏天下有银之山即有铜，铜可资于鼓铸，银无益于人生，其令现采银坑并宜禁敕。李巽又奏请，五岭以北采银一两者流他州，官吏论罪，则一禁用银矣。"韩愈奏状言，五岭买卖皆以银。张籍送南迁客诗，海国战骑象，南州市用银。可见是时惟岭外用银。"然《唐书·齐映传》，藩镇初献银瓶，高五尺。李兼镇江西，始献六尺，至映又献八尺。《太平广记》：御史苏某以洛阳寺中有银佛，遂取以归，时人谓之苏扛佛。则是时虽不用银，而已竞相贵重，则渐用之于市易，亦势所必然。顾宁人以金哀宗正大中，民间但以银市易，为后世上下用银之始，而不知亦非也。《五代史》：后唐庄宗将败，谕将士曰，适报魏王平蜀得金银五十万，当悉赏尔等。又李继韬既反复降，其母杨氏蓄藏财，乃赍银数十万两至京师，厚赂庄宗之宦官伶人并赂刘皇后，继韬由是得释。慕容彦超好聚敛为伪银，以铁为质，而银包之，人谓铁胎银，想其时民间已皆用银，故彦超至作伪以射利，若不能市易，则何必为此哉。（《陔余丛考》卷三十银）

输入。盖唐代与外国通商渐盛，就中与波斯、亚剌伯往来尤为频繁，亚剌伯人之侨居中国者数甚众，以广州及扬州为贸易中心，因亚剌伯人聚居者多，至成蕃坊。据《新唐书·田神功传》："扬州大戮外商，大食波斯贾，死者数千人。"可知外侨为数不少。当时长安亦与诸国交通频繁，商业且亦发达，侨居外人比之广州扬州亦不相上下，中国商人之往诸国经商者，自将外商携至本土，其携归多额金银货币，固亦不难想象也。

反之，中国金银之流出诸国者应亦不少，唐以后生金减少更甚，外国贸易繁盛，宁非有力原因之一乎？宪宗时，铜钱减少，乃禁钱输出岭南，盖虞流出海外也。

四、宋代之金银货币

宋代金减少愈甚，银渐代金，其使用遂为增加。南宋时，银已为一般通货，政府租税亦折为银两而征收之①。

当时金亦使用银锭，重五十两，价格值百贯文。民间有截凿之者，因之价高下不一。承安二年（宋庆元三年，一一九七）改铸之，名为承安宝货，自一两至十两，分为五种，每两值钱二贯，使公私作现钱用之，其外并定销铸及接受稽留罪赏格。此种宝货似为铸造货币。盖因银锭为称量货币，遂有截凿之者，其价格亦高低不一，乃发行形式重量及价格一定之铸造货币，使

---

① 宋真宗澶渊之盟，定以银绢各三十万两匹。徽宗大观三年，将改当三钱，宰执预知其事者，恐所积铸折阅，乃尽以买金银，不两月命下，时传以为笑。《李忠定公传信录》，忠定为亲征御营使，上赐银绢钱各一百万两贯匹。南宋时，赐秦桧造第银绢万定两。贾似道母死，赐银绢四千定两。《金史》：张行信疏称，买马官市于洮州，以银百锭，几得马千匹，乞绢银万两，可得良马千匹云。亦可见银已通用也。按《宋史》：仁宗景祐二年诏，福建二广岁轮缗钱，易以银，此为岁赋征银之始。绍熙中，臣僚言，今之为绢者，一倍折而为钱，再倍折而为银，银愈贵，钱愈难得。此又南宋时折绢收银之始。金章宗承安五年，以旧例银每锭重五十两，其直властно百贯，民间或有截凿之者，其价亦随轻重为低昂，乃更铸承安宝货，一两至十两分五等，凡官俸军须皆用钞兼支。此朝廷用银之始。宣宗兴定三年，省臣奏，向来犯赃者，计钱论罪则太重，于是以银为则，每两作钱二贯。今受通宝赃（钞也）至三十贯者，已得死刑，若准为金银价，才为钱四百有奇，则当杖，实觉轻重悬殊，遂准犯时银论罪，此以银计赃之始。是时又诏除市易用银及银与宝泉相易之禁。其后哀宗正大间，民间但以银市易，并钱钞亦废矣。元宪宗五年，定汉民包银额征四两者，以半输银，半折绢等物，因张晋亨言，五方土产各异，必责以输银，有破产不能办者，乃诏民听输土物，不复征银。又《续通考》：文宗天历元年，天下课税之数，金二万四千四百三十两，银七万七千五百一十八两，则犹是土贡所出，而非当赋税也。（《陔余丛考》卷三十银）

政和二年（一一一二）蔡京复得政（中略）夹锡钱既复推行，钱轻不与铜等，而法必欲其重，乃严擅易抬减之令，凡以金银市帛等物贸易，有弗受夹锡钱、须要铜钱者，听人告，论以法惩治。（《宋史·食货志》）

为法货。然因宝货为计算货币，伪造随之而起，杂以铜锡而私铸之者多，流通遂见阻滞，五年（一二〇〇）下令废止。而民间用银，逐为增加，哀宗正大年间（一二二四）以后民间交易皆以银为主①。

五、元明之金银货币

元为纸币本位，废铜钱，禁金银买卖，金银惟官家买卖之②。然自宋以来，民间习以金银为货币，尤以纸币滥发之结果，价格下落，又兼历代铜钱及银使用增加，因此，至元二十二年（一二八五）正月，民间金银买卖遂至解禁。其后武宗至大二年（一三〇九）各路置平准行用库，使买卖金银，而禁私行授受。至大四年又废此制，因之，民间交易使用金银者，益形增加。所谓使用金银者，实际上用金不多，而以银为主。此盖为自宋以来之大势，至明代其倾向更为显著。

金之使用银锭既如前述。元代至元三年（一二六六）诸路交钞都提举杨湜以平准行用库，当银出入之际，被盗甚多，奏请铸之为锭，重五十两，记以元宝文字，自是始铸银锭。今之元宝名称盖昉于元代也。然此乃为官府处理便利计，非为广用于民间者。且其重量，据《辍耕录》所记，非全为五十两者，四十九两、四十八两亦有之，大约以五十两为标准耳。《辍耕录》所记如下：

> 银锭上字号扬州元宝，乃至元十三年，大兵平宋，回至扬州，丞相伯颜，号令搜检将士行李，所得撒花银子，销铸作锭，每重五十两，归朝献纳。世祖大会皇子王孙驸马国戚，从而颁赐，或用货卖，所以民间有此锭也。后朝廷亦自铸至元十四年者，重四十九两，十五年重四十八两。辽阳元宝，乃至元二十三年，二十四年，

---

① 金元光二年（一二二三）五月，更造元光通宝，每贯当通宝五十，又以绫印制元光珍货，同银钞及余钞行之。行之未久，银价日贵，宝泉日贱，但以银论价，宝泉几于不用，乃定法银一两不得过宝泉三百贯，凡物可直银三两以下者不许用银，以上者三分为率，一分用银，二分用宝泉及重宝珍货。京师及州郡置平准务，以宝泉银相易，其私易及违法而能告者，罪赏有差。是令既下，市肆书闭，商旅不行。七月壬子，乃除市易用银及银宝泉私相易之法，然上有限用之名，下无从令之实，有司虽知莫能制矣，至哀宗正大间，民间但以银市易。（《续文献通考·钱币考》）
② 禁民间金银买卖乃中统三年（一二六二）事，其前租税亦有征银者。元科差中，宪宗初年（一二五一）定包银制，对汉民每户定课六两，其三分二征银，同五年减为四两，中二两纳银。

征辽东所得银子而铸者。(第三十卷银锭字号)

明代以铜钱及纸币定为通货,太祖时禁以金银交易,违者罪之,告发者赏以被没收之金银。永乐元年(一四〇三)益严其禁,犯者以奸恶论罪,能首捕者以所交易金银充赏,两人相交易,其一人自首者免连坐,赏与首捕者同。仁宗洪熙元年(一四二五)益严禁以金银交易,而民间用银益增。先是,洪武九年(一三七六),田赋许以银钞钱绢代纳,米一石折银一两,麦一石折银八钱。洪武十四年(一三八一)定《里甲法》(徭役法),纳银者免役,称为银差。英宗正统元年(一四三六)南畿浙江、江西、湖广、福建、广西各省田赋悉征银,米麦一石折银二钱五分,以其银入内丞库,谓之金花银。然因钞价下落渐次加甚,银之流通益为增加。景帝景泰三年(一四五二)京官俸钞依时价给银。宪宗成化十三年(一四七七),山东、河南田赋及两淮盐引价悉折为银。孝宗弘治元年(一四八八)以来,户口食盐价多征银。成化十六年以来,商税亦多征银。世宗嘉靖八年(一五二九)钞关税悉改征银。穆宗隆庆元年(一五六七)南京商税尽征银。以后纸币殆全废,事实上惟以银及铜钱为通货。

各种租税多征银两,结果,基于银输送及出入上之必要,嘉靖八年(一五二九),自全国各地解交中央之银,皆铸之为锭。户部尚书李瓒奏请,各处解送京师之银细碎者多,易起盗端,乞命各府县,今后务铸为锭而起解之。其后神宗万历十年(一五八二),自州县起解之银锭,并镌刻官吏及银匠之姓名。因各种生银改铸为锭,火耗缘之而起。所谓火耗者,即于缴纳田赋时,为补偿改铸之损失,于正税外复纳少数附加税银是也。

由征税所得之碎银改铸为锭,清代亦沿用是法[①]。

六、清代之金银货币

清代货币用金全至废绝,银币之使用益盛。清初以来,政府收入支出悉以银为主。乾隆十年(一七四五),民间除小量交易外,令必用银。清代亦

[①]《皇朝文献通考钱币考》,雍正二年条,谨按,直省解银,由布政使起解者,曰地丁银。由运使起解者,曰盐课银。由粮道起解者,曰漕项银。由关监督起解者,曰关税银。必倾镕成锭,然后起解,其解银之具曰鞘,每银一千两为一鞘,或委员押解,或即由吏胥押解,例填给堪合火牌及兵牌。于所过地方,拨夫抬送,拨兵防护,所以慎重帑项也。

非按一定重量、品位及形式而行银货之铸造，特检定生银之重量、品位而使用之。唐宋以来，各朝虽以制钱为法货，规定重量、品位，依一定之形式而铸造之，然许以银为称量货币而使用之，此所谓银两是也。

明万历时，西班牙洋输入，是后经清康熙、乾隆而至道光朝，其数渐次增加，流通于沿海沿江各地。咸丰、同治而至光绪初年，墨西哥洋输入甚盛，几代西班牙洋而流通于全国。光绪中叶，美国贸易洋、香港洋、印度支那洋、日本银元及其他外国货币，亦见输入，加之国内亦自行鼓铸，于是铸造银币使用剧增。然生银使用亦并行不悖。民国以来，上海、汉口、天津等处，大交易皆以银两计算。

清代以来，关于银货币之详考，让之他日，兹从省略。

吾人应加注意之事，乃自唐宋至清代末叶，以金银为称量货币，而不铸为法货者，想为防民间伪造与官吏及铸匠之舞弊耳。虽以铜钱，历代对于盗铸之取缔犹极其困难，虽临以严刑峻法，尚难禁绝。若防止盗铸而增加钱之重量，则镕毁以起，防止熔毁而减轻钱之重量，则盗铸以起，历代莫不皆然。似此，若以金银为铸货，其价值愈大，伪造愈多，官府对于劣货之滥铸，想亦当必不少。以铜钱而论，面价若大，私铸即多，则以银货为计数货币，私铸之多，更不难想象矣。如汉武白金三品，因铜杂以锡铸造之故，伪造云起，若不以为铸货，将立即被排于市场之外，伪造便不至发生矣。又如金之承安宝货，因以为铸货，伪造遂起，已见前述。

现代铸造技术进步，使用精巧机器，民间私铸较为困难。铸造技术幼稚时代，私铸容易，金银货之不铸为法货而作为称量货币者，实以此为最大原因也。盗铸者处以死刑，尚不能防止，鉴乎此，思过半矣。

《学风》，1936 年第 6 卷第 2 期

唐代的货币

黄君默

一、货币的特质

唐代的货币，大体上可分为两种：一为钱币，一为纸币，而附带的尚有钱货（财货）一种，其在交易媒介中与钱币兼用流通。

第一，钱币的定制。唐初仍用隋之五铢钱，高祖武德四年（西历六二一年）废之，改铸开元通宝钱。

> 武德四年铸开元通宝，径八分，重二铢四参，积十钱重一两，得轻重大小之中，其文以八分、篆、隶三体。（《唐书·卷五十四·食货志》）[①]

这种钱币，轻重大小，最为适宜，故远近便之。后因盗铸渐起，高宗乾封元年（西历六六六年）便行新钱，名曰乾封泉宝。

> 乾封元年，封狱之后，又改造新钱，文曰"乾封泉宝"。径一寸，重二铢六分，仍与旧钱并行。新钱一文，当旧之十。（《旧唐书·卷四十八·食货志》）

周年以后，废之。后以商贾不通，米帛价昂，"二年，诏开元钱依旧施行，乾封钱贮。"（《通典·卷九·食货钱币下》）至肃宗乾元元年

[①] 据《通典·卷九·食货钱币下》云："……每十钱重一两，计一千重六斤四两。"注云："欧阳询为文，书含八分，则一钱重二铢半以下，古秤比今秤三之一也。则今钱为古秤之七铢以上，古五铢则加重二铢以上。"

（七五八），以兵甲未息，给用犹费，乃铸"乾元重宝钱"和"乾元重宝"。

> 肃宗乾元元年，……铸钱使第五琦，铸乾元重宝钱，径一寸，每缗重十斤，与开元通宝参用，以一当十，亦号"乾元十当钱"。……（二年三月）第五琦为相，复命绛州诸炉铸重轮乾元钱，径一寸二分，其文亦曰乾元重宝。背之外郭有重轮，每缗重十二斤，（据《旧唐书·卷四十八·食货志》《通典·卷九·食货钱币下》均作二十斤）与开元通宝钱并行，以一当五十。是时民间行三钱，大而重棱者，亦号"重棱钱"。（《唐书·卷五十四·食货志》）

到了上元元年（七六〇），因私铸甚盛[①]，伪币充斥，物价大涨，乃诏减钱币币值。"其重棱五十价钱，宜减作三十文行用；其开元旧时钱，宜一当十行用；其'乾元十当钱'，宜依前行用。"（《续通典·卷十一·食货钱币上》）如此，于是将重棱钱便贬值为百分之六十了。代宗时又将钱币价值改变。"宝应元年（时代宗已即位）（七六二）改行乾元钱，一以当三；乾元小钱，亦以一当二；重棱大钱，一以当三。寻又改行，乾元大小钱，并以一当一，其私铸重棱大钱，不在行用之限。（《续通典·卷十一·食货钱币上》《旧唐书·卷四十八·食货志》略同）如此改行，人甚便之，其后破钱铸器，亦不复制造了。昭宗末（九〇四—九〇五），京师用钱八百五十为贯，每陌才八十五文，河南府以八十文为陌。已后如旧。"

第二，唐代的纸币，大可分为两种：一为"宝钞"，一为"飞钱"。宝钞又可分为两种：一为大唐宝钞，是与钱通用的；一为大唐通行宝钞，是与银并用的，均相当于现在的信用纸币（Fiduciary Paper Money）。飞钱是商人用以完成两地货易，而以券证为代价，相当于现代的汇票（Bill of Exchange），亦即我国汇兑之始。

宝钞始自唐高宗，据《泉布通志》，永徽年间（六五〇—六五五）曾印大唐宝钞，横额"大唐宝钞"，下书"拾贯"，其文如下：

> 吏部奉旨印造大唐宝钞，于钱通用，伪造者立斩治罪，首告者

[①] 肃宗上元时，因私铸颇盛，伪币充斥，据文献《通考》所载："史思明据东都，铸得一元宝钱，径一寸四分，以当'开元通宝钱'之百，既而，恶。得一非长祈之兆，改其文曰'顺天元宝'。（卷八·钱币考）"

给银三十两，颁行天下。

永徽　年　月　日行

至武宗会昌年间（八四一——八四六），又发九贯及一贯两种。式样相同，惟告捕者：九贯的赏银七百五十两，一贯的赏银二百六十两，其横额为"大唐颁行宝钞"，左右两行"颁行天下一体遵照"八字，均长方形。其样式如后：

内阁奉旨颁布印造大唐通行宝钞，分银并用，饬发天下，便民使用。伪造者斩。告捕赏银七百五十两。隐匿不报同罪。

会昌　年　月　日

"宝钞"是一种书面的允诺，承认随时付给收款人以定量的款者，故若凭票即付而与钱或银并用的。"飞钱"是某人给另一人的书面通知书，要求支付一定数目的款者，故马贵舆先生说："自唐以来，始置为飞券钞引之属，以通商贾之厚庸贸易者，其法盖执券引以取钱，而非以券引为钱也。"（《文献通考·序》）飞钱始自唐宪宗时（八〇六——八〇八），据《新唐书·食货志》说：宪宗以钱少，复禁用铜器，时商贾至京师，委钱诸道进奏院及诸君诸使富豪，以轻装趋四方，合券乃取之，号"飞钱"。（卷五十四）

其初政府加以禁止。然此制实至便利，所以后来政府反自办飞钱，许商人于户部、度支、盐铁三司飞钱，每千缗抽手续费百文。其后因商人不至，故不收费。

元和四年（八〇九）禁之。后民有滞藏物，价侵轻判，度支卢坦请许于户部、度支、盐铁三司飞钱，每千钱增给百钱，然商人无至者。（《续通典·卷十一·食货钱币上》）

此外尚有一种名为"便换"，据陶希圣先生说："实际上，都是一种近于汇票性质的东西。"[1]

有士鬻产于外，得钱数百缗，惧以川途之难费也，祈所知纳钱于公藏，而持牒以归，世所谓"便换"者。（《因话录·卷六》）

第三，我们再来检讨附带的钱货的一种。玄宗开元二十年（七三四）

---

[1] 详见陶希圣、鞠清远著：《唐代经济史》，第五章第109页。

制曰：

绫、罗、绢、布、杂货等交易，皆合通用，如闻市肆必须见钱，深非道理，自今以后，与钱货兼用，违法者准法罪之。(《全唐文·卷廿五·令钱货兼用制》)

……自今以后，所在庄宅、口、马交易，并先用绢、布、绫、罗、丝、绵等，其余市买至一千以上，亦令钱物兼用，违者科罪。(《全唐文·卷廿三·命钱物兼用勅》)

宪宗元和六年（八一一），文宗太和四年（八三〇），亦行此制；元和六年，诏贸易钱一缗以上，参用布帛。(《续通典·卷十一·食货钱币上》)太和四年，诏凡交易百缗以上者，疋、帛、米、粟居半。（同上）

故在唐中叶而后，布帛之交易上，亦与钱币一样的兼用流通。

二、货币的铸造

货币的铸造，可分政府铸造与自由铸造（私人铸造）两种。政府铸造，政府只以其现金鼓铸；自由铸造，政府除自铸外，尚可代人民而铸造。政府铸造又可分两种：（一）为中央铸造，（二）为地方铸造。前者权力集中于中央，后者其权力则分属于地方。唐初是行地方铸造制的，到后来又改变为中央铸造了。其除政府铸造外，是没有自由铸造的，有之，则为私人盗铸而已。唐代盗铸之风很盛，政府虽用严刑以禁之，但无良果，所以影响于当时社会经济的，诚匪浅鲜。

（一）政府铸造

唐初是行地方铸造的。"武德四年七月十八日置钱监于洛、并、幽、益等诸州。秦王、齐王赐三炉铸钱，（右仆射）裴寂赐一炉。……至五年三月二十四日桂州置钱监。"(《唐会要·八十九·泉货》)。玄宗开元时（七一三—七三三），因禁用恶币，致通货紧缩，二十二年（七三四），拟不禁私铸，但以群臣议曰不可，未行。天宝中（七五〇—七五三）乃置天下炉，凡九十九，其岁铸额如下表：

天宝时代岁铸额、炉数、人工及资料表

地名	炉数	岁铸额（单位：贯）	人数	铸币资料	工作时间
绛州	三〇	九九,〇〇〇	九〇〇	每炉约用铜二万一千二百二十斤，白铁三千七百〇九斤，黑锡五百四十斤铜。约每贯钱用铜铁锡价约七百五十文，工匠除外	每年除六月、七月停作，余十月作十番
扬州	一〇	三三,〇〇〇	三〇〇	^	^
润州	一〇	三三,〇〇〇	三〇〇	^	^
宣州	一〇	三三,〇〇〇	三〇〇	^	^
鄂州	一〇	三三,〇〇〇	三〇〇	^	^
蔚州	一〇	三三,〇〇〇	三〇〇	^	^
益州	五	一六,五〇〇	一五〇	^	^
邓州	五	一六,五〇〇	一五〇	^	^
彬州	五	一六,五〇〇	五〇	^	^
洋州	三	九,九〇〇	九〇	^	^
定州	一	三,三〇〇	三〇	^	^
总计	九九	三二六,七〇〇	二,八七〇		

此表根据《通典·卷九·食货钱币下》作成。在岁铸额方面与原书稍有出入，《通典》载为"约一岁计铸钱二十万七千余贯文"。但据统计所得则成三十二万六千七百余贯文。

玄宗时代，实际上已成中央铸造。"开元中，天下铸钱七十余炉，岁盈百万。"（杨于陵语《续通典·卷十一》）天宝时，据上表则天下铸钱增至九十九炉，岁铸三十二万六千七百余贯文。宝应时"盐铁转运使刘晏以江岭诸州，任土取出，皆重蠹贱弱之货输京师，不足以供道路之直，于是积之江淮易铜、铅、薪、炭、广铸钱，岁得十余万缗输京师，及荆扬二州，自是钱日增矣。"（《唐书·卷五十四·食货志》）"大历四年（七六九）正月，关内道铸钱等使户部侍郎第五琦上言：请于绛州汾阳、铜原两监，增置五炉铸钱，许之。"（《旧唐书·卷四十八·食货志》）

德宗时明显的实行中央制造，对于铸造则加以整顿。建中元年（七八〇）九月，户部侍郎韩洄上言：江淮钱监岁出钱四万五千贯输于京师，度工用转送之费，每贯计几两千，是本倍利也。今商州红崖冶山铜益多，又有洛源故监，置十炉铸之，岁计出钱七万二千贯，度工用转送之费，贯计钱九百，则利浮本矣。其江淮七监，请皆停罢，从之。（《唐会要·卷

八十九·泉货》）

又：

"天下铜铁之冶，是曰山泽之利，当归于王者，非诸侯方岳所宜有，今诸道节度都团练使皆占之，非宜也。请总隶盐铁使。皆从之。"（《续通典·卷十一·食货货币上》）

宪宗元和时（八〇六—八二〇），铸币的数目也很大。"（元和）三年（八〇八）五月盐铁使李巽上言：得湖南院申彬州平阳、高亭两县界，有平阳冶及马迹曲木等古铜坑约二百八十余井，差官检覆，实有铜锡。今请彬州旧桂阳监置炉两所，采铜铸钱，每日约二十贯，计一年铸成七千贯，有益于民。从之。"（《唐会要·卷八九·泉货》）"时天下岁铸钱十三万五千缗"。（《续通典·卷十一·食货钱币上》）其分布及岁铸额如下表：

元和三年岁铸额及区域表

监名	所在地	炉数	岁铸额（单位贯）	资料来源
永平监	蔚州		七，〇〇〇	《元和郡县志》
宛陵监	宣州		共五〇，〇〇〇	同前书
梅根监	宣州			
洛源监	商州	一〇	七二，〇〇〇	《唐会要·卷八九》
桂阳监	彬州	二	七，〇〇〇	《唐会要·卷八九》《续通典·卷十一》
总计			一三六，〇〇〇	

据此表，其时岁铸额仅及天宝年间之半。所以元和六年（八一一）又增飞狐监，以五炉，每炉月铸三十万[1]。元和末年（八二〇），天下岁铸增加十五万缗（《玉海·卷一八〇》）[2]。文宗太和八年（八三四），以恶币复见，监铁使王涯置飞狐铸钱院于蔚州，天子岁铸钱不及十万缗。（《续通典·卷十一》）由是钱币的铸造，渐趋减少了。

---

[1] 增蔚州飞狐监以五炉铸钱，每炉每月铸三十万，每炉工作时间以十月计之，则共岁铸一五，〇〇〇贯。以与元和三年合计之，则为一五一，〇〇〇贯。

[2]《玉海·卷一八〇》谓："穆宗时户部尚书杨于陵曰：开元中，天下铸钱七十余炉，岁盈百万。今才十余锤，岁入十五万缗。"按杨为户部尚书在宪宗去位穆宗即位之年，即元和十五年。

（二）盗铸与制禁

因了恶币增多，为使其不出现 Greshman 法则。则（1）政府应严格地禁绝私铸。（2）政府当设法将恶币收归溶铸，使货币数量不过于膨胀，而以稳定物价。唐代当时亦有采用这些方法，但不能长久地维持下去。故盗铸之风不独不缉，反而益盛。致恶币充斥市场，物价涨落不定，人心恐慌，莫此为甚。唐代盗铸之风盛行，大抵因铜钱的出产过多，所以当时铜禁之令，屡见不鲜。其盗铸者取在地，大概是"就陂湖巨海深山之中"。（《通典·卷九》）这些地方，是政府的权力常所不及的。

（A）盗铸及其影响。盗铸几为唐代每个时期都有的，今只录其显要者，以窥一斑：

> 武德四年，……铸开元通宝钱……轻重大小，最为折衷，远近便之。后盗渐起。（《通典·卷九·食货钱币上》）

> 显庆五年九月，以天下恶钱多，令官以五恶钱酬一好钱赎取。至十月，以好钱一文博恶钱两文。（《唐会要·卷八十九·泉货》）。乾封元年改铸乾封泉宝钱，……明年，……复行开元通宝钱，天下皆铸之。然私钱犯法日蕃，有以舟筏铸江中者。……仪凤中，濒江民多私铸钱为业。……四年，命东都粜米粟斗别纳恶钱百，少府司农毁之，是时铸多钱贱，米粟踊贵。（《唐书·卷五十四·食货志》）

> 武后时，钱非穿穴及铁锡铜液皆得用之，熟铜排斗沙涩之钱皆售。自是盗铸蜂起，江淮游民，依大山陂海以铸，吏莫能捕。（《唐书·卷五十四·食货志》）

> 神龙先天之际（七〇五—七一二），两京用钱，尤甚滥恶。其私铸小钱，才有轮郭，及铁锡之属，亦堪行用，乃有买锡以钱模之，斯须盈千，便贵用之。（《通典·卷九·食货钱币下》）开元五年，（七一五），宋璟知政事，奏请一切禁断恶钱。六年正月，诏文切禁断。天下恶钱不堪行用者，并销破覆铸。由是四民扰骇，谷帛踊贵。（《唐书·卷五十四·食货志》）

以上是受盗铸影响的较显要的例子。肃代而后，亦有很多同样的发生，兹为节省篇幅计，恕不赘举。对于这些私铸的恶币，吾人很容易观察到：（一）影响货币价值，使良币受恶币的驱逐。（二）因了货币数量过多，则币值降低，物价必随上涨。

（B）禁止铸币的方法。唐代禁止盗铸的方法，有两种：（一）为消极的是铜禁。（二）为积极的是刑禁。前者是犯法行为发生之先而预防的，后者为犯法行为发生之后而惩戒的。兹分述如下：

①铜禁。为减少人民无意盗铸的行为，则有预防地铜禁。玄宗十一年（七二三）有申严铜禁制：

> 古者作钱以通有无之乡，以平大小之价，以全服用之物，以济单贫之资。钱之所利，人之所急；然丝布财谷，人民为本，若本贱末贵，则人弃贱而务贵，故有盗铸者冒严刑而不悔，藏镪者非倍息而不出。今天下泉货益少，币帛颇轻，欲使天下流通，焉可得也！且铜者，馁不可食，寒不可衣，既不堪于器用，不同于宝物，唯以铸钱使其流布。宜令所在加铸，委按察使申明格文，禁断私卖铜锡，仍禁造铜器，所在采铜铅官，为市取勿抑其价，务利于人。（《全唐文·卷廿三》《通典·卷九》略同）

> （代宗）大历七年（七七二），禁天下新铸造铜器，唯镜得铸，其器旧者，不得货鬻。（《续通典·卷十一·钱币上》）

> （宪宗）贞元九年（七九三）正月，张滂奏，诸州府公私诸色铸造铜器杂物等，伏以国家钱少损失多门与贩之徒。潜将销铸，每销钱一千，为铜六斤，造为杂物器物，则斤直六千余。其利既厚，销铸遂多，江淮之间，钱宝减耗，伏请准从前勒文，除铸镜外，一切禁断。（《唐会要·卷八九·泉货》）

又：

> 禁卖铜器。天下有铜山任人采取，其铜官买，除铸镜外，不得铸造。十年，敕铸造铜器不须禁止。其每斤买价，值不得过一百六十文。如有销钱为铜者，以盗铸罪论。（《续通典·卷十一·钱币上》）

宪宗元和元年（八〇六），以钱少，禁用铜器。三年（八〇七）又诏禁采银：

> 天下有银之山必有铜，铸铜者可资鼓铸，铸银者无益于生人。权一重轻，使务专一，其天下自五岭以此。见采银坑并宜禁断。采银一两者流他州，官吏论罪。（《续通典·卷十一·钱币上》）①

铜禁制既定，销铸为器，固属犯法；销钱为佛像，亦在禁止之列：

> 敬宗宝历元年（八二五），河南尹王起请销钱为佛像，以盗铸钱论。制可。（《续通典·卷十一·钱币上》）

②刑禁。有故意盗铸的行为，则惩以刑罚。

> （高宗）永淳元年（六八二）五月，敕私铸钱造意人及句合头首者并处绞，仍先决杖一百。从及居停主人，加役流，各决杖六十。若家人共犯，坐其家长；老疾不坐者，则罪归以次长。其铸钱处邻保配徒一年，里正、坊正、村正各决六十。若有纠告者，即以所铸钱毁破并铜物等赏；纠人同犯自首免罪，依例酬赏。（《通典·卷九·钱币下》）

制定禁铸之法，恶钱来源则可减少。但为使恶钱禁绝起见，乃有禁用恶钱之法，这使盗铸者，益难求其利。

> （文宗）太和三年（八二九）六月中书门下奏准，……自今以后，有用铅锡钱交易者，一贯已〈以〉下，以州府常行杖决脊二十；十贯以下，决六十，徒三年；过十贯以上，所在集众决杀。其受铅锡交易者亦准此处分。其所用铅锡钱仍纳官。其能纠告者，每贯赏钱五千文；不满一贯，准此例；累赏至于三百千，仍且取当处官钱给付。其所犯人罪不至死者，征纳家资，充填赏钱。……可之。（《唐会要·卷八九·泉货》）

---

① 据《续通典·卷十一》注："按韩愈《钱重物轻状》云：'五岭买卖，一以银元。'元微之《钱货议状》：自岭以南以金银为货币，其时天下惟用钱，白金尚未通行也。"故此时禁止采银。

三、物价变迁与货币政策

（一）主要物价的变迁

唐代的货币，既常受私铸的影响，致恶币屡将良币驱逐，货币数量，亦随变动，其时物价，则起相反的变迁。兹将唐代的米价和帛价涨跌的情形，列表如下：

唐代米价帛价变迁表

帝号	年代	西历	米价（单位：斗）	帛价（单位：匹）	备考	资料来源
太宗	贞观	六二七—六四九	三钱		据唐初《食货志》云："贞观初米斗四五钱"	《旧唐书·魏征传》
玄宗		七一三—七五五	五钱（青齐）十钱（东都）			《旧唐书·玄宗本纪》
玄宗	天宝三年	七四四	三钱（青齐）十三钱（东都）	二〇〇钱	此因一时钱轻物重的反常状态	《唐书·食货志》
肃宗	乾元元年	七五六	七千		同前	《唐书·食货志》
代宗	永泰元年	七六五	一，〇〇〇钱 一，四〇〇钱（京师）		每斛万钱	《旧唐书·代宗本纪》，同前《食·货志》
代宗	永泰二年	七六六	五〇〇钱	二，〇〇〇钱	帛价为政府纳税的折价	《元次安集·卷七》，永泰二年进士第四题及《全唐文·李翱疏改税法》
德宗	建中元年	七八〇	二〇〇钱	三，二〇〇钱	陆宣公奏议均节赋税恤百姓条	
德宗	贞元初	七八五	一五〇钱	一，五〇〇钱	同前及减东都水运收脚条	
宪宗	元和十四年	八一九	五〇钱	八〇〇钱		《全唐文·李翱疏改税法》
穆宗	长庆元年	八二一	一〇〇钱		粜米监百钱	《唐书·食货志》

续表

帝号	年代	西历	米价（单位：斗）	帛价（单位：匹）	备考	资料来源
文宗	开成元年	八三六	二五钱			《全唐文·卷九六七·开成元年一日度支清贵粜便农》
僖宗	中和	八八一—八八四	三十千钱		长安米价	《旧唐书·黄巢传》
僖宗	光启	八八五—八八七	三十千钱			《旧唐书·僖宗本纪》

据上表，我们可以看出唐代主要物价的变迁，米价以乾元元年之七千，永泰元年之一千及一千四百（京师），建中元年之二百，中和、光启之各三十千为较高额，其因各个时代的货币情形不同，故其物价之高低亦异。兹将分述如下。

（二）恶币驱逐良币

物价变迁的第一个情形，便是受恶币驱逐良币的影响。依Greshman的法则：如有两种以上的货币，法律上均可通用，如其中的一种用作交易以外之用途，而价值较高者，则价值较低之货币，将必代替价值较高者而流通。惟此两者的总数额，须超过全国货币之需要，而且须不为风俗或舆论反对为准则。唐代货币的情形，我们很可以将代入这个公式来考察：

（高宗）显庆五年（六六〇）九月，以天下恶钱多，令官私以五恶钱酬一好钱赎取。至十月以好钱一文博恶钱两文。（《唐会要·卷八九·泉货》）

这是恶钱过多的现象。恶钱较好钱的价值低，则恶钱将把好钱驱出市场之外。所以当时以恶钱太多，乃规定恶钱五倍（后定为二倍）换好钱。钱币数量过多，则钱值轻，而物价乃相反地上涨。

（高宗）仪凤四年（六七九）四月，令东都出远年糙米及粟，就市粜斗别纳恶钱百文，其恶钱令少府司农相知即令铸破，其厚重合斤两者，任将行用。时米粟渐贵，议为铸钱渐多，所以钱贱而物贵，于是权停少府监铸钱寻而复旧。（《通典·卷九·钱币下》）

建中二年（七八二），诸道使包佶奏，江淮百姓，近日市肆交易，钱多粗恶，捡择纳官者三分才有二分余，并铅锡铜荡不敷斤两，致使绢价腾贵，恶钱渐多。访诸州山野地窖，皆有私钱转相贸易，奸滥渐深。今后委本道观察使，明立赏罚，切加禁断。(《续通典·卷十一·钱币上》)

恶币过多时，常常代替了良币的流通地位。盖恶币价值降低，则物价踊贵，良币无形中被驱出市场之外，而被收藏了。

(三) 收缩货币 (Deflation of Money) 策

钱币过多，致币价低而物价高。此时应实行收缩政策 (Deflation Policy)，将钱币减少，提高币值，而使物价下跌。这是物价变迁的第二个情形。

肃宗上元元年 (七六〇) 诏曰：因时立制。顷议新钱，且是从权，知非经久。如闻官炉之外，私铸颇多，吞并小钱，逾滥成弊，抵罪虽众，禁奸未绝。况物价益起，人心不安，事藉变通，期于折衷。其重棱五十价钱，宜减作三十文行用；其开元旧时钱，宜一当十文行用；其乾元十当钱宜依前行用。仍令中京及畿县内依此处分诸州待进止。寻敕重棱五十价钱，先令畿内减至三十价行。其天下诸州并宜准此。(《续通典·卷十一·钱币上》)

依这样的规定，是把重棱钱贬值为百分之六十，亦即无形中把重棱钱收缩了百分之四十了。

肃宗宝应元年 (时代宗已即位)，改行乾元钱，一以当三。乾元重棱小钱，亦以一当二；重棱大钱，一以当三。寻又改行乾元大小钱，并以一当一，其私铸重棱大小钱，不在行用之限，人甚便之。(《旧唐书·卷四八·食货志》)

依乾元时钱币的行用，乾元重宝钱 (乾元十当钱) 一以当开元通宝钱十；乾元重宝 (重棱钱) 一以当开元通宝钱五十。到了肃宗上元时将重棱价值贬低百分之四十，将一当五十改作三十，盖因当时物价反常，米价竟至每斗七千，以与玄宗天宝三年米每斗十三钱 (青、齐间每斗三钱)，(此亦反常状态，其平常价格，玄宗时代东都为十钱，青、齐间为五钱）较之，则大为高涨了。宝应时又改行乾元钱一当三，初以重棱大钱一当三，重棱小钱一当二，后又将之均改作为一当一，这样一来，把乾元钱再行贬值，无形中又将乾元钱收缩了。盖是时物价大涨，代宗永泰元年（代宗即位之三年）米价竟每斗一千钱，京师米每斗一千四百钱。到了永泰二年，米价方下跌至五百钱。这都是收缩货币的影响。

（四）膨胀货币（Inflation of Curreney）策

物价变迁的第三个情形，便是膨胀通货。膨胀通货是与收缩通货相对立的。在金融过于紧缩，致币高而物价低的时候，则适用膨胀通货策。膨胀通货的意义，系指压低币值，提高物价而言，因此，凡足以压低币值提高物价者，皆为膨胀通货；反之，凡足以提高币值压低物价者，则皆为收缩通货。膨胀通货的方式怎样？其方式至少有如下六种[①]：（1）增加本位币或"本位货物"；（2）滥发不换纸币；（3）扩充银行信用，即增加银行放款；（4）放弃金属本位，亦不换纸币，但统制发行额以安定其国内购买力，设立汇兑平衡基金，以操纵其汇兑；（5）减低货币单位的成色；（6）收买黄金白银，以增加准备金，多发纸币。这六种方式是按现代情形而定的。唐代的膨胀通货方式，大体上有如下四种：

（A）增铸钱币——如高宗乾封元年，玄宗开元、天宝，肃宗乾元，代宗大历四年，德宗建中，宪宗元和，文宗太和各时，均行增铸钱币的[②]。

（B）钱货并用——这亦是增加筹码一种方法。如玄宗开元二十年定"钱货兼用制"，宪宗元和六年、文宗太和四年亦均行此法[③]。

（C）行用"宝钞""飞钱"——这是行使钞票及汇票，以增加筹码的数

[①] 根据张素民先生《货币银行学》讲义，或见其著《白金问题与中国币制》第三十七页。此定义亦为张先生所下。但据通货膨胀旧说之代表者美国 Walter E. Spahr 说："凡因货币或信用之增加而引起购买力之扩大，而此货币或信用的增加，并没有充分的准备，或商品为其基础者，这种状态，即为通货膨胀。凡因债权者之压迫，或因恐惧心理，因而引起收缩现象，以偿还债务或避免或减轻亏累者，这种状态，成为通货紧缩。"（见氏著 "Inflution" 一文，载于 American Economic Review June 1934）。至新说之代表者，则为德国之 Wagemann 氏说："凡通货及信用数量不断增加，物价不断上涨，其增涨之速度超过生产增加之速度者，为通货膨胀；反之，如通货及信用数量不断减少，物价不断下落，因而引起生产之收缩者，为通货紧缩。"（见氏著 Struktur und Rhythmus dar Weltwirtschacft, Berlin, 1931, 第286—298）。详论见朱偰氏著《通货管理货币紧缩与通货膨胀》，《东方杂志》第三十三卷第一号。
[②] 参阅本文第一节及第三节。
[③] 参阅本文第一节。

量和流通的一种方法。如高宗永徽年间,武宗会昌年间行用的"宝钞"、宪宗时商民行使的"飞钱"是[①]。

（D）限制人民藏钱——人民藏钱与货币流通额成反比,即人民藏钱增加,则货币流通额减少;反之,人民藏钱减少,则货币流通额增多。故限制人民藏钱,亦为膨胀通货之一法。如宪宗元和四年（八〇九）诏:"积钱以七千缗为率,除合贮数以外,一万缗至十万者,期以一年,出之十万。至二十万者,以二年。"（《续通典·卷十一·钱币上》）

基上四种,货币数量的增加,均能使物价提高的。就学理上言之,依货币数量说（The Quantity Theory of Money）,货币价值是与其数量为转移,物价则与货币流通率成正比例[②]。流通率与交易量若不变,无论将货币改称双数,或裁减重量,或增铸一倍,或用他种方法增加货币的元数,物价亦必照同一比例增涨[③]。所以唐代膨胀通货,是调剂金融,使物价提高的。

四、货币理论及其批判

货币数量的增减,既影响于物价的涨跌,故唐代货币之增加与减缩的理论,因之而兴。其理论约可分为:（1）自由铸造论。（2）利用铜物论。（3）钱货（财货）并用论。（4）管理货币论四种。兹将之叙述并讨论如后。

（一）自由铸造论

自由铸造,我们已在上面讨论过了。即政府规定货币一定的成色,准许人民铸造或政府代其铸造。方今世界各国,关于本位的货币,皆采自由铸造,而辅币则为政府铸造。唐代钱币自由铸造论,起自开元二十二年（七三四）:

> 开元二十二年,中书侍郎张九龄,初知政事,奏请:不禁铸

[①] 参阅本文第一节。
[②] 详见 J.T.Holdsworth：Money and Banking.P.88.
[③] 参阅 J.Fisher：The Parechasing Power of Money.（haPter Ⅱ）
至其研究的结果,参见货币数量与物价之关系的方程式如下:
M= 货币流通额。
V= 货币流通速度。
M'= 信用流通额。
V'= 信用流通速度。
T= 货易总额或交易额。
Equation of exchange：$P=(MV+M'V')/T$

钱。(《旧唐书·卷四十八·食货志》)

这个奏请,是因为官铸所入无几,约工计本劳费又多,同时因当时流通的钱币甚少,致物价低落,故有开放私铸之议,这是不得已的苦衷的。

玄宗令百官详议。(《旧唐书·卷四十八·食货志》)

当时诸官议曰不可行:

> 黄门侍郎裴耀卿、李林甫,河南少尹萧炅等,皆曰:"钱者通货有国之权,是以历代禁之,以绝奸滥。"今若一启此门,但恐小人弃农逐利而滥恶更甚,于事不便。"(《旧唐书·卷四十八·食货志》)

在监门卫录事参军刘秩尚有一篇上议书,从这里面,我们可以看出它是一篇最有高远的见识而富于经济思想的一篇文章。兹不以烦厌,将其全文录后。据《全唐文·三百十二卷文》云:

> 伏奉今月二十一日敕,欲不禁铸令百僚详议可否者。夫钱之兴,由来尚矣,将以平轻重而权本来。齐桓得其术而国以霸,周景失其道而人用弊,考诸载籍,国之兴衰,实系于是。陛下思变古以济今,欲反经以合道,而不即改作,询之刍荛。臣虽愚蠢,敢不荐其闻见。古者以珠玉为上币,黄金为中币,刀布为下币。管仲曰:夫三币,握之则非有补于暖也,含之则非有损于饱也。先王守财物,以御人事,而平天下也,是以名之曰衡。衡者使物一高一下不得有常,故与在之君,夺之在君,贫之在君,富之在君,是以人载君如日月,亲君如父母。用是术也,是为人主之权。今之钱即古之下币也,陛下若舍之任人,则上无以御下,下无以事上,其不可一也。
>
> 夫物贱则伤农,钱轻则伤贾。故善为国者,观物之贵贱,钱之轻重。夫物重则钱轻,钱轻由乎物多,多则作法收之使少,少则重,重则作法布之使轻,轻重之本必由乎是,奈何而假于人?其不可二也。

夫铸钱不杂以铅铁则无利，杂以铅铁则恶。恶不重，禁之不惩以惩息。且方今塞其私铸之路，人犹冒死以犯之，况启其源而欲人之从令乎？是设陷井而诱之入，其不可三也。

夫许人铸钱无利则人不铸，有利则人去南亩者众，去南亩者众则草不垦，草不垦又邻于寒馁，其不可四也。

夫人富溢则不可赏劝，贫馁则不可以威禁，法令不行，人之不理，皆由贫富之不齐也。若许其铸钱，则贫者必不能为，臣恐贫者弥贫而服役于富室，富室秉之而益恣。昔汉文之时，吴濞诸侯也，富埒天子，邓通大夫也，财侔王者，此皆铸钱之所致也。必欲许其私铸，是与人利权而舍其柄，其不可五也。

陛下必以钱重而伤本，工费而利寡，则臣愿言其失以效愚计。夫钱重者，犹人日滋于前，而炉不加于旧，又公钱重与铜之价颇等，故盗铸者破重以为轻钱，钱轻禁宽则行，禁严则止，止则弃矣。此钱之所以少也。

夫铸钱用不赡者在乎铜贵，铜贵在采用者众。夫铜以为兵则不如铁，以为器则不如漆，禁之无害，陛下何不禁于人？禁于人则铜无所用，铜益贱则钱之用给矣。夫铜不布下，则盗铸者无因而铸则公钱不破，人之犯死刑，钱又日增，末复利矣，是一举而四美也。惟陛下熟察之！

禁止私铸，是限制货币滥恶的一法，但在货币过于紧缩的时候，货币的购买力便增高，而一般物价则相反地趋于下跌，此时就应增加货币额以调剂之。增加货币的方法，依刘秩的意见，开放私铸是有很多危险的，不如实施铜禁，铜器既禁止，则铜之用途减少，铜之价值便低，而钱币便可以增铸了。同时以政府的力量，按物价水准的高下，伸缩货币，调剂物价，则一时钱荒，便可挽救了。

（二）利用铜物论

禁用铜器的议论，除刘秩外，玄宗十一年诏行严铜禁制，代宗大历七年禁天下新造铜器。到了德宗贞元九年，张滂便有奏请禁止熔钱为器。

张滂奏：诸州府公私诸色铸造铜器杂物等。伏以国家钱少。损失多门，兴贩之徒，潜将销铸，每销钱一千为铜六斤，造为杂物，则斤直六千余，其利既厚，销铸遂多，江淮之间，钱宝减耗。伏请准从前敕文，除铸镜外，一切禁断。(《唐会要·卷八九·泉货》)

禁止私人将钱熔铸，是可减免钱币紧缩之苦的，但在另一方面，谋增铸钱币，则有收市人间铜物熔铸钱币之议：

十五年八月，中书门下奏：伏准群官所议铸钱，或请收市人间铜物，令州郡铸钱。……欲令诸道公私铜器，各纳所在节度团练防御经略使。……仍令本处军人熔铸，其铸本请以留州留使，年支未用物，……充所铸钱。(《旧唐书·卷四十八·食货志》)

将天下铜物收为熔铸，虽可增加货币的数量，但有一定的限制。苟欲使铜货之供给永久不断，那就要实行开矿了。元和三年五月，盐铁使李巽上言：

得湖南院申彬州平阳、高亭两县界，有平阳冶及马迹曲木等古铜坑约二百八十余井，差官检覆，实有铜锡。今请于郴州旧桂阳监置炉两所，采铜铸钱，每日约二十贯，计一年铸成七千贯，有益于民。(《唐会要·卷八九·泉货》)

(三) 钱货并用论

增加货币的进一步之说法，厥为钱货（财货）并用的理论。唐代钱货兼用之制，始定于玄宗开元二十年，以后实行者有宪宗和文宗等时代。然其理论之值得研究者，有德宗时齐抗的和穆宗时杨于陵的，兹分述之如下：

十二年，河南尹齐抗复论其弊，以为陛下变为两税，课纳有时，贪暴无所容奸。二十年间，府库充牣，但定税之初，钱轻货重，故陛下以钱为税。今钱重货轻，若更有税名以就其轻，其利有六：吏绝其奸一也。人用不扰二也。静而获利三也。用不乏钱四也。不劳而易知五也。农桑自劝六也。百姓本出布帛，而税反配钱。至输时复取布帛，更为三估计折，州县升降成奸。若直定布帛，无估可折，盖以钱为税则人力竭，而有司不之觉。今两税出于农人，农人所有，唯布帛而已，用布帛处多，用钱处少，又有鼓铸

以助国计，何必取于农人哉！（《文献通典考·卷三·田赋考》）

杨于陵亦作同样的主张：

> 王者制钱以权百货，贸迁有无，变通不倦，使物无甚贵甚贱，其术非他，在上而已。何则？上之所重，人必从之。古者权之于上，今索之于下；昔散之四方，今藏之公府；昔广铸以资用，今减炉以废功；昔行之于中原，今泄之于边裔。又有同井送终之哈，商贾贷举之积，江湖压覆之耗，则钱焉得不重，货焉得不轻？……今宜天下两税榷酒监利，上供及留州送使钱，悉输以布帛谷粟，则人宽于所求，然后出内府之积，收市廛之滞，广山铸之数，限边裔之出，禁私家之积，则货日重而钱日轻矣。（《续通典·卷十一·钱币上》）

这种钱货并用之税，实足与经济学鼻祖亚当·斯密（Adam Smith）曾倡的以五谷为货币本位之说相比美[1]。在货币紧缩的时候，以货物（布帛等）代替钱币之一部分的流通，则货币数量和流通率均有增加，而物价亦可减低了。这种钱货并用的方法，在货币紧缩物价高涨的时候采行，确是很有益而且易举的事。惟对钱与物的比价，则稍须甚为考虑耳。

（四）管理货币论

主张管理货币（Managed Money）者，开元二十二年（七三四）时有刘秩的建议。

> 夫物贱则伤农，钱轻则伤贾，故善为国者，观物之贵贱，钱之轻重。夫物重则钱轻，钱轻由乎物多，多则作法收之使少；少则重，重则作法布之使轻。轻重之本，必由乎是。（全文见前）

物价表现于货币的，物价过高，则为货币购买力降低之象征；反之，物价过低，乃为货币购买力增加之表现。故刘秩的主张，以为在物价过涨、钱币过多的时候，应施行货币紧缩之策以限制之，使物价逐渐回复其常态；反之，在钱币过少、物价被刺激而低落的时候，则应施行货币膨胀之策以调剂

---

[1] 后人都称亚当·斯密为经济学之鼻祖，但考堵哥（Turgot）法（1727—1731）在一七四九年已著《纸币论》，而亚当斯密的《原富》（《国富论》）则在一七七六出版。

之，使物价渐趋上涨。这种货币盈缩的方法，当由政府实行之。货币盈缩的具体方法怎样呢？以哪些人为实际施行者呢？刘秩并没有明确地表示。直至德宗建中年间（七八〇—七八三）陆贽（宣公）才有进一步的阐明。

> ……物贱由乎钱少，少则重，重则加铸而散之使轻；物贵由乎钱多，多则轻，轻则作法而敛之使重。是乃物之贵贱，系于钱之多少，钱之多少，在于官之盈缩。……（《全唐文·卷四六五》陆贽请两税以布帛为类不计钱数）

陆贽在上面指出，（1）物贱由于钱重，钱重则加铸而调剂之使轻。（2）物贵由于钱轻，轻则敛收之使重。（3）实际施行管理钱币者在官。这是积极的主张。至于消极的主张，则为广即由殖货之功，峻用铜为器之禁，这样一个学说，在大体上已具雏形了。

管理货币为管理通货（Managed Currency）之一部门。管理通货之说，虽导源于李嘉图（Ricardo），然盛倡于欧战之后。欧战以还，因通货紧缩及通货膨胀关系，币值及物价，上落不定，影响不良，于是管理通货以稳定物价之说，始大为发达。美之 Fisher，英之 Keynes，瑞典之 Wicksell，德之 Wagemann（□氏于一九三二年提出货币及信用改革案，实即为一种管理通货）其尤著者。此中尤以 Keynes 集其大成，其在一九三〇年出版之 "A Treatise on money" 对于管理通货，演绎为明确的学理，完整的系统之学说。

彼以管理通货的根本原理究为物价变动历常，实足以阻碍生产的发展，破坏财政的均衡，影响个人的生计，故物价应予以稳定。然政府对于物价，除不能直接控制；惟有间接地借货币及信用的数量，适应生产及一般社会经济的需要，使之伸缩自如，而稳定物价。故管理通货并不排除通货膨胀及通货紧缩，如生产及一般社会经济需要减少，则当收缩通货以适应之，使物价不致上涨；反之，如生产及一般社会经济需要增加，则当膨胀通货以适应之，使物价不致下落。盖当紧缩不紧缩，则物价上涨，造成通货膨胀的现象；当膨胀通货而不膨胀，则物价下跌，酿成通货紧缩的恶果。

观此，若将 Keynes 之说和陆贽的议论作比较，我们则知管理货币学说的雏形，在我国中古时期已有发明（西元七世纪），惜未有继续研究者使其成一有明确之理论及完整之系统的学说。不然货币数量说及管理通货说，早在我国实现了。

五、结论

总括起来，我们可得如下的结论。

唐代的货币，大体上有三种：一是钱币，一是纸币和另一种是钱货（财货）。钱币有开元通宝、乾封泉宝、乾元重宝钱（乾元十当钱）、乾元重宝（重棱钱）和史思明铸的顺天元宝五种。纸币有宝钞和飞钱两种，宝钞又可分为大唐宝钞和大唐通行宝钞两类。飞钱和宝钞，必系印行，惟正史并没有载明，或系书写之券，加官印于其上，而以骑缝为凭。此项飞钱和宝钞，今无存者，有之，亦系赝品。（卡德语见）[①] 宝钞即系现今的信用纸币，飞钱与现今的汇票相当。钱货兼用，是在玄宗开元二十年制定的，宪宗、代宗时候行过，这种钱货，是为布帛，是在货币紧缩的时候，以作交易筹码和纳税之用的。

唐代钱币的铸造，可说为盗铸世界，恶币常较良币超出数倍。如：

> 显庆五年九月，以天下恶钱多，令官以五恶钱酬一好钱赎取。至十月，以好钱一文博恶钱两文。

本来唐初是行地方铸造的，但未久即行政府铸造了。政府铸造，苟因铜价比钱价低，则人民竞相私铸；若铜价比钱价高，则人民熔钱为器。如：

> 长安城中竞为盗铸，寺观钟及铜象多坏为钱，奸人豪族犯禁者不绝。京兆尹郑叔清擒捕之，少不容纵，数月间榜死者八百余人。（《旧唐书·食货志》）

> 张滂奏：……伏以国家钱少损失多门兴败之徒，潜将销铸，每销钱一千为铜六斤，造为杂物，则斤直六千余。（《唐会要·卷八九》）

当时铸禁很严，而处罚盗铸者亦很厉害，但结果也不能禁绝私铸。私铸的人，大抵是居于陂湖巨海深山之中，那处是政府权力所不及的。

[①] 详见卡德著《中国印刷术源流史》（刘麟生译）第十一章，纸币之印行载于《出版周刊》（商务）新一九六号。

唐代货币的政策，有曾实行过收缩货币，有曾实行过膨胀通货。关于货币的理论，约有（1）自由铸造论。（2）利用铜物论。（3）钱货并用论。（4）管理货币论四种。

现在最值得吾人注意者，我国的纸币的汇票，始源于唐代，在西元七世纪时已发生了。至货币的理论，我国亦在西元七世纪时见有管理货币学说的雏形；在西洋，其于十七世纪以后，方有此说之倡导，直至欧战以后，才有明确的理论和完整的系统之著作出版。在此相较之下，我们祖先的脑力毕竟不弱，我辈后人应当如何努力以继之呢？

一九三六年九月二七日于上海真如
《食货半月刊》，1936 年 4 月第 11 期

唐代中叶以后的货币问题

傅安华

魏晋至唐初，社会经济发展的主流是农业与手工业结合的自然经济。在这阶段上财富的最高形式是布帛谷粟。但等到自然经济发展到相当高度，商业也必要在温室里迅速繁荣。商业繁荣是自然经济的新矛盾，发展到相当时候，必要与当时的经济制度相冲突。货币问题便是这种冲突中之一个。

在唐代，安史之乱是一个很好的社会经济史的分野。安史之乱以前，大批矛盾都在宇内升平的局面下发展着。安史之乱以后，社会内部的矛盾都乘机爆发，升平的外表揭破，露出来的，便是千疮百孔的真实形态。在这种形态的社会中，一切问题都是复杂的存在。一个问题都可以牵扯到社会全体，其严重性决非安史之乱前的情形可比。所以我们谈到货币问题也以安史之乱后的情形为主。

一、货币问题的发生

在自足的自然经济中，因为交换不甚发达，所以作为交换手段的货币，主要的是代表当时最高财富形式的布帛谷粟。及至商业繁荣后，布帛的流通不便，必然的要扩大铸币的行使。但政府方面为了经济组织及自然条件的限制，决不能立即适应这种要求，结果在商业上便形成铸币不足的现象。同时在社会上一般狡桀的商豪，利用铸币缺乏便大规模地偷铸恶币，权且代替好钱流通于市场上。唐代高宗以来这种事例已经很多。但恶钱数量加多，必要有两种结果产生：第一是货币自己的价值减低，物价高涨。武后光天元年九月间长安物价暴涨便是由于用钱太恶。(《唐会要》卷八九) 第二是好钱减少。

大都被富家储藏起来或被偷铸者销毁。这种现象对于一般消费者极不利，政府不得不出来谋改革。其改革的方法即是禁断恶钱。一方面严禁私铸，一方面尽力收市面上的恶钱。执行这种方策最厉的是开元时代的萧隐之。但经过事实的证明，这种方案是完全失败的。第一，好钱不能大量增加而专禁恶钱，恶钱禁断后所得到的结果是"百姓喧然，物价动摇，商人不甘交易"。（《唐会要》卷八九）。第二，私铸利厚，且为商业上所急需，政府的力量决不能够完全禁止。这种方策失败后，继续而来的便是增铸。在开元十年曾下诏："所在加铸，禁卖铜锡及造铜器者。"（《唐会要》卷八九）到开元二十二年宰相张九龄以为："官铸所入无钱，而工费多。"乃建议许人民自铸。此事在政府曾有过详细的讨论。结果虽然被否决，但铸币之缺乏于此可见。当时反对纵人民自铸最有力的见解是刘秩所谓："铸钱不杂铅锡则无利，杂则钱恶"。钱虽多而质料恶，一样的不能解决货币问题的困难。张九龄的方策既不行，政府仍然侧重在广收铜锡增加官铸。如李林甫所谓："税铜折役，则官冶可成"。刘秩所谓："禁铜则人无所用，盗铸者少，公钱不破，人不犯死，钱又日增，是一举而四美矣"。在工费方面也力求缩减，征发农民为钱工。当时铸钱之州共有十一，铸炉有九十九所，岁铸钱三十二万七千缗，为有唐一代铸钱之最高额。到开元二十六年，西京钱的流通较好，物价日渐稳定，货币问题之严重的发展，至此稍为迟缓。虽然不久又因为政府对好钱储藏太多，恶钱一度再盛，但经过政府以好钱兑换之后，便恢复正常的状态。所以在天宝十余年中，并不曾发生过严重的货币问题，各地的商业，在这一段平稳的期间也得到了新的发展。

以上是关于安史之乱以前的货币问题的情形。在此，我们要注意此时的货币问题是很单纯的形态，也可说是矛盾初期的发展。因为在此时铸币所通行的范围，仅在各大都市的商业上。一般的农村尚能正常地维持其布帛货币，所以铸币恐慌的影响也只限于各大都市间，农村所受到的影响很少。

二、都市与农村的货币联系

安史之乱后，货币问题随着社会矛盾之爆发而再盛。并且与其他的社会问题结下了不可解的连环，在本质上已经不像安史之乱前的货币问题那样单纯，它是全社会矛盾中复杂的存在。在此，我们应当先提出这种复杂存在的一个基础关系。

安史之乱前十余年中，因为货币流通的调顺，乃促进商业更向前发展。但商业再度发展后，必要给社会一种反作用，即是扩张商业及货币经济的范围，开始分解农村自足的生产状态。首先以商人与地主为两级将都市与农村结成一个货币的联系。经过安史之乱，黄河流域的都市及农村虽然一度破坏，但在江南、淮南一带却未曾受到战乱的影响，商业经济仍然正常地向前进展，并且维持已成的都市与农村的货币联系。这种商结条件，在战乱平定后，便直接决定了政府解决财政困难的行动。北方经过安史之乱，一方面是都市破坏，财富的损失极多。他方面是农村经济关系起了变革——自耕农没落，土地及人口均集中于庄园下。政府于此情形下，在都市中搜刮固然是毫无可得，依赖农村的税收也同样的没有希望（由课口之急剧减少可以看出）。出而〈面〉解决此种财政困难的，便是杨炎的"两税法"及赵赞的"税商政策"。税商不消说是以铸币为本。而自"两税法"后，赋税的征收也改为一部分以钱币数额计算，另一部分则直接以铸币缴纳。这种变革无疑是受当时货币经济发展的决定。因为在当时商业交换上，铸币的行使已经很广，布帛逐渐被排斥，消失其货币的机能。政府在这种商业势力包围中，为了增加其富力使财政灵活起见，不得不大量地征集铸币。经过这种赋税改革后，都市与农村的货币联系由于量的普遍而改变其本质：初时是由社会自然的力量相联系，现在改为由政治的力量相联系。初时仅是地主富农与都市商人间的联系，现在改为全部农民与政府、商人（农民为了获得货币必须要与商人发生交换）的联系。初时自由的性质较大，现在强制的性质较大。

农村与都市既结成这样牢固的货币联系，所以每次遇到货币问题发生，不但要影响都市，并且影响到农村。而农村所受的影响往往比都市要严重得多。

三、货币问题之发展

现在我们再进而看一看唐中叶以后（安史之乱后）货币问题的发展及其严重化的原因。

开元天宝以来，宇内太平，商业日益向前发展。中国虽经过安史之乱，但南方商业并未受到打击。所以在安史之乱后，以南方的富力，和北方的政治力，不久便把南北的商业关系恢复起来。同时这社会矛盾发展而来的土地人口集中——庄园的扩大及普遍化——使官僚地主的财富加入，这种大量的财富逐渐的都流向商业里面。这也是使商业在乱后急速繁荣的一种动力。在这样繁荣的商业中，钱币已能充分地发挥其力量，代替布帛而成为社会上财富的最高形式。所以在安史之乱后财政窘抽的时候，铸钱使第五琦便建议以膨胀铸币购买力的方法来解决财政的难关：

> 乾元元年（纪元七五八年），铸乾元重宝，每缗重十斤，以一当开元通宝（旧钱）之十（开元通宝每缗重六斤四两）。不久，又铸重轮乾元钱，每缗重十二斤，以一当开元通宝之五十。这样，诚然可以增加政府的富力，但这种方法决不适用于战后人民衣食困难的社会。所以结果是："物价腾踊，斗米至七千，饿死者满道。"（《新唐书·食货志》）

不过，我们可以看出在当时社会上铸币已是如何的重要。铸币的机能既然加大，流通的范围亦扩广，数量方面是不是也随之增加呢？决定货币数量的要素，是流通范围及其流通速度。现在货币的流通范围既已扩广，其流通速度怎样呢？在当时商业虽然已经很繁盛，但自然条件的限制依然很多。并且主要商业大都是在各都市间或都市及边境上，其路途既遥远，又没有良好的交通工具（当时唯一的交通及运输工具，在陆路便是驴与牛车，在水路便是帆船），更没有扩大的信用制度。所以商人持现钱经商必要有数月或一二年的期间才可以将前付资本收回，货币流通速度之迟缓可知。流通范围既扩广，流通速度又很缓，其需要大量的货币是必然的。

我们现在再看一看当时的铸币是不是能满足这种需要呢？在安史之乱以前天宝时代的铸币情形，据《通典》记载是这样：

天宝时代岁铸额及炉数表

县名	炉数	岁铸额
绛州	三〇	九九〇〇〇
扬州	一〇	三三〇〇〇
润州	一〇	三三〇〇〇
宣州	一〇	三三〇〇〇

续表

县名	炉数	岁铸额
鄂州	一〇	三三〇〇〇
蔚州	一〇	三三〇〇〇
益州	五	一六五〇〇
邓州	五	一六五〇〇
彬州	五	一六五〇〇
洋州	三	九九〇〇
定州	一	三三〇〇
总计	三九	三二六七〇〇

这是唐代铸钱最盛的时代。肃宗以后直至德宗（七五六—八〇四年）一段时期的铸钱情形我们虽不能详确的明了，不过，我们根据史料来推测，在这一段时期中炉数及铸钱额减少的很多。例如据《元和郡县志·河东道蔚州条》记载，蔚州钱炉于至德以后全废。又据《唐会要》卷八九谓："建中元年九月户部侍郎韩洄上言：江淮钱监岁出钱四万五千贯，输于京师度工用转运之费，每贯计钱两千，是本倍利也。……其江淮七监请皆停罢，从之。"此文所谓江淮七监是哪七监，虽然不知道，不过我们于此可以知道两件事：第一江淮监铸钱额较天宝时减少甚多。第二江淮七监因铸钱无利，自建中元年被废罢，此外的废罢，虽未明见于史籍，但从元和时所存的铸钱监来看，其数目仍然很多。元和三年天下铸钱总额为十三万五千贯，(《新唐书·食货志》)。我们根据这个数字和其他的史籍所载的参证一下，可以知道当时所存的不过四监，如下表：

元和三年（公元八〇八）岁铸额

监名	所在州	炉数	岁铸额	建立年月	出处
永平监	饶州	——	七〇〇〇	天宝中无此监，未知何年月增置	《元和郡县志》
宛陵监	宣州	——	共五〇〇〇〇		同书
梅根监	宣州	——			同书
洛源监	商州	一〇	七二〇〇〇	建中元年增置	《唐会要》卷八九
总计			一二九〇〇〇		

此表所依据的数字多是出自李吉甫的《元和郡县志》。此书著成约在元和六七年，去元和三年很近。所以我们认为据此表所得到的总计，大致可以与《新唐书·食货志》所载的数字相参证。由此，我们可以明白，在肃宗至德宗一段，铸钱监之增设远不及废罢得多。到元和时其铸钱总额尚不及天宝时二分之一。

元和三年以后，陆续又增置两监，一是蔚州飞狐监，一是彬州桂阳监。到元和末年（八二〇）[①]天下岁铸额增加到十五万缗（《玉海》卷一八〇杨于陵语）。我们再根据此数与当时所存的钱监相参证如下表：

元和末年岁铸额及监数表

监名	所在州	炉数	岁铸额	建立年月	出处
永平监	饶州		七〇〇〇贯		见前表
宛陵监	宣州		五〇〇〇〇		见前表
梅根监	宣州				见前表
洛源监	商州	一〇	七〇〇〇〇	建中元年	见前表
飞狐监	蔚州	五	一八〇〇〇[②]	元和六年	唐会要卷八九
桂阳监	彬州	二	七〇〇〇	元和三年	同前
总计			一五二〇〇〇		

在元和中，虽有增设，但所铸数额依然不多。穆宗于元和十五年即位后，又有人建议收市民间铜器及许人民纳铜器折作两税，临时于各州设炉以军民徭役来铸钱。待铜器销毁净后，便将钱炉废罢。（唐会要卷八九）但后来因一部官吏反对，此计策并未能实现。再后经过敬宗文宗，朝廷内部的党争很激烈，掌政大员都升降无常，财政问题不再有人注意，于是铸币额又减少下来。文宗大和八年（八三四）"天下岁铸钱尚不及十万缗"（《新唐书·食货志》王涯语）。这种情形直延长到武宗会昌，政府才计划新的

---

① 《玉海》卷一八〇谓："穆宗时户部尚书杨于陵曰：开元中天下铸币七十余炉，岁盈百万。今才十余炉，岁入十五万缗。"按杨为户部尚书在宪宗去世穆宗即位之年即元和十五年。《旧唐书·杨于陵传》谓："穆宗即位选户部尚书，长庆初拜，太长卿充东都留守。"可见为户部尚书仅一年即他选。

② 桂阳的岁铸额，据《元和郡县志》谓：岁铸五万缗。然各书均谓桂阳监于元和三年置，仅二炉。若岁铸五万缗，则每炉应铸两万五千缗，似与当时实际情形不合。如以《通典》所纪天宝初每炉岁铸三千三百缗计算，则二炉铸六千六百缗。与会要所载之七千缗相近。故今依会要。

改革。

铜量的缺乏是铸币减少的主要原因。在玄宗以来，屡有禁铜器及收铜的诏命，但都无有多大的成效。到了武宗会昌五年（八四五），政府鉴于僧道加多直接可以减少国家的税收，间接可以耗费铜量，乃发动大规范的废佛运动，尽毁寺观的铜像钟磬等，于各道设立钱坊，大事增铸。据唐封演所作的《续钱谱》记载，当时铸钱坊共有二十三处：洛（河南），京（京兆），兴（凤翔），梁（汴州），荆（江南），桂（广西），潭（湖南），广（广东），福（福建），越（浙东），洪（江西），润（镇江），昌（成都），鄂（湖广），（兖）兖州，梓（东川），襄（襄州），丹（河北），益（西川），宣（宣州），平（燕山），扬（扬州），蓝（蓝田）。（以上系自《说郛》卷八十四钱谱转引）。不过，此政策维持的时间很短，次年武宗死去，再次年（八四七）宣宗即位，尽黜会昌之政，将所铸新钱，又重新销毁改铸铜像及钟磬。因而武宗所增设的钱坊，自然也被废止了。自此后，唐室的政治日坏，铸币恐慌虽日益加深，而政府方面却无暇顾及了。

岁铸额减少的原因，一方面固然是由于天然产铜量及开采技术的限制，但政府之能否为此致力亦有大的关系。因是愈有天然条件的限制，则愈需要政府去注意，否则自然的限制永不会打破，产铜量必然日益减少。安史之乱后铸钱额之减少或正是由于政府之不注意及不能注意。

岁铸额的减少是决定铸币恐慌的一个自然条件。除此外，可以决定铸币恐慌的尚有两个社会条件，一是铜器与铜钱的价格失去均衡，铜器加多；二是恶钱流通，好钱被储蓄。

铜器于铜钱的转换，是由两者的价格比例来决定。铜器的价格越高则铜钱即被化铸为铜器。铜钱的价格高，则铜器也可以被铸为铜钱。在前者的场合是直接减少好钱，在后者的场合促进使恶钱增加，间接减少好钱。无论如何商人总要从中得利的。如德宗贞元九年张滂所谓："伏以国家钱少，损失多门，兴贩之徒，潜将销铸，每销钱一千为铜六斤，造为杂物器物，则斤直六千余，其利既厚销铸逐多，江淮之间，钱实减耗。"（《唐会要》卷八九）。政府应付此弊的方策即是一方面禁止铸铜器，他方面又限制铜器的价格。如贞元九年张滂请禁铸铜器，十年限定铜器价格每斤不得过一百六十文，元和元年又以钱少禁用铜器。

其次，是恶钱流通。恶钱流通的原因是铸币缺乏，但恶钱流通的结果反更足以促进铸币缺乏。因为恶钱愈多，好钱愈容易被储藏起来，结果钱价愈落，铸币的恐慌更甚。如元和十二年正月勅谓："近日布帛转轻，见钱渐少，皆缘所在壅塞不得流通。宜令京城内自文武官僚以下，不问品质高下并公郡县主中使等已下，至士庶商旅等，寺观坊市，所有私储现钱并不得过五十贯。如有过此，许从勅出后限一月内任将别物收贮，如钱数较多，处置未了，其任便于限内地界州县陈状，更请限。纵有此色并不得过两月。若一家内别有宅舍店铺等，所贮钱并须计同此数。其兄弟本来异居曾经分析者不在此限。如限满后，有误犯者白身人等宜付所司痛杖一顿处死，其文武官及公主等并委有司闻奏，当重科贬。"（《唐会要》卷八九）。其用意不外是禁止储钱。

以上二事虽都有严厉的禁令，但在事实上效果甚微。这或是国家多故，使政府无暇顾及此。如元稹谓："窃见元和以来初有禁铜之令，次有交易钱帛兼用之法，近有积钱不得过数之限。每更守尹则必有用钱不得加深之榜。然而铜器备列于公私，钱帛不兼行于卖鬻，积钱不出于墙垣，欺滥通行于市井，亦未闻鞭一夫黜一吏，赏一告奸，坏一储藏。岂法不便不于时，盖行之不致也。"（《元氏长庆集·钱货议状》）。法令既不能严厉执行，则铸币恐慌只有日益加重了。

由以上我们可以知道，在商业方面是急需货币数量的增加，而在货币方面则因为各种条件的限制，不仅不能适应商业的需要而增加，并且要急剧的减少。双方面背道而驰的结果，便形成货币问题的严重化。恶钱的数量日多，好钱日少。如肃宗乾元时"京师人人私铸，并小钱坏钟像，犯禁者愈众。郑叔清为京兆尹数月榜死者八百余人。"（《新唐书·食货志》）。又如建中二年诸道盐铁使包佶奏："江淮百姓近日市肆交易，钱交下粗恶拣择纳，官者才有二分，余并铅、锡、铜灌，不敷斤两。致使绢价腾贵，恶钱渐多。"（《唐会要》卷八九）又如河东一带因铜钱缺乏，一切交易都用锡钱（《元和郡县志·河东条》李吉甫奏）。恶钱流通正表现货币问题之严重。

四、货币问题所影响的农村

货币问题是当时社会问题中之一环。它受社会影响，同时也影响社会。

在此，我们先看一看它影响最重的农村。

唐代的农村经济本身，含有一种矛盾，即是一方面是自然经济——农业与手工业结合——色彩很重。他方面又与都市结了货币的联系。并且这种货币联系自两税法以后即变为固定的、普遍的，而带有强制性的东西，如本文第二节所述。因为这种联系，使本没有铸币需要的小农不得不以生产品换取都市商人手中的货币。在这种矛盾下便完成了商人对农民的剥削以及商业对自足经济的分解。

货币问题对于这种情形的农村有什么作用呢？在自然经济色彩浓厚的社会里，农村的主要财富是布帛谷粟。但此时，布帛谷粟在商业交换中已失掉其货币的机能，它的价格完全依赖都市的铸币情形来决定。所以都市中铸币发生大的恐慌，布帛谷粟必要随之跌价（这并不是货币数量的左证，而是在事实上因为有商人操纵及自然条件的限制，物价不得不随铸币缺乏而跌落）。布帛谷粟的价格既跌，农民经济上的损失更重大。所以在代宗以后，钱重物轻成为社会上极严重的问题。于此，我们可以看一看代宗以来物价跌落的情形①。

年代	纪元	谷价（单位：斗）	帛价（单位：疋）	出处
永泰二年	七六六	五〇〇钱	二〇〇〇钱②	《元次山东》卷七永泰年间进士第四题《全唐文》李翱疏改税法
建中元年	七八零	二〇〇钱	三二〇〇钱	《陆宣公奏议》均节赋税恤百姓条
贞元初		一五〇钱	一五〇〇钱	《陆宣公奏议》均节赋税条及减东都水运收脚条
元和十四年	八一九	五〇钱	八〇〇钱	《全唐文》李翱疏改税法
开成元年	八八六	二五		《全唐文》卷九六七开成元年一月度支清货权便农表

由上表我们可以看出，自代宗至文宗一段期间，农产物的价格在一般的趋势上是日益跌落，在这种情况下农民以生产品去换货币自然是极端不利。政府税额虽然不增，而人民所支出的布帛已经数倍于前，政府为此曾受了很大的窘困。如元和十五年诏谓："当今百姓之困，众情所知，减税则国用不

---

① 此表中的数字都是采取平年的价格，至于因一时饥荒而引起的狂涨则不取。
② 此数字是当时政府对人民所纳布帛的折价，这种折价往往是高过当时市场上均价格。

足，欲依旧则人困转甚。皆由货轻钱重，征税增加。"(《元氏长庆集·钱货议状》) 不过，统治者决不肯因此便牺牲了个人的利益，所以结果只有坐视农民破落而已。当时又有一部分官吏如德宗时的陆贽，宪宗时的白居易、元稹、李翱等，主张废除以钱为税或以钱额计算的制度，仍然恢复故日的租庸调。陆贽说："今之两税独异旧章，违任土之通方，效算缗之末法。但估资产为差，便以钱估定税，临时折纳杂物，每岁色目整殊，唯计求得之利益，靡论供办之难易，所征非所业，所业非所征，遂或增价以买其所无，减价以卖其所有。一增一减，耗损已多。"(《陆宣公奏议》论两税法) 白香山也说："私家无钱炉，平地无铜山。胡为秋夏税，岁岁输铜钱。钱力日已重，农力日已殚。贱粜粟与麦，贱货丝与绵。岁暮衣食尽，焉得无饥寒。"(《白集》卷二)。不过，他们所见到的只是事实的表象，未能透视事实的内容。第一，政府在商业势力的包围中，决不能恢复此布帛为税的制度，即使恢复，物价依然跌落，其损失则要移到政府身上。第二，铸币恐慌、物价跌落所给予农民的损失，并不止赋税，其他与都市的交换行为也是同样，赋税不过是其中之重要者而已。

这种不利状态，继续维持下去，小农只有普遍的陷于高利贷的深渊，以至于破产。破产后只有三条路可走：一是投奔官僚地主的庄园下，一是逃入寺院道观为僧道，一是流亡各地形成饥民集团的匪盗。这种情形到懿宗咸通时已经非常严重。刘允章曾很沉痛地向懿宗陈述当时农民的苦况："今天下苍生，凡有八苦，陛下知之乎？官吏刻苛一苦也，私债征集二苦也，赋税繁多三苦也，所由乞敛四苦也，替逃亡人差科五苦也，冤不得理、屈不能伸六苦也，冻无衣饥无食七苦也，病不得医死不得葬八苦也。仍有五去：势力侵夺一去也，奸吏隐欺二去也，破丁作兵三去也，降人为客四去也，避役出家五去也。"(《全唐文》卷八〇四《直谏书》)。农民之破产愈多，则政府之收入愈少，收入少则加重未逃亡者的赋税，或使代逃亡者垫付。结果，辗转侵刻，农民益苦。到懿宗死后，动摇全社会的黄巢之乱便爆发了。

政府对货币问题也曾施用过许多救济的方策。除了前述增加铜的数量外，还常常强制布帛作货币流通，以备铸币之缺乏，大量的收市布帛以抬高其价格。如贞元元年（七八五）曾下诏："命市井以绫罗绢布杂货交易与钱并用。"(《新唐书·食货志》)。宪宗元和六年（八一一）制谓："公私交易十贯钱已上即须兼用疋段。"(《唐会要》卷八九）。文宗大和四年（八三〇）也曾下诏："凡交易百缗以上者，布帛谷粟居半。"(《新唐书·食货志》）。但这些方面终不是根本解决办法，难以挽回巨大的颓局。

　　在商人方面因为铸币缺乏，每每使商业失去了灵活。（尤其是在政府严禁恶钱流通的时候）适应这种情势而产生的，即是信用制度的柜坊和汇兑制度的飞钱。所谓柜坊原是代人保管物的机关，其后因商业上的需要，逐渐变为金融机关。往往市上的交易可以不用现钱而只用在柜坊存钱人所签署的帖子，交易终了由柜坊拨付。（详细考证见《师大月刊》第二期加藤繁的《唐宋柜坊考》）。所谓飞钱，即是在京城的商人如欲往各地经商，可以不必携带现钱，只是将所用之钱交到户部的判度支司，或各道节度使驻京的进奏院、或富家，携带他们所签署的牒或帖子再到各地去用钱（《旧唐书·食货志》）。柜坊与飞钱的主要作用都是在缩短货币的流通过程，增加货币的流通速度，以此解决货币问题一部分的困难。

　　货币问题一直经过五代而至北宋，始终是在严重的状态下，未能得到圆满的解决。

一九三五，五，于北平

《中国经济》，1936年第4卷第7期

五代货币制度

戴振辉

一、制币之分歧

五代是吾国历史上一个极混乱的时代。在政治方面，是多头的。在经济币制方面，也是多项的。有的地方用铅铁币，有的地方用铜币，还有的地方用廛泥币。至于金银和绢帛，在当日市场上，也见通用。花样不能说少了，兹分开来说。

（一）用铅铁币的

在当日长江中游湖南的地方，最先用铅铁铸钱。《通鉴·卷二七四》载：

> 初楚王殷既得湖南，不征商旅，由是四方商旅辐凑。湖南多铅铁，殷用军都判官高郁策，铸铅铁为钱。

《新五代史·楚世家·第六》，亦有相同的记载：

> （高）郁又讽殷铸铅钱货，以十当铜钱一。

《通鉴·第二八二卷》上所说亦同，不过铸的是大的罢了：

> 殷铸天德通宝大铁钱，一当百。

在当日长江上游四川的地方亦用铁铸钱。《通鉴·卷二九二》载：

> 蜀主致书于帝（周世宗）请和，自称大蜀皇帝。帝怒其抗礼，不答。蜀主愈恐，聚兵粮于剑门白帝，为守御之备。募兵既多，用

度不足，始铸铁钱，榷境内铁器，民甚苦之。

在当日长江下游安徽、江苏一带地方，初用铜钱，后来也用铁钱了。《新五代史·南唐世家·第二》载：

(李)璟因于用兵，钟谟请铸大钱，以一当十，文曰《永通泉货》。谟尝得罪而大钱废。韩熙载又铸铁钱，以一当二。

同书还有如下的记载：

乾德二年始用铁钱。

在当日闽江流域亦通用铁钱。《新五代史·闽世家·第八》载：

延羲，审知少子也，既立，更名曦，遣使朝贡于晋，既改永隆，铸大铁钱，以一当十。

其次，铅钱亦通用。《通鉴·卷二八二》：

闽人铸永隆通宝大铁钱，一当铅钱一百。

(二) 用铜币的

在当日黄河流域却通用铜币，当地政府对于铅铁钱是禁止民间铸造和使用的。如《通考·卷九》载：

后唐同光三年，命京师及诸道于市行使钱内，检点铅锡，并宜禁断。

同书：

(后唐同光)四年制，今后行使钱陌内。捉一文二文，系夹带铅铁钱，所使钱，不计多少，纳官科罪。

同时对于江南的铁钱是禁止入境的：

沿江州县，每有舟到岸，严加觉察，若私载往来，并宜收纳。

(同书)

后晋政府亦只准民间用铜钱，不准用铁钱：

> 宜令三京诸道州府，无问公私，应有铜者，并许铸钱。仍以天福元宝为文，左环读之。每一钱重二铢四参，十钱重一两。仍禁将铅铁杂铸。（晋天福三年诏令载《通考·卷九》）

《通鉴·卷二八一》亦云：

> （天福三年十一月）癸亥，敕听公私自铸铜钱，无得杂以铅铁。

嗣因民间铸钱的人，为谋利起见，多杂以铅锡，于是改钱归官铸。《五代会要·卷二七·泉币条》载：

> （天福）四年七月敕先令天下州府公私铸钱，近闻以铅锡相参，缺薄小弱，有远条制，不可久行。今后只官铸钱，私铸钱，下禁，依旧法。

后周亦是用铜钱的：

> 今采铜于冶，立监铸钱于冀便公私。（周显德三年诏令载《五代会要·卷二七·泉币条》）

其次，在当日钱塘江流域亦是用铜钱的：

> 两浙、河东自铸铜钱，亦如唐制。（《通考·卷九》）

吴越王王弘佐会一度"议铸铁钱，以益将士禄赐"。嗣因有人劝阻，就作罢论了。（见《通鉴·卷二八五》）

（三）用廑泥币的

当日四川湖南等处，以贱金属铅铁铸钱，已经不合于良币铸造的原则了。但还有用黏泥为钱的。《通鉴·卷二六六》载：

> 庐龙节度使刘仁恭，骄奢贪暴，……悉敛境内钱，瘗于山巅，令民间用廑泥为钱。

这种钱，恐怕之限于刘氏势力范围内通用吧。

（四）用金银和绢帛的

关于用金银的例子，《通鉴·卷二八三》上有记载：

> 楚地多产金银，茶利尤厚，由是货财兴殖。

《新五代史·南汉世家·第五》上亦有记载：

> （刘）晟益得志，遣巨舰指挥使暨彦赟以兵入海，掠商人金帛。

《新五代史·东汉世家·第一〇》亦有记载：

> （继颙）又于柏谷置银冶，募民凿山，取矿烹银，以输刘氏（刘承钧），仰以足用，即其治，建宝兴军。

至于用绢的例子，《通鉴·卷二七八》载：

> （长兴四年）冬十月乙卯，范延光冯赟奏西北诸胡卖马者，往来如织，日用绢无虑五千匹。

由此看来，可知在五代的时候，各处的币制是不一致的。但就大体而言，用铜钱和铁钱的地方比较多些，所以可以说当时主要的货币是铜钱和铁钱两种。

二、铁币驱逐铜币

前面已经提到，铜币和铁币是五代时主要的货币，但前者是一种贵币，而后者是一种贱币。依经济学上公例雷蒙（Gresham's Law）说来，贱币便须驱逐贵币。易言之，即铁钱充斥于市场，铜钱很少看到了。这种现象，在当时社会上是发生了。《新五代史·南唐世家·第二》载：

> 乾德二年始用铁钱，民间多藏匿旧钱，旧钱益少。

这里所说的旧钱，系指铜钱而言。

《五代会要·泉币条》亦有同样的记载：

后唐同光二年二月敕泉布之弊，杂以铅锡，惟是江湖之外，盗铸尤多，市肆之间，公行无畏。因是经商夹带，舟载往来，换易好钱，藏贮富室，实为蠹弊。

因为铜币被人收藏起了，所以市面上流通着的大多数都是铁钱，政府虽然下令严禁，但在事实上是没有多大效果的。且看下文：

（天成）四年九月，敕先条流三京诸道州府，不得与市使钱内，夹带铁钱，虽已约束，仍闻公然行使。

三、禁用铁币之不便于商人

当时铁币只是在长江流域和闽江流域可以通用，到黄河流域，在法律上是不允许的。所以以四海为家的商人，便感觉有些不方便了。湖南最先铸铁钱，故当初只限于湖南本地可通用。《通鉴·卷二七四》载：

（马）殷用军都判官高郁策，铸铅铁为钱，商旅出境，无所用之。

所以只得易铜钱出境了：

商贾多以十铁钱易一铜钱出境。（《新五代史·南唐世家·第二》）或"易他货而去"。

《通鉴·卷二八五》上说得更显明：

（铁钱）可用于吾国，而不可用于他国，则商贾不行，百货不通。

四、铜币之缺乏

谈及五代的货币，便想及当时铜币缺乏的问题。尝考诸史籍，其缺乏之原因有四，兹分述于后：

1. 自唐季以来，民间多销钱为佛像。这是当时铜钱缺乏的第一个原因，因此就有人出来请政府下令禁止了：

宝历（唐穆宗年号）初，河南尹王起请销钱为佛像者，以盗铸

钱论。(《通考·卷八》)

同书卷九亦载：

> 民间多销钱为器皿及佛像，钱日少。

2. 因当时铜器的价钱好，所以民间多销钱为器出卖，以邀厚利。这是当时铜钱缺乏的第二原因。《五代会要·卷二七》载：

> 天成元年八月中书门下奏，访闻近日诸道州府所买卖铜器价贵，多是销熔见钱，以邀厚利。

3. 同书还有如下的记载：

> 近来趋利之人，违法甚众，久废铸钱。

因此钱的来源就中断了，这是当时铜钱缺乏的第三个原因。且看《通鉴·卷二八一》上载：

> 初唐世天下铸钱有三十六冶，丧乱以来，皆废绝，钱日益耗。

《通考·卷九》上亦云：

> 国家所资，泉货为重，近朝以来，久废绝铸。

4. 因铁币驱逐铜币的结果，铜币多被人藏匿起来，这是当时铜币缺乏的第四个原因。其例已征用于前，兹不复赘。

五、铜币制之维持

当时黄河流域每朝代的政府，对于铜币缺乏的问题是很关心的，兹把其解决和维持之道，分述如次：

1. 保存现有的钱——其政策则一方面禁止民间销钱为佛像，而另一方面则禁止民间销铸为器：所有钱一色，即不得销铸为铜器货贾。(《五代会要·卷二七·泉货条》)"如原旧破损铜器及碎铜，即许铸物。"

按民间之所以销铸为器，原因在于器的价钱好，有利可图。所以为正本清源计，只有限制器的价钱。当时的政府是加以限制了：

> 如生铜器物，每斤价定二百；熟铜器物，每斤四百。如远省价买卖之人，依盗铸钱律文刻断。(《五代会要·卷二七·泉货条》)

此外，对于民间带钱出境的数目，亦加限制：

> （后唐天成）元年十一月六日敕诸道州府，约勒见钱，素有条制，若全禁断，宝匪通规。宜令遍指挥三司及诸道州府，其诸城门所出，见钱如五百以上，不得放出。(《五代会要·卷二七·泉货条》)

2.添铸新钱——关于添铸新钱，后晋政府曾提倡过。且看如下的功令：

> 宜令三京邺都诸道州府，无问公私，应有铜者，并许铸钱。仍以天福元宝为文，左环读之，每一钱重二铢四参，十钱重一两。(《五代会要·卷二七·泉货条》)

后周政府亦是热心于添铸新钱的。但铸钱的先决条件是要有铜。于是后周政府就一方面从事大毁天下佛寺及铜像以得铜铸钱：

> （周世宗）即位之明年（显德二年），废天下佛寺三千三百三十六。是时中国乏钱，乃诏悉毁天下铜佛像以铸钱。(《新五代史·周本纪·第一二》)

另一方面则收买民间的铜以铸钱：

> 今后除朝廷法物、军器、官物及镜并寺寺观内钟、磬、钹、相轮、火珠、铃铎外其余铜器，一切禁断，应两京诸道州府铜像器物诸色装订所用铜，限敕到五十日内，并须毁废送官。其私下所纳到铜，据斤两给付价钱。……其人户若纳到熟铜，每斤官中给钱一百五十，生铜每斤一百。(《五代会要·卷二七·泉货条》)

后来且加价收买了：

> 其熟铜令每斤添及二百，生铜每斤添及一百五十收买。（同上）

秤亦缩小了：

> 所有诸处山场野务，采炼淘沙到。旧例铜每二十两为一斤，今特与十六两为一斤，给钱一百三十收买。（《五代会要·卷二七·泉货条》）

其次还到外国收买：

> 周世宗时，遣尚书水部员外郎韩彦卿，以帛数千匹市铜于高丽以铸钱。（《新五代史·四夷·附录第二》）

亦由人民与贩而卖于政府者：

> 兼知高丽多有铜货，仍许青莱州人户于贩。如有将来中卖入官者，仍仰给钱收买。即不得私下卖买。（《五代会要·卷二七·泉货条》）

此外便是"采铜"了。

后周政府既从多方面把铜集中，所以就"立监铸钱"了。当时的铜币制度，原是有崩溃的可能的。在南方湖南、四川、福建等处，是已经崩溃而为铁钱所代替了。至于在北方所以仍能够挣扎延续下去，这完全是当地历朝的政府，常加殷勤爱护和维持的结果。

民国二十四年（1935年）3月22日于清华大学

《食货半月刊》，1935年1月

北宋时代铜铁钱的铸造额

日野开三郎著　高叔康译

译自昭和十年（民国二十四年）1月日本《史学杂志》第四十六编第一号

一、绪言

北宋时代主要货币，虽然一般人也知道是钱币，而当时钱币有铜钱和铁钱两种；但进一步关于这两种钱币专门的研究，颇感寂寥。所以依据从来若干的研究，要想知道北宋时代约170年间的钱币对于经济史的意义，殆不可能。至于铜铁钱的流通关系，是研究宋代货币史的重要问题的核心，从来多没有顾及到。本文目的在检讨铜铁钱铸造额数，由数量上比较的考察这两种钱币关系将促使宋代货币史的研究前进一步。

宋代钱币铸造权，为国家掌握，国法严禁民间私铸，政府考虑铸造材料（主要以铜、铁铅、锡与燃料）的配给关系及铸成的货币运送上的便不便等的条件而选定铸钱地，在其地设置称为钱监的铸造所。以官吏为铸造的监督，钱监的监督长官，通例由中央政府直派专任官，有时也有由其他官吏兼办的。中央派遣的专任官，一监以二名或三名为原则[①]。钱监的规模不一定，所管铸炉个数、大小也不一样；因之钱监铸造额，即有相当悬隔。又各监本身，受政府通货政策及铜铁原料产出额增减的影响，增废无常，所以通观北宋170年间，各钱监铸造的总额，有激剧的增减。记载当时此钱监名及铸造额的史籍，可以举出《宋会要》《宋史》《文献通考》《玉海》的各《食货志》

---

① 《宋会要·食货志》第一一册载各钱监的岁铸额之后，有云以上每监二员，至或用三员，或举用选人，或以州官兼领。

及《续资治通鉴长编》《梦溪笔谈》等书。以下在此等书，检出北宋时代铜铁钱的铸造额，由数量上试行比较研究两种钱币。

二、铜钱的铸造额

史籍记载北宋钱币铸造额，铜钱记载比铁钱记载要多；为此便宜起见，所以首先考察铜钱的铸造额。

开始应当注意的，就是记载铜钱监名，及各监铸造额最详细的《东洋文库钞本》内《宋会要·食货》第一一一册所载《中书备对》（毕仲衍著）。虽然此钞本多少有误写和脱文，然而幸有于此《备对》的同一的记事，也能在《文献通考》（卷九）《钱币考》内看得到，可以用两者对照补正。因对照补正的结果，分为路别的表示如下表。但表中列举钱监的顺序，与原本不一致，因为制作本表，认为从铸造额之大小便于容易理解，所以转换为适宜的顺序。

路名	府州军名	钱监名	各监铸额	各路铸额	顺位
广东南路	韶州 惠州	永通监 阜民监	八〇万贯 七〇	一五〇万贯	一
江南东路	饶州 池州	永平监 永丰监	六一五 四四五	一六〇	二
陕西路	华州 陕州 永兴军	—— —— ——	二〇 二〇 二〇	六〇	三
江南西路	江州兴国军	广宁监 富民监	三四 二〇	五四	四
河东路	绛州	垣曲监	二六	二六	五
荆湖南路	衡州	熙宁监	二〇	二〇	六
京西北路	河南府	阜财监	二〇	二〇	六
福建路	建州	丰国监	二〇	二〇	六
河北西路	卫州	黎阳监	二〇	二〇	六
荆湖北路	鄂州	宝泉监	一〇	一〇	
淮南西路	舒州	同安监	一〇	一〇	
两浙	睦州	神泉监	一〇	一〇	
合计十二路	十七府州军	十七监	五〇六万贯	五〇六万贯	

上表合计监十七，铸额五百〇六万贯。若以路别来看，以广南东路一百五十万贯为第一，江南东路一百〇六万贯次之，陕西路六十万贯为第三

位，江南西路五十四万贯为第四位。即是上四位中，表明五十万贯以上的高额有三路是在江南地方。又以钱监分布状态来看，南至广南、福建诸路，北至河东、陕西诸路，广布于全国。但是总计十二路十七监之中，有七路十监的多数，偏在长江以南；尤其是铸钱额数，在五百〇六万贯中，长江以南占三百七十万贯过半数的铸额。据本表调查，可知当时铜钱大多数在江南地方铸造。此外四川四路（成都府路、利州路、潼川府路、夔州路）地方，没有一个铜钱监，这是值得注意。

今日所传的《会要抄本》内《中书备对》的统计，系何年的调查，没有记载。同时转载《备对》统计的《文献通考》（卷九）《钱币考》，关于调查年度，也没有说明。只是《玉海》在第一百八十卷《钱币》内：

> 《会要》，元丰三年，是岁诸路铸钱，总二十七监（原注一作二十六监）。铸铜铁钱五百九十四万九千二百三十四贯。铜钱一十七监，铸钱五百六万贯。铁钱九监，铸钱八十八万九千二百三十四贯。

这个引用，把《会要》统计总额揭出，且附加系元丰三年之调查。依据《玉海》此文，本书著者王应麟，是引用当时的《会要》，可以了解上（注：原文为右）之统计明明记着系元丰三年之调查。于是依据《中书备对》的统计参酌《玉海》之系年，可以明白元丰三年铜钱的铸造总额，已达五百六十万贯。《中书备对》，尚有列记铁钱监名及其铸造额，将在次章详述。

《宋会要·食货》第一一册内，在《中书备对》的统计前更揭载另一个统计。这个统计，只揭载监名与铸额，没有列出铜铁钱监之别。若利用前面统计参照，仅仅抽出铜钱监，可以容易辨别两者（铜铁钱监）。与前表同样，加以整理顺序的表示，如下表：

路名	府州军名	钱监名	各监铸额	各路铸额	顺位
江南东路	饶州 池州	永平监 永丰监	四六五万贯 四四五	九一万贯	一
广南东路	韶州 惠州	永通监 阜民监	四〇 三五	七五	二
江南西路	江州 兴国军	广宁监 富民监	三四 二〇	五四	三

路名	府州军名	钱监名	各监铸额	各路铸额	顺位
陕西路	华州 同州 永兴军	—— —— ——	一〇 一〇 一〇	三〇	四
京西北路	河南府	阜财监	二〇	二〇	五
福建路	建州	丰国监	二〇	二〇	五
两浙路	睦州	神泉监	一五	一五	七
荆湖南路	衡州	熙宁监	一五	一五	七
河北西路	卫州	黎阳监	一五	一五	七
淮南西路	舒州	同安监	一五	一五	七
河东路	绛州	垣曲监	一三	一三	一一
荆湖北路	鄂州	宝泉监	一〇	一〇	一二
总计十二路	十七府州军	十七监	三七三万贯	三七三万贯	

上表合计监十七，额为三百七十三万贯。与前表对照，监数相同，额数比较少。又路额达五十万贯以上者，为江东、江西、广东、长江以南三路，在前表有六十万贯占第三位的陕西路，在此表中少至三十万贯。合计江南诸路的十监铸额占二百八十万贯来看，与前表同样，表示过半数的铸额。四川四路，与前表同样，也未见设立一个铜钱监。

在以上铜钱监之外，也揭载了铁钱监及铁钱铸造额，亦在次章详述。

上之统计，是何年之调查，《会要》及其他的文献，都没有记载。只与前表对照，因为钱监相同的缘故，可想象是在接近元丰三年的某一年调查的。那么，为得要知道此统计调查年度，不外从各个钱监的废置之年来考察。

《续资治通鉴长编》（卷二四六）：

> 熙宁六年七月乙巳诏京西、淮南、两浙、江西、荆湖六路，各置一铸钱监，江西、荆湖南路以十五万缗，余路以十万缗为额。是西京以下六路，各设置钱监一处，使铸造钱有一定之额，见于诏令。

此命令，是王安石积极的精神，在通货政策上，为最初大增铸的准备，值得注意。此后二三年内，多数钱监，次第创设，无论哪一个，皆基于此方针之结果。试列举钱监名与创设之年月，如下表：

路名	府州军名	饶监名	设置年月	出典
河北西路	卫州	黎阳监	熙宁七年三月	《续资治通鉴长编》第二五一卷
京西北路	河南府	阜财监	熙宁八年闰四月	《续资治通鉴长编》第二六三卷
两浙路	睦州	神泉监	熙宁八年十一月①	《续资治通鉴长编》第二七〇卷
淮南西路	舒州	同安监	熙宁八年十二月	《续资治通鉴长编》第二七一卷
陕西路	永兴军 陕州 华州		熙宁八年十二月 熙宁八年十二月 熙宁八年十二月	《续资治通鉴长编》第二七一卷 《续资治通鉴长编》第二七一卷 《续资治通鉴长编》第二七一卷

如以上七钱监，明白其设置年月，尚可以推定与此等相前后设置者亦有数监。

《续资治通鉴长编》（卷二六七）：

> 熙宁八年八月丙辰又诏，绛州垣曲钱监，封桩三司铜锡本钱并脚钱内，以十万缗借河东转运司，市粮草。

可见熙宁八年绛州的垣曲监，其赎买铸币原料的铜锡之资金及其搬运费，由三司给与。若以此记事推之，垣曲监创设后，为时尚浅；由其铸造资金尽仰给于中央，可以了然。回溯此监系熙宁八年不远的时代创设，不为大错。

《续资治通鉴长编》（卷二九九）：

> 元丰二年七月癸酉三司言，江浙等路提点坑冶铸钱司，旧管五钱监。近年江、池、饶州，增岁铸额，及兴国军、睦衡舒鄂惠州，创置六监，提点一员，通领九路，水陆巡按不周，欲增置官一员，分路提点，从之。

这是说元丰二年由三司上言，从来提点坑冶铸钱司监督的钱监，不过五所，因为增设兴国军、睦、衡、舒、鄂、惠州六监，用提点官一员颇感不足。此新设六监中，睦州及舒州两钱监，如上表是在熙宁八年十一月与十二月设置的。所以与此两监并列在新监中的其他四监之设置，可知相当于此时前后。但只有惠州的监，系治平四年设置，有记载可稽，自当别论。又鄂州

---

① 睦州后改为严州。

钱监，虽在太平兴国二年曾一度设置，但不久成为废监。

总之，基于熙宁六年之大增铸策被创设的钱监，一共十一监。从前揭两表十七监中除去了此十一监及治平四年创设惠州的阜民监以外，剩余者是韶、池、饶、江、建五监。此五监存在江南，相当于上述的元丰二年三司上言中的旧管五钱监。因之此五监，当在治平三年以前的铜钱监的全体。关于此五监设置年代，在后更详述。

观以上所谓新设十二铜钱监，确知钱监中最后的钱监设置年月，是熙宁八年十二月。所以包含此等钱监铸造额数前之统计表，必是熙宁九年以后的调查。且在王安石执政中，受积极政策的反映，因为钱币铸造额逐年增大，所以从总额大小推之，解释元丰三年以后的调查，稍欠稳当。尤其是在元丰六年五月，不见于前揭表的十七监中之元丰监，创设于广南西路的梧州，尔后直到北宋末年还存续；更绝对不能看作元丰六年以后的统计。在此先看作熙宁九年以后、元丰三年以前的某一年的调查，较为稳当。其次，更考察钱监数全然相同的两表，在铸造额数，相差有百三十余万缗，岂不是在两表制造年代之间隔着若干的年月么？表的问题，至少应该避免基于元丰三年以前的调查。如后所述，熙宁以前铜钱岁铸额，大概止于百二三十万缗。因为努力增铸百三十万缗，其数目相当的大，也要相当的年月，由此情势看来，解释熙宁末年的调查，最得当的见解。暂且作为熙宁末年的统计，进而论之。

在以上二表之外，《宋会要·食货》第十一册大观年间，尚揭载一个各监铸造额的统计，如下表：

路名	州名	钱监名	各监铸造额	各路铸造额	顺位
广南东路	韶州	永通监	八三〇〇万贯	八三〇〇万贯	一
江南东路	饶州 池州	永平监 永丰监	四六五〇 二四五〇	七一〇〇	二
福建路	建州	丰国监	三四〇四	三四〇四	三
江南西路	江州	广宁监	二四〇〇	二四〇〇	四
荆湖南路	商州	熙宁监	二〇〇〇	二〇〇〇	五
广南西路	梧州	元丰监	一八〇〇	一八〇〇	六
荆湖北路	鄂州	宝泉监	一五〇〇	一五〇〇	七

路名	州名	钱监名	各监铸造额	各路铸造额	顺位
两浙路	严州	神泉监	一五〇〇	一五〇〇	七
淮南西路	舒州	同安监	一〇〇〇	一〇〇〇	九
总计九路	十州	十监	二九〇〇四万贯	二九〇〇四万贯	

上合计监十，铸造额二百九十万四百贯。但在《会要》记载总额为二百八十九万四百缗，与此表计算有一贯之差。翻回来看其他的文献，如《玉海》（卷一八〇）《钱币》：

（上略）钱监铸铜钱，总二百八十九万四百贯。

与《会要》所记同为二百八十九万四百贯，总数以此额为正确，在上揭各监铸造额中，恐怕还有错误。

关于此表最惹吾人注意者，是监数与额数都比前两表显著地减少。又从广东、江东占高额的诸路一直到最低额的淮西路，诸监尽属于东南诸路，甚至于广西路梧州设的新监也属于东南；反之，属于陕西、河北以下北西地方钱监，在此表完全销声匿迹，这是不可忽略的。它们的消灭，据《续资治通鉴长编》（卷三六三）元丰八年十二月戊寅罢增置铸钱监十有四。（原注：十月十三日甲戌，初令户部。减者增置十四监，当考其名。）

元丰八年神宗崩后，接续发生旧法恢复大政变之际，是迅速行着钱监淘汰的原因吧？在熙宁以前铜钱监，东南地方不过五监，现在又以元丰以后的铜钱监，偏在于东南地方；那末在北宋时代铜钱的铸造，除了熙宁、元丰时代，——详言之，即是除了由熙宁七年至元丰八年的十二年间——都偏在东南地方。即是熙丰时代，大多数的钱币，还是仰给于东南地方的铸造，所以在北宋货币史上，东南钱监的任务颇为重大。

再一言此统计的调查年代。在《会要》明载，如前所言，以此为大观中所作，还在上面冠一句"及于蔡京执政云云"。蔡京在崇宁五年二月一度贬黜，大观元年再任为宰相，将彼之进退与《会要》记载对照，应认为大观元年以后所作的调查，这似无一点疑问。然在《玉海》（卷一八〇）《钱币》：

崇宁五年九月三日，中书奏，钱监铸铜钱，总二百八十九万四百贯。

在崇宁五年九月看到中书省为这个数额之报告，由□记上奏及日子之点来观察，《玉海》对此之纪年，是根据正确的记录，最为可信。然而崇宁五年的报告统计，这个调查恐怕是崇宁四年的铸造额。且此统计，是引用大观元年作宰相的蔡京而言，后世史家，遂发生以此为大观年间之调查的误会。

详细记述北宋时代各监别的铜钱铸造额，尽如上述；然关于岁铸总额，尚有若干资料。但在检讨之先，有说明旧设五铜钱监设置年月的必要。基于各种文献的记载，表示五监设置之年月如下：

路名	州名	钱监名	设置年月	四历	出典
江南东路	饶州	永平监	太平兴国二年二月	九七七	《续资治通鉴长编》第一八卷
江南西路	池州	永丰监	至道二年十月	九九六	《宋会要·食货》第十一册
江南西路	江州	广宁监	咸平二年五月	九九九	《宋会要》同册所引《九朝通略》
福建路	建州	丰国监	咸平二年五月	九九九	《宋会要》同册所引《九朝通略》
广南东路	韶州	永通监	庆历八年九月	一〇四八	《续资治通鉴长编》第一六五卷

依上表可知饶州永平监设立最早，此监在宋合并江南时候，是继承前朝的经营原有钱监。最后设置是韶州永通监，比其他诸监迟五十年。

在以上五监之外，宋初在升州（江南东路、后江宁府）、杭州（两浙路、后临安府）鄂州（荆湖北路）、南安军（江南西路）等地，虽然有一时设置之钱监，但无论哪一个，因为成绩不好，不久即被废止。仅鄂州钱监，熙宁年间复兴，继续存在直到北宋末年。此外在京师承五代之旧制，国初以来即设置钱监，同样因成绩不好或其他事情，景德三年末被废止了[①]。

如此，五钱监以外的诸监，无论哪一监，成绩不良，寿命较短，所以熙宁以前铜钱铸造额，以上述五监占其全额，尤其是在庆历八年以前除韶州的永通监以外，其余四监，占全额的场合甚多。以此主要钱监数及其废置为认识的基础，试检讨由宋初年至熙宁年间铜钱铸造额数的变迁。

《续资治通鉴长编》（卷九七一）天禧五年末，有揭载此年以前诸统计的

---

① 国初置各所一时钱监名，见《续资治通鉴长编》卷一八太平兴国二年二月壬辰朔及《宋史·食货志》下二钱币。又关于京师钱监，容他日论及。

详细记事，其中关于铜钱铸造额部分：

> （上略）至道中，岁铸八十万贯。景德末至一百八十三万贯。大中祥符后，铜坑多不发。天禧末铸一百五万贯。

这可以明白由太宗晚年的至道年间，至真宗晚年的天禧年间，约二十五年间的铸钱状况。依此至道年间岁铸额不过八十万，而后至景德年间，约十年，虽一跃而为百八十万缗，然不能使此高额继续永存。因为祥符后，铜料产出额不足的缘故，渐次衰退，在天禧末年，再低落到一百万贯的线上，此低落尚继续。沈括的《梦溪笔谈》（卷一二）《官政》：

> （上略）至天圣中，岁铸一百余万贯。

可知天禧后数年间的天圣年间的岁铸额，不过"百余万"贯。又《宋会要·食货》第十一册引载《九朝通略》：

> 初铸钱，但有饶州永平，池州永丰。咸平二年，宰臣张齐贤言，今钱货未多，望择使臣，按行出铜易得炭薪之处，增置监铸钱，乃命虞部员外郎冯亮等，至建州置丰国监，江州置广宁监，明年凡铸钱一百二十五万。

这是说咸平二年听宰相之言，择使臣，开发铜山，为图大量地振兴铸钱，明年即有此显著效果，其铸额有一百二十五万缗之多。景德为咸平六年以后的年号，岁铸额收得一百二十八万缗，举出此飞跃的好成绩，是为咸平以来的振兴策奏效。《玉海》（卷一八〇）《钱币》：

> 大中祥符九年五月，发运司言，饶、池、江、杭四监，共铸百二十五万缗，用铜四百五十三万斤。

这是合计饶州以下四监的铸造额。此四监之中，在此处才看着有杭州之名，不举出当时已经设置的建州丰国监及其铸造总额，所以要把四监的铸造额合计为百二十五万缗，便看作当年岁铸总额，也许快了一点吧？然而在前引用文中有"大中祥符后铜矿多不发云云"，是此时铜产及铸钱显著地减少，由此情势推之，上之数字，为岁铸总额，恐无差异。假令不然，亦可当作相近的额数。不见建州之名，是转写之误，或者为的是本年度该监铸造额极微少，不成为问题。还有，此种统计报告，因为是在大中祥符九年五月的，所以看作前八年的铸额的调查。在《玉海》（卷一八〇）除上记之外有：

> 《皇祐会记录》，饶、池、建、江、韶五州，铸一百四十万贯。

引《皇祐会记录》，举出此五钱监的铸造额，此额与所述钱监置废的历史参照，明明是当年的岁铸造额。

《宋史·食货志》下二《钱币》：

> 至治平中，饶、池、建、江、韶、仪六州，铸钱百七十万缗。

是合计饶州以下六监的铸造额。无疑，此亦是当年之铸造额。仪州钱监，是当时设置在陕西路内，与杭州、升州等的钱监，同样为命脉极短的钱监。

以上为熙宁以前铸造状况之大要。元丰以后，崇宁三年以前，及崇宁五年以后至北宋末年，关于此期间内铸钱额的数字，因为史料缺乏，不能知其详。然而从钱监的置废及其他若干的史料为基础的情势来考察，大体与崇宁四年的铸造额相上下。虽然考证稍稍复杂，试检讨关于元丰以后铸钱状况的史料。

《宋会要·食货》第一一册：

> 崇宁二年十月，江淮等路发运使胡师文言，自崇宁以来，当二大铜钱，不许转京，故诸州官库所积甚多。今迄改铸当十钱，许四文可成三文，则十万贯当为三百万贯。癸卯，诏从之。命江、池、饶、建、舒、陆、衢、鄂八监，依陕西样，铸当十钱。于是当二钱悉罢铸矣。后崇宁五年，不行用，其当二钱依旧存用。乃罢铸当十钱，只令铸小钱。

这是说崇宁二年，依臣僚意见，废从来当二铜钱，令铸造当十六钱，不久遂中止。检讨接受铸造此当十大铜钱命令的钱监，其数有八，此八监，皆见于先揭崇宁四年的统计表中。但若与崇宁四年的监数比较少二监。此二监当是广南东路韶州与广西南路梧州。考此二监，不包括在大钱铸造监中的理由，是其位置偏在南陲，不是由于当时停止铸造。这即是说，崇宁一二年时候的钱监与崇宁四五年时候的钱监是完全相等的。

右十钱监，为主要钱监，能左右岁铸额的增减，不止崇宁年间的时期，哲宗在位十五年间形势也是一样的。由以下的根据可以推测。

第一右十监，都是在熙丰年间设置的。然而今日阅读所得的史料范围，在此期间，不见有移动或改废此十监的记载。那么，认为此十监，经过哲宗十五年间还存续着，是正确的。

《续资治通鉴长编》（卷三六三）：

元丰八年十二月戊寅罢增置铸钱监十有四。

神宗崩后之政变，也波及于货币政策，可以想见此十四钱监被淘汰。此十四监的名称，在上文内的原注。附记：十月三日甲戌，初令户部，减省增置十四监，当考其名。

由此记录，全然不能窥知。从上述本文及原注可以知道，仅仅是熙丰年间增设的钱监占其废置的大部分。此多数废监中，铁监也当然包含在内，如果说铁监不包括在内，那岂不是十四监的废止，使铜钱的铸造全灭么？如此，不但以为在废监中包含了铁钱监，并且于前载元丰三年统计调查后有如下表的铜钱监。

路名	州名	钱监名	设置年月	出典
陕西路	秦州	——	元丰四年二月	《续资治通鉴长编》第三一一卷
广南西路	梧州	元丰监	元丰六年五月	同书第三三五卷

元丰末年的铜钱监总数约二十，与当时铁钱监数九监合计不到三十监，从三十监之中，除去十四监，剩余还有十五六监。元丰时代铁钱监建设在四川地方与陕西地方，前者拥有监数三，后者拥有监数六。四川地方的铁钱监，是国初以来的旧监，陕西地方的铁钱监，差不多完全是熙宁末年新设的。所以就是当元丰八年钱监减省之际，在四川地方的三监，依然存在，主要的陕西地方的钱监被淘汰，监数及监名不明白，假定其被淘汰，半数为三监，共留存铁钱监之总数约五六监，留存铜钱监数，约十监。此十监，即与崇宁年间的铜钱监数约略一致。哲宗在位期间，因为不认有主要铜钱监改废

的形迹，已于上述，所以元丰末年淘汰所存留的十监，与崇宁年间的十监是同一的，这样看法，可说不错。

由上所述，可知哲宗在位十五年间的铜钱监，差不多无大量增减；换言之，此时代的铜钱铸造界，比较波澜甚少。所以不仅仅是监数，即是数额亦比较变化少。即是哲宗治世十五年间的铜钱铸造额，与崇宁年间同样为三百万贯左右，这样看法觉得也没有差池。

复次，崇宁五年以后至北宋末约二十年间的铸造额，是怎样的呢？此亦有若干资料推测其与崇宁年间同样约为三百万贯左右。

《宋史·食货志》下坑冶：

> 宣和二年，时江淮荆浙等九路，坑冶凡二百四十五，铸钱院监十八，岁额三百万缗。

可见近北宋末，宣和二年的铸钱岁额，达三百余万缗。在上文中，虽未明记此岁额，是铜铁钱的合计，抑是仅仅铜钱的额数，但北宋时代铁钱铸造额，如后章论证，逐年减少，北宋末其额数极微少；纵令在三百余万缗中包含铁钱岁铸额，但铁钱数极少，差不多把全额看作铜钱，不是过分的。又以"铸钱院监"这一句话来看，这是铸钱监与铸钱院的并称。铸钱院，是在北宋末掌握政府的蔡京，彼为着实行新货币政策设置的小规模的铸钱所；但以成绩不好，彼的新货币政策终归于失败，无几何时便废止了。那末，铸钱院的增加置废，是不影响于制造额的增减的。所以上面所说的三百余万缗，没有看作铸钱院设置的期间内的岁铸额的必要。总之，宣和二年的铜钱岁铸额，认为约三百万缗。

《宋会要·食货》第一一册：

> 自渡江后，岁铸钱才八万缗，近岁始倍，盖铜铁铅锡之入，视旧才二十之一（原注旧一千三百二十万斤，今七十余万斤）所铸钱，视旧亦才二十之一尔。

可知宋室南渡后，铸钱大衰，其初期之铸额，不过是八万缗，以后虽渐渐倍加，若比旧额，直等于二十分之一尔。由此记载所谓旧额来反算，约三百二十万缗。在此处所谓旧额，当然是指北宋末，由前后的关系可以明白。但不明白以何年的统计为比较标准。也许上述宣和二年的统计就是所谓旧额的内容。然而就是这样，由此反算可知北宋末期的铜钱岁铸额，大约三百万缗左右。据上引用文中之原注，就收铜额，达一千三百二十余万斤来说，当时铜钱铸造额，不足充社会的需要，铜钱大大缺乏，所谓苦于钱荒之害。北宋政府收买全铜产额，以此完全充当铸钱原料。所以上之收铜额一千三百二十余万斤，也就是当年的全铜产额，且看作完全使用为铸钱原料，并没有错误。据北宋时代的钱法，铜一斤可铸铜钱额约〇点二七六贯[1]，以此为比例，算出铜一千三百二十余万斤可铸铜钱额约三百六十四万余贯。如此由原料产出额来推算，北宋的铜钱铸造额，可认为年额约三百万缗。

由上所述，从哲宗元祐年间至北宋末约四十年间的铜钱岁数额，比以前变动较少，认为约三百万缗左右。

表示上述岁铸额的统计表如下：

年号	西纪	铜铸岁铸额	监数
至道年间	九九五顷	八〇万贯	——
咸平三年	一〇〇〇年	一二五万贯	——
景德末年	一〇〇七年	一八三万贯	四
大中祥符八年	一〇一五年	一二五万贯	四
天禧末年	一〇二一年	一〇五万贯	
天圣年间	一〇三〇顷	一〇〇余万贯	——
皇祐年间	一〇五〇顷	一四六万贯	五
治平年间	一〇六五年	一七〇万贯	六
熙宁末年	一〇七七年	三七三万贯	一七
元丰三年	一〇八〇年	五〇六万贯	一七
崇宁四年	一一〇五年	二八九万余贯	一〇
宣和二年	一一一九年	约三〇〇万贯	一八

以上岁数额表来看，占最高位时代，是元丰年间，突破五百万贯；尔后渐减少到三百万缗左右。景德末年之铸额，不过百八十三万条贯，若比较其前后，则超过矣。又天圣年间的百余万贯，比较其前后时代稍逊，与国初的

[1] 铜一斤可铸铜钱额，是基于《文献通考》卷九《钱币考》"凡铸铜钱，每千文用铜三斤二两，铅一斤八两，锡八两，成重五斤。惟建州增铜五两，减铅如其数"及《玉海》（卷一八〇）钱币 "饶、池、江、杭、四监，共铸百二十五万缗，用铜四百五十三万斤"以这两记载算出。

八十万贯同为最低额。即是北宋时代的铜钱铸造额，尽一波状线渐渐增大，至元丰年间达到最高额。元丰以后，大概是落到三百万缗左右，熙宁以前，没有看着变动。关于元丰以后岁铸额的减少，当在后章论及，此与铁钱岁铸额渐减的倾向，同为宋代货币史上最值得注意的现象。

三、铁钱的铸造额

北宋时代主要的铁钱监，设置在陕西和河东两路与四川四路的地方。虽然在此以外，也设置有铁钱的铸造；如京东路方面，东南地方，但都是出于临时的设置，其存在的期间颇短，且铸造额亦少，所以在铸钱史没有如陕、河与四川有重大的意义。北宋时代铁钱问题，其核心始终是偏于国土的西北部，即是设置如上所述的陕、河与四川地方。

如上所述，北宋时代铁钱的行使范围，虽限于西北方面的六路，然而它的流通，与铜钱有密切不可分的关系。与铜钱同为决定当时货币政策的二大要素。所以铁钱问题的研究，无论其设置有地理范围的广狭，然堪与铜钱匹敌的研究的重要性。在本章对于此铁钱问题，主要的考察是在其铸造额。

还有，铁钱问题，在四川和陕、河两个地方，是各自独立发展的路径，差不多彼此没有直接的交涉，为便宜上，作两个地方的个别考察其铸造状况。

（一）四川地方铁钱的铸造额

四川地方的铁钱监，是继承五代时据四川而形成国家所谓孟蜀的旧监，渐次加以改废增减的。要一一明确地知道此等名监的沿革，史料缺乏是很困难。又关于岁铸额的记录，也如铜钱一样不丰富。所以研究起来，不无隔靴搔痒之感。然而在研究上四川地方比陕西地方便宜得多。以下关于史料与推测所及的范围，检出岁铸额或认为接近额的数字。

《续资治通鉴长编》（卷五九）景德二年二月庚申：

> 先是，益、邛、嘉、眉等州（原注本志无眉州，有雅州），岁铸钱五拾余万贯，自李顺作乱遂罢铸，民间钱益少。私以交子为市，奸弊百出，狱讼益多。乃诏知益州张咏，与转运使黄观回议，于嘉邛二州，铸景德大铁钱，如福州之制，每贯用铁三十斤，取二十五斤八两成，每钱直铜钱一，小铁钱十，相兼行用，民甚便之。

这是说，在四川地方旧来有益州、邛州、嘉州、眉州（皆属于成都府路）的四钱监，铸铁钱五十余万贯，因李顺叛乱在此地勃发，停止铸造，钱币数量减少，苦于不足，遂铸造大铁钱。如上所说，大铁钱铸造的动机，这个对不对，还有研究的余地。四监铸造额合计达五十余万缗一句话，在此处研究铁钱岁铸额，是不可忽略的数字。以下试考究上述铸造额，与当时岁铸造额有如何的关系。

如上所述，在《续资治通鉴长编》，列举国初四监：益、邛、嘉、眉四州钱监，在其原注内，引出本志不同的记录，其中明明是以眉州代替雅州钱监，附记以雅州为国初四监之一。此二州究以哪一个是四监之一呢？因为与国初岁铸额研究有重大关系，非究明不可。

《续资治通鉴长编》，记载眉州钱监为四监之一，是仅仅在此见着的文献；在此记载以外，全然没有见着记载本监的状况。由文献立场看来，眉州铁监本身的存在，颇发生动摇。反之，原注所引雅州钱监来看，《续资治通鉴长编》（卷一一）开宝三年十二月末尾，有从此年已在百丈县设置的记载。又该书在后引《宋史·食货志》下二《钱币》天禧末年，有尔后常常使其继续铸造的记载。由这些记载证之，可知原注引用本志所载，应该尊重。如此考察，采用眉州钱监说的是《续资治通鉴长编》本文的记载，想是基于某事情的谬见，可采取以雅州为四监之一的本志记载。

《宋史·食货志》下二《钱币》：

> 天禧末年，铁钱有三监，邛州曰惠民，嘉州曰丰远，兴州曰济众。益州、雅州旧亦有监，后并废。

这是概说国初四川地方铁钱监的沿革，但在此中所表明的钱监，现在的及既存的共为五监，即邛、嘉、惠、益、雅等钱监，言未及其他。由此点观察，益、邛、嘉、雅四钱监，同时可当作北宋最初铁钱监总数的解释。同之，此四监的铸造额合计五十余万缗，即可看作此地方总铸造额数，没有错误。

其次考察此统计制作年代，因为文献不足征，难有明确。只有推测的头绪，是李顺叛乱的年代。

李顺，是太宗淳化四年二月青城起事的匪首王小波的部下，是年十二月王小波中流矢死后，逐推李顺为首帅，明年正月陷成都府，以此地为根据，威震四邻。五月执两川招讨使王继恩，攻略数州之地，自号为大蜀王，改元为应运，一时表现独立之形势[①]。那么，上面的统计，系李顺叛乱以前的调查，即是淳化三年以前的调查。又四监之一的雅州钱监因为是开宝四年设置的，所以这个统计，至少是开宝五年以后的统计，即是从开宝五年至淳化三年约二十年间的某年的岁铸额。

此铸造年代，再由此地方的铜钱问题关系来考察，可以推测是太宗初年，即太平兴国年间的铸造额[②]。但此考证，复杂多歧，他日研究《北宋时代铜铁钱行使路分》，当并为详述。

看下一段，《宋史·食货志》下二《钱币》：

> 天禧末年，铁钱有三监，邛州曰惠民，嘉州曰丰远，兴州曰济众。益州雅州，旧亦有监，后并废。（如上载）大钱贯十二斤十两，以准铜钱，嘉邛所铸钱贯二十五斤八两，铜钱一当小铁钱十兼用。后铁重多盗熔为器，每二十五斤，鬻之直二千。大中祥符七年，知益州凌策言，钱轻则易贵，铁少则熔鲜于利。于是诏减景德之制，其见使旧钱，仍用如故。

这是说国初四监之中，雅州、益州两监被废止，在兴州设置新监，及夫景德以来铸造大铁钱，质量过大，多为盗熔者销铸，由大中祥符七年减半重量。最后，揭载其岁铸额，为岁铸额二十一万贯。

据此，大中祥符以后，一方面钱的重量减半，一方面岁铸额却减低。天禧末年，比太平兴国年间，额数减到五成以上。又，虽然钱监数只见兴州济众监的新设，但他方面，失了益雅二监，结果减少了一监。尔后在四川地方的铁钱监，固定为此三监。所以上三监的铸造额，也就等于总铸额。以下，试考察当作岁铸总额来看此三监铸造额。

《宋史·食货志》下二《钱币》：

> 皇祐年间，嘉、邛、兴三州，铸大铁钱二十七万缗。

[①] 关于李顺之乱，参照《史学杂志》四十二篇第八号重松凌章氏的《宋代均产暴动的系统》一文。
[②] 关于此问题，打算他日在《北宋时代铜铁钱的行使路分》一文论及。

可见皇祐年间的铸额，达到二十七万缗，表现比天禧末年稍稍增加的痕迹。然而《续资治通鉴长编》（卷一八三）：

> 嘉祐元年八月癸亥，（上略）吏部郎中知益州张方平，为三司使，自西鄙用兵，两蜀多所调发，方平还自益州，奏免横赋四十万贯匹。及减兴、嘉、邛州铸钱十余万，蜀人便之。

嘉祐元年，由知益州转任为三司使的张方平，归还京师后，减三监铸造额十万余贯，即是皇祐年间达二十七万贯的铁钱岁铸额。数年后嘉祐初年再减为十余万贯，减少额，虽不确知只有十余万，但为便于后论起见，假定为十二万贯，嘉祐二年以后的岁铸额为十五万贯。

《宋史·食货志》下二《钱币》：

> 治平年间，（上略）而嘉，邛以率买铁炭为扰，自嘉祐四年停铸十年，以休民力，至是独兴州铸钱三万缗。

可见从嘉祐四年以后的十年间，停止嘉邛两监的铸造。从嘉祐四年至治平年间，岁铸全额，不过兴州一监所铸的三万缗。

治平以后，是神宗的熙宁与元丰时代。此时代王安石的积极政策波及于各方面，如铜钱铸造额数倍于从前；然而铁钱的铸造额，未能向着增加的一路走，由《宋会要·食货》第一一册所载的统计，试考察此时代的铸造状况。

关于四川铁钱监的铸钱统计，首先以熙宁末年制成的调查来看，列入下表：

路名	州名	钱监	各监铸钱额	各路铸钱额	顺位
成都路	嘉州 邛州	丰远监 惠民监	八六六一七贯 一〇九八九一贯	一九六四六八贯	一
利州路	兴州	济众监	四〇〇〇〇贯	四〇〇〇〇贯	二
合计二路	三州	三监	二三六四六八贯	二三六四六八贯	

合计二十三万六千四百六十八贯，与皇祐年间的额数相近。以此统计表，在铁钱铸造额上，可知王安石一时的积极政策的波及。

其次，元丰三年的铸造额数，列如下表。

路名	州名	钱监名	各监铸钱额	各路铸钱额	顺位
成都路	嘉州 邛州	丰远监 惠民监	二五〇〇〇贯 七三二三四贯	九八二三四贯	一
利州路	兴州	济众监	四一〇〇〇贯	四一〇〇〇贯	二
合计二路	三州	三监	一三九二三四贯	一三九二三四贯	

合计为十三万九千二百三十四贯，比前表减少约十万贯。元丰三年为王安石新政治达到最高潮时期，此时如铜钱铸造额表现为北宋时代最高额，只有铁钱近于半数的减少，此现象，应特别注意。元丰以后，关于四川地方铸钱状况的文献颇缺乏，岁铸额终究不能窥得。所以综合以上所述，元丰以前的铁钱铸造状况的趋势，可以明白。以此倾向为基础，对于元丰以前的铸造状况，加以推测。将元丰以前铁钱铸额及钱监数的增减状况，表示如下：

年号	西历	岁铸额	监数
太平兴国年间	九八〇顷	五〇万贯	四
天禧末年	一〇二一年	二一	三
皇祐年间	一〇五〇年	二七	三
嘉祐年间	一〇五七年	一五	三
自嘉祐四年至熙宁元年	自一〇五九至一〇六八年	三	一
熙宁末年	一〇七七年	二三．六	三
元丰三年	一〇八〇年	一三．九	三

即是四川地，铁钱岁铸额，以国初为最大，尔后与时俱减，尽一高低的波状线减少。就是北宋国力发展到顶点的积极精神横溢的熙丰时代，其铸额比国初犹不及半数；且在此期间内未继续高额的铸造，其后半不过才表现十余万缗的成绩。总之，元丰以前的铁钱铸造额，与铜钱为反对的倾向，在国初最多，以后与时俱减。

以元丰以前约百年间铸钱额渐减的倾向，推测元丰以后四十年的趋势，不能想到额数遽然转换向上的倾向。尤其是新法政治达到高潮的元丰时代，仅仅是铁钱的铸造额显著的减少，即是看作渐渐往减少的路走，较为稳妥。当然，此减少，不是在一直线上转落，看作与元丰以前同样往波状线上走也错了。

《续资治通鉴长编》(卷四一二)：

> 元祐三年六年丁亥，工部言，嘉州丰远监，岁铸额八万有奇，止以职官兼领。请依旧置监一员，于本路选举，其姓名申吏部，从之。

元丰三年，铸额低下为二万五千缗的丰远监，到元祐三年，表现又返回熙宁年间旧额八万余缗的成绩，此铸造增加，恐是元丰以后波状的转落过程的一顶点吧！

如上所说的推测，元丰后铁钱岁铸额成为渐减的倾向，于考察四川地方发达的纸币"交子"及"钱引"的流通关系的时候，更可以确切明白。（参照《史学杂志》四十五篇第三号拙著《关于交子的发达》）

（二）陕西与河东两路铁钱的铸造额

四川地方，承五代旧制，国初以来经营的铁钱监；陕西河东两路设置铁钱监，比较在后，即是相当于由太宗统一完成后约六十年的仁宗庆历元年开始设置的钱监。

仁宗明道元年，西夏国主赵德明死，其子元昊立，豹变从来对宋亲善的方针，表示反抗气势，宝元元年称大夏帝，想伸展其枭志于宋朝边境之上。因此，两国间空气极度紧张。警报频传于京师，宋之大军为备万一计，连续集中于陕西、河东的国防第一线。明年，即宝元二年，果然两国间开起战端，战事至庆历元年犹未终息。陕西、河东两路的钱监，就是在此险恶的氛围之中急遽设置的。如后所述，两路钱监，铸额增大，其动机，为的是想填补由两国交战支出的增大，以下概说陕西、河东两路钱监设置的模样。

先是政府，康定元年十二月戊申，容纳通判河中府（属陕西永兴军路）皮仲容的建议，任彼知商州（属陕西永兴军路）兼提点采铜铁钱事之职，使当陕西路钱货铸造局（《续资治通鉴长编》卷一二九）。明年庆历元年由彼之努力，成立彪州朱阳县及商州洛南县二处钱监（同书卷一六四庆历八年六月丙申），九月称前者为朱阳监，称后者为阜民监（同书卷一三三庆历元年九月末）。又，河东路，庆历元年九月容纳陕西转运使张奎、知永兴军范雍等两人的建议，决设置钱监（同书卷一三三庆历元年九月壬子及卷一六四庆历八年六月丙申），明年十月，令张奎转任河东路（同书卷一六四庆历八年六月丙申），未几，由彼之努力，设置晋州、泽州二钱监（同上）。其后因为河东铸钱受猛烈的反对，令知制诰欧阳修往河东调查利害（同书卷一四八庆历四年四月己亥）。听从[①]彼之意见，暂时停止铸造（同书卷一六四庆历八年六月丙申）。后又用张奎的意见，庆历五年复活晋泽两州钱监，更增设石州及威胜军二监，大兴铸造（同上）。在陕西路，庆历四年增设仪博济监。（同上）

政府新设以上七监，督励监督官铸额的增加，此七监中铸造铁钱者是属于河东路之四监，陕西路的三监，只专铸造铜钱。

到了庆历年间，在两路行着七监的大增设，由此战争景气物资移动甚盛，虽是为通货不足，但其主要原因，是在于战时支出膨胀的一部，用铸钱事业来填补。为达到此目的，改变从来的铸钱方针，低下钱的质量到名目价值以下。于是以上七监铸造的钱，是大平铁钱、大铜钱及大铁钱。大钱是以铜铁钱共一枚当小平钱十枚，以大钱为当十大铜（铁）钱，或称为折十大铜（铁）钱。折十大钱的实质价值，不及名目价值三分之一。小平钱，虽根据从来的样式，只铸造原料便宜的铁钱，不造铜钱。政府铸造此三种钱币，大有利益，可以达到补充战费的目的。

《欧阳文忠公集》(《四部丛刊》本卷一一五)"乞罢铁钱劄子"："臣等至河东，取索晋泽二州铸钱监，及诸州军见使铁钱数，又将转运使公司供到庆历三年一年都收支钱数，约度用度多少，及采问军民用铁钱便与不便，今具利害画一如后。"（以上引下文）

这是欧阳修受命调查河东路铁钱铸造利害的报告。若据《续资治通鉴长编》（卷一四八）庆历四年四月乙亥（上略），及命右正言知制诰欧阳修，往河东，与转运使议之，初河东转运使张奎，于晋州铸铁钱，而民多盗铸。又晋州矾，比岁课益亏，并下修计度之。

断定欧阳修奉使河东，是庆历四年四月。那么他的调查，是在以后不久作的。又据同书（卷一五四）庆历五年二月甲寅，初欧阳修奉使河东，还言。

他的报告书，是（庆历）四年末或（庆历）五年初提出来的。报书的内

[①]《欧阳文忠公集》(《四部丛刊》本卷一一五)，"乞罢铁钱劄子"全文，基于此时彼之调查及其调查的意见。

容分三条，第一条如下：

见在大小铁钱数，大铁钱，自起铸至目下，共铸到四万四千八百余贯，小铁钱，自起铸至目下，共铸到一十一万七千七百余贯，是大小铁钱，未及六十万贯。

依此条计算，由起铸时起至调查时止的总铸额，大铁钱四万四千八百余贯（即是名目价值四十四万八千余贯）与小铁钱一十一万七千七百贯，合计达到五十六万五千七百贯。起铸之月日及调查之月日不明；但创设晋泽两州的铁钱监的张奎，为河东路的转运使，准备着手创设是庆历二年十月，至于渐渐起铸的时候至早是庆历三年以后。又断定欧阳修奉使河东的年月，是庆历四年四月，报告书提出的年月，推定同年末或翌年春，调查月日，大体是庆历四年五六月间。上所揭六十万贯的铁钱，约为一年半的总铸额，不是岁铸额。若一年半的总铸额为六十万贯，则岁铸额可以看作约四十万贯的程度。

报告书的第二条，将晋泽两监的大小铁钱铸造额及铸造利益各个细说，为表示便宜上作若下表：（单位贯）

大铁钱

州名	大钱铸造额	大钱名目价值	铸造费	铸造利益	利率
晋州	二八〇〇	二八〇〇〇	一七八〇〇	二七〇二〇〇	一五倍
泽州	一六〇〇〇	一六〇〇〇	六四〇〇	一五三六〇〇	二四倍

小铁钱

州名	小平钱铸造额	铸造费	铸造利益	利率
晋州	一一四五〇〇	四六〇〇〇	六八五〇〇	一五倍
泽州	四〇〇〇	九八〇	三〇二〇	三倍

（备考）本文中计数认为有错误，作者为适宜的计正。本报告的额度，皆揭概数，抹去零数。

由上表可知，大铁钱的铸造，表示有一十五倍至二十四倍的利益；小平钱，有一点五倍至三倍的利益。如依大铁钱铸造的利益，正值得惊愕。算出大小铁钱铸额五十六万五千七百贯的总铸额造费，为七万一千一百八十贯，利益总额，是四十九万四千五百二十贯，即八倍余。此八倍，约五十万贯的利益，是钱监增设的目的，补给财政的一部分。

报告文的第三条，关于庆历三年河东路的钱币收支的调查。据此条，庆历三年的一年钱币总收入，达二百十七万二千二百三十贯，支出是百九十九万八千四百十四贯，除支出下剩有十七万三千八百十六贯的余裕。

报告文最后的结论，主张河东的铁钱铸造特别应废止大钱的铸造，欧阳修此主张根据的理由，可分为下四条：

（1）河东路的钱币收入，比支出有多额的余裕，即不铸钱，并不感钱币支出之不便。

（2）铸造利益多，私铸蜂起，币制维持困难。

（3）私铸者多，尽照法条处罚是不可能，颇有损于法的威严。

（4）恶钱的流通，招致物价腾起，威胁庶民生活。

所以庆历四年，河东铸钱一时停止，是基于彼之意见。然此之废止不是永久的，庆历五年由张奎的主张，再开始铸造。尔后继续铸造到庆历八年七月，但是不知其岁铸额及总铸额。

其次，陕西路的铸造额，因史料缺乏，亦难明确。然而以江南诸铜钱监铸造大铜钱及小铁钱输送到陕西路来看，与河东路有同样的焦虑其铸造增加，可以充分观察出来。此输送计划，若据《宋会要·食货》第一一册康定元年（上略），因敕江南铸大（铜）钱，而江池虢饶州又铸小铁钱，悉辇致关中。

可当作与陕西路钱监的新设计划同时着手。然实际上在输运未达到之前，因为着手后需要相当月日，至早是在庆历元年。输送钱的总额是不明，《宋会要》第一一册庆历元年十一月：

> 诏江、池、饶三州，铸铁钱三百万缗，备陕西军费。

可见庆历元年建立三百万缗输送铁钱的铸造计划。又《续资治通鉴长编》（卷一六一）庆历七年十二月末，三司使张方平言：

> 庆历五年，又赐江南所铸当大铜钱十一万，当小钱一百一十万缗。

综合地考察，庆历五年，输送一百一十万缗的大铜钱，可知铜铁钱都不少。由上例来观察，输送钱达多额。关于陕西路三监铸造额记录，目下没有看到，所以不能窥见一麟一片。

如上所述，庆历元年以后，大铜钱及大小铁钱盛行铸造，供给一部战费，一时仰给东南诸路钱监的补给，一面只顾铸造利益之徒，蔓于全路，取缔极感困难。私恶钱，逐年增加，不符于实质价值的当十大钱，驱逐良货，使物价腾贵，经济界混乱，观此形势的识者，一齐反对大钱铸造，强调其停废。《续资治通鉴长编》（卷一四三）庆历三年九月壬辰，先是参知政事范仲淹言：

> 臣窃见，陕西河东边计不足，遂铸铁钱，以助军费，而民多盗铸，且犯极典，将不堪。

同上书（卷一六四）庆历八年六月丙申，关于河东钱法的长文记事中，庆历四年（上略），于是翰林学士张方平、宋祁，御史中丞杨察，与三司使叶清臣，先上陕西钱议，曰：

> （原注六月乙未）关中用大钱，本以县官取利太多，致奸人盗铸，其用日轻。比年以来，皆虚高物估，始增直于下，终取偿于上。县官虽有折当之虚名，及受亏损之实害，救币不先自损，则法未易行。

庆历五年（上略）：

> 而河东铁钱既行，盗铸钱者，获利十之六，钱轻货重，其患如陕西，言者皆以为不便。

反对铸钱之声颇高，朝廷派遣欧阳修调查实际状况，列举四条理由，也表示反对之意。他在河东差遣中，具体地阐明提刑司逮捕私铸犯禁者的多数的事情，希望中止之日早一刻也是好的。一方与西夏议和，庆历四年的整理，战后之处置，渐次安定，所以众议倾向停止铸造。庆历八年七月辛丑，首先罢河东铸炉（《续资治通鉴长编》卷一六四庆历八年六月丙申），皇祐二年二月癸酉，废止陕西路商州等铸轻恶钱的钱监（同书卷一六八皇祐二年二月癸酉及卷一六四庆历八年六月丙申）。又庆历八年七月子丑，当十大钱，改当之，以防私铸（同书卷一六四庆历八年六月丙申）。嘉祐四年二月己卯，为防止私铸之效薄，更将名目价值减下为当二（同书卷一八九嘉祐四年二月己卯及卷一六四庆历八年六月丙申）。因此，钱币价值，名实一致，于公私无损，完全得到安定。于是熙宁四年三月基于皮公弼之意见，重新铸造当二铜钱，行使于陕西、河东两路地方（同书卷二二一熙宁四年三月己亥）。此当二铜钱，颇博得好评，流通成绩良好，所以渐次使用于各地，与小平钱同为北宋时代钱币的主要形式。此所谓二钱（或折一钱）的钱币的起源。

总之，以上以庆历元年西夏侵寇为契机，而起铸大铜铁钱，由于识者忧私铸之币的反对与战云的终息，遂由庆历八年至皇祐二年的跨过三年间渐次废止。此约十年间两路铁钱铸造额不明。只陕西路，仰给东南铁钱额三百万贯一例推之，可预想其额数有相当高。因为铸造实质价值很少的大钱，也可以豫想名目价值以上的高额。

尚有一言，此等大铜铁钱的流通范围，只限于铸造地的陕西河东两路，严禁带出境外。到了熙宁四年以后，即是大铜钱当作折二铜钱很广的流布以后，大铁钱永远当作折二铁钱，其使用范围限于两路。关于此等大钱铸造及铜铁使用范围，打算他日用别稿详论，在此不赘述。

庆历八年铁钱铸造停止后，暂时无再铸之议，此种状况直维持到王安石钱币大增铸时代约三十年间。

至神宗之熙宁元年，讨伐西夏计划发生。在陕西地方再开始铸造铁钱。据《续资治通鉴长编》（卷二六〇）熙宁八年二月甲子，永兴军等路转运司言，见管私铁钱，转运司九万余缗，常平司十一万余缗，并买民间私铸铁钱数十万斤，并当改铸省样钱。欲除永兴、华、河中、陕四铜钱监添匠鼓铸外，更于商、虢、洛南增置三监，耀权置两监，共九监改铸。永兴、耀、河中、陕去铁冶远，第改铸为钱，一年可毕。商州、洛南、华、虢，最近铁（冶）可以久行，鄜州等五处，候改铸罢，工匠并入商州等四监，然后专铸大钱，从之。

可知其着手是熙宁八年，集中在从来政府诸官衙手里的私恶铁钱，后省样（政府规定的钱型）为改铸大铁钱（指折二铁钱）的动机。然而当时恰恰王安石树立钱币大增铸策，多数的铜钱监，在各地增设的时候，此九铁钱监的设置，也可以见作是基于同样的旨趣。在上文内，所述铁铸钱设置真的动机，是私钱改铸，其实想利用大增铸策实施的机会铸销从来收纳的私恶钱原料的一部。那么，一面预想临时名兴、华、河中、陕之四铜钱监及新设的耀郿两铁钱监的铁钱兼铸，以一年的时日完成改铸目的，一面近于铁山的商虢诸州，永久设置铁钱监。此外，岷州、滔山镇与通远军，虽然也永久设置铁钱监，但此等亦可以用同样理由解释。在元丰以后迎合新政策请增设新监者很多，同、渭、秦、陇诸州一时设立铁钱监，无论哪一个皆是移徙置废不常的状况，成绩不振。铸造大宗的钱监，是虢州、商州（以上二州各有二监），岷州、通远军等六监，事实上其铸造额，合计看作与陕西铁钱铸造全额相同。六监铸造额表揭下：

首先来看，《宋会要·食货》第一一册所载熙宁末年的调查统计之中。关于陕西铁钱监部分，如下表：

州军名	钱监名	铸钱额
虢州	（在城监）	一二五万贯
同	朱阳监	一二五万贯
商州	阜民监	一二五万贯
同	洛南监	一二五万贯
通远军	（威武镇监）	一二五万贯
岷州	（滔山镇监）	一二五万贯
合计四州军	六监	七五万贯

即是熙宁末年铁钱铸造额，监六，额七十五万贯。其次同上书元丰三年调查来看，如下表：

州军名	钱监名	铸钱额
虢州	（在城监）	一二五万贯
同	朱阳监	一二五万贯
商州	阜民监	一二五万贯
同	洛南监	一二五万贯
通远军	（威武镇监）	一二五万贯
岷州	（滔山镇监）	一二五万贯
合计四州军	六监	七五〇万贯

元丰三年铁钱铸造，监六，额七十五万贯，比熙宁末年铸造状况，些

微不同。由此二表相等之点来观察，熙丰年间陕西路的铁钱铸造额，大体以七十五万贯为标准。当然不免多少有增减，但是其变化之轴线觉得是右额。此外依《宋会要》之记载，六监中属虢商二州的四监，尽铸折二铁钱，余二监铸小平铁钱。

此六铁钱监，当元丰八年钱监大整理之际，与多数铜钱监，同被淘汰。然而包含此时废监十四中的陕西铁钱监的监名和个数，不能判明。

其次是河东路，前明本路铸造铁钱甚盛，本期没有起铸，熙丰年间河东铸铁钱的记录，目下尚没有找着。只《续资治通鉴长编》（卷二六〇）：

> 熙宁八年二月丙子，诏河东转运司，依前诏，铸钱七十万缗外，增铸小钱三十万缗。

这不是指铁钱铸造额么？仅以上文来看，果然是起铸与否不能判然。就是在熙宁、元丰年度的统计表中，河东路的铁钱监，也没有见着一监，由此点来推测，恐怕不是本期的起铸吧！纵然设置铁钱监，不是在极短的月日撤废的么？或者成绩不振，其铸额不足论。

陕西路在元丰以后继续铸造铁钱，其状况如何，史料缺乏不得而窥。由周围情势观察，其铸额微微不振的样子。

到了徽宗时代，蔡京为宰相，势力确立，彼仿效神宗时代树立大增铸计划，然而彼令铸造的钱，是当五、当十等的大铜铁钱和夹锡钱等的轻恶钱，宋之币制坚实的味道，在此时完全打破。然此政策随彼之势力动摇，因其变改不常，是反映北宋末的衰兆。此北宋末的币制，因为颇复杂极紊乱，他日当个别详究，在此割爱。北宋末的大钱铸造策之中，只包含大铁钱，其最初在陕西路流布，可值得注意；此陕西路大铁钱行使，同时与遂行西夏讨伐军的西征有联络，应置一言。

概括以上所述，陕西、河东两路的铁钱铸造额，可以大别为三期。

最初铸造，是在庆历元年，由于李元昊之侵入刺激而着手，庆历八年外寇退随亦停废。这就是第一期。第一期，只在河东路铸造，陕西路，除了由东南地方补给以外，自己没有铸造，钱币的种类，在小平钱以外，有当十大铁钱。大铁钱之质是恶劣，与名目价值之间甚有差池，所以私铸很盛。此后之钱，改为当二，成为折二钱的源流。第一期铁钱岁铸额不明。

第二期由熙宁八年起铸至元丰八年停铸约十年间，此亦讨伐西夏有密切关系。当然在元丰以后，虽继续铸造，但其额甚微。钱制良好，与名目价值相应。本期之铸造，与前期相反，只限于陕西路，不及于河东路，岁铸额是七十五万左右。

第三期是徽宗时代，此时党争很甚，货币政策亦受其害，以致改变无常。且新法党的蔡京的新货币政策本身极紊乱，反映国运渐衰之兆，表示可忧的现象。本文研究的目的上应注目的，此时铸造是大铁钱，及至讨论西夏，货币政策犹在新法党之手，计画西边的空气紧张，此关系，酷似第一期大铁钱铸造。

如此，陕西、河东两路的铁钱铸造额，虽然三期大别，但三期起铸的动机，同为西夏之交战；战争平息，铁钱亦随之停铸。以此前后三期的关系为基础来考察，此地方铁钱铸造，由战争膨胀财政的支出，由战争景气适应通货需要的临时增加；但坚实货币经济的发达不需要增铸，这是可以断定的。换言之，铁钱绝不能说是此地方坚实的经济发达要求的货币。

（三）四川及陕河两地方以外的铁钱铸造

北宋时代的主要铁钱监，是四川与陕河。此外，铁钱监铸造或有此企图，或为一时的铸造。在本节内想概括的研究此等铁钱铸造问题。

（1）京东路

京东路铁钱铸造问题，比其他路应特别注意。本路设置铁钱监的意见，特别有力的证据，是在元丰年间。此意见，元丰六年三月，在京东西路的徐州设置宝丰监，开始实现的。因为决定钱监的设立是三月，所以开始铸造是本年末或是明年初，宝丰监的岁铸额，定为三十万贯（《续资治通鉴长编》卷三三四元丰八年三月丙子朔）。七年四月，据京东转运使吴居厚之请，更在徐州增设一监，名为宝丰下监，使铸造折二钱年额二十万（同书卷三四五元丰七年四月甲午）。但此等京东所铸铁钱，尽输送于陕西路作为军费之一部，却是严禁在京东路行使。如是可以明白京东路的铁钱输送到陕西以润泽通货，其质脆恶，差不多不堪使用（同书卷三四四元丰七年三月癸丑范纯粹上言一节）。因此元丰八年十月，神宗崩后，在大整理中被废止（同书卷三六○元丰八年冬十月甲戌）。那么，京东路的铁钱监，其寿命极短。尤其是如宝丰下监，果然是具有铸造期间与否，尚有疑问。所以岁铸额定为三十万贯与二十万贯，合共达到高额五十万贯，其全铸额，不过如此程度。且作成的货币因为全部输送到陕西的缘故，所以若比较从熙宁末年约十年间，年年铸造七八十万贯多额的陕西通货数量，对于输送钱币的影响，不是异常重大。

（2）河北路

熙宁十年六月，依河北转运使的意见，置钱监于邢磁诸州，铸造折二铁钱，为中央三司所反对，遂未实现。（《续资治通鉴长编》卷二八三熙宁十年六月壬寅）此反对意见中心人物的活跃，是有名的《梦溪笔谈》的著者沈括。（引同上沈括自志之文）如此，河北路的铁钱铸造，虽终于打算，但铸否问题，于北宋通货政策之基调有重大的意义（容他日发表铜铁钱行使路分的研究论及）。

（3）东南诸路

在此所说的东南诸路的铁钱铸造，如上述江、池、饶诸州的铜钱监，在庆历元年，其急遽起铸的兼铸铁钱。其经纬、额数等无反复言之必要。只是江南铸铁钱不在其他使用，与河北路的铁钱问题有同样的意义，值得注意。

四川及陕河以外的铁钱铸造，略于上述的范围，此中河北路，仅有铸造意见而未见于实行；实际铸造，不过是京东路与东南的两个地方。

然则它的额数，是比较小，东南铁钱，在庆历年发行者高额的铸造，只有一年。又其制成的货币尽输送到陕西地方，那么，北宋时代的铁钱问题，由情势看来，考其重点，置在四川陕河地方，是不错的。

四、结论

以上数项阐明铜铁钱的状况。本章述说，是比较此两种钱币铸造状况的二三考察，作为结论。

已如上述，北宋时代，铁钱铸造，差不多只限于四川及陕西地方，国初即有铁钱监，只是四川地方；陕西地方，初庆历年间临时铸造外，在熙宁以前，没有铁钱铸造。然而庆历年间的铁钱铸造，忽视铸钱的原则，增铸恶劣钱，因其不是坚实的货币政策，所以考察其正常发达之迹，暂置不论。如此观察，熙宁以前，铁的铸造，四川四路的钱监，占其总额。熙宁、元丰时代陕河两地方铸造额，都可以知道，岁铸总额，也容易推算。元丰以后的铸造额，推察陕河两地方都是减少，额数全然没有传记。兹揭元丰以前铁钱岁铸额如下表：

年号	西历	铁钱岁铸额	监数
太平兴国年间	九八〇顷	五〇万贯	四
天禧末年	一〇二一年	二一	三
皇祐年间	一〇五〇顷	二七	三
嘉祐年间	一〇五七年	一五	三
自嘉祐四年至治平元年	一〇五九至一〇六八	三	一
熙宁末年	一〇七七顷	九八．六	九
元丰三年	一〇八〇年	八八．九	九

由上表看来，最高额是九十八万余缗，不满百万，最低是三万缗，若与铜钱岁铸额来比较，最高额相当约五分之一，最低额不过三分之一；钱监数，最高二分之一，最低是四分之一。由此比较，可知年年数倍或数十倍的铜钱，提供于社会，纵然假定两种钱币有同等的价值与通流力，但铜钱比铁钱通货要占优位。此两种钱币的价值与流通力，他日当个别详论。

其次由岁铸额增减的趋势，把两者来比较考察。

铁钱铸造，是四川与陕河地方特别方针之下行着，其中陕河地方的铸造，是与西夏交战的刺激，额数增减，铸造停废，钱质等完全逸出常态，不能作正当比较的根据。国初以来在一贯货币政策之下继续铸造，是四川地方。因之，比较考察此地方岁铸额增减的趋势当作使用的材料。

四川地方铁钱铸造额，在国初为最多，自此以下，画一高低波状线的减少。即提供于社会的铁钱的数量，每年减少。由此趋势推测，当时经济界，不能不说对于铁钱的需要与年俱减的样子。陕河地方铁钱铸造，因与西夏交战终息的停废或激减，是没有将铁钱的铸造额，当作应付社会需要的第一条件，由这个证例可以看得出来。

反之，铜钱的铸造额，尽一高低波状线渐次增加，至元丰时代达到最高额。由此趋势来论，对于铜钱的需要，由国初至元丰时代止逐年增加。尚有，铜铁钱的铸造额，画一高低波状线，因与辽、西夏的交战及其他的事情，此时政府的钱货铸造政策，有弛张和进退的现象。

铜钱的铸造额，以元丰时代为绝顶，以后则向下坡，在北宋末大体落到三百万贯左右。若以上面减少的法则来说明，元丰以后，对于铜钱需要渐次减少。商品及货币经济在北宋末渐渐发达，而铜铁钱的铸额减少，必促现代替这两种钱币的别种货币的流通发生，此新的流通发达和普及的货币，就是银。在北宋时代银的流通发达，在国家财政收入额的增加，可以窥见其一斑。表示银的岁收总额如下表：

年号	西纪	银岁收额
天禧末年	一〇二一年	八八三九〇〇余两
熙宁年间	一〇七五项	二九〇九〇八六两
北宋末年	一一二〇项	一八六〇〇〇〇〇余两

依上表可知，北宋时代银的流通发达，颇值得惊骇。尤其是在后半期的跃进，更足惊奇。可见铜钱铸额减少，是铜钱之流通，渐次为银取而代之。

如上所述，铜铁钱的铸造额增减的趋势，在北宋时代，以铁钱为流通要具的观察，是不适当的，因其逐年被流通界驱逐。铜钱虽为主要货币，最广的使用，但以元丰时代为顶点，以后渐次银之流通发达取而代之。在南宋，银的流通，更为发达，与铜钱同为占交换要具的重要地位。那么，北宋百七十年间，可以看作由铜钱本位，到银两本位时代的过渡时代。

社会财力一般随之增大，货币材料，由铜到银，由银到金，移至高级金属，这是常则。照此常则来说，中国社会的财力，可以想到北宋百五十年间显著的增大。最后应说一言，是铁钱行使的区域。庆历以前，将四川四路铸造和行使的铁钱，从庆历元年起，使之在陕西、河东流通。此行使地域的扩大，与上述铜铁钱流通状况的本文见解相左。然而一见以为行使区域的扩大，若如上述，由北宋的财政关系来加考察，又由铜钱的需给均衡问题的方面来考察，则可认为与本文的见解没有何等抵触。究明此等问题，后日有机会发展。

一九三五，一，二十，太原
《食货半月刊》，1935年1月

宋代官办后的益州交子制度

加藤繁著　傅安华译

宋、元、明三朝之盛行纸币是极显著的事实。其起源即为交子。交子在宋太宗治世时出现于益州即后日的成都府。当时四川一带主要的都用铁钱，铁钱价贱不得不加多其量，因而在携带上极不轻便。成都富商十六户得官府的允许乃发行钱票据，此票据即称为交子。交子的纸面上印有家屋人物等形样，并填写着钱数及发行商人的花押。交子是有人要求才发行的，其额面的钱数不一定，在有人携钱来请其发行交子时，常把所有的钱数都写在一个交子上面。此种交子无论何时都可以拿去兑换现钱，而兑换的时候，一贯之中要纳三十文的手续费。此种交子始于益州，而通行于四川一带，与现钱无异。此乃最初的交子制度，与十七世纪英国的 Goldsmith note 颇相似。若以今日的票据来比，相当于无记名的见票付款的凭单之类。然而，其后一般富商都将交子要求者所预存的现款拿去作了他项的投资，以致兑换的时候不能完全支付，额面上的一贯文至多不过支付七八百文。因此，政府当局，有的主张废除交子，有的主张依归官办。直至仁宗天圣元年（一○二三），始禁止商人发行交子，于成都设益州交子务，专司发行交子的事，自此交子完全归于官办。此为交子制度之一大变化，自不待言[①]。兹略述之如下：

交子制度归官办后是如何的情形呢？《宋史·食货志》下三会子条曾述及仁宗采纳益州路转运使薛田等奏议而置益州交子务的事：

（上略）仁宗从其议，界以百二十五万六千三百四十缗为

[①]（日文）《史学》第九卷第二号加藤繁《交子的起源考》。

额……

《文献通考》卷九《钱币考》二亦云：

> 交子，天圣以来，界以百二十五万六千三百四十缗为额。

《山堂考索后编》卷六十二《财用门楮币类》也有同样的记事。"界"是交子的流通期，每界为三年。此种每三年一造新交子来替换旧交子的制度是真宗大中祥符四年规定的，彼时交子尚归民办。至归官办后，乃规定一界的发行额数为百二十五万余缗。又《宋史·食货志》下三，叙述北宋末年的事有：

> 大凡旧岁，造一界，备本钱三十六万缗，新旧相因。大观中不蓄本钱而增造无数。

《文献通考》卷九也有同样的记事。所谓本钱当然是准备兑换的。以三十六万缗来准备兑换的制度，确是何时规定的虽然不详，然以"旧岁"二字去想，或是极旧的事实。假若是仁宗时代的事，则交子归官办后不但规定一界的发行数，并且设立蓄置本钱的制度。发行额是百二十五万缗，本钱是三十六万缗。若由此看来，交子归官办后，人民持钱来请求发行交子的制度是废弃了，完全依官家的意思来发行交子。然而，事实上不是如此。《宋朝事实》卷十五叙述初期的交子颇详细，其中叙述及交子归官办后的事：

> 候有人户将到见钱，不拘大小铁钱，依例准折交纳。置库收钱，据合同字号，给付人户，取便行使。

《宋朝事实》的记事是依据赵抃的《成都古今记》，为可信的记录。依此，则交子官办之初，仍继续民办时代的制度——俟人户要求始发行交子。而此种制度，似乎在以后施行的时间很长。《续资治通鉴长编》卷二百七十二熙宁九年正月甲申条的原注，引吕惠卿的目录有吕惠卿与神宗皇帝及王安石关于陕西交子的问答：

> （上略）余曰：自可依西川法，令民间自纳钱请交子，即是会子，自家有钱，便得会子。动无钱谁肯将钱来取会子？石曰，云云。

由此可知在熙宁中益州交子务尚有是以人户的现钱而发行交子的。若依此而论，则交子归官办后，至少在熙宁时代还是完全蹈袭民营时代的规制，并无有依官司独自的意思去发行交子的事，从而也无有规定一界的发行额及设置本钱的事。发行额及本钱的制度好像是熙宁以后才定的，然而怎样又说是天圣以来的制度呢？这个疑问将如何解释呢？

在文彦博的《文潞公文集》卷十四有庆历八九年知益州时所上的奏议[①]：

益州交子务所用交子，岁获公利甚厚。复民间要借使用。

可见交子的功能，除便宜民间外，尚能获公利甚厚。所谓获公利即是利用交子在财政上收利益。若以人民预交钱而发行交子，而对其钱仅仅慎重地代为保管，则虽至岁百万，于财政亦无利益，从而更不会有获公利甚厚的事。观知益州文彦博岁获公利甚厚的话，当时在财政上利用交子制度确是极明显的事，而在财政上利用交子制度最方便的手段即是将交子务所保管的人民存款，在某种条件下，流用于政府的岁出上。盖以人户的要求而发行交子，当人户交钱太多的时候，则总希望有适当的转运。此是人情之常，银行之所以兴起的主观理由亦即在兹。当交子民营之际，发行的成都豪商们，常藉人户的存钱投资于邸店、田园、宝货等以图殖利[②]。交子归官办后，益州路当局认为死藏着人户的存钱太可惜，当然希望在不破坏交子制度的范围内利用之以为财政上的帮助。然而此事或与西夏事件有关系。西夏自太平兴国以来，屡窥陕西，宋朝廷为了防御费了不少的钱财。仁宗康定元年以来，夏主李元昊大举侵入陕西，因而宋朝的军费此时极形膨胀。康定以前虽然不很显著，但是为了军费的筹划也曾用过相当的苦心，其结果乃让益州路负担军费之一部。《宋公要·食货》三十八中天圣四年依三司的上奏，令秦州交纳粮草的商人到成都或嘉州邛州去取现钱或交子，即其一例。此种事情也是使益州路当局利用交子务的现钱援助财政的一个理由。

进一步研究，交子不过是一张纸，仅仅依赖着信用并与现钱同样的流

---

① 此奏议题曰《乞诸州供钱拨充交子务》，其下注庆历六年。此奏议是为益州交子务为陕西印造交子六十万贯的事而作的。益州交子务为陕西印造六十万交子的事，在庆历七年后有两次，此如本文所述，依《续资治通鉴长编》及其他书可见到。《文潞公集》注为庆历六年，或是错误，大概在八九年的时候。
②《宋朝事实》卷十五，财用。

通，当官家专有其发行权的时候，官的发行与人民的要求是各自独立的两件事。官家是为了他们自身，或是为了图财政上的便宜才发行交子，此种情形或是难免的。政府独自发行与人民要求无关的交子的情形好像发生得很早。庆历七年正月以后，益州交子务曾专为陕西印造了六十万交子送交秦州，充粮草费的开支，此事在《宋史·仁宗本纪》《续资治通鉴长编》卷百六十、《宋朝事实》卷十五、《文潞公集》卷十四等皆可见到。此事虽是益州官宪不待人民要求而独自发行交子的事实，然而，这并不是为益州路，而是为陕西发行的。益州交子务是先前曾为了益州本地财政的便宜而独自发行过交子，此事才推广到秦州呢？还是从此时起为了秦州才独自发行交子呢？《文潞公集》卷十五前面曾引用过的奏议中，曾评论此种交子的事：

> 益州交子务所用交子，岁获公利甚厚，复民间要借使用。盖比之铁钱，便于赍持转易。今因秦中入中粮草，两次支却六十万贯交子。元未有封桩见钱，准备向去给还客人，深虑将来一二年间，界分欲满，客人将交子赴官，却无钱给还，有误请领，便至坏交子之法，公私受弊，深为不便。伏乞朝廷指挥本路转运司，于辖下诸司军内，每月须管共收聚诸般课利钱三百万贯，拨充益州交子务，准备给还客人交子钱。免致向去坏却旧法，官私受弊，取进止。

观上文，可见文彦博对于为秦州发行的六十万交子，因为没有现钱的封桩——即是没有准备兑换的存蓄，深恐怕要破坏了交子制度，乃建议调达准备钱的方法。他所忧虑的是兑换准备问题，对于官家独自发行交子的可否却未申一辞。不但如此，并且他还以为若独自发行而用的方法适当，倒是不可轻废的事。由此推论，在以前，益州交子务好像曾为益州本地独自发行过交子，不过那时是有准备兑换的现钱。此时推广到为秦州发行交子时，却不及设准备钱了。若果然如此，则庆历八九年以前，已经是不待人民要求，而为了援助益州路的财政独自发行过交子了。文彦博所谓获公利甚厚的话，则可以包含两种场合，一是将交子务保管的钱利用于财政上，一是官家独自发行交子。

因而，如前述在《宋会要·食货》三十六天圣四年三司的上奏中，有让在秦州纳粮草的商人到益州、嘉州去支现钱或交子的事。我们熟读上奏的原文①可知此交子并非专为支付粮草价格而发行的。然而此交子是以前为财政上的便宜独自发行的呢，还是依民户要求而发行的辗转入于官宪之手的呢？不详。从而，当时独自发行的制度是否存在，也难断定。

对于官家独自发行交子，不得不设一种适当限制。同时对于所发行的交子也不得不有兑换的准备。另一方面在流用人户预存金的时候，更不得不留下其中的若干作兑换的准备。即是在利用交子于财政上的两种场合，认为有限定发行额及设置兑换准备的必要，规定交子一界的发行额及本钱的制度或即是由此而起的。诚如此，则定发行额及置本钱的制度，并不是在交子民营时代的待人户持钱来始发行交子的制度废止后才发生的。此种制是继续保存的，不外是依官宪的意思独自发行的组织上的一种协助品而已。大概在由人户的要求而发行的交子数额与法定数额相等的时候，官宪便不另外自己发行了。自人户的存钱中减除本钱，其余的便归岁入，协助经费的支付。若交子发行的要求额不及法定发行额，其不足的数是何万缗或何十万缗再由管家自己印发。而除掉本钱之外，其余的现钱或交子即归岁入，与前种情形一样。如此，则不论何种场合法定发行额比兑换准备额多余的几十万缗的现钱或交子，都可以利用在财政上（但此情景是依最初新制度而想定的，至于第二回以后新旧交子交替的时候，其情形或稍异）。要之，在此种组织上，人

---

① 《宋会要》（徐松辑本）《食货》三十六市易条有天圣四年三司的上奏，其原文如下："四年三月六日，三司言，陕府西转运司勘会。辖下秦州所入纳粮草，取客稳便指射。赴永兴凤翔河中府，及西川嘉邛等州请领钱数，准益州转运司牒，近就益州置交子务，书放交子行使，往诸处交易，其为利济。当司相度辖下延渭环庆州镇戎等五州军，最处极边，长阙粮草，入中客旅，上足请钱，难为回货。兼权货务支却官钱不少，欲乞许客旅于前项五州军，依秦州例入纳粮草，于四川益州支给现钱或交子。取客稳便请领，候有入中并计置到粮草。得及三年界尽时住纳。又据益州转运司状，相度若依陕西转运司前项擘划，事理于益州现钱或交子别无妨碍。若益州缺钱，当司亦自于辖下有钱处州军支取，或支交子。经久委得稳当。又知渭州康继英言，秦州每年入中到粮草，万数不少。只是招诱客旅，出给四川益州路交引。或会于嘉邛等州取便请领铁钱。虽虚实钱上量有利息，且不耗京师见钱，及不烦本路支拨钱帛川中客旅，将到罗帛锦绮，赴秦州货卖。其秦州不唯增添商税，更兼入中到粮草，今欲乞于本州如秦州例，若有入中客旅情愿，要西川交引，亦令本州雕板支给。每一交引上比附秦州更给虚钱五七百文。已来更便。令于益州或嘉邛等州，请领铁钱。所贵极边易为招诱客旅。若川中客旅既来，即本州内外粮草，自然丰足。不费京师及本路钱物，又必然倍增商税，省官今相度，渭州屯泊军马，不少支费，粮草浩瀚，秦州颇同。今来康继英所请，只许客旅于渭州一处，入纳粮草，如愿要上京请领现钱而便依天圣元年五月改法敕命，填凿省降交引收付，给付客人，赍执上京，权货务请领现钱，若或愿于川界请领铁钱，即依未改法以前入中粮草支讫体例钱数，依秦州入中例，出给交抄，于四川益州或嘉邛等州，请领铁钱为交子使用。如入纳粮草，及得三年已上支遣，即使往纳，仍委陕益州转运司，相度经久事理申奏，从之。是年秋三司言：益州路转运司奏：秦州客人入纳粮草，乞下秦州权住入中。省司欲乞依环庆等州例，限至二月终，权住便秦州交抄，从之。

民纳钱来取交子的制度与官宪独立发行交子的制度不但不冲突，而且是互相调和。这不得不赞扬当代人立法之妙。而此种巧妙的立法是交子归官办后在此较短的期间经验出来的。观《宋朝事实》卷十五皇祐三年三司使田况的上奏：谓自天圣元年兴至益州交子务以至今日，臣宰间屡次讲求其利害，虽然有人请求废置之，但是行用既久，一旦罢之，到底是件困难事。盖交子归官办后，与交子制度相继而生的，当然有许多诱惑，有诱惑则难免要生出许多弊害来。为防止此种弊害，维持健全的交子制度，以及图财政上许多便宜起见，当局确曾苦心研究过，其所得的结果便是规定一界的发行额，及依人民要求而发行交子与官宪独自发行交子的制度。即是规定发行额及本钱的制度，不外是希望努力打破交子制度弊害的一种结果。定一界发行额为百廿五万缗事，相传是天圣以来的制度，纵然不正是天圣年间定的，也可以说是仁宗治世中最早的时候定的。以三十六万为本钱仅仅相传是旧有的制度，其制定的时代已不可考。至于此本钱自最初便是三十六万缗呢，还是最初较多而后日减为三十六万缗呢，固难断言。不过，定本钱的事与定发行额的事大概是前后相继设立的两种很早的制度。要之，在天圣初年，设立益州交子务之际，虽然尚袭用民办时代的手法，其后在庆历八九年至二十五六年的时候，便废弃了私法的性质，票据的性质，而改为公法的纸币的性质。

对于界的问题，再少加补充。界即是以三年为限期，改造新交子，以新交子换回旧交子的制度，已如前述。然而界的意义尚不尽于此。如在上所引用《文潞公集》十四庆历七八年时的奏议中有：

> 今因秦州入中粮草，两次支却六十万贯交子，元未有封桩见钱，准备向去给还客人。深虑将来一二年间，界分欲满，客人将交子赴官，却无钱给还，有误请领，便至坏却交子之法，公私受弊，深为不便。

此中最堪注意的，便是他深虑一二年间，界分欲满，客人以交子赴官，而官家无钱给还，致有误请领，坏却交子之法。据此而论，为秦州所发行的特别的交子，也适用三年一界的规则，至界分欲满之际，在秦州以粮草代价受取交子的客商，都要到益州去兑换现钱。所谓界分将满要求兑换现钱的事，颇有特殊的意味，盖自来对于一界交子兑换的要求，仅在一界期内有效，过期则无效。所以受取交子作为粮草代价的客商，在本界分未终之前急于要求兑换。建炎以来《系年要录》卷百四十一绍兴十一年七月壬寅条中有：

> 初天圣间，立川交子法，三岁一易。令民输纸墨费三十钱，至是诏增为六十四。每界亡处一百七十万缗，其更易不尽者，亦二十余万缗，号水火不到钱，悉令时司取之，以备边用。

至是以下是绍兴十一年的事，此时，三年界分满后，新旧交子交换之时，其未求兑换，因而永远失其机会者，竟至二十余万缗，名曰"水火不到钱"。由此可见到此种兑换的有效时间只限于界分内的规制，庆历以来尚继续实行，以至南宋初期的行在交子还适用它。要之，界是交子流通的期限，是兑换有效的期限，同时是发行额及本钱制定的基准。此外上引《系年要录》文中又谓兑换之际，须出纸墨费三十文，在《宋朝事实》可见到。其后大概即改为在兑换之际收费三百文。不过始终无人提到这是为了兑换而征收手续费的事。

以上是归官办后的益州交子制度的大纲，大体上都是仁宗初年规定的。其后，神宗熙宁中，曾改为同时通行两界的交子，哲宗时又屡次增发到定额以上，元符中遂改一界的发行额为百八十万缗，徽宗又改交子为钱引，行于四川以外诸路。又仁宗、神宗等时，曾有几次试行交子于陕西、河东的事，关于此等事及交子的细目，让他日再讨论，本论文专申述我对于官办交子制度的管见，以供学术家公开的批判。

最后，再为交子的价格置一言。吕陶的《净德集》卷一熙宁十年的奏状中有：

> 在州（指彭州）现在实至第二十七界交子，卖九百六十，茶场司指挥，作一贯支用。第二十六界交子，卖九百四十，茶场司指挥作九百六十文用。

第二十七界交子的市价，是九百六十文，第二十六界交子的市价是九百四十文。苏辙的《栾城集》卷三十六元祐元年的上奏文中有：

> 昔日蜀人利交子之轻便，一贯有卖一贯一百者，近岁止卖九百以上。

所谓昔日者，是指两界并用制尚未发生的时代，主要即是仁宗、英宗时代。由上两个记述，可见在仁宗、英宗、神宗三朝，交子尚可维持一贯文付一贯一百文至九百余文的价格。两界并用制，对于交子的信用尚不甚有害。交子制度的紊乱及其价格的跌落，是哲宗以后的事。

一九三四，一，二四，译自《史学杂志》第四十五编第一号
《中国经济》，1934年第9期

辽代货币新考

秦佩珩

辽代货币，各史所载类多语焉未详。《续通典》卷十二云：

> 辽太祖以土产多铜，广造钱币，遂致富强，以开帝业。太宗置五冶太师，以总四方钱铁，石敬瑭又献沿边所积钱以备军宝。景宗乾亨中，以旧钱不足于用，始铸乾亨新钱，钱用流布。圣宗统和十四年，凿十安山，取刘守光所藏钱，散诸五计司，又出内藏钱赐南京诸军司。太平中，兼铸太平钱，新旧互用。兴宗重熙二十二年，长春州置钱帛司。道宗清宁二年，诏行东京所铸钱。九年令诸路不得货铜铁，以防私铸。又禁铜铁入回鹘，法禁日严矣。大康九年，禁外官部内货钱取息。十年，禁毁铜钱为器。大安四年，禁钱出境。是时，钱有四等，曰咸雍，大康，大安，寿隆，皆以改元易名（肉好铢数不可考）。后经费浩繁，鼓铸仍旧，国用不给。至天祚之世，更铸乾统、天庆（天祚帝年号）二等新钱，而上下穷困，府库无积余矣。[①]

大抵契丹之先，"畜牧畋鱼以食，皮毛以衣，转徙随时，车马为家。"因尚在自然经济时期，可能以某种牲畜或禽兽皮革为易中。辽太祖开国后，始有与彼时中朝相似的货币制度。《辽史·食货志》于当时铸冶情形记载颇略："鼓铸之法，先代撒剌的为夷离堇，以土产多铜，始造钱币。太祖其子袭而用之，遂致富强，以开帝业。"可见当时铸钱工业之不发达。自太宗以后，

---

① 《续通典》（万有文库本）卷十二，食货十二，钱币中（典一七八）。

始突飞猛进。《食货志》云："太宗置五冶太师以总四方钱铁。石敬瑭又献沿边所积以备军宝。景宗以旧钱不足于用，始铸乾亨新钱，钱用流布，圣宗凿大安山，取刘守光所藏钱，散诸五计司，兼铸太平钱，新旧互用。由是国家之钱演迤域中。所以统和出藏钱赐南京诸军司。开泰中，诏诸道贫乏百姓有典质，男女计佣，价日以十文折尽还父母。每岁春秋，以官钱宴飨将士，钱不胜多，故东京所铸至清宁由始用。是时诏禁诸路，不得货铜钱以防私铸。又禁铜铁卖入回鹘，法亦严矣。道宗之世，钱有四等：曰咸雍、曰大康、曰大安、曰寿隆，皆因改元易名。其肉好铢数亦无所考。第诏杨遵勖征户部司逋户旧钱，得四十余万镪，拜枢密直学士。刘仲为户部使，岁入羡余三十镪，擢南院枢密使。其以灾殄出钱，以赈贫乏及诸宫分边戍人户。是时虽未贯朽不可较之积，亦可谓富矣。至其末年，经费浩壤，鼓铸仍旧，国用不给。虽以海云佛寺千万之助，受而不拒，寻禁民钱，不得出境。天祚之世，更铸乾统、天庆二等新钱，而上下穷困，府库无余积……"

辽在阿保机以前，容或有少量之唐钱通于契丹，惟无史料可稽。自天复元年（大抵九〇一左右）后，辽左失陷，汉人东移，唐钱市场遂达于契丹，此为辽计数货币之始。

辽自铸钱始于太祖，太祖铸天赞通宝钱为有史可稽者。按天宝（九二二—九二五）铸钱以前容或已有自铸之钱，《续文献通考》云："初太祖父德祖，萨勒题为额尔奇木以土产多铜，始造钱币。太祖袭而用之，遂致富强，以开帝业。"

由是可窥见在太祖以前，已记有造币之记载。天赞通宝铸造之主其事者，或系阿保机智囊团中之汉系人物，或即韩延徽，多未可知。惟其自太祖以后，各朝皆有鼓铸，兹表列于后：

钱名	铸者	年代	文字方位(上)(右)(下)(左)	备注
天宝	太祖	（约公元九一二—九二五）	天赞通宝	《续文献通考》云："洪遵《泉志》曰：契丹主安巴坚天赞钱，径九分，重六参。"
应历	穆宗		应历重宝	《续文献通考》："穆宗铸应历重宝钱。《泉志》……北房钱文曰应历重宝。"
乾亨	景宗		乾亨元宝	《续文献通考》云："景宗铸乾亨重宝钱。"《辽史·食货志》："景宗以旧钱不足于用，始铸新钱，钱用流布。"又赵至忠《杂记》曰："景宗朝置钱院，年额五百贯"。
统和	圣宗		统和元宝	统和新钱不详于正史，惟李佐贤《古泉汇》云：乾亨元宝统和元宝二品，元字皆左挑，仿开元式。
开泰	圣宗		开泰元宝	载熙《古泉丛话》："开泰元宝，辽圣宗铸，数年前……归余，考之良是。"
太平②	圣宗		太平元宝	《续文献通考》曰："圣宗铸太平元宝钱，又铸太平兴钱。"又云："先是统和十四年诏大安山取刘守光所藏钱，散诸五计司，至是兼铸太平钱，新旧互用。"《古泉汇》："太平元宝"……元字亦左挑。
重熙	兴宗		重熙通宝	《宋史·食货志》曰："庆历间（当辽兴宗时）契丹亦铸钱，易井边铜钱。"又邢价使契丹还言，其给与箱者钱皆中国所铸，乃增严三路阑出之法。（以上见《续文献通考》引）《泉志》曰："重熙钱径九分重三铢，文曰重熙通宝。"
清宁	道宗		清宁通宝	按清宁通宝钱之宁字有两写法。又按清宁钱不载于辽史。惟《泉志》云："清宁钱……径九分，重三铢，文曰清宁通宝……"④
咸雍③	道宗		咸雍通宝	《食货志》曰："道宗之世，钱有四等：曰咸雍、曰大康、曰大安、曰寿隆，皆因改元易名。"董迪《钱谱》："咸雍通宝，宋治平二年（辽咸雍元年）耶律洪基（即辽道宗）铸。"

续表

钱名	铸者	年代	文字方位 (上)(下) (右)(左)	备注
大康	道宗		大康通宝	《泉志》："并径九分，重二铢四参，以大康通宝、大康元宝为之。"
大安	道宗		大安元宝	《泉志》："大安钱……径八分，重二铢八参，文曰大安元宝，今世多有。"
寿隆	道宗		寿隆元宝	《续文献通考》："洪志之寿昌乃寿隆之讹。"参看《金石索》。
乾统	天祚帝		乾统元宝	《泉志》："径寸，重三铢二参，文曰乾统元宝。"又《善斋吉金录》"丹字号"。
天庆	天祚帝		天庆元宝	《续文献通考》：《泉志》曰："……天庆钱径九分，重二铢四参，文曰天庆元宝新钱。"又曰自天赞以下，九品皆契丹字号……"《食货志》曰："天祚之世，更铸乾统、天庆二等新钱，而上下匮困，府库无积余矣。"

① 折按：太平钱除太平元宝外尚有两种：(A) 太平兴宝，文字方位依"太平兴宝"序为"上下右左"。《西清古鉴》云："右太平钱与宝钱，与前元宝钱证相类。日兴宝者，或如右晋之天福镇宝，别一为种，背文下字疑即圣宗之太平七年，岁在丁卯也，洪志误作'大兴平宝'，又未安。"按背文"丁"在好上。(B) 太平通宝，此种是否为圣宗新铸，待考。《古泉丛话》云："太平铜钱有三种：太平元宝，辽圣宗，甚古厚，朝少；太平通宝，营相恶，背有星或横画，不识何时铸。……又厚重不似私铸。"余颇疑为辽道宗耳。
② 此乃根据《西清古鉴》与《善斋吉金录》《东亚民族国币详录》于清宁，咸雍两钱（汉举经道文库本）后，略唱云："辽长铜色，红而质软，制作不精，然具有一种朴之致，书法亦古拙可爱。"又古人关有益生著《金石索》，影遂古帛藏本之万有文库本）《金索咸雍钱图》"辽长铜色，红而质软，制作不精，然具有一种朴之致，书法亦古拙可爱。"又清代二冯所著《金索咸雍钱图》（影遂古帛藏本之万有文库本）《金索咸雍钱图》"通"在右，"雍"在下，疑误此以供参考。
③ 折按：道宗钱，诸史皆未及清宁钱。《续文献通考》："《泉志》曰：道宗清宁通宝钱径九分，重二铢，文曰清宁通宝（宁字作佇疑避讳也）。又大康钱有二品，并径九分，重二铢四参。以大康通宝，大康元宝为之，径八分重二铢八参，文曰大安元宝。"又云："臣等谨按《辽史》道宗咸雍钱四等，盖偶遗之，一曰咸雍，而不及清宁，文曰寿昌元宝，而《泉志》乃详言之，则史家阙也，洪志之寿昌乃寿隆之讹。

此外尚有"千秋钱"。《文献通考》曰:"又千秋钱径三分。文曰千秋万岁。董逌曰:'辽国钱也。'"文字序列为上、下、右、左。《钱泉志》,引李孝美之言:"此钱径三分,文曰千秋万岁。今甚易得。盖常岁虏使入贡,人多贸易得耳。"董逌《钱谱》,亦倡为辽钱之说:"辽国钱,盖近世所为。"

除"千秋"外更有"大千钱"。文曰大千通宝(下两字在左右侧书)及千(在好右)字钱。《西清古鉴》谓大千钱亦见洪志,右文"千"字(背好右),与太平兴宝钱同。千字钱,不易考,惟《西清古鉴》诸书,引李孝美曰:"体如辽钱,疑其同出。"尚待考。

西辽钱之可考者有二:一曰寿康元宝,二曰感天元宝。

(一)寿昌元宝钱

寿昌元宝("上右下左")为天祚帝铸。《文献通考》云:"臣等谨按:李季兴东北诸番枢要曰,契丹天祚年号寿昌,据《辽史·天祚帝纪》,百官册立耶律达实为帝,上尊号曰天祚皇帝,改元延庆,无寿昌纪元之语。或正史遗之,而枢要别有所据。"如李季兴所记较确,则此钱为天祚帝所铸。辽代《金石索》云:"《案钱录》《西清古鉴钱录》及《金石索》,皆有寿隆元宝钱,或后人据辽史而私铸之,用以欺世也。"余认此说不足信。寿隆钱者道宗新铸,寿昌钱为天祚帝铸,两钱皆可为真。《泉志》:"径九分,重二铢四絫,文曰寿昌元宝。"又按《善斋吉金录》,寿昌钱,寿字有三种写法。

(二)感天元宝钱

感天元宝("上右下左")为感天皇后所铸。《续文献通考》:"天祚帝在位二十年,遗命皇后权国称制,号感天皇后,此钱盖其时所铸。"此钱终辽之世未甚流行。

《东方杂志》,1948年第1期

再谈官票宝钞

郭沫若

集体的方法用到研究上来也是怎样有效，关于王茂荫的探索，是一个很好的证明。

假使那个问题搁在我自己的肚里，要等到我自己有工夫去找书，并回国跑到歙县的"义成天官第"去访问，那不知道要到什么时候才能弄得水落石出。说不定就等到我成了什么地方的泥土，恐怕都是办不到的。好了，现在得到张明仁和王璜两位先生的努力，在短时期内便把他的生平籍贯和那推行钞票的四条办法都弄清爽了，真真是愉快的一件事体。

不错，我从前的猜测，有些的确是错了。我疑铸大钱的办法也出于王茂荫，那便是猜错了的一项。看王茂荫的前后奏折，他在初倒是反对铸大钱的人。更经我最近的探讨，知道清代的当五、当十的大钱，在道光八年早就有了，是新疆省阿克苏地方开始铸造的。咸丰的当十大钱，始铸于三年五月辛未。其当十以上的大钱则是从福建开始。当时的福建总督是王懿德，于咸丰三年七月奏请于福建宝福局添设两炉，试铸当十、当二十、当五十、当百大钱。其原设炉座，仍按卯铸制钱，与大钱相辅而行。他的奏折邀了准许。接着在同年八月庚子，中央也就开始铸当五十大钱。第二年的二月甲午又开始铸当百、当五百、当千大钱。这些在《东华录》和《大清会典》上都是有明文的。据此看来，可见当十以上的大钱铸造的建议应该是出于王懿德。

这王懿德，就为铸钱的事情，在福建还激起过一次民变。林遹仙著的《苦海新谈》里面有记铁钱事一则谈及此事。据说，王懿德在福建铸造了大钱之后，不久又铸造铁钱。因此便弄得铜钱绝迹，市面混乱，商民愤激，聚众烧毁督署，王懿德仅以身免。由驻防将军东和出来调停，当场晓谕，禁止铁钱，群众才散去了。

当二十的大钱除福建会铸行外，江苏有当二十、当三十的大钱，见鲍康著的《大钱图录》各一品；浙江于当二十、当三十的之外更有当四十的大钱，我是见过拓本的。但江浙两省的这些逸品，似乎只是"样钱"（当时由地方拟铸，具呈中央的钱样），并没有见诸实行。当时的中央所铸只有当五、当十、当五十、当百、当五百、当千的六种，后两种是用紫铜，这些的实物我都目验过，在字样、大小、品质上有种种的不同。

还有，当时的中央造钱厂是有两个总机关的，一个是户部的宝泉局，另一个是工部宝源局。当五钱只有宝源局铸的一种。宝泉局的，新旧藏家都说没有看见过，我也没有看见过，大约该局是没有铸造这项钱式的。我现在把六种大钱的拓本各取一种搁在这儿，以供读者的参考。只"当五"一种是宝源局铸的，其他都是宝泉局。何以知道有宝泉、宝源的区别呢？请看各钱幂的两个满文，左边的一个是"宝"字，右边的便是"源"字或"泉"字。

大钱铸造的建议虽然不是出于王茂荫，但钞票的建议是出于他，那是被我猜着了的。他最初的建议便是那咸丰元年九月所奏的理财的一折，在那儿他规拟了十条，主要点是含在二至五的四条里面。据那些条款看来，他所主张的是银本位的单一制，只定五十两与十两的两种银票，而以大小铜货为辅币。银票，初行时只发十万两，十两者五千张，五十两者一千张。推行一二年后再递加。十万两的发行额未免太少，而十两、五十两的单位又未免太高，他这种只能算是纸上的规抚。但第五条的行钞之法，谓由官家将钞票颁发银界。"银号领钞，准与微利，每库平五十两者止令缴市平五十两，库平十两者止令缴市平十两。"这便是我所拙想的"教各地大钱庄以若干成的折扣来承受国家的官票，由他们的手再发给民间，随时可以兑现"的办法。构想是相当周到的，虽然那折扣未免太菲薄了一点。但这办法只在他这初奏里面，并不在那问题的四条章程里面，我的猜想只算得到一半。

王茂荫的建议受了采纳，而方法却多是遭了拒绝的。钞法核议的结果，起初仅发银票，后来又增发钱钞，便成为了铜本位与银本位的复合制。所谓"宝钞"是以铜货为本位，所谓"官票"是以银两为本位的。票式、票质都和王茂荫所拟的不同。票式见本文所插入的影片自明。票质是用的纸。

《大钱图录》里面也有"宝钞"和"官票"的图样，并各各附有说明。"宝钞"的说明是："大清宝钞余所收有二千文、一千文、一千五百文、五百文凡四种。用厚白纸——俗呼'双抄纸'。"花文、字画悉用蓝色。钱数亦有刻成者。中钤"大清宝钞之印"。骑缝处，钤宝钞花文圆戳，文各异。兼刷以墨丝。其年月下有墨戳长方小押，则钞局填写字号时，各私记。某字若干号，以墨笔随时填写。编字用千字文。某年，亦以蓝色木戳钤之。四年至七年者，纸角率有宝钞总局，及官号各钱铺图记。外省解部者，有各省布政使印，及"准商民交纳地丁关税监课一切正杂钱粮"小戳。"官票"的说明是："户部官票余所收有五两、三两、一两，凡三种。用高丽笺，花文、字画，亦蓝色。银数用墨戳钤印，字独大。中钤'户部官票永远通行'小方印。骑缝处，钤'户部官票所关防'长方朱印。某字若干号，填以墨笔。编字亦用千字文，悉与'宝钞'同。年月日，亦以墨笔书之。边钤'每两比库平少六分'小戳。纸角有墨戳小押。颁发外省者，骑缝处加钤户部紫水印，外省解部者，有督抚关防、市政使印，并各府州县印，有一纸，面背钤至八九印者。"

这说明和我所见到的实物对照起来是很正确的。只是我所见的实钞有"十千文"，官票有"十两"，为鲍康所未见。钞票背面有无数私家的钤记，是在流通的途中，由商家或银号所留下的记录，与王茂荫所原拟的方法相符。《大钱图录》的著者鲍康是王茂荫的同乡而且是同时人，王瑾先生的文中所说的作王母洪夫人寿序的那位"诰授朝议大夫钦加四品衔内阁侍读记名道府前文渊阁检阅"的鲍康，便是这个人了。这个人在初是不赞成发行钞票的，因而在他所著的《大钱图录》中对王时有诽议。例如他说："子怀为敝邑先达，忧时最切，然公事不敢阿。"（原著第六十四页注）又说："顷闻子怀少农有筹商运发钞本之奏，请以半年为期，俾积成大钱以供换取盖有本之钞易行，无本之钞难行，不待烦言而解者。此议在立制之始即应筹及，今已数月之久，都下钞纸过多，部库复如悬磬，筹款实属不易。而目前市肆情形又几于不可终日，商贾皆视钞法为畏途，职官兵丁所得者大半皆钞，孰不亟于行使？争端纷起，讼牍滋多。以国家一千之宝钞，不过抵民间五百之私票，尚复成何事体乎！子怀乃倡议之人，众怨攸归，其情自迫。惟未见原奏，闻所陈琐屑，偏重利商——谓州县收钞于商与收钞于民无异，准商人持票赴各州县倾熔钱粮之银号取银——且自请严议以谢天下，语尤失当。硃批训饬宜矣——旋调任兵部。"（原著六十五至六十六页）这所讥议的便是那包含有四条章程的在"咸丰四年三月初五日"王茂荫所上的奏折了。发行的钞票须有相当的基本金，这在王茂荫"立制之始"其实是早已"筹及"了的。上述元年一折的第五条便是他所想到的权宜的办法。不幸他的办法没有被采用，结果只成为强迫使用的军用票，制作既恶，发行又滥。票上虽然明说可以完粮纳税，然而在《大钱图录》里面便于下列一语："去年（咸丰三年）官票之不行，即由敝乡茶商持向崇文门纳税，不收，因而各商疑惧。"（原五十五页注）官家自己便不信用，你叫那票子怎样能够发生充分的效力呢？因此便闹得来"以钞买物者或坚执不收，或倍昂其价，或竟以货尽为词"。钞票竟博得了"吵票"的绰号（《图录》六十四页）。行不好久便弊端百生，弄得来朝野骚然，但这罪过是不能怪王茂荫的。不过王是首倡的人，他的奏议并未公布于民间，连那以深通钱法自命的他的贵同乡鲍先生都"未见原奏"便要谈的闲话，他在当时所受的责难，我们是可以想象得到的。他要发点牢骚，也是情有可原了。

　　钞票的漫然的发行既然弄成了僵局，当然要想些方法来救济。救济的方法，我看还是以王茂荫所想的为不错。他所拟的四条章程。一句话归总，其实就是在求其兑现而已。他希望钱钞可以取钱，银票可以取银。有了这两条，他那后两条关于流通上的拟议都要算是蛇足。只要票可兑现，那在流通上还会有什么问题呢？说到这儿，究竟马克思的见解是犀利，他把他的四条章程——译文我相信他是见过——只概括成了一句，便是"……ein Projekt Zu unterbreiten，welches versteckt auf Verwandlung der chinesischen Reichsassignaten in konvertible Banknoten hinzielte."正确地译出来时，是"……献一条陈，暗将官票、宝钞改变为可兑现的钞票"。原语 Banknote 系泛指现代的一般的银行钞票，我前次把它译成了"钱庄钞票"，其实也是错误了的。

《光明》，1937 年第 1 期

咸丰朝的货币

汤象龙

一、绪言

咸丰朝的货币在清代货币史中是最复杂而又最紊乱的时期。在此以前货币一向是简单而稳定，二百年中未曾遇到重大的危机。虽在道光中叶因银荒问题而引起了严重的结果[1]，但从制度的本身看，并为曾破坏。历来银铜并用的双本位的制度继续通行。惟至咸丰，此种制度因诸种关系破坏无余，同时产生最复杂的币制，以致金融紊乱，为历朝所未有。但为时甚暂，至同治时货币又渐复旧观，光绪时货币制度更趋于整个新的改革。故清代货币史中当以咸丰一朝为货币破坏的时期。

二、咸丰以前的货币

清代的货币是一种银铜并用的双本位的制度。此种制度仿自明代的旧法，系采用银两与制钱同时作为基本的法币。政府出纳与人民交易均以之为媒介。政府亦不发行纸币，惟商民富户得私自出票作小范围的流通。是此种货币制度异常简单，从经济发展的程序上看只能适宜于简朴的农业经济社会。

银，在理论上非一种货币，在中国一切交换中系以重量计，未具有货币形式的条件。但是以前幼稚的经济生活中，此种银之功用是无异于通常货币的。制钱，系指铜铸之钱以一文为单位者，由政府及各省按年鼓铸流通，数目之多寡全视地方之需要为伸缩，此在清代为唯一的铸币。两者的兑换率在

---

[1] 汤象龙：《道光时期的银贵问题》，见《社会科学杂志》第一卷，第三期。

一切征收支放折抵中恒为一两作制钱一千文①。民间交易在一两以上者多用银，在一两以下者多用钱。政府出纳则自顺治十三年（1656）起定有银七钱三的章程②，凡征收钱粮、关税及搭放兵饷、养廉均以银七成钱三成为定率。但二者的比价的长落，政府无权管理，此种制度在道光以前大体无甚改变。

惟至道光时，因列强的经济势力侵入，每年鸦片的输进，我国现银之漏卮极大，至道光十八、十九（1838—1839）两年时银荒已极，金融为之紊乱③。及鸦片战争失败，我国门户洞开，列强的经济侵略益亟，鸦片的输入较前更增。在战前每年输入数目不过20,000箱，现银扰漏卮10,000,000两④。今则遂渐增加由30,000箱至40,000箱，由40,000箱至50,000箱，较前增加至一倍或二倍⑤，而现银之漏卮，其数目当更不堪估计，于是此种用银的制度渐受其摧残。故前面所述中国货币制度只能适宜于简朴的农业经济社会，其意即此。

加之道光末年的财政困难影响亦大。本来清代的财政至道光时已由盛转衰。当年西北回疆之乱，黄运两河之决口，鸦片战役之赔款以及各省灾情之重大，国库穷困已极。而末年政府收入最大的田赋复因灾害加重，大形减少。其时中国本部十八省一千五百余县中平均每年被灾者五百余县，其中灾情严重需要政府赈济者道光二十七、二十八、二十九三年中平均每年均在百县以上⑥。灾情之重于此可见。

因之田赋之收入随之锐减，核计十八省额征钱粮每年为二千五百余万，至此每年征收不过二千万⑦，而云、贵、川、广、闽、甘省之数已不敷本省的军用，又其他各省除去本省存留兵饷，尚有余银解运京库者甚少⑧。此外盐

---

① 各种户部则例钱法门钱价项下或各处钱局事宜项下，规定每钱一千作银一两，惟云南一千二百文作银一两。
② 康熙大清会典户部钱法门。
③ 汤象龙：《道光时期的银贵问题》。
④ 汤象龙：《道光时期的银贵问题》。
⑤ H.B.Morse International Relational of Chinese Empire，Vol，I，p566.
⑥ 道光末年被灾县数兹据道光朝东华录所载列表于下：

| 二十六年 ||| 二十七年 ||| 二十八年 ||| 二十九年 ||| 三十年 |||
缓征	免征	需赈	缓征	免征	需赈	缓征	免征	需赈	缓征	免征	需赈	缓征	免征	需赈
398	101	28	504	153	169	368	139	114	264	180	107	393	89	19

⑦ 据本所搜集军机处档案（以下简称档案）各省报告道光二十七年各省征收总钱数为20,284,866两，二十九年为19,469,325两。
⑧ 曾文正公全集奏议类咸丰元年十二月十九日贵钱贱银折。

课、关税亦当因灾情的重，农村的破产，大形减少，是在道光末叶政府财政已至非常的时期。

因此，此时有两个问题与货币制度有密切的关系，一为银荒问题，一为财政困难问题。前者与货币制度有直接的关系，而后者有间接的关系。盖言补救银荒问题者多之变通钱法，言补救财政困难者亦多主张变更币制。于是二者并为一谈，而实际此时的货币问题吾人视为财政的问题亦无不可。

最早主张变通钱法者为山东道监察御史雷以諴氏[①]，时在道光二十二年十一月，正值鸦片战争之后。雷氏以为钱与银的价格太相悬殊，主张增铸一两大钱，作当百钱之用与制钱并行，一则以平钱价，一则以济理财之穷。此为清代倡议铸大钱的第一人。二十四年吴文镕氏[②]、二十五年刘良驹氏[③]、二十六年朱嶟氏[④]均主张贵钱贱银，请改定银钱并用章程，并铸当五、当十大钱以为用。此三疏均奉旨交军机大臣会同户部议奏，户部又交各省核复，只以外间（复）奏的议论不一，此事停搁。二十六年八月又有安徽巡抚王植者请变通钱法改铸大钱，自当三至当五十为五等[⑤]。旋为户部驳斥。至二十八年复有礼部给事中江鸿升其人[⑥]，以为库藏短绌，惟有铸大钱一法以与银参酌并用，请铸当五十、当十大钱。此外如广西徐福、梁章钜等前后不下十余人，先后上奏均以银贵与财政困难而主张变更币制。

观此清代的货币在咸丰以前实无重大的变动。道光末叶的情形亦不过一种改革的酝酿而已。实则清代的货币只能适宜于简朴的农业的经济社会，前已言之。一至门户开发，因列强的经济压迫，国内的金融资本不堪其榨取，固有的货币必受严重的打击，理势如此。何况从制度本身看，以不成货币的生银在当时与西洋的银币相较，其优胜劣败早已形成。故在道光初年，中国沿海各省人民即已习用洋币[⑦]，鸦片战后此种现象更遍及内地的各省[⑧]。

---

① 档案，道光二十二年十一月十八日朱批御史雷以諴变通钱法折。
② 曾文正公全集奏议类咸丰元年十二月十九日贵钱贱银折。
③ 档案，道光二十六年二月初一日大学士军机大臣等覆议道光二十五年十一月初七日朱批刘良驹折。
④ 档案，道光二十二年十一月十八日朱批御史雷以諴变通钱法折。
⑤ 档案，道光二十六年八月二十二日朱批安徽巡抚王植折。
⑥ 档案，道光二十八年十一月初十日朱批礼部给事中江鸿升折。
⑦ 档案，道光二年二月十五日朱批御史黄中模折谓广东民间喜用洋钱，其风渐行于浙江等省。
⑧ 档案，咸丰五年四月初三日朱批福建巡抚吕佺孙折。

三、咸丰朝货币破坏的原因

以上所述为清代货币制度在咸丰以前的梗概,至若咸丰朝货币破坏的原因如何,远的背景——道光末叶银荒问题、财政困难以及制度本身的不善即如上节所述。而实际促成此种现象的主因则为咸丰的军事繁兴,河工待用,政府财政较前更加困难,及其铜斤缺少、货币的基础摇动致固有制度无法维持,兹将各种情形详述于后。

清代的财政及道光末叶时已至非常的时期,咸丰而后财政更处历朝未有的困难,等鸦片战后,政府信用扫地无余,继以连年大灾,农村经济破产,道光末叶时匪患遍及全国,西北的回乱继续滋扰,二十七年后派布彦、秦奕山等前往勘定[①]。北部直、鲁、豫三省捻匪声势日大,各省交界之处早已蹂躏不堪,其中尤以山东为甚[②]。南方则广西的全州[③],湖南的临武、常宁、新宁等处[④]均成为盗匪区域,官兵束手,任其坐大。此外福建、云南、四川的匪乱[⑤]亦声势浩大。至道光三十年六月洪秀全起事于金田[⑥],从此有组织的、有信仰的反政府势力日益扩大。咸丰初年南北十余省均成战地。于是政府的财政一方支用浩大,而一方税收锐减,困难情形为以前所未有。据咸丰三年六月十六日户部的报告[⑦],自广西用兵以来,经该部奏发军饷及各省截留铸解多至二千九百六十三万余两。而当时三城未复,重兵久顿。粮台之设公不下六七处。加之丰北决口,为害数年,国用多至数百万两[⑧],政府多方罗掘,无如捐输有限[⑨]铸饷乏策[⑩],政令尤不能出都门一步[⑪]。

试观当时的收入情形,第一,地丁不能足额。盖被兵的省分既无可征

---

① 道光朝东华录道光二十七年八月甲子谕布彦著较为定西将军奕山作参赞大臣。
② 档案,道光二十一年十月十八日朱批御史毛鸿宾折;二十七年九月初八日上谕直鲁豫督抚;二十七年九月初九日朱批御史张廷瑞折;二十七年十月十二日朱批御史王栋槐折陈山东捻匪甚详。
③ 档案,道光二十七年十一月初三日朱批壬宗贵折。
④ 档案,道光二十七年九月初九日朱批裕泰等折。又二十七年十二月二十三日朱批郑祖琛折。
⑤ 道光朝东华录道光末年记载过多不备载。
⑥ 平定粤匪纪略卷一页一。
⑦ 档案,咸丰三年六月十六日户部祁寯藻等密陈当时财政折。此折述当时情形甚详,为研究咸丰财政重要文件。
⑧ 咸丰朝东华录咸丰元年闰八月丁亥日上谕杨以增折。
⑨ 档案,咸丰三年正月十八日王茂荫片称户部铸饷二十三余不为不群详而大概皆出于捐。
⑩ 档案,咸丰三年六月十六日户部密折。
⑪ 档案,咸丰三年六月十六日户部密折。

收，而素称完善的江苏、山东亦请缓征留用。此外山、陕、浙江等省均办防堵。第二，盐课骤减。原扬州久为太平军所占，汉口亦疮痍未复。淮南全纲已不可收拾，于是盐课复去其大桩。第三，关税短解。因芜湖、九江、江宁、凤阳等关先后被扰，夔关、苏关的商贩亦多裹足，甚至崇文关所收亦尽解尽拨。是关税之于政府亦仅存虚名。此外，停养廉，开银矿，提当本，收铺租，凡部臣能想到与各臣工条陈见诸实行者不下数十款，然均收效甚迟或只宜一试①。因此财政的困难为历朝所未见，事实上已到了山穷水尽的时候，政府欲图挽救，此时惟有实行货币膨胀的政策——鼓铸大钱，滥发纸币。

铜斤与银并称为清代货币制度的基础，例由产铜之云南每年解运至京，以供鼓铸。户工两局（宝泉、宝源二铸局）岁需铜为6,160,320斤②，在国家太平，铜产充裕时并无间断。但至咸丰，一因军事影响，运解不便，一因铜矿日老，出产大减。当时张亮基奏滇省铜务现办情形一折中便谓今年矿少质劣，磳硐已深③。证以地质学者的历史的研究④，云南东川产铜在乾隆十九年至三十七年（1754—1772）每年平均为6,000吨，乾隆三十八年至道光二年（1773—1822）每年为6,000—7,800吨，道光三年至咸丰八年（1823—1858）每年为4,800—6,000吨，产额逐渐减少。因此一时政府无法鼓铸，故最初刑部尚书周祖培请撤取避暑山庄铜屋、琼岛春阴铜房及圆明园西洋水法十二辰等件，并照刑律所载居民私蓄铜器听赴官呈卖⑤。咸丰二年，又经御史条奏五斤以上铜器无论黄、白、红铜均行禁止。此外，请收买铜筋广为鼓铸的意见甚多。但上述各种办法无济于鼓铸，而收效亦迟，是铜斤之来源业已断绝。

四、咸丰朝的货币

综上所述，固有制度至咸丰时已不克继续存在，同时因财政的困难，政府欲借货币膨胀政策以图补救，而产生一种最复杂而又紊乱的制度。故研究咸丰朝的货币有两种主要的现象，一为固有制度的破坏，一为新的制度的产

---

① 档案，咸丰三年六月十六日户部密折。
② 咸丰元年校刊户部则例，钱法门，铜本。
③ 咸丰朝东华录咸丰元年五月丙申论张亮基奏滇省铜币现办情形一折。
④ 谢家荣，《中国矿业纪要》，页179-180，丁文江著，《东川铜矿业之沿革》。
⑤ 档案，咸丰三年三月初三日兵部给事中吴廷溥折。

（一）咸丰时固有的货币制度

咸丰时固有的货币制度，一言以蔽之是处在破坏的时期。其时现银既少，铜斤复缺，双本位的基础无法维系。一方银价增贵，一方制钱日少，固有制度呈现一种破坏的现象。

从银的方面看，自五口通商以后，因列强的榨取，现银漏卮日多。吾人虽无正确的统计可稽，但从银之价格看，在道光以前每银一两易制钱为1,000文，道光初年，每两易1,200文，鸦片战前亦不过1,600文[①]。至咸丰时，银价则更高且成全国普遍的现象。此种现象要即证明现银的缺少、双本位的制度破坏。兹将当时各地银价列表于下，以资证实。

咸丰时各地银钱兑换率

地方	年月	每两易钱数目
京城	咸丰三年二月前	2,000
	咸丰三年二月十五号	1,600—1,700
	咸丰三年五月	2,200
	咸丰三年十一月上	2,300
	咸丰三年十一月下	2,400—2,500
	咸丰四年三月	2,500
	咸丰四年闰七月	2,600—2,700
	咸丰四年十月	2,500—2,600
	咸丰六年	2,000—3,000
云南	咸丰三年	1,800—2,000
	咸丰四年	1,800
江苏	咸丰四年	2,000
	咸丰六年	2,000
陕西	咸丰四年	400—2500
河南	咸丰四年	700—3000
湖南	咸丰四年	2,300—2,400
浙江	咸丰五年	2,200—2,300
直隶	咸丰六年	2,000

（此表根据故宫文献馆档案十余件编成，各件数目不及备载）

---

① 汤象龙，《道光时期的银贵问题》。

上述统计不甚完善，但中国的西北部可以甘肃为代表之，东南各省可以浙江代表之，北方可以直隶代表之，中部可以河南代表之，西南可以云南代表之。综观咸丰三年以后各地银价平均每两易钱均在 2,000 文以上，较固定的价格增加一倍有余。

吾人再从中央与各省出入款项的搭配章程看，咸丰三年以后，银的成数日少。十一月二十四日户部规定民间完纳地丁钱粮关税盐课及一切报捐赎罪交官等项亦只以五成交实银，其余王公京外文武官员俸廉及工程杂支等项亦只以五成实银搭放[1]。至七年正月二十四日户部更请以顺天直隶所属交纳钱粮以实银四成为限[2]。兹将四年以后各省出入款项配搭现银成数列表如下。

咸丰四年后各省出入款项搭配银两百分表

省份	搭银（%）
甘肃	50%
山东	50%
河南	50%
江苏	50%
浙江	80%
云南	50%

（根据档案数件编成，各件名目不及备载）

观此当时大部省分出入款项均依照户部所定章程以实银五成搭放。云南省在最初为八成搭放，至六年时即改用户部章程[3]。浙江为用兵之地，五成搭放为军民反对，故独八成搭放[4]。此外河工一切用费，自三年起更只搭放实银二成，至八年始改为四成[5]。于此，足见现银之少，在一切交换中已不敷应用。

吾人再看制钱的破坏情形。清代的制钱例由云南解铜运京交户工两局按年鼓铸，同时各省亦得仿铸。至咸丰时，因铜斤来源断绝，制钱之制造

---

[1] 档案，咸丰三年十一月二十四日户部祁寯藻等折。
[2] 档案，咸丰七年正月二十四日户部及军机大臣等折。
[3] 档案，咸丰四年九月十四日朱批云贵总督罗绕典，云南巡抚吴振棫折及咸丰六年正月十一日朱批云南巡抚舒兴阿折。
[4] 档案，咸丰五年三月二十七日朱批浙江巡抚何桂清折及五年八月二十三日朱批江宁布政使文折折。
[5] 档案，咸丰八年三月十九日朱批河东道德总督李钧折及八年六月十五日户部折。

日少，适此时私销盗毁的风气甚炽。盖制钱肉好周正者每文重为一钱二分，一千制钱重约七斤。

以千钱购铜则仅得二三斤，故销毁者得利过倍[①]。同时，私铸小钱，名为"水上飘"，每文重一二分，毁铜钱一文可铸小钱五六文，其利尤厚[②]。且在当时富户商民收藏制钱甚多，亦为必然的现象[③]，故固有的制钱日形减少。所可怪者"水上漂"在最初视为劣币之一，及三年实行大钱制度，此种小钱反为人民乐用[④]，于此亦可证明当时铜斤的短绌。

吾人再看咸丰四年闰七月二十八日户部规定制钱搭配的成数，凡实钱一千只交制钱二百文，其余以大钱配搭[⑤]。六年五月三日户部更令每串以大钱九百制钱一百搭放[⑥]。是制钱之流行日少，与银两同其厄运。二百年来人民习用的双本位的制度乃逐渐破坏。

（二）咸丰时新的货币制度

固有货币制度的破坏已如前段所述。现欲叙述者为此时新的货币制度。新的制度可分两项叙述，一为此种制度采行的经过，一为此种制度的分析。前者为纵的叙述，后者为横的叙述。

甲　新制采行的经过

新的制度即前面所谓复杂而又紊乱的制度。此种制度产生的原因要为当时财政的困难，盖咸丰一朝的财政是遭遇历朝未有的变故。在咸丰三年六月十六日的前夕，户部存款仅只二十二万七千余两[⑦]。一般为政者均认实行货币膨胀的政策为惟一救济之法。

货币膨胀政策，实际始于（咸丰）三年正月。然在此以前持此主张者颇不乏人。如元年九月陕西道监察御史王茂荫，以粤西军务未息，河工待用，奏请行钞，定十两与五十两二种，仿照国初之法[⑧]，每年造钞十万两，如可流

---

① 档案，咸丰二年十一月初六日朱批四川学政何绍基折。
② 档案，咸丰三年五月十七日朱批太常寺少卿松桂折。
③ 档案，咸丰四年闰七月初九日朱批鸿胪寺少卿倪杰折及五年正月初八日批福建巡抚吕佺孙折。
④ 档案，咸丰四年十月十五日朱批户科给事中仙保折。
⑤ 档案，咸丰四年闰七月二十八日户部折。
⑥ 档案，咸丰六年五月三日户部折。
⑦ 档案，咸丰三年六月十六日户部祁寯藻折。
⑧ 顺治八年造钞十二万八千余贯至十八年停用，见《皇朝文献通考》卷十三钱币考。

通时，逐年加倍制造[①]。二年五月福建巡抚王懿德亦请行钞，每张准银一两颁发各省藩库完纳地丁钱粮税课[②]。同年少詹事朱兰请刻玉为币，翰林院检讨沈大模条陈钞法[③]，又十一日四川学政何绍基亦请铸大钱以复古救时[④]。各家请论不一，但当时户部认为窒碍难行，以为银钱既患不足，从恃空虚之钞为酌盈剂虚之法，恐为人民所不信[⑤]。

迨至三年财政益加紧迫，户部乃决计实行货币膨胀的政策。于正月即上奏请行银票[⑥]。以为以前各家所倡的钞法收效过缓，目前惟有就固有的财源以图周转。所谓固有的财源可分两种，一为各州县所存谷价银，一为各省当杂商生息的帑本，每年酌提十分之三解部。政府即按报部数目颁发各级银票交予原商，准令绢纳封典职衔贡监诸人向各商买票报捐，同时于京城设立银号以资流转[⑦]。俟规定先颁发大省十二万两、中省八万两、小省六万两试行[⑧]。此为实行货币膨胀政策第一步。此议上后，奉旨依议。但当时反对者甚多，其中最剧烈的为御史王茂荫氏。王氏以为提取帑本由补给以银票是一种亏损商人的行动，况捐生有银报捐，何必买票[⑨]。次之为福建巡抚王懿德氏，亦以为各省当商现在不见充裕，若提帑本十分之三，当商必立见支绌。再则各省仓储多属空虚，不应以银票抵作谷价[⑩]，同时各省复奏者极少，即就京城而言，自行银票后不数月关闭钱铺不下百余处，金融异常紊乱[⑪]。

至六月十六日上谕重申前议，严令各省督抚大吏各就本省情形速筹通行的办法。至此各省乃先后遵办[⑫]。但各省情形不同，其所采办法有与户部规定大相特殊者[⑬]。兹将各省推行日期列表如下，以观其大概。

---

① 档案，咸丰元年九月二十四朱批陕西道监察御史王茂荫折。
② 档案，咸丰二年五月十九日朱批福建巡抚王懿德折。
③ 档案，咸丰二年六月十八日户部祁寯藻折。
④ 档案，咸丰二年十一月初六朱批四川学政何绍基折。或《东洲草堂文钞》卷一。
⑤ 档案，咸丰二年六月二十八日军机大臣户部事务部祁寯藻赛尚阿等折。
⑥ 档案，咸丰三年正月八日王茂荫折（户部原折不见）。
⑦ 档案，咸丰三年正月八日王茂荫折（户部原折不见）。
⑧ 档案，咸丰三年十二月九日朱批广西巡抚劳崇光折。
⑨ 档案，咸丰三年正月十八日王茂荫折。
⑩ 档案，咸丰三年三月十五日朱批福建巡抚王懿德折。
⑪ 档案，咸丰三年三月三日兵科给事中吴延溥折。
⑫ 咸丰朝东华录，咸丰三年六月十六日（己丑）上谕。
⑬ 福建银票与部颁银票大小不同，见档案，咸丰四年四月二十日朱批福建巡抚王懿德折。

咸丰朝各省推行银票日期表

省份	年月	省份	年月
福建	3.9	江西	4.11
甘肃	3.10	四川	4.11
广西	3.11	江苏	4.11
直隶	4.1	浙江	4.12
陕西	4.2	山东	4.?
云南	4.6	吉林	5.?
湖北	4.7	其他	未详
河南	4.8		

（本表根据档案中各省推行银票报告编制而成）

至五年军机大臣奕䜣等鉴于各方反对者多，提议限制银票行使。其理由主要的有二：一、户部以前所发银票起自一两至五十两，为数过整，人民完纳钱粮多系畸零散碎，非有二两以上的交项，不能搭一两的银票。二、户部发往外省银票均系应拨（款）项，而州县往往格于官吏之手，人民欲以票交官而不可得，是银票有放而无收。请自咸丰六年上忙起所有地丁钱漕原征银票五成一律改用钱票，概不准银票抵交，先自直隶、山东、河南三省办理[①]。旋经上论依议[②]但银票并未因此废止。九年十一月京城市价银票一两，仅值钱二百余文，宝钱则值钱六千有余，是银票二十余两始能抵银一两[③]。及末年时市面流行渐少。

银票采行情形略如上述。此种情形在当时看来，一般无不认为失败。于是又有铸造大钱的办法，此为实行货币膨胀政策的第二步。咸丰三年钱倡议鼓铸大钱的原有多人。而三年二月十二日大理寺卿恒春风主张最力，以贼氛未净，库帑支绌，请铸咸丰重宝，自当十以至当百为止[④]。五月二十九日给事中吴若准亦请鼓铸大钱[⑤]。均经上论交户部妥议。六月户部乃开始鼓铸大钱，

---

① 档案，咸丰五年二月十一日军机大臣奕䜣等会同户部折。
② 同上日上记。
③ 档案，咸丰九年十一月二十七日陕西道监察御史高延祐折。另据 H.B Morse, The Trade and Administration of Chinese Empire, Chapter（Ⅴ）, the Currency, 咸丰末年银票价格将至字面百分之三。
④ 档案，咸丰三年二月十二日大理寺恒春风折。
⑤ 档案，咸丰三年五月二十九日给事中吴若准折。

计当十、当五十两种，先在京师试行，不数日上谕以京城试行结果甚佳，即敕户部妥议章程迅速通行各省办理①。十一月十四日巡防王大臣庆惠等复请推广，添铸当百、当五百、当千大钱，主张分量并不必过重，但求磨练精工，如当千大钱以二两为率即可，当五百、当百大钱依次递减②。

二十一日户部复奏赞同，并请将常捐、大捐及京中各项税课、房钱均以此三项大钱交纳，仍按制钱计算，每两千文折银一两③。旋庆惠等又捐铸局鼓铸当二百三百四百大钱，奉旨依议④。乃反对者纷起，王茂荫氏首认大钱法价与实价相距太远。谓官能定钱之价，但不能定物之价。如当千钱人民不敢以为百，但值百之物，不难以为千⑤。詹事府庞钟璐亦谓以铜二两抵制钱一千，四两即可抵银一两，轻重相殊至五六十倍⑥。同时京城以外概不行使，而物价昂贵，倒闭钱铺、富商不计其数⑦。至四年七月户部以当千、当五百两种大钱折当过多，人民嗟怨，乃发钞收回，当二百、三百、四百大钱亦奉旨停铸⑧。而当百、当五十大钱补救随之壅滞不行⑨。闰七月二十日上谕严申当百以下大钱永远通行⑩。但仍有多人反对，请求一并停铸。至五年奏准停铸⑪。此后大钱便日见减少，市面流行者仅只当十、当五两种而已。

从各省看，在户部议定章程以前，福建即已现行大钱，较户部尚早数日。盖福建当时因江宁失守，该省（海）澄等处警报迭闻，招募防堵的用费甚巨。巡抚王懿德权宜从事，添设两炉，鼓铸当十、当二十、当五十、当百各项大钱⑫。其他各省则自户部颁发章程后逐渐推行，惟所有鼓铸仅限当百以下的大钱，当千、当五百者均未敢尝试。各省推行日期兹列表于下：

---

① 咸丰朝东华录，咸丰三年六月十六日上折。
② 咸丰朝东华录，咸丰三年十一月十四日巡防王大臣庆惠等折。
③ 档案，咸丰三年十一月二十一日户部祁寯藻折。
④ 光绪朝大庆会与事例户部钱法门。
⑤ 档案，咸丰三年十一月二十一日朱批户部右侍郎王茂荫折。
⑥ 档案，咸丰三年十一月廿四朱批詹事府丽钟璐折。
⑦ 档案，咸丰三年十二月二十五日朱批光禄寺少卿成恭寿折。
⑧ 档案，咸丰四年七月六日上谕。
⑨ 档案，咸丰四年七月二十二日朱批江南道监察御史唐壬森折。
⑩ 档案，咸丰四年闰七月二十日上谕。
⑪ 光绪朝大清会典事例户部钱法门。
⑫ 档案，咸丰三年七月二十五日朱批福建巡抚王懿德折。

咸丰钞各省推行大钱日期表

省分	年月	省分	年月
福建	3,6	河南	4,7
广西	3,11	湖北	4,7（闰）
甘肃	4,2	热河	4,8
陕西	4,2	四川	4,11
直隶	4,6	江苏	4,12
山东	4,6	浙江	4,12
云南	4,6	其他	未详
湖南	4,7		

（此表根据各省推行大钱报告编成，各件名目不及备载）

货币膨胀政策的第三步为实行铁钱。三年七月十一日山西巡抚哈芬请改铸铁钱①。十七日上谕著户部妥议具奏②。八月初户部复奏，请敕哈芬妥议章程，同日上谕，部定章程，迅速具奏，不必专待哈芬奏到③。十一月间户部筹议鼓铸，此为准行铁钱之始④。四年二月初二日上谕惠视王恭视王定郡王奕䜣等试铸。一月后奕䜣等复奏，谓成本低微，获利甚厚，一切用款可无需帑本，请在京城设炉百座，预计每日可铸六千串，终年可得百八十万串。并请饬户部知照各衙门并转行各省督抚将军都统一体遵照⑤。是日上谕依议。至五月十八日户部再咨各省设炉广铸⑥。兹将各省推行日期列表如下。

咸丰朝各省推行铁钱日期表

省份	年月
山西	3,7
甘肃	4,4
热河	4,8
福建	4,11
河南	4,12
直隶	5,12
其他	未详

（根据各省推行铁钱报告编成，各件名目不及备载）

---

① 档案，咸丰三年七月十七日朱批山西巡抚哈芬折。
② 档案，咸丰三年七月十七日上谕。
③ 咸丰朝东华录，咸丰三年八月己卯上谕。
④ 档案，咸丰三年十一月二十一日户部祁寯藻折。
⑤ 档案，咸丰四年三月二十日朱批奕䜣载垣等折。
⑥ 档案，咸丰四年五月十八日户部祁寯藻等折。

惟各项铁钱至六年以后，市面渐不行使。据七年五月十日军机大臣载垣之报告，当时京城铁钱太多①。铁钱局存有铁大钱一百八十余万串，五宇官号存备票本一百余万串，捐铜局收捐项下存储大钱二百余万串，平粜处收有粮价铁大钱五十余万串，共存当十铁钱五百余万串。奏请一律停铸铁大钱。此后铁钱之行使内（乃）仅限于制钱一种而已。此项制钱至九年复经户部奏准停铸②。

货币膨胀政策的第四步为实行钱票，时在三年九月十八日，正当实行银票与铜钱大钱之后，惠亲王等奏请颁发钱票，任听民间行使并完纳地丁、钱粮、关税、盐课及一切交官等项③。同日巡防王大臣、大学士、军机大臣及户部亦合词吁请④。于是上论依议，著户部详细酌覆妥议章程。至十一月二十四日户部将章程十八条颁发，规定民间完纳地丁、钱粮、关税、盐课及一切报捐、赎罪、交官等项均以五成银票或钱票纳，零星小数并准以当百、当五十大钱奏交，王公、京外文武官员俸廉及工程亦以五成银票或钱票发给⑤。钱票一两抵钱二千，钱票两千抵银一两，与大钱制钱相辅而行，一时反对者甚少。只以制度不良，京城行不半月，即诸多窒碍。在最初政府或以百姓阻挠，商贾不用，毫未顾及⑥。

为时半年后，全国遵行者仅广西一省⑦。户部乃请旨严催各省速行遵办⑧。

然各省视为具文，总未实力奉行。在咸丰五年以前通行钱票者仅广西、福建、甘肃、云南、湖北等数省⑨。五年十一月十三日户部复请限令各省于三个月内一律开设官局通行钱票，并将章程于户部文一月内先行奏报⑩。同时上谕各省谓军费繁浩，开源节流两无善策，目前惟有推行钱票，严令各督抚即速遵照部议办理⑪。自此以后河南、吉林等省乃相继遵行。兹将各省推行钱票日期列表如下。

---

① 档案，咸丰七年五月时日军机大臣载垣折。
② 光绪朝大清会典事例户部钱法门。
③ 档案，咸丰三年九月十八日上谕。
④ 档案，咸丰三年九月十八日上谕。
⑤ 档案，咸丰三年十一月二十四日朱批户部祁寯藻折，并章程十八条。
⑥ 档案，咸丰四年二月五日朱批庆惠折。
⑦ 见各省推行钱票日期表。
⑧ 档案，咸丰四年五月十八日户部折。
⑨ 见各省推行钱票日期表。
⑩ 档案，咸丰五年十月十三日户部事务买桢等折。
⑪ 同上日上阴。

咸丰朝各省推行钱票日期表

省份	年月	省份	年月
广西	3，11	湖北	4，7（闰）
甘肃	4，4	吉林	5，1
直隶	4，5	河南	6，1
福建	4，6	江苏	6，6
云南	4，6	其他	未详
山东	4，6		

（根据各省推行钱票报告编成，各件名目不及备载）

虽然各省推行之钱票有所谓省钞或司钞系由各省藩司或官局制造者，此种钱票与部颁者不同[①]。而部颁之票为数过多，自实行起至咸丰十年十月止，就京城一地而言，共出长期京钱票一千五百七十四万余串，而各省尚未计入[②]。

故咸丰十一年时钱票壅滞，几同废纸。京城每千仅值当十钱一百余文[③]。至此户部乃撤去官号，由捐铜局收回，废止钱票[④]。

综观以上情形，户部货币膨胀政策计分四步。第一步行银票，第二步行大钱，第三步行铁钱，第四步行钱票。此四种制度均创于咸丰三年中，盖此时期的财政最为困难。然各种货币均未能长久地、稳定地推行，寿命最短促者为当百以上铜大钱，行不一年即行收回；次之为铁钱，行至九年即行停铸；又次之为钱票，至十一年亦即废止。惟铜当十钱与银票通行较久，前者至光绪十六年时政府始行停铸[⑤]，后者在同治末年时亦仍通行[⑥]。

最后尚有一种临时的币制必须于此处提及者，为京城一度实行的铅制钱。此项制钱于咸丰三年十一月间曾一度试铸[⑦]。至咸丰四年八月乃正式鼓铸，因当时正值铜铁、大钱广铸之时，缺乏散钱搭配。但铅制钱限于京城一

---

① 如福建、云南、江苏、甘肃等省印造省钞或司钞，根据不及备载。
② 档案，咸丰十一年十月二十五日大学士户部事务周祖培等折。另根据咸丰十年九月二十八日户部尚书肃顺折，称九官号钱票流布京城不下三四千万串，内长期饷票一千六百余万串。又京钱系京城地方货币，每二文始等制钱一文。
③ 档案，咸丰十一年八月二十七日朱批江南道监察御史刘毓楠折。
④ 档案，咸丰十一年十月二十五日周祖培折。
⑤ 档案，光绪二十四年十月四日批广西道监察御史杨崇伊折，但以前亦只能通行于京城一地，每当十钱抵制钱二文。
⑥ 甘省钱票至同治十二年以不便行使，筹款收回，为最迟者。见同治十二年四月二十一日批左宗棠折。
⑦ 档案，咸丰三年十一月二十一日户部祁寯藻折。

地搭放旗营关领而用,且不久停铸①。此项货币要不能与前述四种并论,盖与户部之全国财政的补救无关。

乙　新制内容的分析

新的制度即由前节所述各货币组合而成,概言之可分为两大类,一为纸币,一为硬币。而每类中复可分为两种,即纸币包括银票与钱票,硬币包括铜大钱与铁钱。兹依创行时间之先后,将各种货币制度分析如下。

子,银票。银票亦名官票,在新制各种货币中创行最早。于咸丰三年正月由户部奏请颁发各省以补实银之不足。计分一两、五两、十两、五十两四种②。制造方法与钱票大略相同,兹不赘述。

丑,铜大钱。铜大钱创行于三年六月。最初分二种,计当十大钱与当五十大钱③。当十每文重六钱,当五十每文重一两八钱。十一月复铸各项大钱并减轻当十、当五十重量④。兹将改革后各项名称并重量列表如下。

大钱等级	重量（单位：两）
当千	2.00
当五百	1.60
当百	1.40
当五十	1.20
当十	0.44

前三项大钱统称咸丰元宝,钱面刻咸丰元宝四字。当千、当五百用十种净铜二成铸成紫色,当百大钱则用滇铜七成、锡铅三成铸成黄色。均令镟边,锉磨之后,复加水磨,纹痕俱净。当五十、当十两种则称大钱,制成方法与当百大钱相同,但不镟边磨鑢⑤。所有工本系按每制钱的工科银单位计算⑥。如:

当千工本 =76 文工银 +38 文科银

---

① 档案,咸丰四年八月初三日户部事务祁寯藻折。
② 档案,咸丰三年八月十四日工科给事中端昌折。
③ 见光绪朝大清会典事例户部钱法门,鼓铸,但最初福建同时鼓铸当二十大钱,另据 H.B.Morse, The Trade and Administration of the Chinese Empire, Chapter（V）, the Currency,此外尚有当五、当八、当三十大钱,待证实。
④ 档案,咸丰三年十一月二十一日户部祁寯藻等折。
⑤ 光绪朝大清会典事例户部钱法门鼓铸项,或档案咸丰三年十一月二十一日户部折。
⑥ 每制钱一文之工银料银户部与各省不同,兹不细数,见各种户部则例钱法门工价项。又以上各项大钱之工本见光绪大清会典事例户部钱法门鼓铸。

当五百工本 =60 文工银 +30 文科银

当百工本 =30 文工银 +20 文科银

当五十工本 =16 文工银 +16 文科银

当十工本 =7 文工银 +7 文科银

凡钱面数目愈大者其工本的比例愈轻，于此亦足证明政府制定大钱的本意在节工省料。

寅，钱票。钱票又名宝（钞），创行于三年十一月。最初颁发者为天字五百文、地字一千文、地字一千五百文、宙字二千文四种，编列字号俱直行顺写。各种钱票之颁发数目依下列百分比计算[①]。

钱票等级	颁发比例
天字 500 文	40%
地字 1,000 文	30%
宇字 1,500 文	20%
宙字 2,000 文	10%
总计 1001,000 文	100%

五年又添造五千文、十千文、五十千文、一百千文四种，其字号俱系画码街市行（使），分别名目，以直行顺写者为长号，以画码者为短号。短号专备颁发各省，向不入（筒）。一切制造收发兑放均由官票所发前中后三厅。各项钱票俱归中厅保存。遇有兑换事物前厅随时向中厅领取放给[②]。

每票十张纸（山西双抄毛头纸）价制钱八文，刷印靛花工食五文，印戳朱紫印色三文。以上三项系制票工本，平均每张纸须制钱一文六毫，每一万张合制钱十六千文[③]。

卯，铁钱。铁钱创行于三年八月。计分三级，制钱每文重一钱二分、当五重二钱四分、当十约三钱[④]。用山西平铁鼓铸，每斤合制钱四十文，若用残破锅铁每斤仅十五文[⑤]。

以上所述为各种货币之等级与工本的分析，亦即新的制度在横的方面的观察。于此，吾人可知此种制度的复杂性与存在性。兹为明了整个系统起见，

[①] 档案，咸丰三年十一月二十四日户部制钞章程十八条。
[②] 档案，咸丰九年十一月六日户部事务瑞麟等折。
[③] 档案，咸丰三年十一月二十四日户部制钞章程十八条。
[④] 光绪朝大清会典事例户部钱法门，但当十铁钱重量确数未详。
[⑤] 档案，咸丰四年三月二十日奕䜣、载垣等折。

再列表如下：

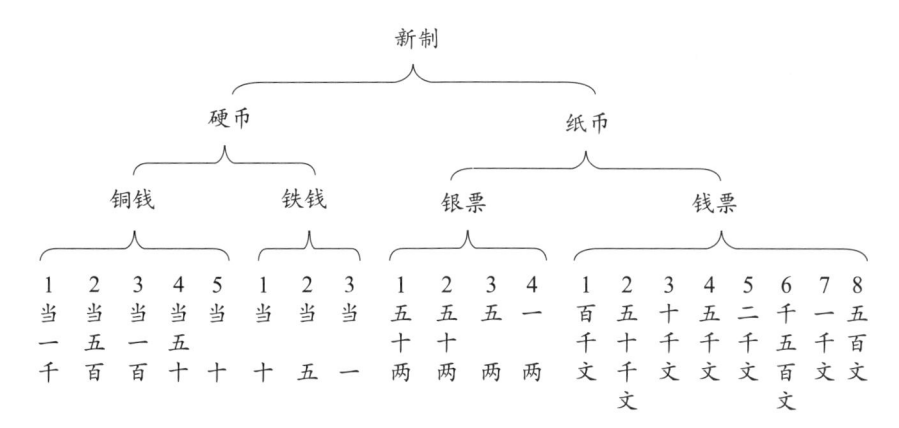

```
                            新制
                ┌────────────┴────────────┐
               硬币                      纸币
          ┌─────┴─────┐              ┌─────┴─────┐
         铜钱        铁钱            银票        钱票
      ┌──┬─┬─┬──┐  ┌──┬──┬──┐   ┌──┬──┬──┬──┐  ┌──┬──┬──┬──┬──┬──┬──┬──┐
      1  2 3 4  5   1  2  3     1  2  3  4      1  2  3  4  5  6  7  8
      当 当 当 当 当  当 当 当    五 五 五 一     百 五 十 五 二 千 一 五
      一 五 一 五 十  十 五 一    十 十 两 两     千 十 千 千 千 五 千 百
      千 百 百 十     十          两 两            文 千 文 文 文 百 文 文
                                                    文          文
```

五、新制不行的原因

咸丰时旧制的破坏与新制的产生均于上节详述。现欲讨论者为新制因何不能长久的稳定的存在？兹答复此问题于下。

（一）理论的基础

新制不能长久。

通行不久的原因主要为当时创行者理论的错误。户部创行新制的理论有二：一为渐次废除银铜本位的制度[①]，一为节省工本[②]。前者主张以新的制度代替旧的制度，使颁布货币的全权从此操诸政府之手。后者为使政府处在财政困难时可以少替多，以虚济实，将不致因银铜短乏而感财政困难。基此二原则，政府乃尽量地颁发各种货币。孰知银铜本位的制度是中国数百年来人民习用的制度，固非复杂而紊乱的制度所可替代。且政府在最初本身即未能自信而颁布"放多放少"的章程[③]，集中现金，使人民疑虑。而节省工本复为中国历来道德的观念与货币理论上所不容的原则[④]。故结果造成新制本身许多的缺点。

（二）新制本身的缺陷

第二个原因即为新制本身的缺点太多，不容长久的存在。第一，制度

[①] 档案，咸丰三年十月三十日朱批庆惠等折。又咸丰三年十一月二十四日朱批户部祁寯藻等折。
[②] 档案，咸丰三年十一月二十四日朱批户部制钞章程十八条，又咸丰四年三月十二日朱批奕䜣、载垣等折。
[③] 即政府银钱搭配章程放款为银五成，票五成，两枚则为银七成票三成。
[④] 梁启超，《中国古代币材考》。

过于复杂，种类分级太繁。如铜大钱分五级（一时多至八级）、铁钱三级、银票四级、钱票八级。而同一钱票复分京钞、省钞或司钞，分长戳、短戳，分掣字、不掣字，分入筒、不入筒[1]。种种名色，令人容易牵混。第二，颁发数目过多。查京城一处自创行起至咸丰十年十月止即已颁发钱票至京钱一千五百七十余万串，而各省各种颁发与鼓铸之数之巨当可想见[2]。故至咸丰末年两种纸币均同废纸[3]。盖当时政府即根本无准备金之可言，一则正处财政极端困难之中，二则当局的意见以为行票，原因库藏空虚，若必筹票本而后行票，则何利乎行而徒多此一举[4]？此为理论上根本错误之点！第三，节省工本。节省工本为创行新制理论之一。故制票万张，仅费工本十六千文，其制造不精，容易引起伪造。而铜铁大钱之鼓铸，其法价与实质相去尤远，每二两铜即抵制钱一千，四两抵银一两[5]，而净铜官价每斤不过四百文[6]。故私铸、私销之币甚盛，铁大钱之鼓铸亦复如是。第四，法令屡更，制度常改。政府对人民以信为重，乃铜大钱分量样式甫经奏定颁发各省，不数月户部又全行变更[7]。因此当五十大钱较向所见者忽然减轻，当百者反较当五十者为小，以致人民无所遵信。又如各省之钞无统一的规定，各省的自制造样式，不必与部定者一律。于是此省之钞不能行于彼省，而彼省之钞复不能行于此省[8]，政府于全国的货币政策毫无整个的计划。

以上种种皆为新制本身的缺点。此外政治不良，州县中饱，一方令民交银，一方以钞上兑[9]，与夫各地交通不便，新制不易吸收，皆为外界主要的原因。

《中国近代经济史研究集刊》，1933年第1期

---

[1] 档案，咸丰十年六月二十四日户部右侍郎袁希祖折。
[2] 户部报告，咸丰七年时行用钱票中外已至三千余万串，见档案，咸丰七年十一月二十六日户部尚书柏葰折。
[3] 档案，咸丰十一年八月二十七日朱江南道监察御史刘毓南折。
[4] 档案，咸丰四年四月二十四日河南道监察御史吴艾先生批评户部折。
[5] 档案，咸丰三年十一月二十四日詹事府左庶子丽钟璐折。
[6] 档案，咸丰三年十二月十日批四川道监察御史蔡征藩折。
[7] 档案，咸丰三年十一月二十一日朱批户部右侍郎王茂荫折。
[8] 档案，咸丰四年七月五日朱批福建巡抚王懿德折。
[9] 档案，咸丰七年六月七日朱批陈农松谕直隶省官吏中饱折。

康藏货币流通史

冯明心

乾隆以前康藏无自铸之货币，故欲探讨其流通之史实，必须先究其与内地及四邻之关系。

史称黄帝之子昌意，德劣不足以绍承大位，降居若水。盖征诸水经，殆以舆国，若水或为雅砻江。盖若水有鲜水注之，今道其境内有鲜水河注入雅砻，其经过地有越巂，即今越巂县也；有邛都，即今西昌县也；有会无，即今会理县也；注入绳水，即今金沙江也。其舛错之处，即在以大渡河与雅砻水江会流。《水经》旧以为系汉桑钦所撰，而后魏郦道元实注之，纵非亲临其地，亦系询诸方经，断非可以虚构悬拟者也，则若水以西在汉与南北朝之际已有汉人足迹矣。

《尚书》穷三苗于三危，续通肃以三苗为有虞氏之裔。《卫藏通志》释三危为康、藏、喀木三地，危与乌斯同音，至藏犹省，而反旧日以三危为敦煌一山之说。又谓黑水即怒江，怒江经藏、康、汉入缅，自马尔达般湾注入印度洋，故《尚书》谓："导黑水覆于三危，入于南海。"据此说而康藏之于内地，交通尤早。

卫聚贤《古史研究》，分中华民族为三支，其分布于西北者为夏民族，分布于东南及西南者为殷民族，周民族乃夏殷之混血种也。殷民族以炎帝为代表，以狮为图腾，狮或以为猿，与俊、舜、誉等字同音，帝俊、帝舜实为一人，即殷之先也。其祖为猿人，其裔为苗，其发源地为四川，由康、藏、滇、黔而伸展于长江流域，乃至黄河流域。姜氏即其苗裔，音变而为羌，故古代泛称西戎曰"羌"。其说与续《通考》所纪暗合，且亦多可印证，如藏族神话称其先为猴，今其自立之图腾为猴，其语读狮为"生并"亦与俊、舜之音近，赭面之风虽革于文成，而藏族妇女犹有文身之俗，断发人在康区随处可见，儿童游戏有打牛角之举，亦蚩尤戏之类是也。卫又谓穆王西征，足迹曾至青海、新疆，所接触之赤乌，即藏族之国，而《卫藏通志》载西王母瑶池在冈底斯之南。

周移岐山，与殷人接触，在通婚媾，故诗多歌咏姜嫄之什。殷之衰也，众叛亲离，微子去之，孙子以太公为大间、广、蜀、羌、髳、微、卢、彭、濮之族。当今周师而败纣于牧野，申联犬戎，卒覆西周，殷人与周室关系之密也如此。

Owen Lattimor 所著《中国的边疆》，谓藏族之来源有三，居东北部者与甘肃古代半绿洲及草原地带有关，居东部者与长江流域之□族及献缅族有关，居南部者与不丹、尼泊尔、拉达克即因尔提斯坦有关。西历二世纪时，常于祁连山带处劫掠汉人。

综上诸说，则康、藏与内地发生关系，必早在殷周之际，不必至秦置郡县、汉通西南夷、唐婚吐番始通中国也。

兹再分述各类货币在康藏通行状况如次。

（一）小钱

小钱旧称制钱，犹今之法币也，吏□虞夏商之际，币已有钱，然其制□□不可考。周初，太公望作九府圜法，钱圆方，迨即小钱□□与？太公为殷之后，殷之币即有钱名，则太公之法当系采故国而加以改良者也。然《孟子·许行车》载隙□之书，则神农学者，主耕，一皆以粟易之，是战国之际，殷犹行物物交换之制，不得谓即有钱币行使于康藏境内也。

汉兴，钱法大行，文帝五年铸四铢钱，倖臣邓通得严道铜山之赐，所铸钱与吴钱遍布天下。景帝时有人告通盗出徼外铸钱，民间颇有，通由是获罪。严道即今康省雅风之雁安，徼外系当时指邛崃山以外地方而言，羌人聚居之处也，其钱必流入康省无疑。光武建武十六年从马援之请，复行五铢钱，天下赖其便。时援在陇西，羌地也，其所请必首求利汉羌之互市，则五铢以通西南夷流入陇西中后，更有陇西互市而流入康藏矣。明帝永平年间白狼国等百余国，户百三十余万，举种内附。元帝永光十二年，旄牛徼外白狼楼、貗薄□夷王唐□率种十七万户口内属。古旄牛国即今汉源，而丹巴所属大砲山下今犹有一村名牦牛者。白狼在今巴安理化一带，为往古一大牧国，维时汉廷于此归化外番必有钱帛之赏。昭烈取蜀，军用不赡，纳刘巴之议，铸直百大钱。其后，二侯南征，此种钱币必随军流入康境。

隋文帝诏蜀王秀于四川立五炉以铸钱。唐武德四年废五铢，铸开元通宝，于四川亦设钱监。时吐蕃国力已强，既并党项、白芦诸部，其势力远与川、滇、甘、宁等省即西域相接，互市必繁。文成、金城两公主先后下嫁赞普，赏赉极丰，且自贞镇始，吐蕃时扰西北，并及川省，每次均大行劫掠。朱泚之乱，德宗议诏吐蕃兵为援，李怀光以为帝先有敕，收复京城之壮士人奖为缗，如吐蕃以万众□来，则功成之日犒军费需五百万缗。恐无此巨款以应。而陆贽则恐京师之民误城破时蕃兵劫掠，而为泚死守。然德宗卒诏吐蕃兵，其酋尚结赞命将论莽罗师二万众助唐，大败泚将韩旻于武亭川，复得泚赂，大掠武功而还。南诏之寇四川，所得子女金帛恒以贿赂吐蕃。则有唐一代之中以犒赏、贿赂、互市、劫掠种种关系，其钱币必大量流入康藏。

宋自乾德以后，四川即开铸铁钱。开宝时于雅州百丈设监，天禧末复设钱监于邛州。及宁熙时王介甫当国，弛铁禁，于是边关海舶，饱载而归，沿边军州惟按贯科税而已。

元封八思巴为帝师，每一帝师死，即另封一人以继。且行土司制于康藏以为羁縻，其对外国之赏赐，自至元十七年始，即接受中书省之建议，多用币帛。武宗至大三年，始行钱法，其所铸之大元通宝，每一文准至大通宝十文，合银钞一分，字系西番篆书，其流通区域当以康藏为对象。

明师元之故智，崇喇嘛，封土司，自永乐以来，赏赐外番之钱动以数十万贯计。当时四川钱炉，增至十座，每年鼓铸小钱数额达五百八十三万二千文之多。英宗天顺八年，以礼部奏外番于钱无所用之，多销毁以铸器，不如另予赏赐，乃止赐钱及许外番易钱，并申洪武禁钱出边之令。嘉靖三十四年，云南军奉□开铸，康藏滇之间，市易极繁。汉时已有在滇市牦牛之记，则明代小钱除因赏赐而流入康藏外，在川滇两省以商业关系亦必有所流通。

自宋太宗始，每改元必另铸钱。明清两代因之，而清代所铸钱既佳且伙。据乾隆五十八年年福续安拟表在藏鼓铸银钱章程折内称，维州内地小钱只能行于打箭炉，以外地点皆不通用。

由汉迄清，历代制钱之流入康藏者不少，然今兹竟一文难观。推厥原因，当如明英宗时礼部之所奏者，康人重铜器，其铸造佛像需铜尤伙，由滇购铜运藏，艰难极点，若销钱为铜则轻而举也。

（二）铜元

清光绪季年我国内地始铸银元，有当制钱十文及二十文两种。赵季和就川滇边务大臣后，奏准清廷，在川造当十铜元，其图样、质量、大小、轻重悉同于内地铜元，惟于阳面中心铸"川""滇"二小字，平行，以代花心。笔者前往巴安见旧卷载传华丰曾由川运十万串存于卢城，宣统三年运巴安一千另七十匣，又一小匣，共装三万二千二百一十吊，分发各县行使，得荣设治委员李□即请准发给该县铜元二百吊之多。民国成立后，川造五十文、一百文、二百文铜币完全通行康境，以作辅币。至铜元之在康境，清季规定为每藏洋一元换当十铜元四十四枚，合四百四十文制钱。民国以来，随市价之高低而变更比率，笔者（民国）十七年出关曾见以铜元作为交易时找补之用者。

西藏现行铜元，计分二品，一为宿巴，每个重藏银一钱，值四个噶马。二为噶马，为藏钱最低单位，犹内地以往之小钱也。

（三）白银

汉武帝时我国始用白银，呼之曰白金，为银与铅之混合物。元代之钞，以银为单位。至元五年，始铸元宝，成宗时以云南不便行钞，颁元宝十万锭与行省，命与贝参用。三十年前，康定犹多元宝，据传旧历年关陕商及茶店多盛陈元宝于肆，以炫夷商。夷商以元宝多者其财力必雄，信用必著，乐与交易，故俗有此门富之举。民国二十年以前康定尚有铸炉铺三家，从事倾铸五两、十两之银锭，营业极旺。惟时汉藏在康互市，以茶为主，其价即以白银定之，两以上为秤，每秤重五十两。藏银多来至印度，铸成砖状，俗呼银砖，成色较低，每秤合内地之银才十六两。夷商购茶，即持银砖市易，茶商得此，又于高炉铺倾铸为锭，属发运茶力资。盖汉源、荥经、雅安、天全一带运茶力伕，其运费非给以银锭不收也。其风至民国二十二三年间犹盛。

宁属夷族，至今犹用白银，汉商之贸易于夷商者无白银即不给市货物，其价仍以两计值，通用者为五两、十两之元宝。惟夷族相互□除货、卖娃子以银交易外，余均以物易物，其得汉人之元宝，几无所用之。俗以为今生窖藏白银，可以享之于来世，一有所得，即秘密窖藏，虽父母妻子亦不令其知之。

（四）银币

银币为康藏主要货币，其流入境内，不自中国，而由于西域——印度暨廓尔喀等国。汉通西域，已见罽宾及大月氏等国有银钱使属，罽宾银钱文为"马"，幕为人头，大月氏银钱阳面为国王像，阴面为夫像，王死变铸。罽宾旧址，在今克什米尔；大月氏旧址，在今甘肃及印度恒河流域一带，均接于藏境，清代在藏内尚多克什米尔商人，其银钱必早有流入者。而西藏所用银钱，或掉于廓尔喀，或倩廓尔喀代铸，其钱铸一骑士像，与汉代罽宾及大月氏之钱式相仿佛。

乾隆年间，廓尔喀续铸银钱，较旧铸成色为佳，遂高抬市价，欲以一元作二元行使。藏人担忧，适与廓尔喀有隙，复以逆僧沙玛尔巴之诱，兴兵侵藏，属扎伦布，班禅额尔德尼奔前藏以避之，后藏大乱。乾隆五十六年，朝廷命福康安率师入藏平乱，明年秋廓尔喀兵败乞降，其乱始定。当时藏地西通拉哩各部，悉皆使用银钱。用兵之际，军用浩繁，副都统成练奏准清廷，仿廓尔喀银钱之制，命商人鼓铸银钱。乱定，清廷谕福康安等廓尔喀银钱，不准再在藏境行使，悉作银两，用完销毁。另筹于藏境之郑安证炉座，发派官匠，鼓铸铜钱。福等以藏人行使银钱日久，积重难返，且藏地不产铜，不产煤，购运极为困难，如铸铜钱，成本既高，行使亦殊不易，另拟奏鼓银钱章程，经清廷批准施行，是为藏地有自铸货币之始。

此种银钱用纯银铸造，正面铸汉文"乾隆宝藏"四字，背面铸藏文"乾隆宝藏"四字。计分三品，第一品每元重一钱五分，每六元合纹银一两。五十八年九月，驻藏大臣和琳上奏清廷，以其易银之数量少，其间拒用，乾隆低比率为每九元易银一两，并行停铸。官二品每元重一钱，九元易银一两。第三品每元重五分，十八元易银一两。旧铸银钱，系重一钱五分，以掺有铜，每八元易银一两。自是廓尔喀银钱藏在藏绝迹矣。

自亚东开埠，藏印之交易日繁。光绪季年，印度卢比遂充斥康藏市场，川督锡真以利权外溢，于三十年准奏清廷，在四川造币厂鼓铸藏洋，时内地已仿墨西哥洋之制鼓铸大洋及毫洋矣。

藏洋在康藏呼为洋钱，其式颇仿卢比，阳面铸德宗像，其衣未加领子，露项。后来呼之为老藏洋，每元重三钱五分，三十三元合纹银十两，每元分为四嗡，藏单位也。以铜元计之，在当时值一百一十文。士人为找补便利，或将一元分宰为二，作两组行使，名之曰"宰口藏洋"。狡黠之徒从中渔利，分宰时从而抽去一条，析为三分，虽政府悬为厉禁，不能尽制也。然如以宰口藏洋作为支付，数额大时，对方亦可拒绝收受。

民国十九年，川康边防军戊康旅长马骕复呈准川康边防总指挥部于康定设藏币铸造所，仿清制藏币，在炉鼓铸。其所铸德宗之像，衣上加有领，此其异尔。西康建省委员会因之，民国二十八年，以法币政策实施，始行停铸，并发行藏币，并收回前后所铸藏币。

藏币之重，原为三钱五分，以掺有铜，故宣统三年重定其额而价值为三钱二分。民国废两用元，其额面价值，时有变更，最初值大洋五角，继又跌至四角。二十六年西康建省委员会定为四角四分八厘，民间则作为四角五分行使，二十七年九月改定为四角五分，继又涨至五角。自停铸以来，黑市波动极大，原仅值五角法币者，今则非数十元法币不能购，中央机关发给关外员工薪津至不得不计发藏洋比差。至藏币成色，最初为银八铜二，故其折合白银为三十元十两。其后银价日涨，成本日高，其额面价值既钱法提高，只有在铸造时逐渐减低白银成分之一□，以避亏折。故其与白银之比率在民国初年即自三十余元跌至四十余元、五十余元，其后变成每元银二铜八之比，倾铸银锭者不敢问津，被康人呼为"红验"之劣等藏洋亦到处碰壁矣。

藏洋内又有呼之为"西宁洋钱"者，成色低潮，花纹槙辋。德宗像顶戴上少一小结，笔者旧以为系青海所铸者也，后询诸老西康，始知西宁并未鼓铸藏币，实出于伪造。大自战事激烈时，此种伪币始出现于康定市场。最初鱼目混珠，乍亦难于辨别，而使用者终觉情虚，调换时自于降减比率，顷为钱贩所识，真相暴露，乃难行使。七八年前初入康省者，不明铸形，每易接受此种伪币，蒙受损失。

藏币之通行区域，只及于炉城及关外，炉关以东旧日通行内地所铸银元，而内地大洋亦盛行康定，关外流入之数量不多，至宁属及康定与康南雅砻江以西各县参用滇造铜洋。其在康之价值，旧日每元合大洋八角，而使用数目不多，巴安、理化、得荣一带，连运滇境，通行较众，每元之价，合大洋三角三分，在滇仅值二角五分而已，有利可图，奸商遂大量贩运。民国二十七年秋多之际，充斥市场，激刺藏洋，价格颇甚，今兹亦渐行绝迹，然每元亦值法币十余元矣。

西藏银币，于民国三年改铸有狮日图腾者，计分二品，一曰松三噶母，重藏银三两，值七个半章噶。二曰章噶，重藏银四钱，值四个宿巴，无复乾隆旧制。

（五）黄金及金币

康藏久已无以金为货币者。考《唐书》，贞观十四年吐蕃赞普遣其相录东赞献金五千两及珍玩数百，以请婚。长安二年吐蕃遣使献马千匹、金二千两以求婚。贞元九年，云南王异牟遣使裔生金及丹砂诣韦皋，则唐时吐蕃、南诏均以黄金为货币矣。《马可波罗游记》载建都州（即今西昌），当时以黄金为货币，案（按）量计值，每一□觉 Soggio 值盐八十块。西藏在民初业铸金币，颇仿卢比之式，一面铸十五蜚邃赖之像，一面铸狮与太阳，每元重三钱，在藏值三卢比，在康定合藏洋九至十元。民国十六七年间康定茶店及陕商肆中尚可见之。

（六）镍币

辅币之在西康，最初无人重视，需用者可载量向中农两行掉换。泊乎藏洋停铸，硬币日稀，不习用钞之康人，乃转移其对象于镍币。尤重当五角者，以其大小形均略同于藏洋，而花样尤为精致美观，其色亦称所谓红脸，藏洋为愈。遂大量易换，带出国外行使，虽无白银成分，其价不能同于藏洋。然闻今兹亦值十五六元一枚，与钢洋相称矣。

（七）纸币

我国之钞，滥觞于汉之白鹿皮币，唐有飞钱，宋于川蜀盛行交子，元竟以银钞为最主要之货币，然其制既格于云南行者，断难施诸于康藏边徼。据《马可波罗游记》载，元之宝钞即印度商人到华贸易亦须用之，究其流行于印境也。其记旅康数段，亦赤道及康境用钞。惟康定旧日有所谓夷票者，由夷商出具墨条，以代现金，于交易时转为信用，犹本票及藏票然，到期兑现，毫厘不爽，市场上均能赖之，想系古代与内地市易，受前述诸制之影响，而生产之经济办法也。

民国十年，川边镇守使陈遐龄始在康发行纸币，计藏洋三十万元，合大洋十二万元，均一元券。当时虽仗行政力量行之，后亦收回，而民间不习，怨声满康境。

民国二十二至（二十）四年之间，四川币制紊乱，辅币缺乏，雅属苦钱荒，民间交易极感不便。雅安县商会曾发行五百文、一千文、二千五百文、五千文纸币数种，民间颇乐用之，通行及于康定，虽破旧如废纸而无一人歧视，至二十六年始由康定市商会代为收回。

法币之大量流入康境，时在二十四年，以前在康定仅有少数一角、二角、五角之辅币而已。及赤匪（对中共红军的贬称——编者注）窜康，中央军跟踪追剿，军饷悉由飞机运钞至康供给，于是一元、五元、十元之法币始通行于康境。继二十六年洪伞法师□中枢之命出关放赈，法币遂行于关外，然亦仅通衢城镇能通用一二角之辅币而已。偏僻处之土著，或爱其花纹精致，用以糊壁，或不明用途，束诸高阁。闻康定所属孔主地方有某富翁，尝得崭新一元卷十札，计一千元，爱不忍用，藏诸尝盛，放之革袋中，历时数载，出而展玩，则已为虫蛀坏。而宁属曾有狡黠者以工字构商标作钞以愚□人，竟为所骗，续损法币信用，故中行后来行使康省之钞，加印红色藏文，冀可俾藏人辨识其额而价值，不知康省人民非仅一藏族，而藏族之识藏文者又百不得一。然年来藏洋日少，抗战后新印之钞花纹及颜色上较之前简单，易于识别，故藏族亦渐用法币，惟选择极苛，交易时几于非崭新之钞不用。且闻昌都汉商间亦有携钞相互行使者也矣。

法币在康有一特殊现象，即始终欹用，市面时或感银根奇紧是也，缘康定为汉藏互市之最大市场，□为一纯消费地带，日用及货物皆运自外县及诸省，交通不便，运费高昂。而输力为人夫，每当业隙，夫力激增，商人均乘机赶运货物。至冬季一大商号，每日所支付之运费恒在十万元以上。而此辈力夫，极为节清，交卸货物即去，以康定生活高，不肯在此进一餐，宿一夕，浪费一文，以此各银行不得不当用以大批之钞运济，而终不能使银根不紧。

藏币之停铸也，西康省银行曾发行藏币券贰佰万元，以作收回前后所铸硬币之用，计分五角、一元、五元、十元四种之通行及于宁雅两属。其与法币之比率，仍为二与一之比，时在二十八年，前岁已明令收回。

西藏于民国二十九年始发行纸币，名曰洛茹。每张值藏银七角五分，合十八章噶又三宿巴，其大如书本，而信用毫无，即首邑拉萨亦仅通行于城内。昌都有政治力量及军事力量，民间不敢公开拒用，以招皮鞭之辱，而以物易物，拒用于无形。

（八）盐

唐书载宣宗时安南都护李琢，为政贪暴，强市蛮中牛马一头，止与盐一斗，即以盐为货币也。康藏以盐为货币，见诸《马可波罗游记》。其一一四章土番州以盐为货币而不详其纲。一一六章建都州以盐为小货币，取盐煮之，范以为块，每块重约半磅，八十块值精金一萨觉。天全在元属六番招讨司，土番与六番之音相近。又其他处大竹与所纪相合，疑土番州即天全，而建都州即今之西昌也。盐易黏潮溶化，又每块之重达半磅，其携带及使用之不便可以想见，故明代以遗，制钱既多，其风遂息。

（九）布

我国以布为货币之时间甚早，周制布帛广二尺二寸为幅，长四丈为匹，为之言财物者，每金帛并提。现康藏境内市布不论尺，而以方计值，或有古意。宁属倮族呼布为软银子，川昌及四川洪雅等地所织土布，每幅宽约一尺二三寸，每匹长二十四方，其布色或白、或红、或蓝均行销夷区，持此即可易其土产。

（十）贝

康省与云南发生商务，远在秦汉之际。且康定等地会属南诏，巴安会属于麽些，与云南除经济关系而外，更有一度政治关系。即今兹两省，商务亦繁，故汉省货币如银洋会盛行于康境。考元代之际，云南之货币尚用海贝，其制以一枚为藏，四藏为手，四手为苗，五苗为索，二十索合黄金一钱，一索犹钱之一缗也。虽无会行于康境之记载，然以铜洋用之，恐亦有因交易而流通者，故亦附钱于此。

中华民国三十三年 12 月 7 日于重庆说文社聚贤楼

《民权导报》，1944 年 4 月第 4 期

论古泉家不识权度之缺点

丁福保

古今权度，轻重悬绝，长短不同。古泉家往往辨析未精，将古权、今权、古尺、今尺牵连混合，并为一谈。非仅自误而已，又足以误后世无穷之学者，此乃最大之缺点也。试举古泉数枚以证明之。

汉武帝元狩五年，行五铢钱，旧谱曰，此钱厚大者，径一寸，重五铢。《新唐书·食货志》：武德四年，铸开元通宝，径八分，重二铢四絫，积十钱，重一两。兹以汉五铢唐初开元两泉而比较之，其径相同，而何以一作一寸，一作八分？开元泉重于五铢泉，而何以仅作二铢四絫？此无他，唐以汉之一尺二寸为一尺，以汉之二两六铢三絫四黍余为一两故也。宋人之修史者，用唐尺、唐权而冒用汉之铢絫，是大误也。

善夫蔡铁耕氏《癖谈》之言曰：唐权与今权同，择开元钱精好者称之，十钱适重一两，则其所谓两，已非古之两，而《唐志》犹谓重二铢四絫者，特十分其两之数，强名之曰二铢四絫，以合乎古耳。或曰，两既加重，铢絫即随以重，此自为唐之铢絫可也，奚必古？余曰，铢絫犹虚名，黍则有实数，铢絫随两以重，黍能随铢絫而重乎？亦得曰：此自为唐之黍，非古之黍乎？且所谓两者，两其一仑之容之重也。而此所谓两，何两乎？既非由黍起数，积至铢两，而反从两起数，析为铢絫，仍古之名，失当时之实矣。又曰，《宋史志》，景德中，刘承珪参定权衡之制，以御书真行草三体淳化钱，较定实重二铢四絫为一钱者，以二千四百得十有五斤为一称之，则今称三体钱，各重一钱，则宋权亦与今权同。

蔡氏为钱竹汀先生入室弟子，长于考据，其言谅无错误。余乃选唐初开元泉十枚，宋淳化泉十枚，用清之库平称之，其重果皆为一两，于是知蔡氏之言，为信而有征也。

《汉书·食货志》，王莽改作货布，长二寸五分，广一寸，首长八分有奇，广八分，其圆好径二分半，足枝长八分，间广二分，重二十五铢。余考莽诸泉中，当以货布为最精。以四货布接之，其长即为建初尺一尺，故所言之分寸及铢两，皆足为汉尺、汉权之标准也。蔡氏《癖谈》曰：新莽货布，今重四钱六分。以一分八厘四毫，准古一铢，正得二十五铢之数，则古之一两，止今之四钱四分一厘六毫；而今之一两，于古为二两六铢三絫四黍廿三分黍之十八矣（二两为八钱八分三厘二毫，六铢三絫四黍，为一钱一分六厘六毫五丝六忽，廿三分黍之十八，为一毫四丝四忽，合之为一两）。独取货布定汉权，以其分寸与建初虑傂铜尺合。

沈彤《果堂集》，《律吕新书》后记三曰：夫古之权衡，决无有存于今者。然货布重二十五铢，其最完善者，当今布政司等四钱六分八厘九毫五丝，每一铢当今一分八厘七毫五丝六忽，则今司等二钱二分五厘零九丝六忽，即刘歆之十二铢也。

顾炎武《日知录》，顷富平民掊地得货布一罂，所谓长二寸五分者，今钞尺之一寸六分有奇。广一寸者，今之六分有半。八分者，今之五分。而二十五铢者，今称得百分两之四十二，俗云四钱二分。案一货布据沈氏之说，比蔡说重八厘九毫五丝。据顾氏之说，比蔡说轻二分一厘六毫。余有货布甚多，一一用库平称之，去其太重者及铜质剥蚀者，择其精好而完善者称之，其重皆与蔡说相符，故用蔡说为标准。又顾氏所引明末清初之尺，与晚清之尺，亦无丝毫之异。

既以货布一枚，确定为二十五铢。又考秦半两泉，《汉志》谓重如其文，梁顾烜曰重十二铢。汉高后纪二年行八铢钱，《旧谱》曰重八铢，文曰半两。孝文帝五年，更铸四铢钱，其文为半两。武帝建元元年，更铸三铢钱，重如其文。武帝元狩五年，行五铢钱，旧谱曰，此钱厚大者径一寸，重五铢。天凤元年，改作货泉，径一寸，重五铢，大布黄千，长二寸四分，重一两，皆详见于《汉志》。又《宋书·文帝纪》，元嘉七年铸四铢钱，旧谱曰，文曰四铢，重如其文。又二十四年制大钱，一当两，旧谱曰重八铢，文曰五铢（制即铸字，同音通借字也）。《陈书·宣帝纪》，太建十一年，初用太货六铢钱，北齐文宣帝铸常平五铢，重如其文。见《隋书·食货志》。余择以上各泉之精好者，依其铢数，用药秤中之天平，将各泉参伍错综而作相等式，以证明各泉之铢数，并无虚冒，皆纪实也。其秤法，先以五铢钱五枚，置于天平之左，货布一枚置于天平之右，其重适相等。又以秦半两泉二枚，与大布黄千一枚相等，又与八铢半两泉三枚相等，又与四铢半两泉六枚相等。三铢泉四枚，与秦半两泉一枚相等。又以太货六铢泉一枚，其重等于三铢泉二枚。太货六铢泉四枚，其重等于大布黄千一枚。又南京新出之当两五铢泉一枚，其重等于四铢泉二枚（文帝都南京，故此泉出土亦在南京）。当两五铢泉三枚，其重等于大布黄千一枚。常平五铢泉五枚，其重等于货布一枚。据此则知自秦汉至六朝，其铢两并无变更，皆相同也。

隋开皇中以古秤三斤为一斤，至大业三年，复用古秤。唐高祖改制开元通宝泉，积十泉，重一两，而其所谓一两者，非秦汉六朝时之二十四铢也。其重量已增至与清之库平相等，古权至隋唐而大变矣。宋之修《唐书·食货志》者，仅知二十四铢为一两，而不知铢黍二字，只可用于古权，而不可用于唐权。宋人以开元泉十枚为一两，而误以一枚为二铢四黍。考其实则当为今之一钱，即古权之五铢四黍三黍也。宋人不知此理，故新旧唐之《食货志》，谓乾封泉宝泉重二铢六分，亦大误。试问铢分并用，如何算法，凡《泉志》中泉宋人所言之几铢几黍，其重量皆误。此皆宋古泉家之大缺点也。

后世之读《泉志》者，每以权度之轻重短长大相径庭、毫无标准为苦，然又不能考其所以不同之理由。故李竹朋、鲍子年两先生，虽以毕生之精力，著《古泉汇》正续两编，而于《泉志》所述之分寸斤权，皆付诸缺如。陈寿卿先生亦颇以为不然，此《古泉汇》之大缺点也。或曰，李鲍二先生，研究泉学有年，虽不言权度，似于古泉学亦无所谓缺点。答之曰：缺点甚多。如《古泉汇》利集卷六第六页，有二铢泉二枚，二朱泉一枚。第七页有永光泉一枚，观其泉形甚大，约有五铢重两，决非二铢，凡稍研究古泉之权度者一望即知。《古泉汇》收入此种铢两不符之伪泉，即大缺点也。况历代史志，遇半两、三铢、五铢等泉，每有重如其文等句，惟重如其文，有极确实者，有稍减其重者，有大谬不然者，谱家宜一一为之注明。如半两、三铢、五铢、货泉、货布、大布、黄千、四铢、当两五铢（实重八铢）、太货六铢、常平五铢等泉，其铢数皆极确实，真所谓重如其文也。如《隋书·食货志》，梁武帝铸钱，肉好周郭，文曰五铢，重如其文。顾烜曰，重四铢三絫二黍，烜梁人，记梁制，当得其实。余以库平称之，是钱重七分九厘余，果与梁说合，是谓稍减其重者。又《隋志》曰，……高祖新铸五铢，重如其文，每一千，重四斤二两。案隋始变古权，已与唐权相同，即与清之库平秤相等也。四斤二两，即六十六两，每一泉即六分六厘。唐人仅知二十四铢为两，故以廿四乘六分六厘，得一铢五絫八黍又十分黍之四，举其成数，即云一铢六絫，与《泉志》所引旧谱之说合。惟《旧谱》作一铢六黍，此黍字当是絫字之误。即准诸古权，亦止三铢五絫八黍又廿三分黍之十六，是《隋志》所谓重如其文者，乃大谬不然也。博古如顾亭林先生，尚谓齐文襄王议称钱一文重五铢，当世未之行，及隋文帝更铸五铢，重如其文，而开元通宝之式，自此而准，至宋时犹仿之。此不知《隋志》之牴牾，而大谬不然者也。此种谬误，唐宋人之作《食货志》者，创之于前，而撰《钱谱》者复和之于后，承讹袭谬者几千年。惟蔡氏《癖谈》能发其覆，惜李鲍二氏，未将自秦汉至隋唐各泉，凡载于史志及《泉志》者，一一证明其分寸铢絫而详识之，以便后之学者。如汉五铢泉，其径确为汉尺之一寸，其重确为汉权之五铢，积五枚可与一货布相等而证其不误。又如唐初之开元通宝泉，志云径八分，重二铢四絫，积十泉重一两。所谓径八分者，指唐尺而言，其长以汉之一尺二寸为一尺。唐权与今之库平秤相同，宋人仍以二十四铢为一两，故一泉为二铢四絫，此宋人之误。其说已详于前引之《癖谈》，谱家宜一一为之证明。

又《泉志》之言权度，往往以汉尺宋权，同时并用，致读者不易分别果用何朝之权度。如天策府宝泉，径寸七分，重三十铢二絫，此宋洪遵氏之案语也。余考天策钱铜质浑厚，古来大小轻重如一，以汉尺量之，其径果为一寸七分。又以今之库平称之，得一两二钱半又十二分之一，以二十四乘之，得三十铢二絫，此宋权冒用铢絫之不当也。若以汉权称之，当得六十八铢。后人每以宋权之铢两，误为两汉六朝之铢两，实洪遵氏之大缺点也。

又如两甾泉。敦素曰，此钱重四铢，径一寸三分。余以库平称之，得一钱六分又三分之二，以二十四乘之，得四铢，此非古之四铢。若以汉权称之，当为八铢八絫余。余又以汉尺量之，其径确为一寸三分。尺则用汉，而权则用宋，亦为敦素之大缺点矣。《泉志》引旧谱所述之铢两，有时用汉权，有时用宋权，致读者莫名其妙，岂旧谱之著者非一人欤？或为宋人所篡改耶？以上种种，皆足以疑误后学。惜《古泉汇》未能详考而明辨之，此亦鲍李之大缺点也。所以陈寿卿先生以为说泉宜分六类，文字第一，斤权第二，形制第三，出地第四，藏家第五，轶事第六，亦以斤权之重要，故列为第二，实为《古泉汇》而发，而欲补其缺点而已。

刘燕庭先生之业师，有金氏锡鬯者，著《晴韵馆收藏古泉述记》十卷，以三十年精力，颇注意于古今权度，惟以古之一两误为库平之六钱四分（即四钱四分之误），以此数而求古之铢两，无一可与史志旧谱相合，一字之误，全部皆错。余见刘燕庭氏述其师说于翁氏《古泉汇》考之书眉上，亦以库平之六钱四分为古之一两，岂不谬哉。不可谓非古泉家不识权度之大缺点矣。

附录　案沈彤《果堂集》卷七律吕新书后记

知周尺，汉志刘歆铜尺，后汉建武铜尺，晋前尺，并同（即货布四枚相接为一尺）。以较乾隆元年工部所颁尺，得七寸四分。

余欲求工部尺之长，即以工部尺七寸四分为一率，汉一尺为二率，工部尺减七寸四分，余二寸六分为三率，二三率相乘，以一律除之，得汉尺三寸五分余，与一汉尺相加，得一尺三寸五分余，即为乾隆元年工部所颁一尺之长。

《果堂集》谓乾隆元年之颁尺，当今裁衣尺之中者九寸，据此以工部尺加一寸，即为乾隆初年裁衣尺之长。

《上海生活》，1930年第6期

钱铺名称之来源

清初所谓钱铺,即业换钱之铺也。此种换钱铺,果系始于何时,不得其考。至花帮(即贩运棉花为业者)兴旺时,凡钱铺皆业大庄钱售与花帮。运往沙市汉口等处购花,始有巨额之交易,大约每次所售在数千串或万串不等。业此者其铺或摊,大多设在较场壩及关庙等处,因当时钱市即在较场,以其附近故耳。光绪初年遍街换钱摊子林立,全城以此谋生活者数在数百家以上。至光绪二十年左右,市面禁用毛钱,其利遂微,难敷缴用,故换钱摊渐渐减少矣。此重庆今日对于各大钱庄仍原钱铺之名,盖其来源于换钱铺也。

一、银炉之来源

清初银色甚杂,业钱铺者,遂兼营倾销(即银炉)之业。代人倾销银两,每银若干,无论银色高低,只取火工钱若干。银两倾销之后,若有折耗,大都由本人目观,代倾之铺,不负其责。因是之故业倾销者,每于倾销时施其偷窥手段,滴几滴于灰内,几成通病。始初倾销无论多寡,数两或十两均可,嗣后商业发达,倾销之业,亦因之畅旺,乃有看银补水之事。至光绪末年,凡汇兑上之交易,概交现银、新票。外埠所铸之银两,非在渝倾销,不能通用,因外埠银两(通称外斫)常有吊铜、吊钱等币,必经钱铺倾销,所以杜此种种弊也。民国以来,银元通行,生银渐稀,银炉亦渐消灭矣。

二、票号与汇兑

票号来渝惟日昇昌最早,其初售西绿兼办汇兑,所以日昇昌在票帮最发运之时代，仍有西绿局之牌名。票号之业专重汇兑，兼代当地绅商官户纳捐功名，集收官场存款，并代汇京都解款及代缴公款等事务。最盛时代有二十余家之多，内分平遥、祁县，且有数家系他省所买，入该帮之庄，用该省之人。光绪年间烟土盛行，就土帮汇款而论，年中皆在千万以上，当时可算极盛。自反正后解款全无，官场无靠，更兼钱帮多增资本，设庄汇兑，与之竞争尤烈，所以日渐减色，以至不能立足。兹将历来重庆票号排名列下，以供参考。

日昇昌、百川通、协同庆、协同信、新泰厚、乾盛亨、中兴和、晋昌升、源丰润、源丰久、三晋源、乾盛晋、永泰蔚、蔚泰厚、天成亨、存义公、蔚盛长、蔚丰厚、大德恒、大德通、天顺祥、兴顺和。

三、钱庄汇兑之起源及其向外之后发展

钱庄原业换钱业务，凡遇汇兑事务发生必向票帮介绍，形同经济，代人汇兑，每千两约得用钱二三两而已。嗣后商业日渐发达，汇兑业务日多，业钱铺者，资本起初至多三数千两，经手既久，能得票帮信用，赊与期票，放以款项，转贷他号，以收运用之益。光绪年间此种钱铺，日臻旺盛，遂有至公会之成立，即所谓钱帮公会是也。

中国古钱分析结果

前北京工业实验所　吴承洛

钱名	朝代	西历年期	铜	锡	铅	铁	锌
左明字刀	春秋战国间	西历纪元前约 400 年	35.89	3.24	53.37	0.15	未定
古安阳尖足币	战国时	西历纪元前 257 年	44.24	4.67	45.55	2.95	未定
无郭半两	西汉	西历纪元前约 175 年	65.80	25.60	4.15	2.61	未定
汉五铢	汉	西历纪元前约 118 年至纪元后 220 年	65.54	7.16	25.24	0.82	未定
挈刀五百	新莽	西历纪元后 7 年	81.13	6.96	6.17	1.39	1.01
一刀平五千	新莽	西历纪元后 7 年	51.91	1.83	2.06	1.76	26.39
货泉	新莽	西历纪元后 14 年	86.48	4.11	8.38	0.71	未定
货泉	新莽	西历纪元后 14 年	77.53	4.55	11.99	1.46	1.26
小泉直一	新莽	西历纪元后 9 至 22 年	89.27	6.39	0.37	1.50	2.15
幼布三百	新莽	西历纪元后 9 至 22 年	67.84	10.05	12.88	2.84	3.26
壮泉四十	新莽	西历纪元后 9 至 22 年	90.83	0.02	0.48	0.55	6.96
大泉五十	新莽	西历纪元后 9 至 22 年	64.05	8.01	25.90	0.17	未定
大泉五十	新莽	西历纪元后 9 至 22 年	86.72	3.41	4.33	0.13	4.11
大布黄千	新莽	西历纪元后 9 至 22 年	89.55	4.72	0.62	3.56	1.48
货布	新莽	西历纪元后 20 年	83.41	6.86	6.54	0.47	0.84
大半两			61.23	9.83	25.49	1.54	1.55

续表

钱名	朝代	西历年期	铜	锡	铅	铁	锌
小半两			92.66	0.27	0.43	0.28	2.82
一横半两			70.77	8.19	12.50	2.80	2.66
三竖半两			93.97	0.16	0.57	0.05	3.85
隋白五铢	隋	西历纪元后 581 年	81.32	8.23	10.03	0.32	微量
开元通宝	唐	西历纪元后 621 年	77.89	14.79	2.29	微量	1.34
带字会昌开元通宝	唐	西历纪元后约 841 年	78.63	14.69	1.97	微量	0.12
光天通宝	五代	西历纪元后 918 年	76.41	15.94	1.51	1.02	0.64
篆书唐国通宝	五代	西历纪元后约 949 年	64.14	10.66	18.03	1.44	0.53
宋元通宝	北宋	西历纪元后 968 年	73.32	7.48	18.52	0.37	微量
当二篆书元丰通宝	北宋	西历纪元后 1080 年	66.12	5.68	22.16	微量	0.42
崇宁重宝	北宋	西历纪元后 1104 年	64.79	6.38	22.71	微量	0.70
小平大观通宝	宋	西历纪元后 1107 年	64.76	6.06	21.81	微量	0.95
大定通宝白钱	金	西历纪元后 1175 年及 1178 年	64.37	7.93	21.53	微量	0.25
洪武通宝	明	西历纪元后 1368 年	68.16	9.36	19.05	微量	0.37
嘉靖通宝	明	西历纪元后 1528 年及 1534 年	80.50	7.60	7.44	微量	1.42
洪化通宝	清初	西历纪元后 1680 年	80.28	0.38	2.08	3.32	0.93
乾隆通宝	清	西历纪元后 1736 年至 1794 年	54.20	0.5	6.4	1.00	32.50
道光通宝	清	西历纪元后 1821 年至 1850 年	54.70	1.00	3.50		34.80

《化学工业》，1929 年第 2 期

古今货币展览

卫聚贤

原始人类所需要物品，均自行采取或制造。但有本地区所无，而为他部落所有的，则以掠夺得之。久之，为避免牺牲，乃行交换，此即以物易物时期。

物的质料不同，大小不同，轻重不同，而以同等之物交换相同之物，机会不多。如自己有多余的一牛，而欲换羊，但对方只有一羊，势不能将牛割成羊之相等块交换，因牛被割即死，剩余之牛，找不到第三者来交换时，必成废弃，于是有准货币出。

准货币是既非原物，又非货币，居于原物与货币之间，为过渡时代所需要。例如牛大不可割小，而用牛皮，于牛皮裹面画发行人及族徽的符号。得到牛皮的人，以现成牛存放发行人处，乃以此牛皮作现牛价论，到需要活牛时，持此牛皮向发行人取回活牛，故此牛皮为准货币。

准货币的种类甚多，以普通而论，如原以贝作饮器，因陶器发明其饮器用陶而废贝，但用一种形状不大变而美丽的子安贝为货币，其后用玉、用骨做子安贝而为珧贝，又用铜仿子安贝而为蚁鼻钱，均其尾声。有因巫者写刻卜辞而用刀，乃以刀为币。农人以农具的铲为货币。妇女以纺织轮为货币。

我国在战国时以黄金为货币，因西南多产沙金，故今遗物多楚金，即楚于四方金饼上盖有"郢爰"二字印章者。郢为楚国都城。爰为万字，言黄金一两值万钱。北方金少，则用代金本位，如"安邑化一金"，即安邑（魏都）的货币作一两黄金使用。又如"梁正币当发"，即梁（魏都）的正货币当一万钱，换句话说，即等于一两黄金之用。而齐刀则为"齐之去化"为齐的货币,即齐国的法币,其法定价值虽未定明,而以一刀换一布,亦即等于一金。

秦废贝、布、刀而用圆钱,以一钱为半两,即两个半两为一金,即两个半两钱作一两黄金使用。汉以一两为二十四铢,以一两的六分之一为四铢。至汉武帝改用中国习惯的五进位而为"五铢",沿至隋末尚使用。及唐改十钱为一两,故唐初开通元宝(后人俱为"开元通宝")钱,每十个钱重为一两。要之铜钱始终居于辅币地位。

银为货币在汉代已通行,其后因黄金产量不多,白银大兴,由汉至唐其形为饼,至宋铸为铤,元为锭,后改为元宝式。清中叶以西域古用银质的钱,而在新疆铸一两重的银圆,清末因墨西哥银元流入而铸造银元为正币,又造银角及铜元为辅币。制钱至民国以后停铸。

黄金所以为货币,因黄金美观而经久不锈,其体重而容积不大,易于携带,分割后其价值不因分割而减低,且非遍地皆有俯拾即是,故贵。白银的效能比黄金次,其价值亦次。铜比银为次,故铜始终为辅币。铁比铜又次,故铁币为布货币,皆国力困穷时所铸造。

工商业愈发达,交易额愈大,如用现货币大额交易,而携带重,大货币亦不经济,因此代货币的轻币乃应运而生。中国的轻币,在及秦汉初为皮币,东汉以后为布币,五代至宋以来为纸币,民国二十五年规定以纸币为法币。

抗战以来因物资缺乏,物价日高,币值日减。今胜利在望,战后币制如何使用,自有专家究讨,但古今货币之变迁,亦可备采择。是以有古今货币之展览。

古今货币展览,分为硬币、轻币两部分:

(1) 硬币

①上古货币——贝,蚁鼻钱、刀、布、圆钱等。

②制钱——由汉至于清末。

③辅币——由清至于最近。

④银块——清代银元宝银锭等。

⑤银元——清至最近。

⑥金元——民初所铸。

⑦其他——钱范,郢爰泥版、麟趾金等。

（2）轻币

①古代——明及清代。

②已经不使用的——民国以来。

③现在正在使用的——法币。

④特种区域使用的——法币不能到或不能全到的地方。

⑤有价证券——支票、本票、汇票、公债、储蓄券等。

展览的日期，是三十三年十二月二十三日至二十六日。展览的地点，在重庆道门口。银社隔壁四行人员训练处。主办者，为说文社及重庆市立民众教育馆。参加者，各古钱收藏家，渝市及各地银行银号钱庄与中央造币厂等。爱好古钱者，只知好古钱而不注意现在货币；研究经济及银行家，只注重现在货币而不注意古钱。各有所偏。这次展览是汇集古今于一堂，形形色色，必有可观。如能每年定期举行一次，十年以后，其成绩必多（说文社拟定于每年复活节在首都举行古今货币展览一次）。这次举行展览而未参加者，希望下次参加。这次展览而有未尽善者，希望指教，以便下次改进！

中华民国三十三年 12 月 7 日于重庆说文社聚贤楼

《民权导报》，1944 年 4 月第 4 期

谈货币书法

堪 隐

历代泉源，于其书法字体，即可见当时之文化美术。昔日铸货钱，上所书年号元宝、通宝诸字，无论何代，除皇帝御书外，必选当时书法名手书之。故市上古泉，伪质虽多，若细审字体精神，即可辨其六七。降至今日，虽行纸币，其书字亦多名家。见于记载可考者，如大宋徽宗所书之"宣和通宝"小平钱，及"大观通宝"大钱，皆瘦金体，遒劲可爱。不佞喜欢藏古泉，灯下摩挲，古趣盎然。不特有关各代经济，亦有关历朝艺事也。除"宣和""大观"为人所知外，曾敏行《独醒杂志》卷三云："宋崇宁二年铸大钱，其钱文徽宗尝令蔡京书之。笔画从省，崇字中以一笔上下相贯。宁字中不从心。当时识者为京'有意破宋。无心宁国'。后乃改之。"今崇宁钱流传尚多，即蔡京所书也。按北宋虽有苏、黄、米、蔡大家书法，因帝王所好之故，瘦金体亦盛行。其字秀丽而枯干，识者称为亡国之字。故清初顺治、康熙、雍正、乾隆诸制钱文字，虽不知出何人手，但皆颜体欧神，端庄富丽，多属刘石庵一派。加以铜质金黄，一见即知其为承平之世。道光而后，字体稍变，铜质亦劣，而忧患随之矣。民初袁世凯称帝，改元洪宪，当时曾铸纪念币。余藏有"洪宪通宝"大钱，传世绝少，询之故老，云系山东状元王寿彭书。盖袁有内史之设，皆前清一甲，如湖南探花郑沅、肃宁状元刘春霖均网罗之。时由诸人各写一纸进呈，袁独圈出王书钱文，批以"试铸"。未几起义军兴，遂未铸成，故今所仅见者，只当时"试铸"样钱数枚耳。十年前国府所铸镍币及纸钞中央券，其字体似谭延闿书，以黑大圆光也。又满洲所铸硬币，其字体端凝，耐人欣赏，闻为宝瑞臣（熙）书。满中央银行纸币，其五角币，上有"满洲中央银行"六字，乃赵兼欧，秀丽之至，闻系满帝手笔，即宣统所书也。其一元币，下并附货币法一则，则郑苏堪（孝胥）所书。皆极名贵，于若干年后，将同为历史上珍异之物也。

《古今》，1943年第36期

"古泉扇面"的创制

火雪明

世界趋势是进化的，什么东西都在奔向新的高峯伸展，艺术也是如此。然而推动旧的东西，变到新颖，在这过程里，必须有人在那里精微密地思虑，轮番地试验，由屡次失败，而屡次改良，那才成功。

笔者担任了抛球场春华堂笺扇庄的设计职务以后，几乎没有一种东西，不在设法改进之中。

现在夏季的节候，我们春华堂创制了"古泉扇面"，这一成功，费掉相当的精力与时间，打算给读者公开谈谈。

动机是很早很早的。

扇的颜色，除金笺外，以纯白的纸面为多。原是非常雅洁，非常调和，尤其适宜于炎天的视线；其上面写字作画，亦极美观。故绢扇、绫扇，也都作白色。后来，总因为一成不变，未免打不起人们新奇的兴趣，于是就有人把台湾的发笺，也裁做了扇页，受到普遍的欢迎。直到现在，各种扇式，尤其是檀香女扇，每年在转变它的型色，独是男用扇面，老没有改动。

前年读到了一部《朱雨苍先生遗稿》，扉页上载着秦锡田姻伯的序文，内中有一段是："丈工八分书，浑厚高古，规抚两汉。又以朱笔摹写印文，式若印谱；而施之于屏联箑扇之上，朱白粲然！行列秩然！古趣盎然！篆法又刚健婀娜，兼擅其胜，此为丈之创作，可谓前无古人，后无来者……"

的确，用朱笔在扇上摹看印章，真是雨苍先生的创制；也许为了这故事，我友邓粪翁与白蕉的合作扇面上，粪翁爱好把自己凿的印，蘸着红印泥，钤将上去，有时还拓上了枯墨的边款题上了工致的楷书，这还不是红的红，白的白，黑的黑，十分耀眼美丽吗？因此，我由汉印而转想到"古泉"头上，作为中心标准，一则告诉人家具有万能威力的金钱，会跟着时代的沧桑，而化为无用；再则要人知道它从古以来蜕化的痕迹，具有历史的意义；三则要人家明了古代艺术的精微之处，若用最新的科学方法，融成一物，能使生出一种美感来。推而广之，尽可发掘前人的杰构，利用到我们现代的物品上，把它"化腐臭为神奇"！

古泉扇面的颜色，分成水红、湖蓝、浅赭、紫罗兰等；不论写篆、隶、真、草，都极妥帖！其反面则全用各色的古笺纸，绘上画去，更感亭匀古雅，绝无尘俗！

以上的话，决不是"自我宣传"，而是事实。我的意思，却在"好的东西，大家享受"，如有缺点，同谋改进。故我们对于这个发明，并不视为私有，并且希望同业，也费些精力，放在另一物品的改进上，则"分工合作"的结果，才会收到更大更好的功效啊！

《上海生活》，1930年第6期

为上海市博物馆接收晴韵馆收藏古钱小记

郑师许

上海市博物馆在这回征集陈列品的时候，我因为丁仲祜先生在这几年来收买古钱不少，我便托周云青兄为馆方先容，后来我自己亲自去了一封信，叶誉虎先生又写了一封信，果然得到丁先生的答允，愿尽出所藏捐赠。在本年二月廿五日遂由馆方派鄙人偕艺术部干事黎协万君同赴诂林精舍接受。当时丁先生便说他所收买晴韵馆主人金锡鬯所藏全份古钱已经整理清楚，请先接收，其余则待他所编《古钱大辞典》制版完竣后再来接收云云。我登时便与黎君逐枚检点，费了半日的工夫，把他全部收受了。兹先将接收时所点收的品目，数量开列于下：

秦半两三品　　　　　汉八铢半两一品　　　　四铢半两五品
三铢一品　　　　　　三铢半两七品　　　　　五铢七品
赤仄五铢二品　　　　四出五铢三品　　　　　五铢小钱二品
直百一品　　　　　　蜀汉直百五铢一品　　　东吴大泉五百一品
大泉当千一品　　　　宋四铢一品　　　　　　孝建四铢二品
梁公式女钱（五铢）一品　四出铁钱五铢二品　　陈太货六铢一品
北魏永安五铢四品　　齐常平五铢一品　　　　周布泉一品
五行大布二品　　　　永通万国一品　　　　　隋五铢一品
唐开元通宝十二品　　乾封泉宝一品　　　　　乾元重宝九品
建中通宝一品　　　　会昌开元通宝三十一品　汉汉通元宝二品
周周通元宝六品　　　宋宋元通宝八品　　　　太平通宝八品
淳化元宝四品　　　　至道元宝四品　　　　　咸平元宝三品

景德元宝二品	祥符元宝四品	祥符通宝一品
天禧通宝二品	天圣元宝四品	天圣后宝一品
明道元宝二品	景祐元宝二品	皇宋通宝七品
庆历重宝一品	至和元宝三品	至和通宝二品
嘉祐元宝二品	嘉祐通宝二品	治平元宝七品
治平通宝二品	熙宁元宝四品	熙宁重宝四品
元丰通宝十二品	元祐通宝十品	绍圣元宝十一品
元符通宝七品	圣宋元宝十品	崇宁通宝二品
崇宁重宝三品	大观通宝二品	政和通宝七品
重和通宝一品	宣和通宝九品	建炎通宝四品
绍兴元宝五品	绍兴通宝二品	隆兴元宝二品
乾道元宝三品	淳熙元宝二十六品	绍熙元宝九品
绍熙通宝二品	庆元通宝十九品	嘉泰通宝十品
开禧通宝六品	嘉定通宝二十七品	大宋通宝六品
绍定通宝十一品	端平元宝一品	端平通宝二品
嘉熙通宝八品	嘉熙重宝一品	淳祐元宝十四品
皇宋元宝十品	开庆通宝二品	景定元宝十品
咸淳元宝十品	贞祐通宝一品	辽太康通宝一品
金正隆元宝三品	大定通宝三品	泰和重宝一品
泰和通宝一品	元至大通宝二品	大元通宝一品
至正通宝三品	明大中通宝四品	洪武通宝十五品
永乐通宝一品	宣德通宝二品	弘治通宝二品
宏治之宝一品	嘉靖通宝一品	隆庆通宝一品
万历通宝五品	泰昌通宝一品	天启通宝十品
崇祯通宝二十九品	大明通宝一品	大泉五十七品
小泉直一一品	货布二品	大布横千一品
货泉五品	男钱布泉一品	丰货一品
顺天元宝一品	唐国通宝三品	大唐通宝一品
通正元宝一品	乾德元宝一品	光天元宝一品
咸康元宝一品	阜昌重宝一品	天盛元宝一品

为上海市博物馆接收晴韵馆收藏古钱小记

乾祐元宝一品	皇建元宝一品	光定元宝一品
龙凤通宝一品	天启通宝一品	天定通宝二品
天佑通宝二品	宏光通宝四品	隆武通宝四品
永历通宝十九品	永昌通宝二品	大顺通宝三品
兴朝通宝二品	利用通宝七品	昭武通宝四品
洪化通宝三品	裕民通宝三品	和同开珍一品
庆长通宝一品	宽永通宝四品	正元通宝一品
仙台通宝一品	中山宽永通宝十一品	海东通宝一品
三韩重宝一品	朝鲜通宝一品	常平通宝十二品
天圣元宝一品	绍圣元宝一品	天兴通宝一品
顺天元宝一品	绍平通宝一品	延宁通宝一品
大和通宝三品	广和通宝一品	光顺通宝一品
洪德通宝一品	景统通宝一品	端庆通宝一品
洪顺通宝一品	明德通宝一品	大正通宝一品
保泰通宝一品	泰德通宝二品	景兴通宝十八品
景兴重宝一品	景兴巨宝四品	景兴永宝一品
景兴顺宝一品	景兴正宝一品	景兴太宝一品
景兴大宝一品	景兴泉宝一品	景兴至宝一品
景兴内宝一品	昭统通宝一品	乾隆安南九品
光中通宝九品	光中大宝一品	景盛通宝四品
嘉隆通宝九品	宝货一品（益贝）	一书龙文一品（一刀）
明月二品（召刀）	异品五铢五品	左右五铢一品
双五一品	五朱一品	太平百钱二品
元聪道宝一品	元和通宝一品	景元通宝一品
明定宋宝一品	福平元宝一品	永寿通宝三品
平安通宝一品	永盛通宝二品	绍符元宝二品
乾符元宝一品	大世通宝一品	治元通宝一品
世高通宝一品	绍丰平宝一品	韩元通宝一品
元隆通宝二品	治平元宝二品	开建通宝一品
永定通宝一品	安法通宝二品	天符元宝一品

咸绍元宝一品	祥元通宝二品	祥圣通宝二品
熙元通宝一品	太圣通宝一品	太圣平宝一品
治圣平宝三品	治元圣宝一品	明命通宝二品
去凶除灾一品	天下太平一品	千秋钱一品
张字钱一品	五男二女一品	长命富贵一品
生肖钱一品	符咒钱一品	追风马钱一品
德胜马钱一品	日有钱一品	古刀十六品
齐刀二品	武布二品	古异布一品
古布十四品	古刀五品	蚁鼻钱九品

以上共计凡八百六十三品。

金氏晚年已有成书，述其所收古泉，及古泉文献，稿存刘燕庭处，嘱付梨枣，燕庭亦预书封面及开雕年月；不意未果，遂无刊本。其后辗转为陈叔通所得，近乃由宗惟恭付中国书店影印。闻其原稿已卖给中央银行。余回寓后遂将现收丁氏所藏晴韵馆原物与晴韵馆收藏古钱述记所录逐一细对，而补述其收藏故事于次：

查金氏名锡鬯，字莤縠，一字伯卣，为浙江桐乡籍，乾嘉时人，道光季年卒。生平藏古钱极富，卒时遗言以所藏悉畀其得意弟子刘燕庭，故嘉荫簃所弆藏泉货，半皆为金氏旧物。

今述记篇首有金氏道光五年十月四日自序，述其蒐藏事甚详，大略云：

> 予之好在古钱。……自乾隆庚戌，薄游济南，有所见辄收之。迨壬子淹滞于丰润县之宋家营几两载，有高平甫（泛）者为从弟石和（钧）辈课读师，亦有古钱之好，收百余品，靳不与人观，心鄙之。于时亦间有所得。甲寅、乙卯间，复游济南、泰安，见曲阜颜广文心斋（崇槼）弆极富，心窃艳焉，手摹其拓本而归。嘉庆丙辰时，至嘉定，从外舅可庐先生游，与钱氏昆弟亦轩（东恒）小庐（释）叔愿（侗）僚婿瞿木夫（中溶）相过从，亦皆有是好者，所得异同，交易拓其文以广之。见从父松坡（堉）蒐罗夥伙，许观而不许借拓，恐榷拓或损其钱，珍惜之过也。乙巳于嘉兴获交与同宗寿承茂才，见其尊甫砚云先生（忠淳）所著〈著〉《古钱考》一书，

手拓精妙，因假而摹其不经见者为一册。于是奔走吴越间有年，见古董肆，必购其未有者。壬戌以选贡试成均，始见翁比部宜泉（树培）收藏古钱，几倍于颜氏心斋。从叔松坡、同宗砚云诸家，于以见物之聚于所好，几乎不径而麏至也。壬申谒选人于京，宜泉已死，而所聚者散之同好，孙袭伯古云（均），刘农部吉甫（喜海），各以重赏争购之。时予目观而一无所得，不觉素所好者淡忘焉。癸酉后宦游岭南数年，既无同好，无所得，亦不暇求其得。道光辛巳又至都下，于刘吉甫案头见翁宜泉所著《古钱汇考》稿本，已有残缺，因询其所得之由，知得自彼家臧获，出以售人耳。于是欢宜泉积数十年，旦暮是编不能卒业，无后，不能守；今虽残简得见于世，畁之同好，亦可为幸已！吉甫为予徒，出所收古刀布数十百，太半宜泉物也。予由是所好若无好焉，庋之高阁而已矣！壬午权澳门同知任，官廨在前山寨城。案牍不繁，冷官无事，时与吴江同宗甦楼茂才（奉尧）篝灯谭艺。偶及古钱，不谓甦楼亦有是好，与儿子凤沼互相蒐辑，已各得百余品矣。予结习未忘，见而心喜，间亦有一二续得者。乙酉之春，倾囊排次，拟存目录，合三十余年所收，八百九十二品。因述史志旧谱及他书所载者，辄录于钱文之左。又取所收钱文，度其径围，权其轻重，一一详记之编，而名之曰《晴韵馆收藏古钱述记》，厘为十卷。凡所得见诸家之钱，及同好诸君寄拓之文，皆不与焉。……

我们从这一篇短短的序文里，可以考见者：

甲、金氏搜集之勤劳，始于乾隆的庚戌，迄于道光的乙酉，凡三十六年。约当公元一七九〇年至一八二五年。而所收仅八百九十二品。当时舟车不便，流通甚难，未免事倍功半。

乙、乾嘉道三世间，凡与金氏有往还的收藏家收集古钱的情形，和古钱的聚散，均有叙及，我们于此，可以略窥一二。

丙、凡述记中目录所有者，均为金氏所收藏，所见及寄拓者，不与于述记目录之内。其凡例第二条又云："此编非予所收，不入。"可相印证。

丁、金氏搜集地域，北至河北、山东，南至吴、越、岭南，凡沿海各省，皆已亲历其地。

现在我将丁氏所购得者与述记自序所说，试为比勘，见存的总数为八百六十三品，自序云是八百九十二品，相差之数为二十九。丁氏购入时，原庋藏的木箧，三个已毁坏一个，我们所见到的只有现存上海市博物馆的两个。后来我在一个木箧上，发见光绪壬午八月铁牛老人的追记，原文云：

> 晴韵馆藏泉八百余品，金茜谷先生于道光季年手赠刘燕庭丈。至咸丰八年，燕庭丈又以赠品尧仙先生，越二年，此泉复归于余。余庋藏维谨，一日忽为臧获窃去百余枚。余留心二十余年，见所缺者，即购补之，已得十之九，尚有不能全备者。去年又为馆童窃去安南泉、无考泉数十枚，买饼饵食之。此泉本不足贵，亦不为之补也。

云云。丁氏于一二八后自铁牛老人后嗣买来，费值八百余元，但铁牛老人为何姓名，则卖者坚不肯吐。则其间聚散，又经几许变化矣。彼臧获、馆童何人，岂视铁牛老人为守钱房而必欲演青蚨飞去恶剧耶？吾国古物书籍之散失，往往不免由此，是则大可哀矣！

其后，我再费一日工夫为之寻究，其间实在情形，尚不止如此。大概最少有两点我要在此处说明：其一疑金氏晚年续有新得，将钱文录入目录中，故原目有与原书内容不尽相符合处。其二为现存古钱品量，与述记不尽相合，竟至有述记本无其钱而今日箧中有之。

现在请先说明其第一点。自序云"厘为十卷"，今观原书不差。除卷十为著录外，前九卷均为藏钱。卷一正用类，自秦半两至隋五铢，凡二十四品。其中惟北魏永安五铢四品。目录列作二品，而书中已有说明，此为成书时所已藏无疑。卷二正用类，自唐开元通宝，至周周通元宝，凡五十六品。其中原删去"晋黎天福镇宝"一品，以其为安南钱而移置卷六外国钱中。卷三正用类，自宋宋元通宝至德祐元宝，共三百六十品。卷五僭窃类，自大泉五十至平南通宝，共九十二品，货布二品目录误列一品，其中原删去二品：一"大兴平宝"为"大平兴宝"之误读，应归入外国类中；一"常平通宝"注云应归入外国类列朝鲜后。卷七未详类，自宝货至嘉兴通宝，凡六十七品。卷八厌胜类，自去凶除灾钱至追风马钱，凡十一品。卷九古刀、布类，自古刀至蚁鼻钱凡四十四品，目类中漏去古币二品未列。以上为成书时金氏所藏钱，符合未动者。卷四正用类，自辽大康通宝至大明通宝凡九十品。目录中漏去嘉靖通宝一品，万历通宝六品未列。其中万历有一品为又收者。又清宁、咸雍、大安、寿昌、天庆五品、原书注云续收。应作一百〇二品。卷六外国类，自和同开珍至嘉隆通宝，凡一百五十二品。光中通宝目录作十二品，书内实作十品。其中已删而实不应删者有梵字钱一品，原书眉上有刘燕庭手批云："喜海所得西夏天祐民安五年碑文正面即作此等字，则此钱为西夏钱无疑"云云。是刘燕庭藏时尚得见此钱也。又中山宽永通宝书中有铁钱二品，目录漏去未列。又太平通宝二品，其一为误读"大兴平宝"移来的。此二品与天福镇宝一品书中无说明，疑是金氏晚年续收者。全书无说明的只此二条而已。此为原目与原书不符合处。又卷三以下眉批中有九条云"又收一品"而未加入原目品量中的。然则自序所谓"所收八百九十二品"，当有不尽不实之处。又查眉批中有为金氏手笔，有非金氏手笔，则所谓"又收"者为金氏呢？为刘氏呢？为吕尧仙呢？为铁牛老人呢？殆莫可考证了！

至现存品量，与述记不合的，如：唐会昌开元通宝现存三十一品，原书仅二十五品；后汉汉通元宝原书三品，现存二品；宋宋元通宝原书九品，现存八品；太平通宝十一品，现存八品，据丁氏信其中且杂有安南钱；祥符通宝三品，现存一品；天禧通宝三品，现存二品；天圣元宝五品，现存四品；治平元宝六品，现存七品，增一品；治平通宝六品，现存二品；熙宁元宝三品，现存四品，增一品；元丰通宝十四品，现存十二品；元祐通宝十二品，现存十品；圣宋元宝十三品，现存十品；绍兴通宝一品，现存二品，增一品；淳熙元宝二十四品，现存二十六品，据原书所说仅二十品，当增六品；绍熙元宝十品，现存五品；绍熙通宝一品，现存二品，增一品，案原书所说绍熙元宝有十一品，或即绍熙通宝所误分；庆元通宝十二品，现存十九品；嘉泰通宝十二品，现存十品，嘉定通宝二十四品，现存二十六品，增二品；绍定通宝十品，现存十一品，增一品；嘉熙通宝九品，现存八品；淳祐元宝十四品，注又一品，现存十四品，案原书只说十四品，疑一品为后收；皇宋元宝十二品，现存十品；咸淳元宝九品，现存十品，增一品；金正隆元宝四品，现存三品；明大中通宝五品，现存四品；洪武通宝十三品，现存十五品，原书眉批又收一品，实增一品；万历通宝六品，现存五品，崇祯通宝三十二品，现存二十九品；中山宽永通宝九品，现存十一品，增二品；常平通宝三品，现存十二品，增九品；保泰通宝三品，现存一品；泰德通宝四品，现存二品；景兴通宝二十七品，注又二品，现存十八品；景兴重宝二品，现存一品；景兴巨宝八品，现存二品；景兴泉宝三品，现存一品；昭统通宝十三品，现存九品；光中通宝十二品，实十品，现存九品；景盛通宝九品，现存四品；嘉隆通宝六品，现存八品，增二品；异品五株六品，现存五品，绍丰平宝二品，现存一品，元隆通宝一品，现存二品，增一品；安法元宝一品，现存二品，增一品；祥元通宝一品，现存二品；治圣平宝一品，现存三品，增二品；明命通宝一品，现存二品，增一品。全然失去的，为宋德祐元宝一品，辽清宁通宝一品，咸雍通宝一品，大安元宝一品，寿昌元宝一品，天庆元宝一品，天顺通宝一品，天汉元宝一品，阜昌通宝一品，阜昌元宝一品，平南通宝一品，神功开宝一品，正和通宝一品，天明通宝一品，海东重宝一品，梵字钱（即西夏钱）一品，圣元通宝一品，绍圣通宝一品，太和通宝一品，大平兴宝二品，天福镇宝一品，景兴中宝一品，景盛大宝一品，绍宋元宝一品，建顺通宝一品，正法元宝一品，绍元通宝一品，崇明通宝一品，永治之宝一品，皇元通宝一品，皇祐宋宝一品，太丰平宝一品，绍圣平宝一品，祥元宋宝一品，元通通宝一品，宝兴通宝一品，永治通宝一品，立元通宝一品，太元通宝一品，嘉兴通宝二品，招财利市钱一品，凡四十一种四十三品。金氏述记所无而现存有之者，为元圣后宝一品，贞祐通宝一品，隆庆通宝一品，治平元宝二品，治元圣宝一品，日有钱一品，武布二品，古刀五品，凡八种十四品。其失去者已不必问，然而增益之者果又谁耶？是又不可知矣！

总之，这回上海市博物馆接受得这一批古钱，其最大的好处一为收藏经过明白，二为存钱皆属真品，三为蒐集已成系统，这与馆接受吴恪斋铜器同一特色。而其中珍品如丰货、双五诸泉币，尤为难得。

至于其中尚有可资研究之处甚多，兹以匆匆不暇细及，只得留俟异日。是为记。

民国廿五年四月廿九日写于上海市博物馆艺术部。

《考古》，1936年第4期

津海关查获古钱之办理

内政部准财政部咨,以津海关冷口分卡稽查员,在旅客刘兴周所带行李内,查获古钱九十五枚,应如何办理,嘱即核复等由。当以事关古物保存,应将该项古钱送由内政部,转交中央古物保管委员会,依法核办等语,复请财政部转仰遵办。

准咨以关于津海关冷口分卡缉获古钱一案应一律依照古物保存法办理——咨财政部

案准

贵部二十四年九月十一日关字第一八八〇一号咨,以关于津海关冷口分卡缉获古钱九十五枚一案,经饬据关务署转据总税务司将前项古钱解请转送,并以此后古玩出口,可否依据中央古物保管委员会北平分会决定,予以放行,请予核示,又请抄发古物保存法及施行细则各一份等情,检同原送古钱九十五枚,嘱分别核复,等由,准此。查该项古钱,业经发交中央古物保管委员会审核,应俟复到,再行转咨查照。至古物出境,应一律依照古物保存法第十三条之规定办理。准咨前由,相应抄同古物保存法及施行细则各一份,复请查照饬遵。

此咨

财政部
计抄送古物保存法及施行细则各一份
中华民国二十四年九月二十日

《内政公报》，1935 年第 19 期

准咨送江海关查获古钱嘱为转发审核兹据中央古物保管委员会呈复审核情形前来咨复查照——咨财政部

案准

贵部第一七六八四号咨，检送江海关查获古钱四十五枚，嘱为转发中央古物保管委员会审核，等由。准此。当经转发去后，兹据复称："查此案业于本年九月十一日提交本会续开全体委员会议讨论，经决议该项古钱皆为压胜之品，又多仿制，准予放行，记录在卷。理合录案并检同古钱四十五枚，备文呈请鉴核施行"等情。据此，相应检同原送古钱复请查照施行。

此咨

财政部
附古钱四十五枚
中华民国二十四年十月七日

《内政公报》，1935 年第 20 期

上古希腊之货币概况

赖国高译

亚里士多德氏曾详述①在自足的家庭经济时代,并无零售商业,故无货币行使;货币之作用,厥源于交易之频繁。然此简赅之著述,虽示我人以币制之由来,却不确定金属货币究始于何时,在若何情形之下,采用于希腊也。实则希腊之采用货币,约在西历纪元前第七或第八世纪。该时期以前,交易媒介之商品,或系经济学者所谓货币,而非古钱学家所谓货币。须知,在诗人 Homer 时代(约在西历纪元前九世纪),希腊人尚采用家兽为记账单位②;而直至第七世纪,Dracon 氏首订法律,规定罚钱。仍依据此币。悲剧家 Eachyle(纪元前五二五—四五六)于其 Agamemnon 一剧中,描述某使者自称"舌上有牛",故缄默不言。学者遂臆度 Eachyle 之意思,系指金属币之上刻牛像或牛头,而为曩昔交易上所习货币之象徵③。同理,作家亦承认迦太基(Carthage)之皮币,象徵的唤起,——甚而信用的代表整块兽皮,或整个家畜也。

希腊之使用金属为货币,其始或为贱金属如铁者。Roscher 认史家 Plutarque 之说为合理,盖 Plutarque 谓:铁乃希腊境内,最古老而最受万般接纳之支付手段也④。又,Roscher 深信:厥为 Argoa 王 Phidon,约在第八世

---

① 《政治论》首卷第三章第十三及十四两节。
② 《伊利亚特》二篇四四九页,四篇二三六页,二一篇七九页,二三篇七〇三页。又,《奥德赛》首篇四三一页及其后。
③ 此文之解释颇分歧:普通均以此乃暗指该使者曾受贿赂,故婉转陈词,表示缄默之原因。然人们或可视之为置于死者口中之金钱,"舌上有牛"云云,盖隐指彼使者"缄默如死人"也。虽然,无论如何,此种种之解释,均含有"牛"系货币之意,保有旧币——家畜之遗思。
④ 氏之《Lysandre》,十七页。——日耳曼王 Othon 一世(九一二—九七三)亦曾有同样的表示,见 Roscher:《政治经济学》法文译本首卷二八二页。

纪末年，第一次采用银币于其国度内。史家Hérodote（约纪元前四八四年至四二五年），则谓小亚细亚诸民族之使用贵金属，实早于希腊。并称：据余所知，利底亚人（Lydian）系第一民族之鼓铸金银货币，而使用之者；其王Gygès，曾改良铸币为平面形式云①。

虽然，创用金银货币于希腊者之为利底亚人，抑为亚哥斯人，此问题只因关系乎考古博士之士②；吾人所知，则世有第七世纪之希腊货币。其后直至第三世纪，据E.Bab 3 lon之研究，"曾有五六百君王，及一千四百城市，在不断的情形之下，鼓铸货币"③。是希腊古钱学之财富，颇为繁伙，经济学者于其探讨中，可获发见他种研究之资料。

希腊货币之尘杂，见乎币材之来源，金属之性质，铸造之程序，圜法之名称、符号、成色及形式。据Babolon之考察，一九〇一年间古钱学者所知，希腊及罗马之货币，超过十四万种，铸造仪器和工厂之分歧，以及字迹符号之有考古或历史兴趣者，除外不计焉。而学者迄今尚不时发见新款式。币制之滥，不亦可怪哉！

夷考古希腊货币之杂驳，首见于铸造之材料。金、银、琥珀金（lectrum）、赤铜、青铜、黄铜、赤黄铜合金、铅、铁（其始，钱币似为最常用者④皆曾铸为货币。至于非金属的易中，如兽皮、瓷土、熟土、木材、玻璃等，均常于艰苦情境中，如城市之被围时，采为信用货币者，是即世之所称围城货币（Monnaies obsidionales）也。

钱币用之黄金，在希腊系输入品，来自埃及，亚拉伯及印度者。民间传说——史家Wells曾引为推想之起点——称：印度之金矿，非经人类开拓，却系体态庞大之蚂蚁，提出金砂于地面者。罗马诗人Properce（纪元前约五二年至一五年），附和此说，其所著之挽诗中，有印度以蚁提供黄金一语⑤。庄重的地理学家Strabon亦曾述及此奇特之传说。亚美尼亚（Arménie）、柯尔基斯（Colchide）、菲利直亚（Phrygie）、脱勒士（Thrace）、马基顿（Macédoine）、伊利里亚（Illyrie）、彭嫩尼亚（Pannonie）、爱俾尔

---

① 氏之《史神》九四章。
② Stanley Jevong以为希腊货币之铸造，始于纪元前九百年。
③ 氏之《希腊及罗马货币论》最首卷一九页。
④ Roscher :《上书》二八四页三节。
⑤ 氏之《挽诗》首卷三章一三页。

（Epire）、德西亚（Dacde）及意大利高卢（拉丁文作 Galliaaorifera）、大不列颠，要言之，回环希腊之地带，皆为产金之域。

至于白银生产，则希腊中部之劳列庵（Laorium）矿脉，自古驰名，出产多量之金银的铅矿。印度、庞德斯 Pontus（古国名，在小亚细亚黑海之南。）西利西亚（Cilice），脱勒士、德西亚、亚尔伯（Alpos）、高卢、大不列颠，尤其是西班牙，都出产白银。

金属矿系以简陋而且艰苦的方法开采之。矿工极多，多为奴隶或罪犯，其生活之残酷，可于古作家，如 Diodore de Sicile 之著述中，窥见一斑。

概言之，希腊之货币，名目甚多，重量、币材、发行地、铸造人甚至币面之标识，均可用为命名之根据。其主要之货币单位，通用于各希腊民族者，厥为 drachme，drachme 最初系生银衡名。雅典 drachme 最驰名，据 Babelon 氏之研究①，则立法家 Solon（纪元前六四○—五五八）前，雅典已筑有铸币厂，Solon 出，改革圜法，提高通用于忧比亚（Enboen）及雅典之货币重量，如八公分七三之旧 didrachme，改为 drachme 是也。此说与亚利士多德氏在其雅典宪律里所称，及今我人所发现之钱币衡量，颇相吻合。实则 Solon 所为，不过将曾流用于 Samos 岛之制度，移植于雅典而已。

希腊币制，可分三级：一为 drachme 及其倍数，以至 dodécadrachme。二为 Obole 及其倍数，以至 Décobole，每一 Obole 等于一 Drachme 六分之一。三为 Tartémorion 及其倍数，以至 Tritémorion 等于四分之一之 Obole，或二十四分一之 Drachme，而每一 Tritémorion 则等于四分之三之 Obole，或八分一之 Drachme。此外，尚有 Statère 者。原则上，Statère 系 Drachme 之倍数。惟除有特别的规定外，Drachme 是银质的货币单位，而 Statère 则每每代表金质单位或琥珀金单位，然此非一成不变也。Statère 亦有倍数及细分者。Toutain 氏列举各主要货币之重量如下②：

货币名称	重量
Egine 岛铸 Drachmeèginète（通用于 Pélopponnèac 半岛）	6公分 28
忧比亚，雅典 Drachme	4　36

---

① 氏之《雅典货币之由来》：载于一九〇四年《艺术学院报告书》五〇四页，及一九〇五年《国际古钱学报》。
② 氏之《上古经济》第一部第五章。

续表

货币名称	重量	
Statère milèsiien（小亚细亚古城 Milet 所铸）	14	52
利底亚国铸之金 Statère	8	17
利底亚国铸之银 Statère	10	89
波斯铸之金 Darique	8	41
波斯铸之银 Darique	11	21

许多货币以铸币之君王称号而定名，如：Gygéades（利底亚王 Gygés 所铸），Créseides（利底亚王 Grésus 所铸），Démarétions（斯巴达王 Démarate 所铸），及 Philippes（马其顿王 Philippe 所铸）等，亦犹之乎法人之称谓路易币或拿破仑币也。

若干外国货币，极受希腊人之欢迎使用，最著者厥为波斯王 Darius 及其后人所铸之纯金币，曰 Darique 者，此 Darique 币效劳波斯王，对于希腊与东方之经济的及政治的关系，其功用亦犹之当今之英镑。惟于此，圣佐治之骑士，代以弓手装束之波斯王。昔者，斯巴达王 Agèsilas 尝远征小亚细亚，旋因邦人受贿，被逼返师，故有见逐于三千弓手之语，盖谓 Dariqes 币三千枚也。史家 Hèrodote 称[①]：Darius 鼓铸金币，乃用以贻遗后代，此举非昔之君王所能知之云。而氏并曾严责总督 Aryndès 之擅自摹拟伪造。虽然 Darius 之铸币，非必专为私三而徒事夸耀，盖亦深思给予其臣民以良币，坚强其政治之运用也。Dariques 之质量完好，而希腊本地之货币则否，恶币驱逐良币，故波斯币深受葛来欷法则（Gresham's Law）之影响。其所以自卫者殆全赖数额之繁伙。依葛来欷法则，只有良恶二币均具法偿资格之下，始可运用；否则，恶币无从驱逐良币也。

希腊货币亦有以铸造地方而命名者，如：Cywicènes（cyzique 城所铸）phocaides（Phocée 城所铸）及 Lampsacènes（Lampsaque 城所铸）。其最古旧、最驰名而又流行最多于市场者，厥为 Egine 岛所铸之 satère èginète，此币亦

[①] Aryndos 之冀图，Hérodote 曾于其《悲剧神》一六五节证实之，更足以见 Schmoller 之说为过分。Schmoller 于其《经济学原理》法文译本三卷一五八页，谓货币之出现于埃及，系在希腊控制之时代云。实则该时埃及商业数量巨大，Dariques 币之通用埃境，亦犹之行使于波斯帝国其他部分。Revillout 氏于其《埃及法及巴比伦法下之财产权》一书中，曾称：历年五千载之巴比伦旧文件，证明该时商业发达，已有工资及买卖契约之订明以银币支付者。然则埃及民族焉能仡候亚历山大帝兴起，始使用货币哉？

名龟币，盖币面上刻有龟像也。

希腊币面之刻像，至为庞杂。原始货币上刻牛首[1]，固无论已，更有上刊枭鸟、(在雅典城市，有枭币——喜剧家 Aristodhane 谓枭鸟构巢于钱袋中[2]。马、龟及人类肖像者。若干雅典币，上刻少女头，而悲剧家 Euripide 则戏称：哥林多城之倡优，酷爱雅典城之处女。此言 Babelon 氏曾经提及。

流布于希腊之货币，非皆为良质者，若干且刻有低劣之记号，例如烙印之币是。此乃破旧之币，或失却法价之币，经政府从新烙，通令照常行使，或再为法币，以应不时之需也。亦有授与外国货币以入籍证，一如远东之采用墨西哥银元者。顾烙印之举，或有以国际化本地币为目的，俾可用为缴纳各国联合会所定之罚钱。此举盛行于 Créte 岛[3]。货币之烙印，亦有如在当今之中国，系私人，银行家及兑换者所为，对政府之保证，添加特别之担保，藉以可决该币之足色。

而自该时期起。政府对于圜法之措施，往往可议，且有伪造货币者[4]。此说证据甚伙，盖币善则无须常变其型。惟处于伪币充斥之秋，则币型繁多。抑上古学者力倡政府万能论，而事实上，各城市又战争频繁，需款孔亟，凡此足证伪造货币之盛行于该时也。虽然，Babelon 氏尝谓终希腊罗马之世，金币成色，从未改变，均依照千分之九七〇至九九一比例而铸造[5]。劣币来自民间私铸，而非政府伪造。至琥珀金之货币，由金九五而银五，以至银九五而金五，混合程度，至为庞杂，不可据轻重及形式定之，而只能于熔解时知之[6]。故铸币之公共权力，得上下其手，从中牟利。至于银币成色之改变亦大，雅典素以良币闻，——此殆为商业上之利益计也。——直至亚历山大帝时，其银币之成色，迄为千分之九八五；嗣后，含铜渐多。在 Egine 及 Corinthe 两岛所通行之银质 Sattères，含银仅及千分之九六一。若干作家且有说及镀金银之货币（Monnqiesfoucrées），斯乃平圆之铅片，上被金、银或琥

---

[1] 关于此点，Babelon 氏于其《雅典货币之由来》五〇四页，否认史家 Plutarque 在其 Theseus 二五节之立说，视牛币之论为寓言。
[2] 氏之《鸟类》第一一〇六诗句。故谚语有携枭至雅典之言，亦犹世人之说勺水至河也。
[3] Babelon《上书》首卷六四页。
[4] Souchon 氏于其《上古希腊之经济理论》里，根据 Shaw 之《货币史》，称：伪造货币，只盛行于中古及近代，自一二八五年至一八九四年之时，上古之世未之有也。此说原系错误。
[5] 氏《上书》三五五页。
[6] 氏《上书》三六一页。

珀金之薄层①。Samos 岛之暴君 Polycrate 即用此类伪币给斯巴达人，借以解 Samos 之被围②。抑上古之世，即至中古之时，货币之边缘，向不整齐，亦未刻有记号，故熔蚀至为便易，伪造更改，亦频频发现。

希腊货币之行使，远逾于希腊境界，且随殖民地之发展而流传外，而又助长其增进也③。Camille Jullian 曰：轻便、华美，且饰以新奇之标识，此希腊人所酷爱且崇拜之金属小片，对于野蛮民族，实予以极深刻之印象。尝有于意大利南部 Tarente 城，发现六百枚窖币，云系来自多数各不相同之城市及国家。而终雅典鼎盛之秋，其铸币厂享有优越之权势。西元五六世纪间，各城市商业组合（Hanse）盛行于高卢、西班牙及意大利海岸，Phocée 及 Mitylène 两城之拓殖者，曾于西地中海一带，运用类似之势力也④。

在上古时期，金银比价，银值似较近代为良好。兹举该时小亚细亚通行之金、银及琥珀金之比价，列表如下：

金对银：$13\frac{1}{3}$——1

琥珀金对银：10——1

金对琥珀金：$1\frac{1}{3}$——1

银之购买力高，故 Glotz 氏以为在 Périclès（西元前四九九至四二九）之世，雅典之独身者年有三十 tétradrachmes 或一百二十枚银 draehmes，即可裕如自给。

希腊曾使用本身毫无价值之货币，如我人当今之钞票乎？铁质货币，价值虽微，但在最初之数世纪，尚具不可忽略之商品价值。铅币及其他次等金属货币亦然，且充辅币之用。惟斯巴达之铁锭，实为真币。至于皮币，上文尝偶言及之，若干作家亦曾予以奇异之叙述，多数以为系使用于迦太基者。

---

① 氏《上书》三七三页。
② Hérodote 之《喜神》五六节。
③ Tontain《上书》四〇页。
④ Tontain《上书》。

惟 Babelon 则视皮币为用暂时，却系围城货币，借以解救一时之急而已[①]。希腊人名之曰 Akutionoi，斯巴达人得便亦使用之。

（本文译自 ReuGonnard 之《货币思想史》第一章）

《社会科学论丛》，1937 年第 1 期

[①] 氏《上书》三七五页。Roseher 于其《政治经济学》首卷二八一页，解释皮币之使用，盖谓北方游牧民族以毛皮为币。"其后，习俗渐移，不以全皮相授，而只以兽头或片皮交易。兽头片皮，政府烙印其上，即可向公库兑取全皮。"氏并称是乃流通券（Asgignat）之一种云。实则可谓为代表货币，盖流通之片皮，即等于公库全皮一张。迦太基之圜法，虽尝有同类之演化，然不能遽视之为约定的。Eschine LeSocratique 之说，曾为 Babelon 所引用，即可证明此理。

朝鲜货币之沿革

是篇为朝鲜总督府津村勇氏所调查而登载于《大阪银行通信录》内，原文引证韩国掌故，虽不足以窥全豹，亦可知其货币之梗概矣。

目次

第一　前三韩时代之货币

第二　后三韩时代之货币

　总论

　一　无文铁钱及无文铜钱

　二　银瓶

　三　海东通宝

　四　三韩通宝

　五　东国通宝

　六　小银瓶

　七　银标

　八　碎银

　九　楮币

第三　李朝时代之货币

　总论

　一　朝鲜通宝

　二　楮币

　三　箭币

　四之上　常平通宝

四之下　十钱通宝及平安通宝

　　五　常平通宝当百钱

　　六　银标（大东通宝）

　　七　常平通宝当五钱

　　八　一元银币及十文五文之铜币

　　九　新式货币

第四　结论

第一　前三韩时代之货币

考三国史及朝鲜古史，关于朝鲜货币之记录有如下述：

辰韩国出铁诸市买皆用钱，如中国制钱。

是为朝鲜铸造货币之嚆矢。

辰韩为今庆尚南道，一称秦韩。相传秦民不堪中国之苦役而迁居于此避之，故此邦人民当时能应用秦之文化，且能精炼铁器，稽诸史乘信而征其货币，亦仿秦之半两铜质方孔钱而铸造铁货，以使用之。未几，至后三韩时代之朝鲜，视货币之通用为不便，转行百物交易，一如物物交换时代，此项铁货在当时经济上之效用盖甚微也。

第二　后三韩时代之货币

总论

后三韩并兴，争斗角逐，殆无宁日，是以货币无发达之余地。各地以其土产用为货币，其视原始时代之进步，盖亦仅耳。即当时之交易，高句丽主用金银马匹，新罗多用金银布谷，百济专用谷类，自新罗统一以后，与唐朝交通频繁，文化输入不一而足。货币亦有流入者，然皆纳诸搢绅之箱箧视为一种珍奇玩具已耳。要之，新罗之世，并无钱币之行用，实仍为货物为交换品，也观于三国遗事如王室经费之记录彰明矣。

太祖改调位为三司，掌中外钱谷出纳之务。

是为高丽时代钱币记录之肇端，其后历王四世均未议及币制。迨成宗十五年，乃铸造铁钱。后穆宗即位，又继承先王遗志强制行用钱币，却受民间反动，怨声载道。《东史纲目》有曰：

> 秋七月，听民交易，任用土宜。

时全用钱币，禁粗布，民颇患之。侍中韩彦恭上疏言，欲安人而利物，仍以有恒今继先先朝而使钱禁用布，以骇俗未遂，邦家之利益徒与民庶之怨嗟云云，于是王下教令茶酒食味等店仍旧使钱，百姓私相交易，任用土宜。

世传粗制开元通宝及东国重宝，二种乃当时试铸者。此种开元钱，考其文字轮廓无异唐式，惟铸法未精，且表里轮廓不一，其容其质均视唐钱为粗笨。至东国重宝系与开元钱同种炉铸造，其表面"东国"文字之字体与前朝铁钱里面之文字同一笔法。此外，尚有乾元重宝及篆书之"开元通宝"，往往疑为非高丽时代所铸，盖高丽钱无不以刻划甚浅及质地甚厚为特征云。

其后穆宗遇弑，显宗代兴，契丹之圣宗乘机兴师问罪，躬率大军以攻高丽，嗣是兵戎迭起，铸钱之业日荒，又复米布交易之旧态。

穆宗后历九十余年，是为混沌时代，迨肃宗之世复行铸造钱币，即肃宗二年冬十二月置铸钱监，六年四月告行钱之事于太庙，七年十二月于京城置左右酒务，九年令州郡开酒食店，使周知货币行使之便利。《东史纲目》有曰：

> 制曰，富民利国，莫重钱币，西北两朝行之已久，吾东方独未之行。今始制鼓铸之法，其已所铸钱一万五千贯，分赐宰枢文武两班军人，以为权与钱。文曰"海东通宝"。因置京城左右酒务，又于街两旁，勿论尊卑，各置店铺以兴行钱之利。

又曰：

> 时泉币行已三载，民贫不能兴用，仍命州县出米谷，开酒食店，许民贸易，使知钱利。

其后，睿宗元年，群臣力言行钱之不便。王不听。肃宗二年以降，仍继续铸造钱币。溯睿宗即位之初，虽州郡农民间亦强制流用，然其后钱币之记录史乘上杳不可见，仅剩有海东通宝已耳。而自高丽时代，古坟中所掘出之钱币则有海东通宝、海东元宝、海东重宝、东国重宝、三韩通宝、三韩重宝等多种铸造方法，制式皆同一轨范，是足以证当时铸币之事实。又种数之多，乃悉仿宋朝模样行之，盖当时宋每改元，必铸新钱，且同一钱文而有真篆行等书体。以上所述海东通宝等高丽钱亦如是也，欲稽三韩名称之所由来，三国史记有曰：

  百济义慈王十一年（西历六六一年）
  遣使入唐朝贡高宗降玺书论王曰海东三国开基日久

又《东史纲目》曰：

  高丽太祖十九年（西历九三六年）
  王既定三韩欲为人臣者明于礼节

由是观之，当时称为朝鲜明矣。

若夫东国之称，即以支那为中华而泛称东方地带者，迨乎后世又有朝鲜半岛之别称，观于《三国遗事》及《东史纲目》中，下列之记述而了然矣。

  高丽光宗十一年（西历九六〇年）
  东国自三韩义章服饰循习土风

又海东名称则中国本土而总称其辽东一带之地方者，然随高句丽之南进，遂变为半岛之别称，三国史中又有下列之记录：

  辽东太守公孙度（西历二〇四年）
  据辽东雄张海东东夷多服属焉

考当时乐用货币者仅消费阶级之一部分，其生产阶级中有若农民依然以百物交易，却视钱币之媒介为不便，于是铸币之法全然废绝。其故有二：一因钱币之行使农民间视为不便。一因唐宋钱之流入过多，铸费甚贵，与其自铸不若流用彼之钱币为得策，证诸当时首府开城及其附近所掘出之古钱，每百枚中外来之钱竟占九十五六，从可知已至唐宋钱之所以流入，观于下列之纪录尤为可证《文献备考》。有曰：

  隆兴二年，明州言高丽入贡，孝光宁三朝使命遂绝。庆元间

（高丽神宗西历一二九五年），诏禁商人持铜钱入高丽，朝廷亦绝之也。

追肃宗朝，铸钱再兴，又定银瓶之制。考朝鲜银之使用远自上古，然惟对外关系上行用之。追海外之交通渐开始，知通货之便利，遂占国内通货之位置。银瓶制度迄李朝太祖之世，凡三百余年间，亦若存若续以为物价之标准。

夫银瓶为物，虽为高丽之本位货币流通于世，然因兵乱连年，加以北方之贡献频繁，几不复维持其制，而在恭愍王朝币制之紊乱尤甚。于时有谏官献议曰：近古以来，本国碎银权银瓶之重量而为货币，以五升之布辅而行之，及其久也，弊端百出，于是议者欲复用银瓶愚等，以为一银瓶重一斤，其值百布。而从其两数之重轻，以准百谷之多寡，较之银瓶铸造易而用力少，方之铜钱转输轻而获利多，官民军族以至庶民莫不称便，是论也与罗马时代之货币论略相近。但此币制之改革虽未见其实行，然泰西经济之说能由蒙古侵入半岛，斯亦有足称已。厥后恭襄王三年，评议司有币制改革之议银瓶制度，遂渐普及，其品位殊不一，有上瓶贴瓶之分，大起紊乱，于是又发行小银瓶以为救济统一之谋。然其时法令未能号召小银瓶形质下落，终至以布代而用之，视银瓶如辅助货。然官府亦皆收用，而银布遂并称为货币焉。自是以迄李朝其间又铸有弄钱，称曰厌胜钱，行于显贵之间云。

币制之改革虽大势所趋，认为要举，然时值高丽末造兵乱相寻，未暇整顿，及此而社稷已移于李朝矣。

以下就高丽钱之种类而详述之，但银瓶与碎银其现存品尚未发见也。

（一）无文铁钱及无文铜钱（无文字之钱古钱家称曰无文）

此无文铁钱及无文铜钱为圆形方孔钱，未铸文字，高丽时代之古坟中偶有掘出者，据古钱家之鉴定此为高丽太祖以降四世间所铸造者，然史乘无确凿之记录，故亦未足深信。

其后距今九百二十五年，即成宗十年（西历九九六年）又铸造铁钱。《东史纲目》有曰：

夏四月始铸铁钱，令重臣诹吉日以行。

尚有一种铁币，其表面有"乾元重宝"，里面镌有"东国"二字，或谓即系当时所造。夫是时，不铸铜币而造铁币者，厥故有二：一因古昔铁之产出最为普遍。一因朝贡中国之关系上，铜之产出须秘而弗宣云。

（二）银瓶

其后百余年肃宗六年（西历一一〇一年）铸造银瓶，重一斤为制。《鸡林类事》有曰：

> 银瓶每重一斤，工人制造用银十二两半，入铜二两半，作一斤，以铜为工匠之直云。

又肃宗诏曰：

> 金银为天下之精，国家之宝，近年奸民和铜盗铸。自今用银瓶皆标印，垂为定制，违者罚之。

厥后经过数年，银瓶始流通无阻。又每银瓶通称一口，且有"阔口"之俗称，由是推之其形式，殆与后世之马蹄银相类。

顾未几品下落，等级滋多，遂设小银瓶之制（见后文第六项）以救济之。惜高丽不旋踵而亡，政令不行，遂以布代用，而楮币（纸币之一种）发行之动机已伏于是矣。

关于银瓶价格之下落，《东史纲目》有曰：

> 忠肃王十五年（日本嘉历三年，西历一三二八年）
> 定银瓶价资赡司言银瓶价目贱自今上品折综布十匹贴瓶八九违者科罪从之

（三）"海东通宝"

肃宗七年铸造正圆方孔钱，斯即便面镌有"海东通宝"之黄铜钱，也是年铸造一万五千贯。又重订制币制。查朝鲜货币中之方孔钱，实以是为嚆矢，其种类有"海东通宝""海东重宝"及"海东元宝"三样字体亦有数种。

《续古泉大全》第四卷中有关于海东通宝之记录兹录如下。

张钱志据《鸡林类事》曰：

海东钱有通宝、重宝之分，文有真行篆三种，制作颇精。盖高丽肃宗明孝王六年即北宋徽宗建中靖国元年所铸，有松菊庄所藏元宝钱。

（四）"三韩通宝"

肃宗八年铸造，是钱表面文字有"三韩通宝"及"三韩重宝"两种，又细缘阔缘之分，是为斯钱之特征。其细缘者，地厚而制粗，最为普通，又是钱字体大别为大字、篆字、楷书及钟鼎文四种。而就其字之笔法及铸造方法等，细为别之，更有数类。高丽成宗王朝，宋使称高丽为三韩旧城。又成宗王亦自有三韩之王业云云，是自称，他称均谓高丽为三韩，然则用三韩文字盖有由来也。

（五）"东国通宝"

是钱有"东国通宝"及"东国重宝"两种，为肃宗朝所铸，然其年代史乘并无稽考。

高丽时代之方孔钱，现今从坟墓中掘出者，为以上之海东三韩及东国钱也。顾当时虽如斯鼓铸，以图流通，然依经济上之状况殊无行使之必要，徒兴民间之怨嗟，结果并未见流用。又稽诸史乘，此间并无从中国输入宋钱之表示。

《古钱汇》有关于高丽钱之记载，兹录于下：

> 曰马辰辨为三韩宋史高丽地产铜崇宁后始知鼓铸钱海东三韩东国各有通宝重宝两种翁宜泉曰是时

宋崇宁有通宝、重宝二，盖仿中国为之，益信其铸于崇宁时代矣。

（六）小银瓶

其后惠王元年（西历一三三九年）旧银瓶价格过昂，转失便利，于是设小银瓶之制。《东史纲目》有曰：

> 忠惠王元年
> 夏四月始用小银瓶一当五综布十五足禁用旧瓶

（七）银标

其后二十余年，恭愍王时因便于分析起见，更铸造银标，新罗以降海东、三韩及东国等铜钱，虽仍制造，然散佚废弃不见行用，至是用银可为朝鲜币制上之一进步已。

（八）碎银

当是之际，民间颇行用碎银，商贾间亦渐流通。执政者遂乘机设立酒铺，且三令五申使周知铜钱之用法，然流通尚为普遍，而米布之行用复依然如故，为一般交易之媒介也。

（九）楮币

元世宗兴东征之师也发行楮币（纸币之类）以充国用，其于高丽亦屡颁宝钞（纸币之一种），强其通。行然民间不惯使用，流通未广，从集存于王室库中，惟上赆元朝时携带以用之耳。

忠烈王七年（日本弘安四年，西历一二八一年）。

元将复征日本，又送楮锱三千锭为修战舰之费。

盖自楮币流通以来，其单位称曰锭，如金几锭银几锭钞几锭是也。

第三　李朝时代之货币

总论

李朝太祖建国之初并无钱币，只以粗布与货物交换。至太宗始命河仑仿高丽制而制楮币，然未几废而不行。其后宣祖时代，又有行钱之议，但因铜铁非国产而抗议者颇多，结果遂未实行。降至仁宗王十一年，从户曹判书金起宗言，使常平厅掌铸钱事，钱曰"常平通宝"。

当然时舆论哗然，又未果。行后仁宗王二十二年，派宰臣右议政金堉前往北京，视察中国文化，其归来也使仿中国制度行用钱文，但亦未奏效。金堉尝言，吾曾任开城留守，到任伊始，令民间行钱与中国同，迨再使燕京拟首先行钱于西路，以试便否。斯议既上王，报可，乃出行资所余购唐钱十五万文，分留开城、义州、平壤、定州，使行用之。翌年，堉又奏请使两西道监司设铸钱所于四州，且令郡守收集民间废铜，又撙节官需，俾剩有铜钱以代布而纳贡，民多便之。京师亦至是始通用焉。王家又命堉定科条设铺于畿甸两西道，每银一两值钱六百文，米一升值钱四文，得因时低昂。京畿大同作米一结八斗，以钱代其一斗。词讼衙门之赎布，亦以钱参半代之。各司贡价五之一，雇役价户兵曹料布三之一，皆以钱代用，其毁钱者罪之。垍又荐朴守真任行钱事，自时厥后百余年来，屡有废止通用之议，然终未能见诸事实也。

要之高丽肃宗以降李朝，孝宗以前韩国钱之发行殊少，而民间以钱为交易殆全属宋钱及元明之货币，由人民之手自由输入者是不难推测而知也，其孝宗以降之货币沿革大略如下：

（一）朝鲜通宝

朝鲜太祖李成桂（西历一三九二年）执掌朝鲜全权之际，始铸铜钱曰朝鲜通宝，对于紊乱的币制锐意改革，然亦未收预期之效果也。

关于朝鲜通宝之记录，《古钱汇》揭载有曰：

> 《明史外国传》：高丽，箕子所封国也。高氏据其地，改曰高丽。太祖二十五年请更国号，命仍古号曰朝鲜。钱币，考洪武初，李成桂有国，此钱殆为当时所铸。按此钱又有八分书，而大别为三。其一小样者，近甘泉堂所藏，制作与真书钱同。其二细缘者，故宽永堂所藏，今不念存否。虽有拓本，亦莫辨其真伪。其三大样者，形状独类天命钱，或谓系故松菊庄清初所铸云。

（二）楮币

太宗元年（西历一四〇一年），楮币发行之议定，续禁银瓶之使用，币制由是一新。

楮币与现今之纸币相似，以楮注纸制之，长一尺六寸，宽一尺四寸。其为楮常纸者，长一尺一寸，宽一尺。此币盖仿元朝至元宝钱，通行约二百年，现今无存。

（三）箭币

自楮币辗转流通，毁损殊甚，于是觉硬币之必要。世祖九年（西历一四六四年）命铸箭币，其形状如柳絮箭镞，长一寸八分，基一寸七分，基而分铸"八方通宝"四字，现亦不传于世。

箭币之值每一个约当楮币三枚，有事之时，直以之为箭镞，供军用焉。

未几不复流用。其后虽屡有货币改革之议，然战乱迭乘，无暇顾及币制。又当此之际，农民不知货币之便利，一应交易仍用米布，货币仅流通于商贾间耳。

其后宣宗朝（西历一五九二年）日军侵入之，结果楮币之信用全坠，仅以古来残留之铜钱，与明军所散布碎银流用以补其缺。而嗣后虽复有铸钱之议，然时机未熟，行之维艰。迨日军撤退后三十年，至仁宗朝始渐实行耳。

（四之上）常平通宝

仁宗十一年（西历一六三三年），命常平厅铸正圆方孔钱，表面镌"常平通宝"四字，硬货制度至是复兴。然信用则不如米布远甚，且当时商业最盛之开城，地方犹未见流通。其后二十年至孝宗朝，又禁用布，奖励行使钱文。然官铸之外，往往有自辽东输入唐钱者，加以私铸充斥，品质恶劣，物价因之日益腾贵，非难之声四起。迨孝宗七年（西历一六五六年），用钱之令撤废，仍复米布之物物交易。然民间已渐知硬货便利，匪独商民中仍有犯禁而用之者，且私铸亦未断绝。延至十年以后，铸钱之议又起，经大院君之改革凡二百年间，只有一种"常平通宝"为通货，一枚称为一文，百文曰两，十两曰贯，垂为定制。考仁宗始铸常平通宝时有纯铜、黄铜两种，黄铜者每二枚当纯铜货一枚，今已不辨其真伪。又此时所铸之钱大小轻重不一，实质亦各有差，然制式则一准仁宗所定表而概镌"常平通宝"四字。又依其铸造所兴时代之变迁，里面附有种种符号，其详细区别后文述之。兹第举其一例。如某十三年训练都监所铸者，其里面刊有"训一三"三字；又某五年于开城依天之符号所铸者，则刊以"开天五"三字是也。若依其大小与里面之符号以分类焉。其数殆二千种，此韩国财政顾问日人目贺田男爵报告书中所见者也。于此二百年间或禁私铸，以期品质纯良，或令国境之贸易市场严禁行用货币以防铜钱之外溢与？劣质铜钱之输入甚慎重，币制有如此。然造币既不统一，花纹亦复简单质地，又不贵重，是皆易陷私利之弊且屡行改铸，其始制重量二钱五分者，其后渐减至一钱二分，迨纯祖（西历一八〇一年）以降，每次改铸借博厚利恣意滥行，遂致物价腾贵而后世币制之紊乱，实胚胎于是也。

"常平通宝"之铸造年次及铸造场所兹详记于次。

一　肃宗王四年命平安全罗两监营所铸造者

二　同九年户曹所铸造者

三　同十年工曹所铸造者

四　同十七年开城府所铸造者

五　同十九年常平厅及训练都监所铸造者

六　自时厥后专设铸造局使归户曹及常平厅所辖然肃宗王二十一年饥馑洊臻遂许关西湖南岭南铸钱又于湖西海西及关东设赈恤厅使各铸一万两

七　景宗王四年户曹所铸造者

八　英宗王十八年因北路饥馑而令咸镜监营所铸造者

九　同二十六年户曹宣惠厅及三军门所铸造者

十　同三十一年总戎厅所铸造者

十一　正宗王二年御营厅所铸造者

十二　同十年赓续为户曹所铸造者

十三　其后铸钱之事遂归户曹与宣惠厅所执掌

以上所述乃铸钱始末之大概也。至就行使此钱而论，其始对于平安道江边七邑及咸镜道端川以北皆禁止通用。又肃宗王时，凡倭馆朝市概禁用钱，盖恐钱币之流出外国耳。其后所制定之铸钱式样，则重量率减其半，即今所谓叶钱者是也。其背文有一字者，视为珍品，古泉家甚宝贵之。兹将古泉汇中关于常平通宝之记录揭载如下：

载小平七折二，六十七凡七十四品，谓其背文不可殚述，仅就所见者载之，不能备也。刘燕庭曰，或以官名纪、以地名纪，穿上之一字也。以干文纪、以五行纪，穿下之一字也。以数纪、以卦纪，左右之字也。户乃户曹，工乃工曹，总乃总戎厅，训乃训练都监，宣乃宣惠厅，统字水军统治赈恤厅，禁字禁御营，皆纪官也。开字开城府，全字全罗道，咸字咸镜道，黄字黄海道，江字江原道，皆纪地也。余未尽详约可类推，按朝鲜国肃宗李元孝王清康熙年间铸钱。文曰"常平通宝"，尔来续铸至今，仍曰"常平通宝"。初铸者铜色昏暗小平钱，背文殆四十种户工、统、尚、水、京、京水、问、忠、黄、海、备、宣、营、全、兵、全兵、咸北、总、开、训、赈、平、平兵、守、抄、武、圻、寒、江、戊、原、向等也。折二钱背穿上官名地。

（四之下）"十钱通宝"及"平安通宝"

"十钱通宝"及"平安通宝"者，现今古泉家当为一种疑问，其在日本东京之古泉协会，尝研究之，以为此二种钱在日本及中国、安南三国皆无此钱谱，故断定为朝鲜时代所铸，因插入韩钱部类。

（五）"常平通宝"当百钱

李熙皇帝三年（西历一八六六年），摄政兴宣大院君因营造景福宫穷于资，乃新铸当百"常平通宝"，当旧小钱之百文，使流行民间。此当百钱视旧钱稍大，里面镌"当百"二字，然实值并不称，是因强制通行，民颇苦之。

（六）银标（大东通宝）大东一钱、大东二钱、大东三钱

李熙皇帝十九年，铸此银标。银标者，正圆无孔，分大、中、小三种，其钱文有大东三钱、大东二钱、大东一钱之别。未几，至发行之。翌年，又复停铸。按此钱皆属银钱，而锡钱及黄铜钱为其母钱云。

（七）常平通宝当五钱

李熙皇帝二十年，闵泳骏执政时代设铸币所，名曰典圜局，使专铸此钱，表面为"常平通宝"，里面镌"当五"之文字，以此钱一枚当旧钱五枚通用于世，然实值并不相称。盖其圆径与旧钱中之大者埒，故使用常与旧钱混淆。又如帝都附近之五两，在政令不行之地方，有折合为一两者，殊足怪也。加之粗劣钱币铸造甚盛，遂使物价日昂。溯自大院君发行，当百钱之时代货币已极紊乱，今复发行此当五钱，于是财政益不可收拾矣。

（八）一圆银币及十文五文之铜币

李熙皇帝二十八年，命龙山典圜局铸造一元银币及十文五文之铜币，力求文明币制之实施，遂聘日本顾问置新式机器。是年开始鼓铸，其一元者与日本银元同，十文、五文者与日本之一钱或五厘者同。但发行未广而甲午战役起，其时已有受日本指导确定其货币制度之议。

（九）新式货币

李熙皇帝二十二年用安骃寿等之议，拟仿日本制度铸造下列之五种货币，至三十一年颁布新币发行章程，而采用成文之新式币制，其种别如次：

黄铜一分当旧钱一枚

红铜五分当旧钱五枚

白铜二钱五分当旧钱二十五枚

银一两当旧钱百枚

银五两当旧钱五百枚

以此货币方知日本,则旧叶钱一枚当二厘,白铜货当五钱,一两银币当二十钱五两银币当一元。盖银本位制而形质稍整备者也,其实与改革之计划已不相伴,即如本位币之五两银货,最初不过发行一万九千九百二十三元,独彼铸造利益最厚之旧铜货,恣意滥发而不已,流弊滋甚,而日本银元遂渐通行,代为贸易上之通货矣。

厥后入李坧帝之世,光武元年,聘俄国阿列克塞夫为财政顾问,英人布拉温为总税务司。迨光武八年十月,日本大藏省主税局长目贺田男爵为李坧帝之财政顾问,而着手韩国币制之根本的改革。其第一,整理即发行辅币,以定价格之标准;第二,整理即仿行日本之货币本位而发行新币,使品位重量之相埒。又公认第一银行券之流通,而努力于旧白铜货及叶钱之收回。未几由统监政治时代至日本明治四十三年八月,日韩合并之后,对韩通货遂以日本通货而统一之,故光武以降之沿革兹后略焉。

第四　结论

综而论之,朝鲜之方孔硬货最初所发行者在高丽肃宗之世,既如前述,盖距今九百三十年前事也。日本元明天皇最初发行方孔钱之"和铜开宝"距今已千二百十四年矣。若夫中国之方孔钱则以周景王二十一年所铸之宝六货及宝四货为嚆矢,距今盖二千三百二十二年,比之高丽方孔钱之发行,距时颇远。又试就货币史而考其种类,朝鲜仅三十三种,日本计百八十二种,中国则五百五十一种,然则朝鲜币制之幼稚已足窥见一斑矣。

《中国银行通信录》,第65期

曼谷皇朝货币考（续）

陈毓泰编译

金圆

（甲）金圆

此为暹国首次所铸造的金圆，系长方形，面积为 31/2×21/2 寸，厚度为四分之一寸，四角各盖以"法轮"印记一，其重量等于廿铢（银）。

此长方形的金圆，质颇纯软，规定一铢重金，等于值十六铢银。然此项标准价格，目前业已上升至三百廿铢。

据黎美氏言，自此时代（四世皇时代）起，所谓金圆，始首次出现，因此将此具有特殊形式的金圆给列于四世皇时代中。不过，黎美氏仍不释于怀，盖公元一八六三年间，暹政府尝正式颁布实施三种金圆，据称这是暹罗实施金圆的第一套金币，同时上述的长方形金圆，黎美氏并未有闻及，只不过用的金质，则与四世皇时代所铸造的其他金圆质相类似。

（乙）金圆

在辰年（原文如此）十一月黑分初二，木曜日（等于公元一八六三年十月二十九日）所颁的一通冗长的谕令里，四世皇正式宣布实施使用三种金圆。谕文中指出，各国皆采用金圆，但暹罗则付阙如。为弥补此项缺陷，皇即从事铸造了三种价值不同的金圆，第一种值八铢（银），第二种值四铢（银），第三种则值十钱（等于中国一两）。此外复指出金圆的形式，系仿照英币，为利便计算起见，乃规定金圆每铢重，可换十八铢银。

此新铸造的三种金圆，其形式及重量，有如下所列：

（一）大形

重一钱，一钫，三派。

（二）中形

重一钫，三派半。

（三）小形

重一钫，一派。

此类金圆，完全用纯黄金铸造，其中并未渗有银或铜。

四世皇为使民间易以辨别三种金圆起见，乃选取了纯粹梵语的名称，分别名之如下：

15/32 铢——□ -Thong Thot

15/64 铢——□ -Thong Phit

5/32 铢——□ - Thong Paddeung

（备注：以上"□"为梵文，此处略）

考上列的□（Thot）- □（Phit）-（□）（Deung），在梵语中，义为十，廿及卅。至于□中的□（Pad）字，黎美氏则称其义不明，但暹方的通义，可作二解，因此□（Paddenng）解作卅二。

这一套金圆所盖的印记，一面印有皇冠，其两旁有伞的印记，这是四世皇的代表印记，另一面则印有法轮圈内有白象的印记，系代表暹罗（国家）的印记。

此套金圆其边缘周围皆作锯齿形。

（丙）金圆

这是纯粹单一种的金圆，其重量一钫（1/8 铢），正面盖有大型的皇冠印记，两旁配以茉莉花朵，背面上端印有泰文"□"字，下端印有泰文"□"字，两字相合，即为"□"（Krungthep），义为首都，即指曼谷而言。此两泰文字，围以圆点，此种金圆其边缘则无锯齿形。

（丁）金圆

系一种小金圆，重量亦一钫（1/8 铢），金圆正面，上端印有法轮，下端印有皇冠，其两旁则各印有一净水瓶印记，边缘图以两道索形。

此金圆之背面系光面，为盖有何印记。

此外，另有一种一钱重 1/4 铢的金圆，形式完全相同。

这套金圆的铸造，其目的何在，无可考。

（戊）金圆

此套金圆，全部共有六种，其铸造的时间，系在铸造另一套银圆于公元一八六〇年之后数年。其价值有如下所列：

二铢、一铢、二钱、一钱、一钫、一析。

此套金圆，其正面刻有皇冠在中，两旁有幡伞，且缀以花纹，背面刻有法轮，法轮之中央有象。

金圆之质地颇纯，依四世皇所定，此套金圆之价值，等于欧陆所用的法郎（Franc）。

（己）金圆

此系最末一种之金圆，重量只一钫，暹方称之为"礼品"，系由维多利亚女皇所铸赠者，其上所印之皇冠，形式颇大，缀以茉莉花。金圆之边缘，不作锯齿形。

曼谷皇朝四世皇时代所铸造之金质货币，只有上述的几套。下面即将提述及这时代的蟛蜞银以及银圆了。

（甲）蟛蜞银

在四世皇时代中所铸造的蟛蜞银，共有两套。除此两套以外，四世皇即不再铸造，而以全副精神耗在铸造银圆上，因此时代之暹罗，业与欧西通商也。

其所铸造之第一套蟛蜞银，系作为普通交易用者，共有七种，即四铢、二铢、一铢、二钱、一钱、一钫、一析。

这套蟛蜞银，其上盖有如历朝所通用之法轮印记，作为君主个人印记者，则为皇冠。

不过，依所知者，四世皇亦尝铸造了一种值一斤（八十铢）之蟛蜞银，惟不流通于市面而已。

至于第二套蟛蜞银，共铸造五种，分一钱、一钫、一析、一派、一厄。

这套小型之蟛蜞银，其上所盖的，和蟛蜞金所盖的净水瓶印记相同。

前一套蟛蜞银之四铢及二铢两种，则不流通于市面。盖皇室每以之为礼品用，至于其余的，仅就两套中的一钱而言，则流通颇广，现时仍可在售货摊里找到。

据说还有一种值一派的蟾蜍银被铸就，其上盖有法轮及皇冠印记，但未被发现，这不无可疑。

（乙）银圆

暹罗新型的银圆，其铸造的经过，依丹隆亲王所著的《暹罗货币史》称，系其于暹罗开始于欧西各国通商，国内商务发达颇速，外商云集于曼谷，时市面所流通之蟾蜍银，每有不敷供应之感。四世皇有鉴及此，有意将蟾蜍银改成欧西各国所通用之银元。盖此种银元，经由外商携入暹罗，拟以兑换暹币，人民皆不从。职是之故，暹政府乃向外购入铸币机，以资铸造新型之暹罗银圆。

其于所定购之铸币机仍未运抵，四世皇乃于公元一八六〇年颁发一谕令，准许民间暂时收用外商所携入之银圆，然后将此项银圆向财政部换取暹币，以每三个银圆（外币）值五铢计算。为使此项外币有所区别起见，暹政府乃在外商所携入之银圆上，加刻盖法轮以及皇冠印记。此项印记，系蟾蜍银所通用之印记。此项办法纯属暂时性质。但人民方面不甚欢迎收用外币。

迨至佛纪元二四〇三年，铸币局正式成立，乃开始铸造银圆发行。爰将所铸造银币之种类以及其价值，群述如后：

（一）银圆

第一套银圆，系在公元一八六〇年所铸造者，全部共有七种，计：四铢、二铢、一铢、二钱、一钱、一铇、一析。

此套银圆，除了四铢一种外，全皆在正面及背面加印有数量不同之星点。此项星点，系示各该银元之价值者，明言之，八颗星为一铢，一颗星为一铇。但值一析之银圆，则未印有星点。全套银圆之边缘，不作锯齿形。

在这里要特别提出的，就是这套银圆里的四铢一种。这里巨型的银圆，其正面所刻的花纹，与我国所通行的铜元相类似，惟无孔，但绘有如我国铜元之方孔条纹，在此条纹（即方孔）里面有"□□"之暹文，义为暹国。在条纹方孔之外，则有四个华文字，即"郑明通宝"，字迹明显而秀丽。郑明者即曼谷皇朝四世皇也。此名与清朝文献通考所载者相符合。

此种印有华文之暹罗货币，在四世皇时代，实属始创。此银圆币不流通市面，系作为一种礼品而用者，不多见，目前尤稀罕。其另一种之二铢银圆，迄今未有发现，惟相信其形式以至所印之花纹文字，必属于四铢一种。

（二）银圆

仅有一种，值一铢，正面印有大皇冠，两旁有茉莉花，其背面则印有"□□□"之暹文。

（三）银圆

这一套小银圆，共有两种，即：一铢、一钚。

正面盖有四颗印记，即法轮在上，皇冠在下，其两旁则净水瓶各一。背面光滑。

上列之（二）及（三）银圆，据称系作为流通目的，然而仅属昙花一现，迄今已不易求矣！

（四）银圆

这一套银圆，共有三种，即：一铢、一钱、一钚。

系作为一种礼品而铸赠者，其上所盖之法轮，一铢者较大，一钱及一钚则较小，正面及背面皆有数量不同之星颗。三种之边缘皆作锯齿形。

（五）银圆

此为暂时通用之墨西哥银圆，银圆之背面印有法轮及皇冠印记，系平排，虽然经暹政府正式公布实施，但民间依然不甚喜用。降至目前，仍遗存下少许，惟不易寻觅耳。

（丙）银圆（辅币）

在佛纪元二四〇五年，四世皇谕铸币局加铸锡圆，作为海蚆之代用币（即辅币）。此项锡圆发行后，暹罗所用之海蚆，则予以取消。暹罗政府所铸造之锡圆，共有二种，即一厄（Att）、二梭洛（Solot）。其价值则规定八厄等于一钚，即一厄值一百个海蚆。一梭洛等于五十个海蚆，即十六梭洛等于一钚。

这套锡圆，其正面有皇冠即幡伞，背面有法轮及象之印记。在法轮之上则书有暹文 $\frac{\text{แปด}}{\text{สิบๅก}}$ อันเเนฟ้อง，其下则书有华文"八片方"，在象印之左有英文，为 1/8 或 1/16，其右则为缩写字母 F。边缘作锯齿形。

（丁）铜圆（辅币）

佛历二四〇八年，四世皇再谕铸造局铸造铜圆应用，其价值适列于银圆及锡圆之间。此次所铸造之铜圆，其印记皆与锡圆相同，共有两种，即：一

析、（□）、一萧。（□□□）

其价值则二个析等于一铢。四个萧等于一铢。边缘无锯齿形。初铸造时颇厚，量重。四世皇在举行布施时，当以此项铜圆散掷，结果击破人头，四世皇始下令将此项铜圆铸薄。

总而言之，四世皇时代所铸造之新型货币，包括金圆、银圆以及铜圆（及锡圆）在内，在这里提及其所铸造之第一套日期，以利记忆。

金圆铸造于一八六三年月廿九日。

银圆铸造于一八六〇年月十七日。

铜圆或锡圆铸造于一八六二年月廿五日。

海贝

考"海𧵅"一词，英语为 Cowrie-Shells，源出印语 Kauri，其拉丁学名为 CypraeaTigrie Linn，亦作"宝贝"。

据 Prof Gil 所翻译之法显传载，此项海𧵅，在印度中部及北部，于公元四世纪及五世纪用作货币。

另据《明史·暹罗传》载："交易用海𧵅。是年不用𧵅，则国必大疫。"

马欢所著《瀛涯胜览》载："买卖以海𧵅当钱使用。"

查暹方史籍，亦载海𧵅之使用，远在速古台时代。由此观之，暹罗之采用海𧵅为货币，其由来已久矣！

暹罗所流通之海𧵅，全部共有八种之多，依其名称，则有如下所列：

（一）Bia Phlong （□）

（二）Bia Kaa （□）

（三）Bia Chan （□）

（四）Bia Nang （□）

（五）Bia Moo （□）

（六）Bia Pong Lom （□）

（七）Bia Bna （□）

（八）Bia Tum （□）

上列之八种海𧵅，除七及八两种以外，特制图以明之。其中之 Bia Tum 与 Bin Nang 颇相似，惟其底面较光亮。Bia Bu 现时甚稀罕。

依据黎美氏之意见，认为暹罗在大城时代用作货币之海蚆，全部采自湄公河，至于后来所通用之海蚆，则来自各地沿海区。

依据公元一八六二年所印行之年鉴载："佛纪元一〇七八年（公元五三六年），海蚆二百个值一钫，当大城王朝奠立后，则削降为八百个值一钫。惟其通常之值，则在二百、一千及一千六百个值一钫。"

惟依吾人所知者，大城首都沦陷后，海蚆之价值突增，即二百个值一钫，盖当时暹罗在混乱时期。但继后海蚆价格再度降落，为八百个及一千三百个之间。

在却克里皇朝时代，海蚆之价值则为八百个值一钫，或一百个值一厄。

迨至公元一八六三年间，四世皇铸造了锡圆以及铜圆作为辅币之用后，海蚆始由暹罗政府予以取消。继后之海蚆，则由缴纹作为番摊（Fan-tan）或其他赌博之用。

瓷币

查暹罗之以瓷币为通货之一种，其经过实最饶兴趣者。此种瓷币，依丹隆亲王在其所著《暹罗货币史》页十三载："……继后红铜及锡价高涨，一般投机者知曼谷所流通之铜圆及锡圆，其值较外国为低廉，乃大量收买铜圆及锡圆，并加以熔化，远销于国外，以致曼谷所流通之铜圆及锡圆数量锐减，不敷应用，于是瓷币遂取铜圆及锡圆以代之。"

初，瓷币原为缴纹（即赌场）内所用之筹码，系缴纹主所发明以利计算者。凡进入缴纹之人，未参加赌博以前，应以现金先换取筹码，然后以筹码下注。局终则以筹码向缴纹主换取现金。此为缴纹之惯例。每一区之缴纹主所制造之筹码，皆不同，符号亦异，只可通用于各该区之缴纹内。此项筹码之成为通货之一种，实缘于赌客之贪方便，以筹码向缴纹前赌买食物，物主亦愿接受，盖认为有此筹码后，随时可向缴纹主换取现金也。瓷币之流通，先起源于缴纹区界内，继后政府所发行之铜圆及锡圆行使困难，于是瓷币之流通益形扩大，人民皆乐于接受，盖随时可换取现金也。

缴纹主见筹码流行，知有利可图，乃大量向中国定造，以资运入供应。所制造之瓷币，其形式及价值皆不同，由一梭洛、一厄、一派、两派而至一钤一钱、两钱不等，每一缴纹，皆有其固定形式及价值。

惟缴纹之经营，系采用投筒法，规定每年举行一次。年终某缴纹主未能投得，则发出布告，着一般藏有其所发行之筹码者，限于十五天内来办理换取现金，逾期则作废。此种办法，又系缴纹主图利之一途径，盖一般藏有筹码者，其数量不多，虽逾期作废，亦不甚引起任何困难，因瓷币系辅币之一种，其最高之价值，仅达两钱已耳。一直至佛纪元二四一八年，暹罗政府始下令禁止缴纹主制造瓷币。惟当时在欧洲定铸之铜圆仍未完成，特发行价值一厄一纸币以代之。

查暹罗所流行于一时期之所谓瓷币，依赫斯（Haas）所著之暹罗货币书中载，其质有玻璃、（色分青、白及黄）瓷、金属等类，其形式则有星形、蝴蝶形……至于其上所印之印记，有华文，该币之价格符号，美丽之花草，且有暹文之价值符号等。

依赫斯所估计，此类瓷币，不下八百九十种，但依丹隆亲王之意见，则以为不下二千种之多！

此类瓷币，在国家博物馆内藏有不少数量，则色泽则青、蓝、绿、黄、白皆有。至于印记，则各形各色，颇为繁复，实难一一予以书录。

《中原月刊》，1941 年第 9 期

中国古钱与埃及蜣螂符

卜德生著　　李毓麟节译

在山东古市城发现之蚁鼻钱与鬼头钱或可证为中国复制之埃及蜣螂符，因其形体、大小颇似。惟中国古钱比较略薄，其名钱原因及是否始自耶稣生前六一二至五八九尚未敢必。但据英国博物院书目考证，谓此宝钱铸造，系楚庄王时，即耶稣生前六一二至五八九。除一般发掘此钱之农人，因其形体之类同相沿呼为鬼头钱与蚁鼻钱外，更无其他原因能定其时代。因今日此钱多用为迷信物，故又名太平钱、周元钱，率皆穿绳以佩之。

中国鬼头钱与埃及蜣螂符之形别，在中国古钱阴文形同蝉蜕，两翅翘然，埃及蜣螂符则双翅紧并。并且中国蚁鼻钱两翅有空，可以穿紧，埃及钱则无之。

研究此钱何云中国钱即同于埃及蜣螂符乎？以中埃旧文化，颇有显然贯连之处。例如中国史籍所载之古代玉茎崇拜，可以印证今人所竖之鸦巢旗杆，即此颇类古埃及之太阳崇拜、玉茎崇拜与方尖塔崇拜。然此类荒谬古礼现在中国已大半禁绝。阴阳原则在西方亚细亚哲学上，发生一深奥之感化。吾人迄今尚认为有莫大之哲学意义。至蜣螂符与宗教意义亦有关系，故世人引为至宝。因蜣螂乃一非常之昆虫，据世俗旧说，谓其只有雄性有主治阴病再起之功，皆称为救世之光，崇为神物。埃人制佩蜣螂符，耶稣纪元后始渐稀少，而制造此符之市城，亦甚著声誉。然则山东之旧市城，不可为此符之制造处乎？今日制造蚁鼻钱之旧址亦可因此著名。

复次中国泉币无一举此相类，史籍中亦未著录此钱为何代制造及制造之人。中国人有谓鬼头钱之阴文形体可以读作半两者，此纯系误摹。中国人又有谓宜读作两子字者。以上解释引出两种反驳：（一）子字之继画应切断横画，此钱之继画未切断横画。（二）子字继画之起点应在三角形下角之端横画之上。且鬼头钱之右子字，其角右翘，尤显拙笨而无谓。以上两说谬误殊多，未足征信。

吾侪曰：鬼头钱即蜣螂符，仅多一空以便系作护身符而已。吾侪因此可为亚细亚人类哲学得一证明与一极有趣味之古代遗物。略中更可因此联想及中国人临危时口中所含之葬玉，不但其印号如此，其形亦似也。

又《中国古钱与埃及蜣螂符》一文译自美国卜德生氏所著。立说虽颇新异，而引据若古钱发现之地及中埃文化之贯连、古钱文字之解释等说，均不免有所误会。按吾国所传之蚁鼻钱即鬼头钱，自宋洪遵《泉志》已见著录。《古金待问续录》云出固始县期思里，多得此钱于沙砾中。《固始县志》云：孙叔敖所制（史称孙叔敖楚庄王时人，英国博物院书目所谓楚庄王时造，盖即本此）。或云：古人窀穸用以镇蚁，故名蚁鼻钱。面文有类哭字者，有类 字者，引孔鲋《小尔雅》"埋柩谓之 "为证。更有谓似水鬼脸者，遂有鬼头钱之名说。皆肤浅无稽，不足征信。今考此钱文字，一作 形，与匋阳布匋字相近。一作 形（旧释双字，亦释哭），此或郑字。一作 形（旧释 ）。《货布文字考》，释作当各六铢当各半两，以〇释丁转当说太迂曲。鄙意C为穿孔，用以贯绳，其文则各一铢、各二铢耳。前二种皆似地名所释，未敢遽以为塙。后一种则文字清晰，古泉货文所习见，以字体论，最古不过东周之世。此钱有吾国文字可识，与埃及蜣螂符固无涉也。古代列国分立，圜法紊乱，诸小国铸钱，仅能行于本国境内，其国既旋兴旋灭，钱之效用亦随之。历年久远，偶有留遗，史籍罕见，无从取证。今钱谱中古金奇品无考者当属此类，蚁鼻钱亦其一种也。此说据理推测，未经前人道及，用质古钱专家以为何如？民国十九年五月董井识

蚁鼻钱原出古代贝货。初以真贝交易，其后改用珧制，又后改用骨制，最后则用铜制，蚁鼻即铜贝之最晚者也。今以蚁鼻与贝货比对体制大端相仿。所谓真贝、珧贝、骨贝、铜贝今世亦有存之者（日本东京博物馆存有真贝、铜贝，余亦有真贝一品，铜贝一品，珧贝则出自殷墟）。其沿变系粲然可见。罗振玉《殷墟古器物图录》曾论此事曰：

前人古泉谱录，有所谓蚁鼻钱。予尝定为铜制之贝，然苦无证。往岁于磁厂得铜制之贝无文字，则确为贝形。已又于磁厂得骨制之贝染以绿色或褐色状，与真贝不异，而有两穿或一穿以便贯系。最后又得真贝磨平其背，与骨制贝状毕肖。此所图之贝均出殷墟，一为真贝，与常贝形类异，一为人造之贝，以珧制，状与骨贝同而穿形略殊。盖骨贝之穿在中间此在两端也。合观先后所得，始知初盖用天生之贝，嗣以其贝难得，故以珧制之。又后则以骨，又后则铸以铜。世之所谓蚁鼻钱者，又铜贝中之尤晚者也。蚁鼻钱间有文字者，验其书体乃晚周时物，则传世之骨贝，殆在商周之间矣。

罗氏此文，历举贝货实证，说明蚁鼻钱之嬗变原委，最为典确。吴清卿《权衡度量实验考》亦以此为古贝。文作咒为贝之象形字，又疑古代两贝当一爰。并著于此，借供参考。献唐

《山东省立图书馆》，1931年第1期

南印度发现中国古钱的事情

——新南海寄归内法传之二

吴晓铃

宋法云《翻译名义集》引唐义净诗：晋宋齐梁唐代间，高僧求法离长安。去人成百归无十，后者安知前者难！路远碧天惟冷结，沙河遮日力疲殚。世人如不谙斯旨，往往将经容易看。

这首诗是不是义净和尚写的，还大有问题，要留待专家考证。因为法云的时代正赶上中印文化关系干枯了的当儿，连印度唯一的汉学家师觉月博士（Dr. Prabodh ChaNdra Bagchi）都在叹息着吟诵"夕阳无限好，只是近黄昏"了呢！我总以为，除了中国和印度间的宗教关系之外，还应该注意其他类，如经济和政治等关系。似乎《汉书·地理志》上就记载过中国和南海上的交通一直深入到黄支国，黄支国就是玄奘法师《大唐西域记》上的建志补罗国，相当于现代南印度的 CoHjoraraM。在明代，除了三保太监郑和率领着强大的无敌舰队像尼米兹将军似地如入无人之境在西南太平洋上横冲直撞以外，同时还有一位候显公公以偏师四次下航孟加拉湾，和蒙兀儿帝国间的折冲，造成了中国对外政策上的最高成就。他一面给孟加拉王赛勿丁加冕登基，一面还在孟加拉国和韶纳，浦儿国的边境上重新扮演了一次辕门射戟中的吕布（英国内阁代表团里的克理浦斯爵士也不能预期能够在国民大会党与回教联盟之间做出这样的精彩表演）。这里的两个例子，一个是在佛教还没有传到中国以前，一个是在中印文化关系停顿的最后，都和"南无阿弥陀佛"不发生关系。义净法师的幽灵有知，且莫惆怅；偕许的经典译著还都在保存着，而且，菩提场的王悕中文碑，也以实物做成了中印文化关系的奠基石础。倒是先于、后于中印文化交通以外的许多关系和参加活动的冒险家被我们忘却了。

中华民国三十三年某月某日，印度加尔各答城的唯一中文报纸《印度日报》上刊载了这样的一段消息：

南印度发现唐宋古钱

【本报讯】南印马德拉斯政府博物馆发现我国唐宋古钱一大批，约一千五百枚，可见古代中印贸易之遗迹。此项古钱现由该馆化学师加以清理，该馆并将撰文发表。此项古钱年代为：唐开元、乾元，北宋太平、至道、咸平、景德、祥符、天禧、天圣、明道、景祐、至和、嘉祐、治平、熙宁、元丰、元祐、绍圣、元符、崇宁、大观、政和、宣和，南宋建炎、绍兴、淳熙、庆元、嘉泰、开禧、嘉定、绍定、淳祐、开庆，前后五百余年云。

这真是一件很值得大书特书的事情！因为，它弥补了我们前面所感叹的一桩缺憾。

过了不久，师觉月博士在他主编的《中印研究》（季刊）（SINOINDIAN STUDIES）第一卷第一期上发表了一篇小文，叫作《檀究黎的中国古钱》（GhiNoSo CoiNs From TaNjore）。这里，他把出土的地点和情形都加以简略地叙述，同时，还把他所能见到的拓片加诸一番考订。文章写得很好，几种推断也还入情入理。但是，可惜他所见到的拓本太少了，一共才有二十张，除了两张存疑的之外，另外的十八张只有开元，祥符、景祐、治平、熙宁、元丰、元祐、政和、建炎、绍兴、嘉祐、淳祐等唐宋钱十二品。这和"约一千五百枚"相较，未免不成比例。并且，考证的内容也还稍有尚待商榷的地方。

后来马德拉斯省立博物馆将全部的鉴定工作整个嘱记给浦那市的福开森学院（FegussoN GoLLege.PooNa）的学者们负责。这种鉴定工作除了考古学家、古钱学家、古史学家、古文学家参加之外，还需要数理统计学家的精确的称定计算，和化学师的定量定性分析化验。真是十足的科学化。这，也很令人发生感慨！使我不禁有回想起我的老师——罗膺中教授所常称羡的日本东京帝国大学研究院考古实验室中显微镜下的小铜片子。看看人家！日本是个勇于效颦的国家，容易得风气之先，倒也不必讲了。印度的人民最富于保守，而却在考古学方面这么进步；印度的人民最富于玄想，而却在考古学方面这么科学。反过来看我们的大古玩店子式的博物院，真是汗涔涔下！人家讲的是研究，我们却是赏玩；人家讲的是发现，我们却是购致；人家讲的是历史上的价值，我们却徘徊于交易所里的行市之间。人家的田野工作是整个那烂陀学院和大觉寺的发掘，一下子就是三十年；我们的敦煌宝藏在被外国人偷了个一干二净之后，又是几十年，还让毫不相干的人做一次彻底的毁坏！人家的博物馆是整个儿的公开，容许学者研究、考索；我们的却是一个衙门，戒备森严，连抄个铭文都会被守衙喝"住"！还有什么话说。我感觉到非常荣幸的是，承在那儿任教的一位朋友的好意，并且取得该学院主管当局的许可，在去年秋天，居然看到了那些古钱的大部分拓本，更幸运的是直到现在，那些拓本都平安无损地摆在我的寒伧的书橱里，给我一个莫大的方便向国内的朋友们做一个比较具体的报导。

不过报纸上说是发掘出来的古钱约有一千五百枚，而我所过眼的拓片却只有一千三百六十张。福开森学院的那位朋友来信是这样说的："钱片全部寄上，另包挂号交邮。所余'考古化学师'尚未清理拓出，盖亦不多矣。"可见我看到的，还不是全部出土的件数。所以我愿意声明暂时保留修正和补充这个"寄归"的权利。

这些古钱的出土是在民国三十一年（公元 1942）十月，出土的坑洞是檀究黎境内波靓俱戴多鲁伽区（Pattuk Ottai TaLuk）所管的毗讫罗摩村（VikraMan），属南印度马德拉斯省（Madras），距离海岸约十六七英里。关于田野工作中的地形、土壤和坑洞的详细情形，我并没有接到报告，不能加以描写。仅知道在同一坑洞中还发掘出来两尊偏入大（krishNa）的小铜质俯象，据专家研究的结果，说是公元后十六七世纪的产物。

现在我把我所见到的古钱拓本照着时代次序记在下面。为了节省篇幅起见，我取消了一切有关于年代、铸造、圜法、廓法、字体、轻重、钱径和钱文次第等的附注。

（一）唐钱

甲、唐高祖（公元 618—626）开元通宝，七十一品。

乙、唐肃宗（公元 756—762）乾元重宝，八品，以上唐钱二种七十九品。

唐钱以这两种最为通行，前者可以说是当时的法币，后者则是辅币。其他帝王除了重铸之外，甚少新铸。

（二）五代钱

甲、南唐（公元937—975）唐国通宝一品，以上五代钱一种一品。

（三）北宋钱

甲、宋太祖（公元960—975）宋通元宝六品，圣宋元宝五十一品。

乙、宋太宗（公元976—997）太平通宝十一品，淳化元宝十品，至道元宝二十七品。

丙、宋真宗（公元998—1022）咸平元宝二十八品，景德元宝二十七品，祥符通宝十二品，祥符业宝二十七品，天禧通宝二十六品。

丁、宋仁宗（公元1023—1063）天圣元宝四十七品，明道元宝九品，景祐元宝二十三品，皇宋通宝二百四十九品，至和元宝十一品，至和通宝二品，嘉祐元宝十品，嘉祐通宝二十三品。

戊、宋英宗（公元1064—1067）治平元宝二十二品，治平通宝二品。

己、宋神宗（公元1068—1085）熙宁元宝九十五品，熙宁重宝十四品，元丰通宝一百八十八品。

庚、宋哲宗（公元1086—1100）元祐通宝一百十四品，绍圣元宝六十品，元符通宝二十八品。

辛、宋徽宗（公元1101—1125）崇宁重宝一品，大观通宝十七品，政和通宝五十六品，宜（宣）和通宝十八品。

以上北宋钱，计太祖二种五十七品，太宗三种四十八品，真宗五种一百二十品，仁宗八种三百七十四品，英宗二种二十四品，神宗二种二百九十七品，哲宗三种二百〇二品，徽宗四种九十二品。共八帝三十种一千二百十四品。

（四）南宋钱

甲、宋高宗（公元1127—1162）建炎通宝九品，绍兴元宝五品，绍兴通宝一品。

乙、宋孝宗（公元1174—1189）淳熙元宝十一品。

丙、宋宁宗（公元1195—1224）庆元通宝八品，嘉泰通宝十品，开禧通宝一品，嘉定通宝八品。

丁、宋理宗（公元 1225—1264）大宋元宝一品，绍定元宝五品，淳祐元宝三品，皇宋元宝二品，开庆通宝一品。

以上南宋钱，计高宗三种十五品，孝宗一种十一品，宁宗四种二十七品，理宗五种十二品，共四帝十三种六十五品。

此外还有两类，姑且叫作"存疑"，也需要加以说明。

（五）五铢

我最初见到的只是一品一张拓片，没有等到研究，就被催索回去，所以不能确定年代。自从汉武帝元狩五年（118）始铸五铢，直到唐高祖武德四年（621）之前都在沿用。时代又长，类别也多，未加详细考定，不敢乱讲。然而无论如何，这钱却要算作这批古钱中最古的了。

（六）师觉月博士所见古钱二十品

师觉月博士所见并不在我的鉴定之中，因为南宋理宗的嘉熙□宝（因文未详，下同）一品我这儿便没有。此外还有唐开元通宝三品，北宋祥符□宝一品，景祐元宝一品，治平□宝一品，熙宁元□宝一品，元丰通宝三品，元祐通宝二品，政和通宝二品，南宋建炎□宝一品，绍兴□宝一品，淳祐元宝一品，另二待考。总括起来，唐以前钱一种一品，唐钱二种八十二品，五代钱一种一品，北宋钱三十种一千二百二十五品，南宋钱十四种六十九品，待考二品。一共四十八种一千三百七十八品，又待考二品，合计一千三百八十品整。

谈到我所鉴定的结果，依照学术界的惯例，在送出报告之前，不能先行公布，所以暂阙。在这里我只提出几点意见来谈谈。

第一，某报登载的古钱名称和数目都不正确。前后年代也比刊布的"五百余年"多出了至少二百年。师觉月博士把开元通宝常作唐玄宗开元间铸，竟推后了一百年，是错误的。新旧《唐书·食货志》，《唐会要》和《资治通鉴》都有记载，说是唐高祖武德四年（621）七月十七日铸，有唐一代，通用此钱。

还有件有趣味的故事：这次发现的开元通宝中有两品的钱镘作初月形。薛珵《唐圣运图》说"初进蜡样，文德皇后掐一甲，故钱上有甲痕"。《谈宾录》也说："武德初行开元通宝钱。初进样时，文德皇后掐一指痕，因不复改。"文德是长孙妃，武德九年才立为太宗（当时是秦王）之妃入宫，凌蟠知道这事不可能，便在《唐录政要》上说，是高祖妃窦后而非长孙氏。殊不知这位雀屏选婿的小姐也早在高祖即位之前死去，武德元年追谥为后，当然更错。至于《青琐高议》列为玄宗杨妃旧实，议论实在并不高明。甲痕云云，只能说是"事出有因，查无实据"了。此外，宋通元宝不作"宋元通宝"，皇宋元宝和皇宋通宝分列仁宗、理宗，也都根据载籍，不敢随俗。

第二，化学师的定量和定性分析，似乎也只能求得其近似量和近似价。除此之外，还应该参考中外图书，详加研讨。例如开元通宝"重二铢四纍，积十钱重一钱，钱径八分"的记载便相当详实，我们如能不厌其烦地工作，对于古今度量衡的研究，或许可有新的发现，固不止分量准确而已。据初步定性分析结果，说是"铜质不纯"，这话不错，铸钱夹锡渗沙，史有明文；官铸和私铸差别更多，这些都值得工作的人员注意。

第三，我们也不能单独根据古钱的数目多寡去决定在某一时代中的贸易的兴衰，还必须知道当时开炉的回次，行钱的数目，钱禁的严弛，市舶的繁简。中外交通史的背后还有一大批的东西在作支撑，信口说来，很容易博得"空疏之讥"的。

第四，这些不同时代的钱一齐在一个地方发掘出来，也是一个问题。按照常理推测，自然不难惬愿。但，我们仍要期待，看古史学的坚强证明和考古学家的地层研究。

古钱学并不是我的当行，父亲对于此道，真有特殊的心得。可惜寒斋所藏泉货，家里在沦陷期间都换了混合面吃了。昔年待庭，曾闻馨欬。然而我驽钝庸劣，不能继志宣光，静夜思之，悔恨无已。我把这篇小文赶写出来奉献给父亲，九泉有知，或能撚髭微笑。

《世间鲜》，1948年第10期

日本富山县发现中国古钱

日本考古家伊井伍水现于该县某名家发现中国三千年前之古钱，即关于古刀、布之足型铜钱。后请专家鉴定，据称此古钱为东方有史以前之物，尚未于租界任何处发现。即在美国古钱博览会亦未见其记录。此珍品行将于日本古钱会提出发表。据氏谈中国货币见于史书者，其最初之记录，在黄帝时代。但真实铸币与否，尚属疑问，惟古刀布为秦始皇以前所铸，已属确实。古刀布中之较古者，为空首布，次为古布异，形布方足、圆足、炎足布铸。系取足形而命名要之，此中国古代之铜钱为天下所稀见。此钱入手，自信为世界最贵重之发现焉。

《中华图书馆协会》，1932 年第 4 期

欧洲的香烟货币

在今日的欧洲，香烟是当地的通用货币。因为香烟很稀少，而当地的通货却混乱得很。里拉、法郎、班戈等货币，在今天可以买到这样东西，但一星期以后，却买不到同样多的东西了。在通货继续膨胀的情形之下，你带了一包骆驼牌香烟出门，比带了一把钞票出门要有把握得多。

在巴黎，我看见一个服装整齐的法国女人从街车里出来，当她把零钱塞回到皮包里去的时候，她看见阶沿下有一个香烟屁股。她躯下身去，用戴手套的手指捻起那个香烟屁股，毫不迟疑地把它放进她的皮包里。

在法兰克福，我看见一个年老的德国人在公园饭店门前的街上巡逻，寻找路人遗下的香烟屁股。我在中午离开公园饭店的时候注意到他，到晚上六点钟我回去的时候，他还在那儿巡逻，还在那儿注意地寻觅。

在巴黎，我赏一个汽车夫二十法郎小账。他不要那二十法郎，只要"一支美国香烟"。柏林火车站上提行李的力夫也是一样。

在维也纳，一条美国香烟可以卖得价值四十美金的希林（奥地利货币名），或在黑市场上换得一对玻璃丝袜。一个美国飞行员带了五箱美国香烟到意大利去，结果竟用那五箱香烟换得了一辆至少价值一千美金的一辆汽车。

美国香烟怎么竟会在欧洲这样大走红运呢？

以解放者的姿态出现的美国兵，从国内带了香烟去——通常数量并不多——他在国内的朋友和家属每星期给他寄几条来。他在驻军所在地每星期可以以美金六毛的价钱配到一条香烟。有了这些香烟，他就拿去向当地人民换鸡蛋、酒、真丝袜子，甚至一只好种的狗。渐渐地，香烟便成了物物交换的中介物。

那么，究竟有没有人抽这些美国香烟呢？

当地的美国人当然是抽的，至于欧洲人，只有真正的富翁和黑市商人才有资格抽得起。

追踪两支香烟的生命史并不太困难。一个酒店的侍者从美国兵手里接到两支香烟作小账，他或许自己抽一支。那一支香烟要抽一整天，分四次抽。当抽到要烧手指的时候，就把香烟屁股珍贵地藏起来，因为四五支香烟屁股又可以卷成一支香烟。至于另外那一支香烟，它的命运就不同了，那侍者或许拿它卖给街角上的中间商人，或许用它去换得半磅面包或一小包白糖。

这是小规模的交易，至于整包整条的，那算是大交易了。它们可以用来付房租，换现金，交换黑市上的其他商品，贿赂官吏。最后，它们还是被吸掉了——被有钱的人吸掉了。

在斯都加特和柏林，官方所设立的物物交换商店甚至也以美国香烟作为计算的单位，但只限于贴有美国印花税的香烟，军用配给香烟不在其内。

（摘译自 Reader'Scope）

《文摘》，1947年9月

破天荒之赤俄货币

郝兆先

去年十一月上旬，我经过重重困难，冒险去游俄罗斯社会主义联邦苏维埃共和国。自从出了满洲里，经过远东共和国的赤塔，到着伊尔库茨克。今年一月又经过了托木斯克和奥木斯克，到了劳农俄国政治中心的莫斯科。二月绕道彼得格勒，回到西伯利亚，三月底才到上海。这四个多月的经历，本有日记待刊；不过对于赤俄货币的情形，很有提前单独发表的必要。因为我曾换着几张劳农政府发行的纸卢布，冒险带回来了。还有一位韩国同志崔君，送了我几张新近发行的。又有一位最近回来的张君，曾告诉我近来赤俄纸币低落的奇价。我认为这是破天荒的币制，所以仅先介绍给国人看看！

——作者附识

一

俄国自从一九一七年十一月革命之后，总想实行马克思共产主义；无奈事实上有许多掣肘，就不得不顾虑环境，变更手段，好达到她的目的。若说她抛弃了共产主义，变成了资本主义，未免有些冤枉。我们就她的货币来看看，一定觉得很奇怪！

劳农政府成立，就发行许多纸币，普通的名称也和帝制时代一样，叫作卢布；不过种类很多。初发的时候，价值也相等，每个卢布差不多合中国一元之谱，可以交换货品，但是不能兑现。不过它的不兑现，却和旁的国家财政困难、无现可兑的倒票不同。她发行这种纸币，实含有劳动券的意义，费了许多的考虑，寓有很深的政策。以为世界社会革命一日没有成功，金钱必定一日不失掉它的作用。若通用现金，资本家就很难根本铲除。所以就一面收回民间现金好和各国通商，救济物质的缺乏。偿还国债，解除列强的压迫，并运用国际的宣传费用，以促进世界无产阶级革命的实现，巩固她现有的地位。一面严禁私人通用现金，使国内资本家无从恢复，即使拥有无数万的纸币，一旦政府变更政策，也就化为乌有了。因为共产主义的国家，一切重要的东西都归国有，由国家分配，私人没有拥积许多金钱的必要。

五万卢布之纸币——一九二一年发行

二

纸卢布初发的时候，每个本有中国一元相当的价值。就是一九一八年秋间，每个卢布还可以买些面包和牛油。哪知我去年十一月下旬到伊尔库茨克，每磅黑面包，就要五千卢布，每磅牛油或白糖就要四万卢布；我买两根针，就是三千卢布，吃一杯牛奶咖啡，就是七千五百卢布，价值低落的奇怪，可算古今中外所未有。

伊尔库茨克华侨很多，通用中国大洋——以有袁世凯像的最适用——俄国商店也通用，每元可以换四万卢布。不过有些怕红军看见，想是还禁用现金。不到半个月的光景，每元就可以换十万卢布了。面包、纸张等物，都涨了几倍。到今年一月，我去莫斯科的时候，每元就可以换二十万了。黑面包一磅要二万卢布，五百以下数目的卢布，作买

一百万卢布之纸币——今年发行

卖的还不接收呢！若是用着糊壁，可说比什么好的花纸都便宜。到着莫斯科，价值也不相上下。不过劳农政府因为农民不信任纸币，价格一天低一天，甚至不够上下纸张印刷费。就从今年起，以万为单位，还印许多百万、千万、万万的。但是到了二月底，我回到伊尔库茨

五千卢布之纸币——一九一九年发行

克，中国大洋每元就可以换四十万了，不是万为单位的旧卢布，价值还要低些。不但糊壁便宜，就是当柴烧也值得。我离几天会着新自俄归的张君，他说："现在中国大洋一元可以换二百四十万，到馆子吃两三盘菜和面包就要两百万。"这可算是破天荒的币制，社会主义国家的特色吧？

我想读者诸君，看见我写了许多奇谈，一定要看看劳农俄国的纸币到底是什么样子？哼！它的种类真不少呢！有的还含有着宣传的政策哩！我把它价值最大的三种印出来给大家看看！

一九二二，七，十八，脱稿

《东方杂志》，1922 年第 18 号

货币展览

张砚庵藏　何鸣岐摄

背　　　正

挪威（NORWAY）一八一四年至一九一四年立国百年纪念二克隆银币

瑞典国王威星王国一八七二年至一八九七年奥斯加第二（OSCAK Ⅱ）登极二十五周纪念二克隆银币

中古大尼（即今之丹麦国）领挪威瑞典一七七一年大尼王查列斯坦第七（CHRISTANUS Ⅶ D：G：）银币

圣马力诺（SAN MARINO）为世界最古最小之独立民主国，位于意大利国领土内，此为一九二五年二十利拉（LIRA）金币

背　　　正

德国石勒苏益格省（SCHLESWIG）一九二一年纪念德人因战争而致无家可归之痛苦的五马克陶币

德国齐泊林号飞船一九二九年环飞世界一周纪念金币。正面三像自右至左：驾御者爱克纳（ECKENER）、造船者铎尔（DURR）、发明者齐泊林（ZEPPELIN）。背面地球上刻着八月八日自美国LAKCHURST出发，十九日到日本东京。二十三日起飞，二十五日至LOS ANGELES。二十七日起飞，二十九日返抵原地。全程计二十一天半，绕行世界一周成功。

德国一九二〇年波昂州（BONN）纪念乐圣贝多汶（BEETHOVEN）

二十五分尼（PFENNIG）铁币

德国一九一三年德皇与万民纪念二马克银币

背　　　　正

印度金币

德法兰克福脱省（FRANFORD）一八四三年3½古尔敦（GULDEN）银币

古罗马一七一六年教皇银币

满洲伪国大同二年一角银币

《良友画报》，1934年第85期